Analysis of Typical Cases
in Commercial Trial

商事审判典型案例分析

胡志民 环建芬 艾围利 张玉海 / 编著

图书在版编目(CIP)数据

商事审判典型案例分析/胡志民等编著.--北京：北京大学出版社，2024.8.-- ISBN 978-7-301-35342-4

Ⅰ．D925.118.2

中国国家版本馆 CIP 数据核字第 2024D2K296 号

书　　　名	商事审判典型案例分析 SHANGSHI SHENPAN DIANXING ANLI FENXI
著作责任者	胡志民　等编著
责 任 编 辑	孙维玲
标 准 书 号	ISBN 978-7-301-35342-4
出 版 发 行	北京大学出版社
地　　　址	北京市海淀区成府路 205 号　100871
网　　　址	http://www.pup.cn　　新浪微博：@北京大学出版社
电 子 邮 箱	zpup@pup.cn
电　　　话	邮购部 010-62752015　发行部 010-62750672　编辑部 021-62071998
印 刷 者	北京圣夫亚美印刷有限公司
经 销 者	新华书店
	730 毫米×980 毫米　16 开本　23 印张　331 千字 2024 年 8 月第 1 版　2024 年 8 月第 1 次印刷
定　　　价	78.00 元

未经许可，不得以任何方式复制或抄袭本书之部分或全部内容。
版权所有，侵权必究
举报电话：010-62752024　电子邮箱：fd@pup.cn
图书如有印装质量问题，请与出版部联系，电话：010-62756370

目　录

第一部分　公司法　　001

案例一　BGY公司与KL公司、张某等确认合同效力纠纷案
　　　　——公司人格否认的认定　　001

案例二　AS公司与HD公司、王某买卖合同纠纷案
　　　　——资本加速到期的适用　　011

案例三　ZT中心与YHG公司、龙某新增资本认购纠纷案
　　　　——对赌协议的效力和履行　　018

案例四　胡某与BY公司股东资格确认纠纷案
　　　　——股权让与担保下的股东资格确定　　027

案例五　周某与ZS中国公司等损害公司利益责任纠纷案
　　　　——股东代表诉讼前置程序的免除　　037

案例六　宋某与大华公司股东资格确认纠纷案
　　　　——股权转让的章程限制　　045

案例七　曾某与甘肃HN公司股权转让纠纷案
　　　　——瑕疵股权转让的效力及责任承担　　051

案例八　华某与SJC公司公司决议纠纷案
　　　　——股东会决议无效的认定　　060

案例九　孙某与侯某、山西 LB 公司等损害公司利益责任
纠纷案
　　——董事、高管违反竞业禁止义务的认定　　068

案例十　WT 公司、MGJ 公司与李某等损害公司利益责任
纠纷案
　　——董事忠实义务的延伸　　076

案例十一　顾某、黄某等与康美药业股份公司等证券虚假陈述
责任纠纷案
　　——董事、监事和高管对第三人的责任　　083

案例十二　SNZ 公司与 FH 公司执行异议纠纷案
　　——公司形式减资与股东抽逃出资　　093

案例十三　李某与 JS 公司、薛某公司解散纠纷案
　　——公司司法解散的条件　　100

第二部分　破产法　　110

案例一　朱某与 YX 公司破产清算案
　　——债权人申请破产的审查标准　　110

案例二　邢某森等与上海 BYX 股权投资发展中心公司增资
纠纷案
　　——破产衍生诉讼管辖　　115

案例三　中国 YTTZ 有限公司与 TYZQ 有限公司破产取回权
纠纷案
　　——特殊财产的取回　　122

案例四　杨某与某房地产公司物权确认纠纷案
　　——破产管理人待履行合同解除权的限制　　133

案例五　某公司破产管理人与某银行支行破产撤销权纠纷案
　　——破产程序中加速到期条款的效力　　142

案例六　某有限公司与凌某别除权纠纷案
　　——破产程序中登记对抗主义抵押权未登记时的效力　　151

案例七　LN公司管理人与SY银行ZC支行请求撤销个别清偿
　　　　行为纠纷案
　　　　——破产撤销的例外　　　　　　　　　　　　　　　161

案例八　DW公司与某典当公司、位某某破产撤销纠纷案
　　　　——破产程序中对事后追加物保的撤销　　　　　168

案例九　ZHCH公司破产管理人与某行温州分行破产
　　　　抵销权纠纷案
　　　　——破产抵销权的行使　　　　　　　　　　　　174

案例十　刘某与QY房地产公司等保证合同纠纷案
　　　　——破产程序中的保证　　　　　　　　　　　　183

案例十一　上海某科技股份有限公司破产重整案
　　　　——破产重整中对无担保小额债权的优惠清偿　　190

案例十二　某科技公司与HL公司房屋租赁合同纠纷案
　　　　——破产重整中未按期申报债权问题　　　　　　196

第三部分　合同法　　　　　　　　　　　　　　　　　202

案例一　黄某与世纪公司买卖合同纠纷案
　　　　——电子商务下的合同成立及违约责任　　　　　202

案例二　海崔鑫公司与龙德胜公司仓储合同纠纷案
　　　　——仓储合同中的提货凭证　　　　　　　　　　207

案例三　苏某某、李某某与某地产代理（深圳）有限公司中介
　　　　合同纠纷案
　　　　——中介人隐瞒交易对象为其利害关系人构成
　　　　　　对委托人利益的损害　　　　　　　　　　　215

案例四　脱普公司与熊黛等保管合同纠纷案
　　　　——保管合同与仓储合同、技术服务合同的区分　222

案例五　百乐居公司与义乌公司房屋租赁合同纠纷案
　　　　——租赁合同下装修、加建与改建的责任　　　　232

案例六　ASXY业委会与天一物业公司物业服务合同纠纷案
　　　　——小区公共收益的归属与管理　　　　　　　　239

案例七　世元公司与刘某、朱某等抵押合同纠纷案
　　——未办抵押登记的不动产抵押合同中抵押人的
　　　责任认定　　　　　　　　　　　　　　　244

案例八　平安银行与盛世矿产公司、章代英、马严予借款合同案
　　——刑民交叉下金融借款合同、担保合同的效力认定　250

案例九　刘士琦与人保江西分公司保险合同纠纷案
　　——两年不可抗辩条款的含义与适用范围　　　257

案例十　李迅雷与中米建设公司、张中华工程分包合同纠纷案
　　——不具备施工资质下分包合同纠纷的处理　　　263

案例十一　优鸿公司与湖北大秦酒水有限公司行纪合同纠纷案
　　——行纪合同中报酬、费用的计算和未销售货物的
　　　处理　　　　　　　　　　　　　　　　　269

案例十二　雄楚物流公司与百叶物流公司运输合同纠纷案
　　——运输合同中的交货、卸货义务及其举证责任
　　　分配　　　　　　　　　　　　　　　　　274

案例十三　A保理公司与B物流公司、何某某等保理合同纠纷案
　　——公开型保理与隐蔽型保理　　　　　　　279

第四部分　担保法　　　　　　　　　　　　　　　287

案例一　平衡银行与苍茫电器有限公司等最高额担保合同纠纷案
　　——最高额保证的设立和责任承担　　　　　287

案例二　曹丹与李村学房屋买卖合同纠纷案
　　——签订数份房屋买卖合同定金数额的确定　　294

案例三　信诚公司与德润公司借款合同纠纷案
　　——委托人可否取得受托人登记的抵押权　　　301

案例四　佳佳银行与嘉健模具公司等担保合同纠纷案
　　——担保人配偶在《配偶声明书》上签字是否具有担保的
　　　意思表示　　　　　　　　　　　　　　　307

案例五　侯阳与众本公司等借贷纠纷案
　　——抵押人承担责任的范围　　　　　　　　312

案例六　德新支行与江胜公司借款合同纠纷案
　　——债权人放弃第三人质押财产不影响其向债务人
　　　主张权利　　　　　　　　　　　　　　　　　318

案例七　王洋与江生借款合同纠纷案
　　——以房屋租赁权作为债权担保的效力认定　　　324

案例八　平生支行诉高明担保合同纠纷案
　　——合同担保的认定　　　　　　　　　　　　　330

案例九　孙燕与郭晨抵押权纠纷案
　　——抵押担保关系效力的审查　　　　　　　　　335

案例十　乙市东影公司与宗光公司等应收账款质权纠纷案
　　——质权人质权的行使　　　　　　　　　　　　341

案例十一　心悦小额贷款公司与张力等民间借贷纠纷案
　　——民间借贷纠纷中质押合同的认定及其责任分担　346

案例十二　延吉信用社与新兴公司等抵押合同纠纷案
　　——抵押权人未起诉部分抵押人与抵押权放弃的
　　　认定　　　　　　　　　　　　　　　　　　352

后　记　　　　　　　　　　　　　　　　　　　　　359

第一部分

公 司 法

案例一 BGY公司与KL公司、张某等确认合同效力纠纷案①
——公司人格否认的认定

一、基本案情

一审原告、二审被上诉人:BGY公司

一审被告、二审上诉人:KL公司、张某

一审被告:梁某、SF公司

一审第三人:某银行分行

2017年7月15日,BGY公司(甲方)与KL公司(乙方)签订《资产转让合同》。该合同约定:KL公司转让的资产为H酒店公寓项目,目标地块面积16969.08平方米,宗地用途为综合用地,该地块已建成(完成主体封顶)四栋烂尾式的框架建筑;资产转让的先决条件是乙方完成目

---

① 案例来源:最高人民法院(2019)最高法民终960号民事判决书,北大法宝网,https://www.pkulaw.com/pfnl/a6bdb3332ec0adc47ecd6380f43cfa14c04a4d7847a6185ebdfb.html,最后访问时间2022年7月18日。

标地块规划调整及用地性质变更,即乙方承诺协调政府部门审批通过W村及周边片区规划修改,调整目标地块规划指标,土地性质变更为二类住宅用地;按目标地块土地面积和容积率计算,资产转让价暂定为7亿元;乙方将拟转让资产全部抵押给项目公司后15个工作日内,甲方通过项目公司向乙方支付诚意金3.2亿元;如乙方在2017年10月30日前未完成上述规划调整事宜并缴纳完毕增容变性费用的,则甲方有权单方解除合同,乙方须在收到甲方书面通知的3日内返还甲方或项目公司已支付诚意金3.2亿元,超过3日后乙方应按应付未付款每日5‰向甲方或项目公司计付违约金,但因不可抗力导致上述规划无法按合同约定调整的,不认定乙方违约,甲方或项目公司支付本合同约定借款或资产转让借款时间相应顺延。

2017年8月1日,KL公司作为甲方(借款人),BGY公司作为乙方(委托贷款人),某银行分行作为丙方(代理人)签订《委托贷款合同》,约定乙方委托丙方向甲方发放贷款3.2亿元,甲方应将借款用于归还股东借款及日常经营周转,借款期限为12个月,委托贷款利率为7%,到期一次性还本付息。同日,KL公司作为甲方(抵押人),某银行分行作为乙方(抵押权人)签订《抵押合同》,约定甲方以其名下的某市不动产权第×××号土地使用权以及地上定着物(以下简称"抵押物")设定抵押,为上述《委托贷款合同》债务人的债务提供抵押担保,担保范围包括主合同项下本金3.2亿元及利息、违约金、赔偿金、债务人应向委托贷款人支付的其他款项以及实现主合同项下债权与担保权利而发生的费用。

合同签订后,BGY公司于2017年8月7日通过其在某银行分行的账户向KL公司转账3.2亿元。KL公司提供的抵押物也办理了抵押登记,抵押权利人登记为某银行分行。

2017年10月31日,KL公司向BGY公司出具《情况说明》,告知由于某市政府2017年棚改项目政策调整,致使已经列入其中的W村棚改项目控制性规划(以下简称"控规")调整未能在10月30日前完成,因而H酒店公寓项目虽然已经纳入W村棚改项目控规调整范围,但由于政府政策调整的不可抗力造成规划调整无法按合同约定完成。KL公司认为,W村已正式列入某市2017年32个棚改项目,该项目开发只是时间问题,遂向BGY公司提出按合同约定和实际情况,顺延合同执行时间。

2017年11月12日,KL公司收到BGY公司发出的《催款函》,该函载明:KL公司已逾期退还3.2亿元诚意金,严重影响BGY公司资金安全,现再次函告KL公司解除合同,请KL公司立即无条件退还3.2亿元诚意金及相应违约金。2017年11月16日,KL公司、BGY公司向某银行分行出具《提前还款申请》,提出经双方协商达成一致意见,拟对委托贷款合同约定的贷款本金及利息申请提前还款,还款本金为3.2亿元,利息结算至实际还款日,还款日期为2017年11月20日。2018年1月29日,KL公司收到BGY公司发出的《解除合同返还资金催告函》,该函指出:BGY公司已经多次向KL公司提出解除《资产转让合同》,并要求KL公司依约承担责任,但KL公司至今不能返还和支付相应资金,现再次催告KL公司立即退还3.2亿元资金并支付违约金和相应利息。

KL公司设立时的股东为张某和梁某,两人各出资500万元。截至2013年1月30日,KL公司已收到全体股东缴纳的货币出资1000万元。2015年8月4日,梁某、张某和SF公司签订协议,约定KL公司增资1000万元。翌日,KL公司制定的章程规定,公司注册资本为2000万元,梁某、张某各认缴出资500万元,2013年1月30日前一次性缴付到位;SF公司认缴出资1000万元,2015年8月30日前一次性缴付到位。2015年8月7日,KL公司办理了注册资本和股东变更登记。2015年8月28日,SF公司向KL公司转账1000万元,并注明为投资款。2017年5月25日,SF公司将其股权全部转让给张某。2017年6月7日和11月27日的KL公司工商机读档案资料显示,SF公司实缴出资为0;2018年2月1日和11月6日的KL公司工商机读档案资料显示,张某认缴出资为1500万元,实缴出资为500万元。

另外,2015年8月5日,KL公司与SF公司签订《借款协议》,两家公司又与外地某公司签订《委托借款三方协议》,约定KL公司向SF公司借款2000万元,借款期限12个月,利息按年利率12%计算。同日,KL公司与张某签订《借款协议》,约定KL公司向张某借款2000万元,借款期限 12 个月,资金占用费按年利率 12% 计算。之后,SF 公司将借款全部转入 KL 公司。2017 年 5 月 25 日,SF 公司、张某分别与 KL 公司签订《还款协议书》;2017 年 8 月 8 日,KL 公司依约分别向 SF 公司、张某转账,支付本金加资金占用费 2419.1616 万元、2951.8384 万元。

对此,BGY 公司认为其在资产转让中权益受损,遂提起诉讼,请求:(1)确认《资产转让合同》合法有效;(2)确认《资产转让合同》已经解除(合同解除之日以法院认定为准);(3)判令 KL 公司立即退还 BGY 公司诚意金 3.2 亿元;(4)判令 KL 公司以 3.2 亿元为基础,按年利率 24% 向 BGY 公司计付违约金;(5)判令张某、SF 公司对上述第(3)(4)项诉讼请求项下的全部债务承担连带责任;(6)判令张某、SF 公司、梁某在未出资 1000 万元本息范围内对公司债务不能清偿的部分承担连带补充赔偿责任;(7)判令 BGY 公司对抵押物拍卖、变卖所得价款在上述第(3)(4)项诉讼请求项下全部债务的范围内享有优先受偿权。

二、争议焦点

本案争议焦点主要有:(1)《资产转让合同》是否已经解除以及解除的日期;(2)KL 公司是否应向 BGY 公司退还 3.2 亿元诚意金及支付违约金,以及违约金的支付标准;(3)张某、SF 公司对 KL 公司的上述债务应否承担连带责任;(4)张某、SF 公司、梁某是否应在未出资 1000 万元本息范围内对 KL 公司不能清偿的债务承担连带补充赔偿责任;(5)BGY 公司能否就本案的债务对抵押物享有优先受偿权。

三、案件裁判

(一)一审裁判

一审法院在事实调查后,针对上述争议焦点提出以下审议意见:

关于第一个争议焦点,一审法院认为,《资产转让合同》系 BGY 公司与 KL 公司的真实意思表示,且未违反法律、行政法规的强制性规定,应为合法有效。KL 公司未提供证据证明其在 2017 年 10 月 30 日前完成案涉地块的容积率、土地性质等规划指标的调整,根据《资产转让合同》

的约定,BGY 公司享有单方解除合同的权利。根据《合同法》①第 93 条、第 96 条的规定和《资产转让合同》的约定,2017 年 11 月 12 日 KL 公司收到 BGY 公司发出的《解除合同返还资金催告函》,即发生解除合同的法律效力。另外,案涉合同系政府"两个暂停"政策实施后所签,因而政府政策调整不属于合同履行中的不可抗力。

关于第二个争议焦点,一审法院认为,《资产转让合同》已于 2017 年 11 月 12 日解除,根据该合同约定,KL 公司应于 2017 年 11 月 15 日之前向 BGY 公司退还 3.2 亿元,如未退还则应自第二天起按应付未付款每日 5‰向 BGY 公司支付违约金。《资产转让合同》约定的日 5‰折算成年利率为 182.5%,现 BGY 公司起诉请求按年利率 24%计付违约金,符合《最高人民法院关于审理民间借贷案件适用法律若干问题的规定》第 26 条第 1 款的规定,应予支持。

关于第三个争议焦点,一审法院认为,SF 公司提交的证据可以认定其与 KL 公司之间存在借贷关系,KL 公司关于其向 SF 公司转账的 2419.1616 万元是归还其对 SF 公司借款本息的抗辩理由成立,故 BGY 公司依据《公司法》第 20 条第 3 款②请求 SF 公司对 KL 公司的本案债务承担连带责任的诉讼主张不能成立,依法不予支持。张某提交了《借款协议》《还款协议书》,但未能提交其向 KL 公司支付 2000 万元借款的银行转账凭证,不能证明其与 KL 公司实际发生了借款关系,也不能证明 KL 公司于 2017 年 8 月 8 日向其转账支付的 2951.8384 万元是 KL 公司向其归还的借款,故 BGY 公司依据《公司法》第 20 条第 3 款请求张某对 KL 公司的本案债务承担连带责任,具有事实和法律依据,依法予以支持。

关于第四个争议焦点,一审法院认为,某会计师事务所于 2015 年 9 月 15 日出具的《验资报告》载明,KL 公司新增股东 SF 公司认缴的 1000

---

① 为行文方便,本书提及的我国法律、法规,如《中华人民共和国合同法》《中华人民共和国公司法》等,均使用简称,即在这些法律、法规名称中省略"中华人民共和国"字样。本书基于案情进行分析所涉及的《公司法》《担保法》《合同法》《物权法》《企业破产法》以及司法解释等皆以案件裁判时有效的文本为准,后文中不再另加限定或说明。
② 《公司法》第 20 条第 3 款规定:"公司股东滥用公司法人独立地位和股东有限责任,逃避债务,严重损害公司债权人利益的,应当对公司债务承担连带责任。"

万元出资已经实缴到位,且 SF 公司提供了该 1000 万元出资款由其账户转入 KL 公司账户的银行转账凭证,故可以认定 SF 公司增资的 1000 万元已经实际缴纳到位。根据《公司法》第 28 条第 1 款、第 29 条和第 178 条第 1 款的规定①,股东以现金出资的,将相应现金存入公司银行账户,即完成出资义务,工商登记是完成实质性出资后应办理的登记备案手续,而不是认定股东出资是否到位的唯一依据。因此,BGY 公司以 KL 公司工商登记档案显示 SF 公司出资未到位为由,请求张某、梁某、SF 公司在 SF 公司未出资的 1000 万元范围内对 KL 公司的本案债务承担连带补充赔偿责任的诉讼请求,于法无据,依法不予支持。

关于第五个争议焦点,一审法院认为,《合同法》第 402 条规定:"受托人以自己的名义,在委托人的授权范围内与第三人订立的合同,第三人在订立合同时知道受托人与委托人之间的代理关系的,该合同直接约束委托人和第三人,但有确切证据证明该合同只约束受托人和第三人的除外。"本案中,《委托贷款合同》第 1 条约定:"BGY 公司委托某银行分行向 KL 公司发放贷款 3.2 亿元。"《抵押合同》约定:"BGY 公司委托某银行分行作为委托贷款人的代理人以某银行分行的名义与 KL 公司签署本合同。BGY 公司或某银行分行均可直接要求 KL 公司依照本合同约定在其担保范围内承担担保责任,KL 公司将不提出任何异议。"根据上述法律规定和合同约定,KL 公司如不履行支付《委托贷款合同》项下尚欠的本金、利息、违约金等款项义务,BGY 公司有权对前述业已办理抵押登记的抵押物优先受偿。

综上,一审法院依据《合同法》第 44 条、第 96 条、第 107 条,《物权法》第 173 条、第 179 条,《公司法》第 20 条等规定,判决:(1)《资产转让合同》合法有效;(2)《资产转让合同》已于 2017 年 11 月 12 日解除;

---

① 《公司法》第 28 条第 1 款规定:"股东应当按期足额缴纳公司章程中规定的各自所认缴的出资额。股东以货币出资的,应当将货币出资足额存入有限责任公司在银行开设的账户;以非货币财产出资的,应当依法办理其财产权的转移手续。"该法第 29 条规定:"股东认足公司章程规定的出资后,由全体股东指定的代表或者共同委托的代理人向公司登记机关报送公司登记申请书、公司章程等文件,申请设立登记。"该法第 178 条第 1 款规定:"有限责任公司增加注册资本时,股东认缴新增资本的出资,依照本法设立有限责任公司缴纳出资的有关规定执行。"

(3)限 KL 公司于判决生效之日起十日内向 BGY 公司退还诚意金 3.2 亿元并支付违约金(违约金以本金 3.2 亿元为基数,自 2017 年 11 月 16 日起至实际偿清之日止,按年利率 24%计算);(4)张某对 KL 公司依判决第(3)项所负的债务,承担连带清偿责任;(5)如 KL 公司到期不履行判决第(3)项的还款义务,BGY 公司有权对抵押物折价或拍卖、变卖后的价款优先受偿;(6)驳回 BGY 公司的其他诉讼请求。

(二)二审裁判

KL 公司和张某不服一审判决,提起上诉,请求:(1)撤销一审判决;(2)改判驳回 BGY 公司解除《资产转让合同》、KL 公司退还诚意金 3.2 亿元并支付违约金、对抵押物折价或拍卖、变卖后的价款优先受偿等所有诉讼请求;(3)改判驳回张某对 KL 公司一审判决所负债务承担连带清偿责任的诉讼请求。

二审法院在查明事实后,对于《资产转让合同》的效力,KL 公司是否构成违约,其关于因不可抗力免责的主张能否成立,《资产转让合同》已解除并按年利率 24%计算违约金是否正确,BGY 公司就本案债务是否对抵押物享有优先受偿权等问题,认同一审法院的意见,但对于张某对 KL 公司债务应否承担连带清偿责任的问题,则提出了与一审法院不同的意见。

二审法院认为,《公司法》第 3 条[①]和第 20 条第 3 款的规定表明,公司人格独立和股东有限责任是《公司法》的基本原则,否认公司独立人格,由滥用公司法人独立地位和股东有限责任的股东对公司债务承担连带责任,是股东有限责任的例外情形。否认公司法人格,须具备股东实施滥用公司法人独立地位及股东有限责任的行为以及该行为严重损害公司债权人利益的法定要件。本案中,2017 年 8 月 7 日,BGY 公司向 KL 公司转账 3.2 亿元,次日 KL 公司即向张某转账 2951.8384 万元。由于张某未提交其向 KL 公司支付《借款协议》约定的 2000 万元借款的

---

① 《公司法》第 3 条规定:"公司是企业法人,有独立的法人财产,享有法人财产权。公司以其全部财产对公司的债务承担责任。有限责任公司的股东以其认缴的出资额为限对公司承担责任;股份有限公司的股东以其认购的股份为限对公司承担责任。"

银行转账凭证，不能证明张某与 KL 公司之间存在真实有效的借款关系，因此一审判决认定张某所提交证据不能证明 KL 公司向其转账支付的 2951.8384 万元是 KL 公司向其归还的借款，并无不当。但是，认定公司与股东人格混同，需要综合多方面因素判断公司是否具有独立意思、公司与股东的财产是否混同且无法区分、是否存在其他混同情形等。本案中，KL 公司该单笔转账行为尚不足以证明 KL 公司和张某构成人格混同，并且，KL 公司以《资产转让合同》目标地块为案涉债务设立了抵押，BGY 公司亦未能举证证明 KL 公司该笔转账行为严重损害了其作为债权人的利益。因此，KL 公司向张某转账的行为，尚未达到否认 KL 公司独立人格的程度。一审法院依据《公司法》第 20 条第 3 款径行判令张某对本案中 KL 公司的全部债务承担连带责任不当，二审法院予以纠正。

二审法院还认为，张某接收 KL 公司向其转账 2951.8384 万元，虽然不足以否定 KL 公司的独立人格，但该行为在客观上转移并减少了 KL 公司资产，降低了 KL 公司的偿债能力，张某应当承担相应的责任。该笔转款 2951.8384 万元超出了张某向 KL 公司认缴的出资数额，根据举重以明轻的原则，以及参照《最高人民法院关于适用〈中华人民共和国公司法〉若干问题的规定（三）》（以下简称《公司法司法解释三》(2014 年修正)）第 14 条关于股东抽逃出资情况下责任形态的规定，张某应对 KL 公司的 3.2 亿元及其违约金债务不能清偿的部分在 2951.8384 万元及其利息范围内承担补充赔偿责任。

综上，二审法院认为，上诉人的上诉请求部分成立，依照《公司法》第 3 条等法律规定，判决：(1) 维持一审判决第(1)项、第(2)项、第(3)项及第(5)项；(2) 撤销一审判决第(6)项；(3) 变更一审判决第(4)项为，张某对 KL 公司在本判决第(3)项所负的 3.2 亿元及其违约金债务不能清偿的部分在 2951.8384 万元及其利息范围内承担补充赔偿责任；(4) 驳回 BGY 公司的其他诉讼请求。

四、分析思考

本案中值得关注的一个问题是，在股东张某对 KL 公司债务承担责任上,一、二审法院作出了不同的裁判,这是因为两家法院对KL公司归还股东张某借款的行为作出了不同认定,并适用了不同的法律规定。

(一) KL公司的人格是否应当被否认

一审法院认为,KL公司在与张某不存在实际借款关系的情形下归还其2951.8384万元的行为,构成KL公司与张某人格混同,进而否认KL公司的独立人格,判决张某对KL公司在本案中的全部债务承担连带责任。二审法院认为,该情形不构成人格混同,不应否认KL公司的独立人格。

公司人格否认是指,在公司股东为了逃避债务,滥用公司法人独立地位和股东有限责任,严重损害公司债权人利益时,法院通过否认公司独立人格,要求相关股东对公司债务承担连带责任的法律制度。公司独立人格和股东有限责任是公司的两大基石,因而公司独立人格制度和股东有限责任制度也成为公司的基本法律制度,而公司人格否认制度是为了弥补其对债权人保护不力的缺陷,以平衡债权人利益和股东利益而建立的一项法律制度。显然,公司独立人格制度和股东有限责任制度是根基,公司独立人格否认制度则是补充。基于此,法院在个案中必须谨慎适用公司人格否认制度,即只有对符合法定条件的公司才否认其独立人格,并要求相关股东对公司债务承担连带责任。根据《公司法》第20条第3款的规定,否认公司独立人格应当符合以下条件:一是股东有滥用公司法人独立地位和股东有限责任的行为;二是有严重损害债权人利益的后果;三是股东滥用公司法人独立地位和股东有限责任行为与债权人利益损害后果之间有因果关系;四是股东实施滥用公司法人独立地位和股东有限责任行为的目的是为了逃避债务。

股东的滥用公司法人独立地位和股东有限责任行为有多种表现形式,股东与公司之间的人格混同是其中之一。股东与公司之间的人格混同,又称"公司独立人格形骸化",就是股东不正当控制或者影响公司致使其财产、业务和组织机构等相互混同而导致两者之间人格无法区分,公司实质上丧失独立人格。它包括财产混同、业务混同和组织机构混同。对于人格混同的含义及其法律适用,有学者论述道,所谓混同,即股东与公司完全混为一体，不分彼此。这也是"形骸"这一用语的意思所在，即公司已成为一个躯壳，成为股东谋取个人利益的工具。因此，在实务中以人格混同适用公司人格否认制度必须慎重。就财产混同而言，是指公司的财产与其股东的财产不能作清晰区分，主要体现在公司账簿与股东账簿的同一或不分，也可能表现为公司与股东利益的一体化，即公司与股东的收益没有区别，公司的盈利可以随意转化为股东的个人财产。但是，不能将公司与股东之间有资金往来行为简单地认定为财产混同，因为这种行为可能是合法的，也可能是非法的，即便是非法的，也很有可能表现为股东对公司财产的侵占、挪用或者是抽逃出资，要根据行为本身的性质适用相应的法律法规处理，如要求股东返还财产、恢复原状，通过罚款甚至刑事手段使相关股东受到制裁，而否认公司独立人格应当作为最后的救济手段予以适用。①

本案中，仅有 KL 公司向张某转账 2951.8384 万元的行为，不足以证明 KL 公司和张某的财产混为一体、不能区分，再加上 BGY 公司作为债权人，在 KL 公司就其债务提供抵押物的情形下，KL 公司向张某转账的行为对其利益并未造成严重损害，因而该行为不能构成 KL 公司与张某人格混同，不符合否认 KL 公司独立人格的条件。可见，一审法院认定 KL 公司与张某人格混同，进而否认 KL 公司独立人格显属不当，由此判决张某对 KL 公司所负全部债务承担连带责任是错误的。

（二）可否按股东抽逃出资规定要求张某对 KL 公司所负债务承担相应责任

KL 公司向张某转账的行为，不能认定为 KL 公司与张某的人格混同行为，但属于 KL 公司转移其资产的行为。这导致张某非法获得 KL 公司转移的资产，而 KL 公司责任财产的减少，影响其对 BGY 公司所负债务的清偿。为了保护债权人 BGY 公司的利益，张某应当依法承担相应责任。从案件情况看，KL 公司向张某转账 2951.8384 万元，已超过张某向 KL 公司缴纳的 1500 万元注册资本。可见，KL 公司向股东张某

---

① 参见赵旭东：《法人人格否认的构成要件分析》，载《人民司法》2011 年第 17 期，第 109 页。

转移资产行为的效果与股东张某抽逃出资行为相同,两种行为是同质的,而且 KL 公司向张某转移的资产数额超过了张某的出资,显然该行为的违法程度比张某抽逃出资要严重。对于股东抽逃出资的法律责任,根据《公司法司法解释三》(2014 年修正)第 14 条的规定,股东抽逃出资的,应向债权人在抽逃出资本息范围内对公司债务不能清偿的部分承担补充赔偿责任。据此,股东抽逃出资尚且要承担上述责任,张某对通过 KL 公司转账而取得的转移资产更应承担该责任,即张某应在转移资产 2951.8384 万元及其利息范围内对 KL 公司所负债务不能清偿的部分承担补充赔偿责任。

案例二 AS 公司与 HD 公司、王某买卖合同纠纷案①
——资本加速到期的适用

一、基本案情

一审原告、二审被上诉人:AS 公司

一审被告、二审上诉人:HD 公司

一审被告、二审上诉人:王某,系 HD 公司股东

HD 公司于 2014 年 9 月 25 日成立,注册资本 800 万元,股东为王某、马某,出资额分别为 408 万元、392 万元,股权比例为 51%、49%,认缴时间为 2014 年 9 月 14 日,出资时间为 2034 年 12 月 31 日前。2014 年 9 月 30 日,王某与马某签订《股权转让协议》,约定王某将其在 HD 公司持有的 8 万元股权转让给马某,股权转让价款为 8 万元。其后,HD 公司的工商登记作了变更,其中章程变更为股东马某、王某,出资额皆为

---

① 案例来源:山东省济南市历城区人民法院(2016)鲁 0112 民初 8083 号民事判决书,北大法宝网,https://www.pkulaw.com/pfnl/a25051f3312b07f3b5905e089ce2dc47a5f02fbfb446d1aebdfb.html,最后访问时间 2021 年 11 月 13 日;山东省济南市中级人民法院(2018)鲁 01 民终 439 号民事判决书,北大法宝网,https://www.pkulaw.com/pfnl/a6bdb3332ec0adc449202f17c0ad94a4a33b2a9dea894b26bdfb.html,最后访问时间 2021 年 11 月 13 日。

400万元,股权比例各占50%,认缴时间为2014年9月30日,出资时间为2034年12月31日前。截至诉讼时,二股东均未实际出资。

2015年9月至2016年4月期间,HD公司多次在AS公司处订购"莫斯利安礼盒",货款总额为977918.85元,但HD公司未足额支付以上货款,并拖欠其他印刷制品费用,拖欠款项共计549047.05元。

AS公司认为,HD公司应向其承担清偿责任,而王某作为HD公司股东,存在未全面履行出资义务或抽逃出资的行为,应当承担补充清偿责任。据此,AS公司向一审法院起诉,请求:(1)判令HD公司向AS公司支付加工定作款549047.05元及利息;(2)判令王某对上述诉讼请求承担补充清偿责任。

HD公司一审时辩称,AS公司主张HD公司向其订购"莫利斯安礼盒",无书面合同,也无其向HD公司交付货物义务的其他证据。HD公司与AS公司之间是合作关系,而非买卖合同关系,实际付款义务人应为WT公司,HD公司仅系货款转付人,WT公司一直未将相关货款支付给HD公司,AS公司无权向HD公司主张支付货款及利息。

王某一审时辩称,HD公司系有限责任公司,有独立的法人财产,以公司财产对其债务承担责任。依据公司法的规定和立法精神,作为有限责任公司的股东,王某不应当承担补充清偿责任。AS公司无任何证据证明王某存在未全面履行出资义务或抽逃出资的行为,AS公司的主张缺乏事实依据。

二、争议焦点

本案的争议焦点是:(1)HD公司是否要向AS公司支付拖欠的货款;(2)作为股东的王某是否应在出资不足范围内为HD公司拖欠的货款承担补充清偿责任。

三、案件裁判

(一)一审裁判

一审法院在查明事实后,针对争议焦点提出审议意见。

关于HD公司是否要向AS公司支付拖欠的货款，一审法院认为，AS公司与HD公司存在多笔业务往来，原、被告之间的承揽合同关系合法有效，AS公司依约向HD公司履行了交付成果的义务，要求HD公司支付剩余价款549047.05元的诉讼请求，于法有据，予以支持。

关于王某是否应在出资不足范围内对HD公司拖欠的货款承担补充清偿责任，一审法院认为，根据《公司法司法解释三》（2014年修正）第13条第2款之规定，"公司债权人请求未履行或者未全面履行出资义务的股东在未出资本息对公司债务不能清偿的部分承担补充赔偿责任的，人民法院应予支持"。王某未按照公司法的有关规定全面履行出资义务，且其在庭审中自认HD公司现在没有生产设备、没有流动资金、公司账户被查封、尚欠有外账。一审法院认为，HD公司现在缺乏清偿能力，可以认定其因股东出资不到位已经导致公司债务不能清偿。AS公司主张王某在其未出资400万元范围内对HD公司债务不能清偿的部分承担补充清偿责任，于法有据，予以支持。

综上，一审法院作出以下判决：(1) HD公司于判决生效之日起十日内支付AS公司价款549047.05元；(2) HD公司于判决生效之日起十日内支付AS公司逾期付款利息；(3) 王某对HD公司的上述债务不能清偿的部分在未足额出资范围内承担补充赔偿责任。

（二）二审裁判

一审判决后，HD公司和王某不服，提起上诉。HD公司请求撤销一审判决，改判HD公司支付AS公司欠款82366.85元或发回重审。王某认为，一审判决其对HD公司支付AS公司货款549047.05元及利息承担补充赔偿责任，事实认定错误，适用法律错误，应予撤销。因为依据《公司法司法解释三》（2014年修正）第13条第2款之规定，股东依法承担补充赔偿责任的前提是股东未履行或未全面履行出资义务，而且公司不能清偿债务。依据公司法及公司章程的规定，股东王某认缴出资的出资义务届满日为2035年1月1日，现在不存在未履行或者未全面履行出资义务的情形，不满足法律规定股东承担补充赔偿责任的要件。依据上述法律规定，一审判决王某承担补充赔偿责任是错误的。

二审法院查明事实后认为,一审判决对 HD 公司拖欠款项认定无误,应予维持。关于股东王某的责任承担,二审法院认为,根据公司法的相关规定,公司股东的出资期限由股东自行决定,属于股东的法定权利,该权利只有在破产程序中才被限制。另外,公司股东或发起人的认缴和实缴的出资额、出资时间、出资方式等信息自形成之日起 20 个工作日内通过企业信用信息公示系统向社会公示,应视为交易相对人对股东出资期限未到期知道或应当知道。在此情况下,债权人仍然自愿与公司进行相关交易,不应在债权实现不能时再要求股东出资加速到期。《公司法司法解释三》(2014 年修正)第 13 条第 2 款中规定的"未履行或者未全面履行出资义务",是针对已届出资期限的存在出资瑕疵的情形,该条款不能扩大适用于全部未到出资期限的情况。对于 AS 公司认为存在相对方公司不断通过修改公司章程延长出资期限的可能,二审法院认为,如果出现该种情况,债权人可以根据《最高人民法院关于适用〈中华人民共和国合同法〉若干问题的解释(二)》第 18 条之规定[①],以公司恶意延长到期债权的履行期限为由,提起撤销权之诉。综上,二审法院认为,AS 公司在起诉 HD 公司时一并向出资期限尚未届至的股东王某主张连带清偿责任或补充赔偿责任,既不符合代位权制度中债权到期的要求,又缺乏侵权制度中主观过错等相关要件。因此,根据本案事实,王某的出资义务不应加速到期。如 HD 公司不能通过融资或其股东自行提前缴纳出资等方式清偿债务,AS 公司可以选择启动破产程序的方式实现债权。因此,HD 公司的上诉请求不能成立,应予驳回;王某的上诉请求依法成立,应予支持。

据此,二审法院作出以下判决:(1)维持一审法院判决第(1)项、第(2)项;(2)撤销一审法院判决第(3)项,即"王某对 HD 公司上述债务不能清偿的部分在未足额出资范围内承担补充赔偿责任"。

四、分析思考

本案涉及公司在非破产情形下不能清偿债务时,股东认缴但未到期

[①] 该解释第 18 条规定:"债务人放弃其未到期的债权或者放弃债权担保,或者恶意延长到期债权的履行期,对债权人造成损害,债权人依照合同法第七十四条的规定提起撤销权诉讼的,人民法院应当支持。"

出资是否应当加速到期以承担补充清偿责任的问题,对此本案一审、二审法院作出了相反的判决。之所以如此,根本原因在于一审、二审法院对《公司法司法解释三》(2014年修正)第13条第2款中规定的"未履行或者未全面履行出资义务"有着不同的理解,并由此对于股东出资应否加速到期以对公司债务承担补充赔偿责任形成不同的认识。

2013年修正的《公司法》将公司的注册资本从实缴制、有限制的分期缴纳制改为完全认缴制,这就产生了公司不能清偿债务情况下股东未到期出资应否加速到期以对公司债务承担补充赔偿责任的问题。对此,《公司法》没有作出明确规定,理论界和实务界则有三种不同看法。①

第一,否定说。该观点认为,公司章程约定的股东出资期限未到的,债权人不能依据《公司法司法解释三》(2014年修正)第13条第2款的规定要求股东承担补充赔偿责任。其理由主要有:(1)缺乏法律依据。根据目前法律规定,认缴出资的期限提前到期仅限于公司破产的场合,除此之外,股东出资不应被要求提前缴纳,债权人应当尊重股东关于出资期限的约定。(2)严格解释法律。根据《公司法司法解释三》(2014年修正)第13条第2款,股东承担补充赔偿责任的前提之一是股东未履行或者未全面履行出资义务,而判断股东是否履行出资义务是依据其认缴承诺而言。若股东未违背认缴承诺,就不存在未履行或者未全面履行出资义务,债权人自然无权要求股东承担补充赔偿责任。(3)风险自担。债权虽为相对权,但经过公示即具有一定的涉他效力。股东的出资期限同样如此。公司依法已通过企业信用信息公示系统将股东出资期限向社会公示,而公众可通过信息化、网络化形式获得股东出资信息。若债权人明知股东缴纳出资期限未到仍与公司交易的,包括债权人在内的第三人均负有尊重股东出资期限利益的消极义务。(4)存在其他救济途径。具体包括:一是行使撤销权。若公司与股东的出资期限约定发生在债权成立之后,债权人可基于过长的出资期限约定乃属于恶意延长到期债权履行期而提起撤销之诉,要求股东按原出资期限承担补充赔偿责任。二是主张公司法人人格否认。当作为义务人的公司资本构成中

---

① 参见李建伟:《认缴制下股东出资责任加速到期研究》,载《人民司法》2015年第9期,第52—53页。

存在较大比例的较长缴纳期限的出资，而公司又明显欠缺交易偿债能力时，公司债权人可以主张否认公司独立人格，以矫正股东出于不正当目的滥用资本认缴制的弊端。

第二，肯定说。该观点认为，尽管公司章程对股东出资期限作了特别规定，但公司一旦陷入不能清偿对外债务的境地，股东的期限利益就应该丧失，债权人即有权依据《公司法司法解释三》（2014年修正）第13条第2款之规定，请求相关股东承担补充赔偿责任。其理由主要有：（1）内部约定不能对抗外部第三人。出资义务是股东的法定义务，章程关于出资期限的约定仅是对其法定义务作出的具体安排，其本身不能对抗法定义务。（2）具有救济成本低、效益高的优势。如果出资加速到期仅限于破产场合，就等于逼迫债权人提起破产申请，而这不会使债权人、股东、公司任何一方受益。如果某个、某几个股东可以出资的财产足以偿付公司债务，何必置公司于破产境地？（3）资本担保责任论。认缴资本制下的股东出资义务，相当于股东对公司承担的一种出资范围内的担保责任，因此当公司无力清偿期债务时，股东即应在其认缴出资范围内替代清偿。这会构成对债权人更为有效和严密的保护。（4）约定无效说。有人认为，当事人约定出资履行期限畸长的合同，属于订约权之滥用，应予否定。因为过长履行期限等于欠缺履行可能的合同，违反了公平原则。

第三，折中说。该观点认为，一般情形下不能要求未届出资期限的股东按《公司法司法解释三》（2014年修正）第13条第2款的规定承担补充赔偿责任，但特殊情形除外。就何为特殊情形，具体主张有以下两种：（1）经营困难说。该说认为，原则上公司债权人不能向未届出资履行期限的股东主张补充赔偿责任，但在公司不能清偿到期债务，经营已经面临严重困难，任由其发展难以为继甚至面临破产时，应允许债权人请求股东在未出资本息范围内承担补足责任，而不必等到公司解散、破产或出资期限届满之时。（2）债权人区分说。该说认为，公司债权人分为非自愿债权人和自愿债权人。非自愿债权人对成为公司债权人无法预期和拒绝，不应要求其了解公司信用信息并承担知悉该信息后风险自担的义务，所以这类债权人有权直接要求股东承担补充赔偿责任。自愿债权人在债权成立之时则有自主决定权，应为照顾自己利益而去了解交易相对人公司资产状况,包括其股东出资状况,在知晓股东出资期限约定的情况下,这类债权人负有尊重该约定的义务,应适用风险自担、责任自负的原则。

本案中,一审法院持肯定说,在对《公司法司法解释三》(2014年修正)第13条第2款中"未履行或者未全面履行出资义务"进行扩张解释的基础上,依据该条文判决股东王某对HD公司债务承担补充赔偿责任。二审法院持否定说,对上述条文内容作出字面解释,撤销一审法院该项判决。

当然,由于《公司法》对股东出资应否加速到期没有作出明确规定,不同法院对同样的案件作出不同判决并不奇怪。值得注意的是,主张股东出资义务可以加速到期观点的学者占多数,[1]不少法院通过对《公司法司法解释三》(2014年修正)第13条第2款"未履行或者未全面履行出资义务"的规定作扩张解释,判决股东对公司债务承担补充赔偿责任。但是,作这种扩张解释非常勉强。值得注意的是,最高人民法院(以下简称"最高法")于2019年11月8日印发的《全国法院民商事审判工作会议纪要》(法〔2019〕254号)(以下简称《九民纪要》)第6条对股东出资加速到期作出了规定。[2] 该规定表面上是支持特定情形下股东出资义务的加速到期,实质上相较于当时的司法实践而言,是抑制了股东出资义务加速到期的裁判立场。自此,法院主动判决股东出资义务加速到期的案例明显减少。[3] 从充分保护债权人的利益出发,应当改变这一裁判立场,明确在公司不能清偿到期债务情形下股东出资应加速到期,并将其写入《公司法》中。对此,2022年12月30日公布的《公司法(修订草案二次

---

[1] 参见卢宁:《公司资本缴纳制度评析——兼议认缴制下股东出资义务加速到期的困境与出路》,载《中国政法大学学报》2017年第6期,第81—82页。

[2] 《九民纪要》第6条规定:"在注册资本认缴制下,股东依法享有期限利益。债权人以公司不能清偿到期债务为由,请求未届出资期限的股东在未出资范围内对公司不能清偿的债务承担补充赔偿责任的,人民法院不予支持。但是,下列情形除外:(1)公司作为被执行人的案件,人民法院穷尽执行措施无财产可供执行,已具备破产原因,但不申请破产的;(2)在公司债务产生后,公司股东(大)会决议或以其他方式延长股东出资期限的。"

[3] 参见蒋大兴:《论出资义务加速到期的商业逻辑——股东/董事作为履行者与监督者责任之差异》,载《上海政法学院学报(法治论丛)》2022年第6期,第42页。

审议稿)》第 53 条写道:"公司不能清偿到期债务的,公司或者已到期债权的债权人有权要求已认缴出资但未届缴资期限的股东提前缴纳出资。"2023 年 9 月 1 日公布的《公司法(修订草案三次审议稿)》保留了该条的内容。这表明,两部审议稿对公司或者已到期债权的债权人要求股东出资加速到期予以肯定,并明确了其行使的条件。之后,该规则为 2023 年 12 月 29 日修订通过的《公司法》第 54 条所确认。另外,《公司法(修订草案三次审议稿)》第 47 条第 1 款和 2023 年修订的《公司法》第 47 条第 1 款规定:"有限责任公司的注册资本为在公司登记机关登记的全体股东认缴的出资额。全体股东认缴的出资额由股东按照公司章程的规定自公司成立之日起五年内缴足。"该规定将大大降低股东约定出资期限的自由度,也可以减少出资加速到期条款的运用。

案例三 ZT 中心与 YHG 公司、龙某新增资本认购纠纷案①

——对赌协议的效力和履行

一、基本案情

一审原告、二审上诉人、再审申请人:ZT 中心(有限合伙)

一审被告、二审被上诉人、再审被申请人:YHG 公司

一审被告、二审被上诉人、再审被申请人:龙某,系 YHG 公司董事长

2016 年 4 月 28 日,ZT 中心作为甲方,与作为乙方的龙某及案外的三家企业、作为丙方的 YHG 公司签订《增资协议》,约定 ZT 中心向 YHG 公司增资 1050 万元。同日,上述各方及案外人任某签订《增资协

---

① 案例来源:江西省高级人民法院(2019)赣民终 178 号民事判决书,北大法宝网,https://www.pkulaw.com/gac/f4b18d978bc0d1c7f493643a6e09818898a9a80595d71c6dbdfb.html,最后访问时间 2021 年 3 月 5 日;最高人民法院(2020)最高法民申 1191 号民事裁定书,北大法宝网,https://www.pkulaw.com/pfnl/a6bdb3332ec0adc42861635dec9dd2a2f7d98b919150b159bdfb.html,最后访问时间 2021 年 3 月 5 日。

议的补充协议》(以下简称《补充协议》),约定若有以下情形之一,YHG 公司承诺回购 ZT 中心的股权:(1) 未完成承诺业绩指标,即 YHG 公司未达成 2016 年实现归属于母公司的税后净利润 1.5 亿元,2017 年实现归属于母公司的税后净利润 2.5 亿元,或 2016 年、2017 年两年累计实现归属于母公司的税后净利润 4 亿元的目标;(2) 2018 年 12 月 31 日前 YHG 公司未能完成上市。回购公式为:回购款总额=ZT 中心的实际投资款×(1+持股天数/365 天×15%)—回购日之前 ZT 中心已获得的股息、红利。同时,合同约定回购价格应保证 ZT 中心本次投资的年投资收益率不得低于 15%。

合同签订后,ZT 中心于 2016 年 5 月 27 日向 YHG 公司转款 1050 万元,YHG 公司则未完成 2016 年年度业绩。2017 年 3 月 24 日,ZT 中心向 YHG 公司发出回购函,YHG 公司未予履行,并表示其不能实现合同承诺的业绩指标,也不能实现公司上市的目标。于是,ZT 中心诉请一审法院:(1) 判令 YHG 公司、龙某连带支付 ZT 中心股权回购款(自 2016 年 5 月 27 日起,暂计至 2018 年 1 月 28 日为 12183896.17 元,此后以 973.8579 万元为基数,按年 15% 的收益率支付至实际清偿之日止);(2) 判令龙某回购 ZT 中心所持 YHG 公司 0.75% 的股权,并向 ZT 中心支付股权回购款(自 2016 年 5 月 27 日起,暂计至 2018 年 1 月 28 日为 952610.68 元,此后以 76.1421 万元为基数,按年 15% 的收益率支付至实际清偿之日止)。

二、争议焦点

本案的争议焦点是:(1)《补充协议》中的股权回购条款是否有效;(2) YHG 公司是否需要承担股权回购的责任,向 ZT 中心支付回购款;(3) 龙某是否需要承担股权回购的责任,向 ZT 中心支付回购款。

三、案件裁判

(一) 一审裁判

一审法院查明上述事实,并查明:《增资协议》和《补充协议》中没有关于龙某回购股权的约定;《补充协议》项下约定,若实际控制人、董事等高级管理人员存在违约情形,则 ZT 中心有权要求 YHG 公司回购,并且案外人任某应承担无条件的全额连带回购责任。在此基础上,一审法院提出以下审理意见。

关于《补充协议》中股权回购条款的效力,以及 YHG 公司是否需要向 ZT 中心承担股权回购责任并支付回购款的问题,一审法院认为,《补充协议》中回购价格应保证 ZT 中心本次投资的年投资收益率不得低于 15% 的约定,使投资者可以取得相对固定的收益,该收益会脱离目标公司的经营业绩,直接或间接地损害公司利益和公司债权人利益;同时违反了有限责任公司注册资本确定之后,未经程序不得随意减少和抽回的原则。因而,该股权回购条款依法不能发生法律效力,ZT 中心依据该条款诉请 YHG 公司承担股权回购责任不符合法律规定,不予支持。

关于龙某是否需要向 ZT 中心承担股权回购责任并支付回购款的问题,一审法院认为,因《增资协议》项下没有关于龙某股权回购义务的约定,《补充协议》项下约定在实际控制人、董事等高级管理人员存在违约情形时,ZT 中心有权要求 YHG 公司回购且案外人任某承担无条件全额连带回购责任。根据上述约定,ZT 中心要求龙某回购 ZT 中心所持 0.75% 的股权及支付股权回购款无事实和法律依据,不予支持。

综上,一审法院依照《公司法》第 20 条、第 35 条等规定,判决驳回 ZT 中心的全部诉讼请求。

(二)二审裁判

ZT 中心不服一审判决,提起上诉,请求二审法院撤销一审判决,支持其一审诉请。其理由主要是:第一,原审认为"《补充协议》约定回购价格应保证 ZT 中心本次投资的年收益率不得低于 15%,该收益会脱离目标公司的经营业绩,直接或间接地损害公司利益和公司债权人利益",缺乏事实依据和法律依据。第二,ZT 中心主张 YHG 公司依约回购的股份,仅仅是作为公积金的部分,没有包含注册资金,不存在减少注册资本的问题。原审认为回购条款"同时违反了有限责任公司注册资本确定之后,未经程序,不得随意减少和抽回的原则",不能发生法律效力,没有事实依据。具体来说,一是公司回购股东的股权并不构成抽逃出资,《公司法》并不禁止股东在公司成立之后以合法方式退出公司,包括以公司回购股东股权的形式退出公司;二是公司回购股东的股权并不必然导致公司减少注册资本。第三,原审仅以《补充协议》未约定龙某的股权回购义务,不支持 ZT 中心对龙某的诉讼请求,认定事实错误。

二审法院查明事实后,提出以下审理意见:

第一,关于 YHG 公司回购 ZT 中心股权内容的效力及 YHG 公司应否支付股权回购款的问题,二审法院认为,《公司法》第 20 条第 1 款规定:"公司股东应当遵守法律、行政法规和公司章程,依法行使股东权利,不得滥用股东权利损害公司或者其他股东的利益;不得滥用公司法人独立地位和股东有限责任损害公司债权人的利益。"第 35 条规定:"公司成立后,股东不得抽逃出资。"第 142 条第 1 款规定:"公司不得收购本公司股份。但是,有下列情形之一的除外:(一)减少公司注册资本;(二)与持有本公司股份的其他公司合并;(三)将股份奖励给本公司职工;(四)股东因对股东大会作出的公司合并,分立决议持异议,要求公司收购其股份的。"《公司法》第 35 条、第 142 条的规定均是公司资本维持原则的体现,除非基于法定情形,否则公司不得收购其股份。本案中,《补充协议》第 2.1.1 条约定,在约定的条件成就时,"ZT 中心有权要求 YHG 公司回购 ZT 中心持有的全部或部分股权,YHG 公司承诺予以回购,回购价格应保证 ZT 中心本次投资的年收益率不低于百分之拾伍(15%)"。该约定违反了《公司法》第 35 条、第 142 条的强制性规定;《补充协议》约定的回购款计算方式,使得 ZT 中心的投资可以取得相对固定的收益,该收益脱离了 YHG 公司的经营业绩,损害了公司利益和公司债权人利益,同时亦属于违反《公司法》第 20 条规定的情形。因此,《补充协议》有关 YHG 公司回购股权的内容应属无效。

对于 ZT 中心认为其要求 YHG 公司支付的该部分股权不是注册资本,是资本公积金部分,不存在减少注册资本的情形,二审法院认为,股东向公司缴纳的出资,无论是计入注册资本还是计入资本公积金,都已属于公司所有,是公司资产的构成部分。基于公司资本维持原则的要求,如果将资本公积金返还股东,同样将导致公司资本规模的减少,损害公司的财产和信用基础,损害公司债权人的利益,故股东不得任意要求公司予以返还。综上,ZT中心要求YHG公司支付列入公司资本公积金部分的股权回购款不能成立,故不予支持。

第二,关于龙某应否承担股权回购责任的问题,二审法院认为,现有证据证实,《增资协议》及《补充协议》中均没有龙某须承担回购责任的相关约定,故ZT中心的请求缺乏事实和法律依据,不予支持。

综上,二审法院判决驳回上诉,维持原判。

(三)再审裁判

ZT中心不服二审判决,向最高人民法院提起再审申请,请求撤销原判决,改判支持ZT中心的诉讼请求。ZT中心认为,第一,原判认定案涉回购协议违反了《公司法》第142条的规定,该认定属于适用法律错误。《公司法》第142条属于该法第五章"股份有限公司的股份发行和转让"项下的条款,只适用于股份有限公司。本案中,目标公司及回购义务人YHG公司属于有限责任公司,不适用该条规定。对于有限责任公司,《公司法》并未对公司回购股东股权作出任何限制。第二,案涉股权回购条款不违反强制性法律规定以及YHG公司的章程,且未损害公司利益和公司债权人利益,合法有效。原判决认定回购条款无效,属于适用法律错误。具体来说,一是案涉回购条款实质是一种"对赌协议",并未违反任何强制性法律规定。二是股东与公司之间回购股权约定合法有效,已成为目前司法实践中的普遍认识。2019年8月最高人民法院发布的《全国法院民商事审判工作会议纪要(最高人民法院民二庭向社会公开征求意见稿)》以及近年来的司法判例明确或倾向于认定公司回购股东股权的约定有效。三是本案中的股权回购约定不违反公司章程的规定。四是案涉回购条款通过正当的减资程序可以履行,并非"抽逃出资",且该条款未损害公司利益和债权人利益。第三,原判决仅以《补充协议》未约定龙某的股权回购义务为由,不支持ZT中心对龙某的诉讼请求是认定事实错误。原判决认定回购义务不属于违约责任,缺乏证据证明。

再审法院审查后认为：

第一，ZT中心的再审申请不符合《民事诉讼法》（2017年修正）第200条第2项规定情形。本案中，支付股权回购款是基于《补充协议》，返还投资款是基于《增资协议》，二者请求返还的基础不同。由于ZT中心的一审诉讼请求及二审上诉请求均只要求YHG公司、龙某支付股权回购款，并未要求龙某返还投资款，原判决结合《补充协议》未约定龙某有支付股权回购款的义务，认定龙某不应承担支付股权回购款责任并无不当。ZT中心在再审申请理由中主张龙某应当基于《增资协议》返还投资款，超出了其一审诉讼请求及二审上诉请求范围。虽然ZT中心在原判决的事实与理由部分也以此为由要求龙某承担还款义务，但该理由也与其仅要求龙某支付股权回购款的上诉请求不符。ZT中心在提起再审申请时主张原判决未认定龙某应当返还投资款错误于理无据，对该项请求不应予以支持。

第二，ZT中心的再审申请不符合《民事诉讼法》（2017年修正）第200条第6项规定情形。虽然《公司法》第142条规定是在股份有限公司的标题项下，但并未禁止适用于有限责任公司。关于股权回购协议是否有效的司法态度也很明显。《九民纪要》第5条已明确指出："投资方请求目标公司回购股权的，人民法院应当依据《公司法》第35条关于'股东不得抽逃出资'或者第142条关于股份回购的强制性规定进行审查。经审查，目标公司未完成减资程序的，人民法院应当驳回其诉讼请求。"可以看出，《九民纪要》在总结以往审判经验的基础上也认为《公司法》第142条可以适用于有限责任公司，故原判决适用该条认定《补充协议》的效力并无不当。同时，针对ZT中心要求YHG公司回购股权这一事项，原判决还需围绕YHG公司是否完成减资程序进行审查。

事实上，公司股权是否可以回购应当分两方面进行审理：一是《补充协议》的效力问题；二是基于合同有效前提下的履行问题。原判决并未说明《补充协议》存在符合合同无效的法定情形，合同本身应当认定为有效。至于《补充协议》约定的股权回购实际上是不是可以履行，存在多种可能性，而非一种必然性。股权回购是否经过2/3以上有表决权的股东通过,目标公司是否已完成减资程序,债权人是否同意等事项均具有不确定性。原判决在上述事实未经审理的情形下直接认定合同本身必然无效确有不当。但鉴于ZT中心并未主张YHG公司已完成减资程序,也未提交有关减资的证据,故原判决从实体结果处理上来说并无不当。

综上,再审法院依法裁定驳回ZT中心的再审申请。

四、分析思考

本案属于股权回购型对赌协议纠纷,值得关注的一个问题是,对于ZT中心提出的YHG公司回购股权并支付回购款的诉请,一审、二审和再审法院的判决结果是相同的,但对事实的认定和说理却有不同。这里涉及两个关键问题:一是作为对赌协议的《补充协议》是否有效;二是有效的《补充协议》能否实际履行。

(一)作为对赌协议的《补充协议》是否有效

对赌协议,又称"估值调整协议",是指投资方与融资方在达成股权性融资协议时,为解决交易双方对目标公司未来发展的不确定性、信息不对称以及代理成本而设计的包含股权回购、金钱补偿等对未来目标公司的估值进行调整的协议。对赌协议的实质为估值调整机制。也就是说,它是一种企业估值与融投资方持股比例或然性的一种约定安排。通常的约定是:如果企业未来的获利能力达到业绩增长指标,由融资方行使估值调整的权利,以弥补其因企业价值被低估而遭受的损失;否则,由投资方行使估值调整的权利,以补偿其因企业价值被高估而遭受的损失。[①] 实践中,股权回购型对赌协议运用最多,其实质是当企业未达到约定的业绩指标时,融资方以回购股权的方式弥补投资方因对目标公司估值过高所造成损失的估值调整机制。本案中,投融资双方所签订的《补充协议》就属于股权回购型对赌协议。

ZT中心诉请YHG公司回购股权并支付回购款成立的首要前提是,作为对赌协议的《补充协议》必须有效。对此,一审、二审法院与再审法

---

① 参见傅穹:《对赌协议的法律构造与定性观察》,载《政法论丛》2011年第6期,第66页。

院作出了相反的认定。关于投资人与目标公司的对赌协议是否有效,我国学界和司法界一直有着不同看法——起初较多学者和法院主张无效,近些年来则多转向有效。

从司法上看,在2012年对赌协议第一案"海富案"中,一审、二审法院和最高法均认定《增资协议书》中的对赌条款无效,其主要理由是,该对赌条款的约定使得投资者海富公司的投资可以取得相对固定的收益,该收益脱离了目标公司世恒公司的经营业绩,损害了该公司及其债权人的利益。① 在2019年"华工案"中,一审、二审法院认为,案涉《补充协议》中的对赌条款违反《公司法》第142条对于四种法定情形②外公司不得收购本公司股份的禁止性规定,且该条款使股东即投资者华工公司可以脱离目标公司扬锻公司的经营业绩、不承担公司经营风险即当然获得约定收益,损害了公司、公司其他股东和公司债权人的权益,与《公司法》第20条资本维持、法人独立财产原则相悖,故该对赌条款无效。但是,江苏省高级人民法院(以下简称"高院")在再审中认为有限责任公司回购本公司股份并不违反《公司法》的规定,认定案涉对赌协议有效,且具备法律上履行的可能。③ 之后,许多法院认定对赌协议有效。

在学界,有学者认为,对赌协议属于射幸合同,一般来讲,它并不会损害国家和社会公共利益,现行法律架构中未有禁止此类协议的强制性规范存在,因而它具有合法性。④ 也有学者则认为,基于资本维持原则,新增股东即投资人与目标公司签署的对赌条款无效。⑤

为了规范对赌协议纠纷的审判,最高法2019年9月11日通过的《九民纪要》第5条第1款规定,"投资方与目标公司订立的'对赌协议'

---

① 参见最高人民法院(2012)民提字第11号民事判决书。
② 该案中,法院引用的是2013年修正的《公司法》,该法第142条第1款规定的公司收购本公司股份的四种例外情形为:(1)减少公司注册资本;(2)与持有本公司股份的其他公司合并;(3)将股份奖励给本公司职工;(4)股东因股东大会作出的公司合并、分立决议持异议,要求公司收购其股份的。
③ 参见江苏省高级人民法院(2019)苏民再62号民事判决书。
④ 参见傅穹:《对赌协议的法律构造与定性观察》,载《政法论丛》2011年第6期,第69—70页。
⑤ 参见刘俊海:《目标公司对赌条款无效的法理证成》,载《河北法学》2022年第4期,第52—76页。

在不存在法定无效事由的情况下,目标公司仅以存在股权回购或者金钱补偿约定为由,主张'对赌协议'无效的,人民法院不予支持"。据此,本案再审法院对作为对赌协议的《补充协议》进行审查后,认为其并未违反法律规定而认定其有效,显然是符合这一规定的。

(二)有效的《补充协议》能否实际履行

《九民纪要》第5条除了就对赌协议的效力作出规定外,还规定了对赌义务可履行性的审查判断规则。该条第2款指出,对于股权回购型对赌协议来说,"投资方请求目标公司回购股权的,人民法院应当依据《公司法》第35条关于'股东不得抽逃出资'或者第142条关于股份回购的强制性规定进行审查。经审查,目标公司未完成减资程序的,人民法院应当驳回其诉讼请求"。这意味着,这类对赌协议即便有效,还需通过协议能否履行的审查,这样投资方请求目标公司回购股权的诉请才能得到支持。显然,《九民纪要》的这一规定将对赌协议项下的股权回购归入减资回购一类,体现了资本维持原则和对债权人利益的保护。本案中,再审法院经审查认为,ZT中心并未提交有关YHG公司已完成减资程序的证据,由此认定《补充协议》不具有可履行性,因而判决驳回ZT中心要求YHG公司依照其约定回购股权并支付回购款的诉讼请求,这完全符合《九民纪要》的规定。

《九民纪要》提出的对赌义务可履行性审查判断规则,引发了学者们的热烈讨论。例如,有学者对此批评道,该规则未能充分理解并尊重对赌实践的合理商业逻辑,而将对赌交易强行拟制为现行《公司法》资本维持原则体系下的特定行为类型,其结果是不当提升了债权人保护规则的适用强度,削弱了维护投资方正当权益的实质功效。在此基础上,该学者探讨了对赌回购义务可履行性的判定问题。① 有学者则认为,对赌义务可履行性是一道跨合同法和公司法的难题,并分别从违反资本维持原则和未完成减资程序两个方面研究其是否以及如何导致对赌协议履行不能的问题,得出前者导致一时不能履行、后者与履行不能无关的基本

---

① 参见张保华:《对赌协议下股份回购义务可履行性的判定》,载《环球法律评论》2021年第1期,第85—100页。

结论。① 还有学者将对赌协议定性为介于股权投资和债权投资之间的第三种投资,认为对赌协议遭遇的根本法律障碍和束缚在于资本维持原则以及体现该项原则的盈余分配规则和股权回购规则,走出困境、破解冲突的重要出路是针对对赌协议的商业需求作出立法回应以及规则的突破与创新,在对赌协议中对盈余分配和股权回购规则的适用作出除外规定。这样的制度安排,将不会弱化或损及债权人保护,只会使对赌协议的融资动能得以充分释放和施展。②

案例四 | 胡某与 BY 公司股东资格确认纠纷案③
——股权让与担保下的股东资格确定

一、基本案情

一审原告、二审被上诉人、再审被申请人:胡某

一审被告:BY 公司

一审第三人、二审上诉人、再审申请人:XZ 信托公司

BY 公司于 1998 年 1 月 7 日设立,发起人为胡某、曹某,法定代表人为胡某。2011 年 10 月,BY 公司将注册资本由 50 万元变更为 1100 万元,胡某货币出资 880 万元,出资比例为 80%。

---

① 参见贺剑:《对赌协议何以履行不能?——一个公司法与民法交叉研究》,载《法学家》2021 年第 1 期,第 156—170 页。

② 参见赵旭东:《第三种投资:对赌协议的立法回应与制度创新》,载《东方法学》2022 年第 4 期,第 98—102 页。

③ 案例来源:北京市石景山区人民法院(2016)京 0107 民初 6214 号民事判决书,北大法宝网,https://www.pkulaw.com/pfnl/a6bdb3332ec0adc49034300f81acf726045eaa9453ac132abdfb.html;北京市第一中级人民法院(2018)京 01 民终 7512 号民事裁定书,北大法宝网,https://www.pkulaw.com/pfnl/a25051f3312b07f324f31d41a07e296de8a7348263421497bdfb.html;北京市石景山区人民法院(2018)京 0107 民初 29633 号民事判决书,北大法宝网,https://www.pkulaw.com/pfnl/a6bdb3332ec0adc438d8304845b0a4030e52727921cbf082bdfb.html;北京市第一中级人民法院(2019)京 01 民终 2736 号民事判决书,北大法宝网,https://www.pkulaw.com/pfnl/a6bdb3332ec0adc47ed93ac666cc9610c3621116dbae5d48bdfb.html;北京市高级人民法院(2019)京民申 3169 号民事裁定书,北大法宝网,https://www.pkulaw.com/pfnl/a6bdb3332ec0adc4c4cf745f08bebda9af9e0dd5842a5321bdfb.html,最后访问时间 2021 年 7 月 16 日。

2013年12月起，XZ信托公司向案外人JW公司提供1.7亿元的借款，BY公司为上述借款提供了房屋抵押担保。2015年5月5日，BY公司作出股东会决议，同意胡某将其持有的公司80%的股权转让给XZ信托公司，同时退出股东会，不再享有和承担相应的权利和义务；同意免去胡某执行董事及法定代表人职务，解聘胡某经理职务。同日，胡某与XZ信托公司签订股权转让协议，约定胡某将其在BY公司80%股权转让给XZ信托公司；双方自签字之日起，股权交割清楚，转让前后发生的债权债务分别由转让人和受让人承担。但是，协议没有对股权转让的价格进行约定。2015年6月17日，BY公司办理工商变更登记手续，XZ信托公司被登记为BY公司股东。

因XZ信托公司利用控制BY公司的股权、新的法定代表人及证照手续，通过实现担保物权的法律特别程序，在未通知胡某等真实权利人的情形下获得了生效法律文书，且该实现担保物权的案件已进入执行程序，胡某认为其权利面临巨大侵害，便向一审法院起诉，请求确认其具有BY公司的股东资格。

庭审中，胡某认为虽然双方签署了股权转让协议，但没有实际进行股权转让的意思表示，实系以股权过户实现担保、偿还债务后再过户回转的股权让与担保。XZ信托公司受让股权未支付任何对价，故胡某具有BY公司股东身份。XZ信托公司则认为，胡某是自愿将其持有的BY公司股权转让给它，其意思表示真实明确，双方签订了股权转让协议，并且办理了工商变更登记。同时，BY公司作出股东会决议，确认胡某将股权转让给XZ信托公司并退出股东会，不再享有和承担相应的权利和义务。由此，XZ信托公司取得BY公司的股东资格，而胡某不再作为股东。另外，XZ信托公司持有BY公司股权并不是基于代持或者类似法律关系，双方也没有特别约定。因此，XZ信托公司请求驳回胡某的诉讼请求。

二、争议焦点

本案的争议焦点是：(1)胡某股权转让行为的性质和法律后果是什么；(2)胡某是否仍为BY公司的股东。

三、案件裁判

（一）一审裁判

一审法院查明上述事实后认为，胡某作为 BY 公司原始股东，依法享有处分股权的权利。经股东会决议，胡某与 XZ 信托公司签署股权转让协议，XZ 信托公司受让胡某持有的 BY 公司股权，并依法办理了工商变更登记。XZ 信托公司依法通过受让方式获得 BY 公司股东资格，胡某的股东资格已经丧失。胡某虽然主张因 XZ 信托公司与案外人借款纠纷，其以让渡 BY 公司股权的方式作为该债权的担保，但是，XZ 信托公司对此不予认可，胡某与 XZ 信托公司又未签署以让渡 BY 公司股权的方式为案外债权设定担保的协议。虽然涉案股权转让协议约定 XZ 信托公司零对价受让，但法律对此并无禁止性规定。胡某与 XZ 信托公司签署的股权转让协议，意思表示明确，胡某亦未举证证明其以 BY 公司股权为案外债权进行担保，且股权转让协议并不存在股权回购条款。故胡某主张构成股权让与担保的意见缺乏事实及法律依据。

综上，一审法院依据《公司法》第 32 条、第 71 条等规定[①]，判决驳回胡某的诉讼请求。

（二）二审裁判

胡某不服一审判决，提起上诉。二审法院审理后认为，各方当事人均未认可涉案股权系零对价转让，XZ 信托公司亦未就因何取得胡某所持 BY 公司 80％的股权作出合理解释，一审法院即认定 XZ 信托公司零对价受让涉案股权，进而否定胡某所主张的让与担保事宜，属于认定基本事实不清，故裁定撤销北京市石景山区人民法院（2016）京 0107 民初 6214 号民事判决，发回一审法院重审。

（三）一审重审裁判

重审中，一审法院除查明上述事实外，还查明以下事实：（1）2011 年

---

① 《公司法》第 32 条规定："有限责任公司应当置备股东名册，记载下列事项：……记载于股东名册的股东，可以依股东名册主张行使股东权利。公司应当将股东的姓名或者名称向公司登记机关登记；登记事项发生变更的，应当办理变更登记。未经登记或者变更登记的，不得对抗第三人。"该法第 71 条是关于股权转让的规定。

12月29日,JW公司法定代表人由胡某变更为余某。(2) X公司、Y公司、Z公司,均为JW公司所投资的企业。(3) 2013年12月,甲方(JW公司)、乙方(XZ信托公司)与丙方(X公司等四家公司以及胡某、曹某)签订《股东借款合同》,约定甲方向乙方借款9950万元,丙方同意作为共同借款人履行甲方在本合同项下的义务。之后,XZ信托公司与BY公司签订《抵押合同》,约定将BY公司所有的某处房屋和土地使用权作为抵押物,为《股东借款合同》项下JW公司的债务提供抵押担保,并办理了抵押登记。(4) 2014年12月,甲方(JW公司)与乙方(XZ信托公司)签订《人民币资金贷款合同》,约定甲方向乙方借款9000万元。之后,XZ信托公司与BY公司签订《抵押合同》,约定将BY公司所有的某处房屋和土地使用权作为抵押物,为《人民币资金贷款合同》项下JW公司的债务提供抵押担保,并办理了抵押登记。(5) 原审庭审中,BY公司向法庭提交了出资转让协议书的补充协议,以证明当时胡某有零对价回购的意思表示,但最终双方没有达成一致;在该补充协议书上只有转让方胡某的签字,没有受让方XZ信托公司的签字或印章。胡某向法庭提交了该补充协议书以及BY公司相关证照、印章等物品的交接单。(6) 办理股权变更登记后,BY公司固定资产及人员仍由胡某进行日常管理。

一审法院重审时围绕争议焦点提出以下审理意见:

第一,关于涉案股权转让行为的性质。一审法院重审认为,对合同当事人意思表示的解释应以客观立场作为评价标准。本案中,在案证据显示胡某作为共同借款人对XZ信托公司负有9950万元的债务,该债务已经以BY公司所有的房屋及土地使用权设定了抵押。在此前提下,胡某作为长期从事商业活动的商事主体,仍以无偿方式全部转让自己持有的BY公司股权有违常理。在法庭询问中,XZ信托公司亦表示其取得涉案股权的目的在于防范债务人通过行使股东权利对资产进行不当处置,最终保障抵押权的实现。庭审中,XZ信托公司亦认可其持有胡某单方签署的出资转让协议书的补充协议,表明胡某曾经作过在债务清偿完毕后零对价回转相应股权的意思表示,但认为双方并无实际签署,因此无合同约束力。综合以上在案证据及当事人陈述意见,从客观价值立场判断,胡某与XZ信托公司的缔约目的在于:胡某通过转让股权并办理变更登记,使XZ信托公司取得名义股东地位,在债务不能清偿时,XZ信托公司可依其股东身份取得资产处置的主动权。因此,胡某及XZ信托公司之间的股权转让行为系双方通谋虚伪意思表示[①],其性质实为以涉案股权为标的的让与担保。

第二,关于涉案股权转让行为的法律后果。一审法院重审认为,让与担保作为非典型担保形式并不违反法律及行政法规禁止性规定,应属有效。而股权让与担保的法律构造为:债务人将股权转移至债权人名下,债务清偿后,股权应返还于债务人;债务人履行不能时,债权人可就股权变价并经过债务清算后受偿。因此,XZ信托公司依据股权转让协议在工商登记中公示为股东,但相关记载应为名义股东性质,并非实际股东。

第三,关于胡某诉请确认其股东资格,同时否定XZ信托公司股东资格的主张能否成立。一审法院重审认为,有限公司股权权能中包含财产权及社员权,而股权让与担保本身仅涉及其中的财产权部分,但不应影响实际股东社员权利的行使。胡某并不因此完全丧失股东身份,故胡某仍为BY公司的实际股东并行使相应的股东权利,而XZ信托公司作为名义股东,其权利的行使应受到实际股东权利的合理限制。关于XZ信托公司在工商登记仍记载为股东的情况,系双方为实现债权担保及特定商业目的的自主安排,名义股东与实际股东并存之情形并不违反公共利益及法律、行政法规的强制性规范,也符合常见的商业惯例,故应尊重当事人的商业判断和权利处分,因此对于胡某要求否定XZ信托公司名义股东身份的主张,法院不予支持。

综上,依据《公司法》第32条、第71条等规定,一审法院重审判决:确认胡某系持有BY公司80%股权的实际股东,驳回胡某的其他诉讼请求。

(四)二审裁判

对一审重审判决,XZ信托公司不服,提起上诉,请求撤销该一审判

---

① 通谋虚伪意思表示,又称"通谋虚伪表示"。

决,改判驳回胡某的全部诉讼请求。其事实和理由主要是:第一,该一审判决认定XZ信托公司与胡某关于转让BY公司股权系让与担保,缺乏事实依据。这是因为,一是双方之间没有让与担保的合意;二是XZ信托公司受让BY公司股权,不仅是为了防范胡某和BY公司对抵押的不动产进行处置,保障XZ信托公司抵押权的实现,更是为了方便XZ信托公司处置BY公司抵押的不动产,并不是以BY公司股权设定担保;三是BY公司除抵押的不动产外,没有其他财产可供处置以清偿XZ信托公司债权,而抵押的不动产价值不足以覆盖XZ信托公司的全部债权,处置该不动产后,XZ信托公司没有再返还BY公司股权的必要。第二,该一审判决认定双方之间关于BY公司的股权转让系双方通谋虚伪意思表示,法律适用错误。双方之间关于BY公司股权转让的法律行为是双方真实意思表示,并办理了工商变更登记,并不是通谋虚伪意思表示。

二审法院确认了一审法院重审查明的事实,然后针对上诉人的上诉理由和案件的争议焦点提出审理意见:

第一,关于涉案股权转让协议是否为股权让与担保的问题。二审法院认为,认定涉案股权转让协议是股权让与担保、股权转让还是股权质押,不能仅仅看合同的形式或名称,而要探究当事人的真实意思表示。如果当事人的真实意思是通过转让标的物的形式为主合同提供担保,则此种合同属于让与担保合同。本案中,XZ信托公司与胡某均否认双方之间的协议是股权买卖或股权质押关系,故上述两种关系可以排除。因此,本案应当着重分析涉案协议是否属于股权让与担保。所谓让与担保,是指债务人或第三人为担保债务的履行将标的物转让给他人,于债务不履行时,该他人可就标的物受偿的一种非典型担保。将标的物转移给他人的债务人或第三人形式上是转让人,实质上是担保人;受领标的物的他人形式上是受让人,实质上是担保权人。在让与担保关系中,通常存在主从两份合同,股权让与担保合同作为从合同,是为了担保主合同项下的债务而订立的,这是判断一个协议是股权转让还是股权让与担保的重要标准。本案中,当事人均认可BY公司与XZ信托公司之间存在3笔债权债务关系,涉及本金约3亿元,故上述3份借款合同应为主合同，而胡某与 XZ 信托公司之间的股权转让协议应当属于为了担保上述主合同的履行而签订的从合同。否则，BY 公司名下房产及土地价值几亿元，而胡某与 XZ 信托公司之间的股权转让协议未约定任何对价，这显然与理性的商事主体的交易行为相悖，无法让人信服。同时，让与担保亦包括便于债权人实现债权的功能，这与 XZ 信托公司关于涉案股权转让协议是为了防范胡某和 BY 公司处置抵押不动产，保障其抵押权的实现，方便其处置抵押的不动产的主张完全相符。综上，一审法院重审认定本案系股权让与担保纠纷正确，予以维持。

第二，关于一审重审判决胡某与 XZ 信托公司之间的股权转让行为系双方通谋虚伪意思表示，实为股权让与担保的认定，适用法律是否错误的问题。二审法院认为，从虚假意思表示的角度来看，确实可以将股权转让行为理解为名为股权转让实为让与担保，即本案中股权转让是假，让与担保是真。根据《民法总则》第 146 条第 2 款的规定："以虚假的意思表示隐藏的民事法律行为的效力，依照有关法律规定处理。"[①]本案中，当事人在股权转让协议中作出虚假的意思表示，因其并非当事人的真实意思表示而在法律上被认定无效。但是，让与担保行为系隐藏的民事担保行为，则要根据合同法的相关规定认定其效力。而让与担保本身并不存在违反法律、行政法规的强制性规定的情形，应当认定为合法有效。因此，XZ 信托公司该上诉意见于法无据，不予采信。

综上，二审法院判决驳回上诉，维持原判。

（五）再审裁判

XZ 信托公司不服二审判决，申请再审。再审法院同意重审二审法院对事实认定的意见，认为综合全案情况，原审判决认定胡某通过转让股权并办理变更登记，使 XZ 信托公司取得名义股东地位，在债务不能清偿时，XZ 信托公司可依其股东身份取得资产处置权，双方之间的股权转让行为系以涉案股权为标的的让与担保性质，并无不当。据此，再审法院依法驳回 XZ 信托公司的再审申请。

---

① 《民法典》第 146 条第 2 款与该条内容完全相同。

四、分析思考

（一）涉案股权转让协议的性质和效力

本案中，当事人的争议焦点是涉案股权转让协议是否属于股权让与担保，对此原一审判决与一审重审、二审裁判截然相反，其原因在于法院对该协议是否具有股权让与担保性质有不同的认识。

股权让与担保属于非典型担保的形式，其操作安排主要分为三个阶段：首先，债务人或第三人（让与人）与债权人（受让人）签订股权转让合同或者让与担保合同（实践中多为股权转让合同），约定让与人将目标公司股权转让给受让人作为对债权人债权的担保，债权人无须支付股权转让对价，或者为配合工商登记虚构股权转让对价。其次，办理股权变更登记手续，由受让人成为目标公司名义股东。最后，在债务人清偿债务后，让与人可以无偿或者按约定价格回购让与的股权，使得让与股份在债务清偿后得以回转。① 本案中，法院查明的证据显示，胡某与XZ信托公司签订了零对价的股权转让协议，胡某也将其BY公司的全部股权变更登记在XZ信托公司名下，而且双方订约的真实意思不是转让股权，而是为了担保XZ信托公司在与JW公司、胡某等人签订的《股东借款合同》中的债权实现，即债务清偿完毕后，胡某的股权零对价回转；债务不能清偿时，XZ信托公司可依其股东身份取得对股权的处置权。显然，本案中的股权转让行为符合上述股权让与担保的模式，只不过名为股权转让、实为股权让与担保。因此，一审法院重审中作出股权转让行为系双方通谋虚伪意思表示、实为以涉案股权为标的的让与担保的认定，是正确的。

既然涉案股权转让协议属于民法中的双方通谋虚伪意思表示，即股权转让为假，让与担保为真，那么股权转让协议是否有效？对此，有学者总结司法实践后指出，法院有"分离论"和"综合论"两种立场，并由此得出不同的结论。前者认为，股权转让合同、借款（融资）合同及回购合同

---

① 参见高圣平、曹明哲：《股权让与担保效力的解释论——基于裁判的分析与展开》，载《人民司法（应用）》2018年第28期，第16页。

均是相互独立的法律行为,应分别评价其效力。基于此立场可以得出,股权让与担保中的股权转让名为股权转让,实为借款提供担保,因此当事人之间并不存在股权转让的真实意思,股权转让合同应属于民法中的通谋虚伪意思表示而无效。后者认为,股权让与担保是通过合同联立而形成的担保方式,它由借款关系、股权转让关系等组合而成。作为股权让与担保交易结构中的一个环节,股权转让合同和借款合同之间存在逻辑上的关联,不能与借款合同割裂而孤立对待,应综合地进行考量。基于此立场,法院的主导性裁判逻辑是视股权让与为整个交易结构中的一环,并进而区分股权转让意思表示的动机和股权转让意思表示的内容。本案中,从意思表示的动机上看,股权转让是为债权的实现提供担保;而就意思表示的内容而言,当事人的真实意思就是向债权人转让股权,该意思表示并不存在不真实或不一致的瑕疵,也不违反我国法律、行政法规的强制性规定,可以认定股权转让合同有效。① 还有学者认为,根据《民法总则》关于通谋虚伪意思表示的规定,可以将实务中股权让与担保的操作理解为名为股权转让实为让与担保,即股权转让为假,让与担保为真。即便如此,根据《民法总则》第 146 条第 2 款"以虚假的意思表示隐藏的民事法律行为的效力,依照有关法律规定处理"的规定,虚假意思表示(股权转让协议)无效,但隐藏行为(股权让与担保)不违反法律、行政法规强制性规定,仍然有效。② 在本案一审重审中,法院同意这种观点,认为虚假的意思表示即股权转让协议无效,而隐藏的行为即让与担保行为有效。

(二)股权让与担保后股东资格以及股东权利行使是否改变

本案涉及的另一个重要问题是,让与人胡某依照股权转让协议将其全部股权转至受让人 XZ 信托公司名下后,其股东资格仍然保留,还是受让人 XZ 信托公司取得股东资格?胡某的股东权利行使是否改变?

---

① 参见蔡立东:《股权让与担保纠纷裁判逻辑的实证研究》,载《中国法学》2018 年第 6 期,第 246—247 页。
② 参见高圣平、曹明哲:《股权让与担保效力的解释论——基于裁判的分析与展开》,载《人民司法(应用)》2018 年第 28 期,第 17—18 页。

股东资格和股东权利问题涉及受让人(担保权人)、让与人(担保人)与公司之间的关系,也涉及受让人与让与人、让与人与第三人之间的关系。对此,司法实践中多数裁判并不认为受让人具有股东资格,而认为其仅为名义股东,并非实际股东。有学者就此提出,作出股权让与担保安排后,让与人并未丧失股东资格和股东权利,受让人仅为名义股东,并不具有股东资格,也不得对公司行使股东权利。其主要理由是,从担保物权的本质看,该安排不重在对担保物的直接支配,而重在对担保物的交换价值的直接支配,受让人取得的仅是担保权人的资格,依法只能在担保范围内行使权利。① 本案中,一审法院在重审判决书的说理部分中指出,股权让与担保后,担保人胡某为实际股东,并未完全丧失股东资格,不影响其行使股权中的相应权利,即社员权。而担保权人 XZ 信托公司则为名义股东,其权利行使应限于担保范围内即股权的财产权部分,并受到实际股东权利的合理限制。显然,这种观点认同多数裁判的意见,也与上述学者的观点基本一致。

当然,这个问题比较复杂,学者们对此还有不同的认识,值得关注。有学者认为,应从权利享有和权利行使相分离的思路来认识。其一,从权利享有来说,当事人之间订立了有效的股权转让合同,并履行了股权转让的相关程序,受让人则依法取得股权,无论是对内还是对外,受让人均是股权的享有者。其二,就权利行使而言,在对内关系上,受让人对股权的行使受到合同约定或者诚实信用原则的限制;在对外关系上,受让人对股权的处分须受到限制,但应保护善意第三人的利益。② 还有学者认为,股权让与担保中担保权人即受让人是否取得股东资格以及是否能行使股东权利,值得探讨。其一,如果目标公司不知道股权让与担保的存在,该担保仅在担保人、担保权人之间发生,且在发生股权变更登记时未对公司披露,那么应当视为担保权人取得了实际股东权利。此时的股

---

① 参见高圣平、曹明哲:《股权让与担保效力的解释论——基于裁判的分析与展开》,载《人民司法(应用)》2018年第28期,第20—21页。
② 参见蔡立东:《股权让与担保纠纷裁判逻辑的实证研究》,载《中国法学》2018年第6期,第255—256页。

权让与担保相当于股权代持或者股权信托,不能对抗公司。对于公司而言,只有记载于股东名册的人,才能被视为公司股东,可以向公司主张股东权利。其二,如果公司对股权让与担保明知并且同意,或者公司是股权让与担保交易的当事人,那么即使担保权人被记载为名义股东,其股东权利也要受到制约。因为股东和公司是彼此独立的,股东地位和身份的取得要经过公司的认可(表现为办理内部登记和工商登记),而且股东权利的行使也必须经过公司。①

案例五 周某与 ZS 中国公司等损害公司利益责任纠纷案②
——股东代表诉讼前置程序的免除

一、基本案情

一审原告、二审上诉人:周某

一审被告、二审被上诉人:ZS 中国公司、李某、彭某

一审第三人:湖南 HY 公司

湖南 HY 公司于 2002 年注册成立,周某为该公司股东。ZS 中国公司系湖南 HY 公司、XSD 公司的实际控制人;李某从 2005 年起担任 XSD 公司董事,2005 年至 2011 年 11 月任湖南 HY 公司董事,2011 年 11 月至诉讼时任湖南 HY 公司董事长、法定代表人;彭某 2005 年起担任 XSD 公司董事,2005 年至诉讼时任湖南 HY 公司董事、总经理。

2005 年 9 月至 10 月期间,ZS 中国公司、李某和彭某利用其对湖南

---

① 参见葛伟军:《股权让与担保的内外关系与权利界分》,载《财经法学》2020 年第 6 期,第 42—44 页。

② 案例来源:湖南省高级人民法院(2017)湘民初 18 号民事裁定书,北大法宝网,https://www.pkulaw.com/pfnl/a6bdb3332ec0adc44022666086882c58d5950cf60ac269e5bdfb.html,最后访问时间 2021 年 7 月 27 日;最高人民法院(2019)最高法民终 1679 号民事裁定书,北大法宝网,https://www.pkulaw.com/pfnl/a6bdb3332ec0adc462441faa5e6c71327db406bcdc9a0276bdfb.html,最后访问时间 2021 年 7 月 18 日。

HY公司的控制和管理地位,将湖南HY公司的7508250元人民币分别转入案外的两家公司账户,该两家公司将其兑换成港币后汇入ZS中国公司实际控制的XSD公司。XSD公司收到上述款项后,向湖南HY公司发传真确认收到港币7100000.68元,并承诺2005年10月10日转回,但XSD公司之后并未转回上述款项,造成湖南HY公司财产损失。

2012年7月16日,在ZS中国公司、李某和彭某的控制下,湖南HY公司分别与ZS中国公司的两家全资子公司惠阳ZS公司和东莞ZS公司签署《债权债务确认书》,确认惠阳ZS公司在2010年7月向案外人某工程建设公司支付的446万元、东莞ZS公司在2010年9月至2012年1月期间向案外人某工程建设公司等三家公司及其他第三方支付的27750138.92元均系代湖南HY公司向第三方支付的工程款。湖南HY公司确认上述代付款行为,并承诺在签署确认书后向惠阳ZS公司、东莞ZS公司清偿借款本息;如无法清偿,则惠阳ZS公司、东莞ZS公司可处置湖南HY公司名下房产受偿。2012年8月,惠阳ZS公司和东莞ZS公司分别依据上述《债权债务确认书》对湖南HY公司提起诉讼。湖南HY公司在ZS中国公司、李某、彭某控制下,认可惠阳ZS公司和东莞ZS公司主张的全部事实和诉讼请求,法院最终判定湖南HY公司向惠阳ZS公司清偿446万元本金及2012年7月16日起至欠款全部付清之日止的资金占用费,向东莞ZS公司清偿27750138.92元本金及2012年7月16日起至欠款全部付清之日止的利息。

2016年,李某代表湖南HY公司与ZS中国公司的全资子公司东莞ZS公司、恒阳ZX公司签署《债权转让协议》和《以房抵债协议》。协议确认湖南HY公司在2013年到2016年期间向东莞ZS公司借款5568902.67元,截至2016年9月9日,本息合计6107472.48元;同时确认东莞ZS公司将上述对湖南HY公司的债权转让给恒阳ZX公司后,湖南HY公司用持有的某小区价值12134020元的五套房产抵偿上述欠款本息,并同意将上述五套房产过户至恒阳ZX公司名下。

2002年11月,湖南HY公司作为招商引资对象与某县政府签署协议,约定某县政府向湖南HY公司提供1500亩土地用于建设开发。

2005年,湖南HY公司开始申请二期480亩建设用地,上述申请得到某县政府、某县国土局及相关管理部门认可。2006年8月17日,《某县招商引资工作领导小组会议纪要》确认同意向湖南HY公司提供480亩二期开发建设用地。ZS中国公司、李某和彭某利用控制地位,采取欺骗和隐瞒的手段,于2006年11月28日利用ZS中国公司的全资子公司ZS发展公司顶替湖南HY公司参加某县国土局举行的土地招拍挂,将原本由湖南HY公司申请的二期项目建设用地最终变成ZS中国公司的全资子公司长沙ZS公司取得建设土地使用权,从而谋取了属于湖南HY公司的商业机会,给湖南HY公司造成了巨额财产损失。

周某认为,ZS中国公司、李某、彭某作为湖南HY公司的实际控制人和高级管理人员,利用关联关系和管理人地位,实施了上述损害湖南HY公司财产及其他利益的行为,应依法承担赔偿责任,因此向一审法院提起股东代表诉讼,要求:(1)判令ZS中国公司、李某、彭某共同赔偿湖南HY公司人民币750.825万元,并赔偿自2005年10月8日至赔偿款付清之日的利息损失;(2)判令ZS中国公司、李某、彭某共同赔偿湖南HY公司经济损失32210138.92元及2012年7月16日起至被告实际付清赔偿款之日的利息损失;(3)判令ZS中国公司、李某、彭某赔偿因低价折抵湖南HY公司资产、侵占湖南HY公司商业机会而造成的经济损失5000万元。

对此,ZS中国公司、李某、彭某共同答辩称:周某未履行提起股东代表诉讼的前置程序,且周某的诉讼请求均无事实和法律依据,他们没有损害湖南HY公司利益,请求法院依法驳回起诉或驳回周某的全部诉讼请求。湖南HY公司同意上述三被告的答辩意见,请求驳回周某的起诉。

二、争议焦点

本案的首要争议焦点是,周某提起股东代表诉讼是否需要前置程序。

三、案件裁判

（一）一审裁判

一审法院经审查认为，本案系周某代表湖南 HY 公司提起的股东代表诉讼。根据《公司法》第 151 条①的规定，周某代表湖南 HY 公司提起诉讼，应先履行有关股东代表诉讼的前置程序。周某主张湖南 HY 公司任命周某科为该公司监事，为此向一审法院提交了 2010 年 11 月 18 日湖南 HY 公司的《董事会决议》，申请对该《董事会决议》进行鉴定，拟证明周某科为湖南 HY 公司监事。一审法院认为，湖南省长沙市中级人民法院（2012）长中民四初字第 0590 号民事案件已对该《董事会决议》的真实性不予确认，已生效的湖南省高级人民法院（2017）湘民终 636 号民事判决对（2012）长中民四初字第 0590 号案件的事实也予以了认定。周某亦未提交其他证据证明周某科为湖南 HY 公司监事，故现有证据不能证明周某科系湖南 HY 公司的监事。因此，周某主张其书面向周某科请求提起本案诉讼被拒即履行了股东代表诉讼前置程序的理由不能成立。

周某还认为，由于湖南 HY 公司的董事和实际控制人不会自己起诉自己，在此情况下要求公司股东履行股东代表诉讼的前置程序没有可能，因此应允许股东直接提起股东代表诉讼。即使湖南 HY 公司不认可周某科的公司监事身份，也不妨碍自己为维护公司利益提起的股东代表诉讼。对此，一审法院认为，湖南 HY 公司董事会共有董事五人，即李某、李某心、彭某、庄某、周某，周某作为本案原告起诉其中两名董事李某、彭某，董事会仍有可能形成多数表决意见来提起诉讼。更何况周某

---

① 《公司法》第 151 条第 1 款、第 2 款规定："董事、高级管理人员有本法第一百四十九条规定的情形的，有限责任公司的股东、股份公司连续一百八十日以上单独或者合计持有公司百分之一以上股份的股东，可以书面请求监事会或者不设监事会的有限责任公司的监事向人民法院提起诉讼；监事有本法第一百四十九条规定的情形的，前述股东可以书面请求董事会或者不设董事会的有限责任公司的执行董事向人民法院提起诉讼。""监事会、不设监事会的有限责任公司的监事，或者董事会、执行董事收到前款规定的股东书面请求后拒绝提起诉讼，或者自收到请求之日起三十日内未提起诉讼，或者情况紧急、不立即提起诉讼将会使公司利益受到难以弥补的损害的，前款规定的股东有权为了公司的利益以自己的名义直接向人民法院提起诉讼。"本案中，李某、彭某为湖南 HY 公司董事，周某代表该公司起诉他们的前置程序应适用该两款的规定。

不但起诉了湖南 HY 公司两名董事,还起诉了 ZS 中国公司,根据《公司法》第 151 条第 3 款的规定①,周某也可书面请求湖南 HY 公司董事会提起诉讼,若董事会拒绝提起诉讼或 30 日内未提起诉讼,周某则可提起本案股东代表诉讼。因此,一审法院对于周某未履行上述前置程序而直接提起股东代表诉讼不予支持。

综上,一审法院认为,周某未履行法律规定的提起股东代表诉讼的前置程序,同时本案客观上也不具备"情况紧急、损失难以弥补"的法定情形,周某无权依据上述规定提出股东代表诉讼,因此依法裁定驳回周某的起诉。

(二)二审裁判

周某不服一审裁定,提起上诉,要求撤销一审裁定,指令一审法院审理本案。其理由主要是:(1)一审法院否认其提交的 2010 年 11 月 18 日湖南 HY 公司《董事会决议》的真实性,属于认定事实错误。(2)一审法院认为,在湖南 HY 公司没有监事的情况下,周某应向该公司董事会提出诉讼请求,在董事会拒绝后方能以自己名义提起股东代表诉讼,一审裁定周某未履行股东代表诉讼的前置程序而起诉不合法,属于适用法律错误。其一,《公司法》第 151 条关于股东代表诉讼的制度中,对于董事侵害公司利益的,股东仅需要向公司监事会或监事提出诉讼请求,根本无须向公司或者董事会提起诉讼请求。其二,一审裁定主张周某向湖南 HY 公司董事会提出诉讼请求,该董事会可能提起诉讼的论点根本不能成立,因为周某提交的 ZS 中国公司的年报已证明,除周某外,其他四名董事均在 ZS 中国公司任高管职务,有密切利害关系。因此,湖南 HY 公司董事会根本不可能对本案被上诉人的侵权行为提起诉讼。最高人民法院(2015)民四终字第 54 号民事裁定书中指出:"如在公司内部组织机构已经失灵,或公司董事、监事均存在给公司造成损失的情况且作为

---

① 《公司法》第 151 条第 3 款规定:"他人侵犯公司合法权益,给公司造成损失的,本条第一款规定的股东可以依照前两款的规定向人民法院提起诉讼。"本案中,一审法院认为,ZS 中国公司为湖南 HY 公司的实际控制人,并非其董事、监事和高级管理人员,因而周某代表湖南 HY 公司起诉 ZS 中国公司的前置程序应适用该条款。

案件被告时,代表公司进行意思表示的机关(董事会、监事会)将不会以公司名义向法院起诉自己,此时应免除股东代位诉讼时的前置程序义务。"在湖南HY公司未设定监事职务,而其董事和实际控制人损害公司利益的情况下,考虑到本案被上诉人控制的董事会根本不会提起诉讼的局面,应免除股东提起股东代表诉讼的前置程序,允许周某直接提起股东代表诉讼。已有判例显示可以不履行前置程序,即使要履行前置程序,周某也已向湖南HY公司监事周某科提出诉讼请求。

二审法院审理查明,湖南HY公司系2002年注册成立,注册资本为1000万元,股东为周某、范某(两人系夫妻关系)。2004年经批准,湖南HY公司变更为有限责任公司(台港澳与境内合资),注册资本增加至人民币2500万元。其中,周某持股10%,XSD公司持股90%。湖南HY公司《中外合资经营企业章程》第15条规定:董事会由5名董事组成,其中1名由周某出任,XSD公司委派4名,董事长由XSD公司指定。2011年12月29日,湖南HY公司的法定代表人由范某变更为李某,公司董事会由李某(董事长)、彭某、庄某、李某心、周某组成。另查明,ZS中国公司2004年至2017年财政年度业绩报告载明,李某心、彭某、李某系ZS中国公司董事,庄某系ZS中国公司高层管理人员。

二审法院认为,根据《公司法》第151条的规定,股东先书面请求公司有关机关向人民法院提起诉讼,是股东提起代表诉讼的前置程序。一般情况下,股东没有履行前置程序的,应当驳回起诉。但是,该项前置程序针对的是公司治理的一般情况,即在股东向公司有关机关提出书面请求之时,存在公司有关机关提起诉讼的可能性。如果不存在这种可能性,则不应当以原告未履行前置程序为由驳回起诉。具体到本案中,分析如下:

第一,根据《公司法》第151条的规定,董事、高级管理人员有《公司法》第149条规定的情形的,有限责任公司的股东可以书面请求监事会或者不设监事会的公司监事提起诉讼。本案中,李某、彭某为湖南HY公司董事,周某以李某、彭某为被告提起股东代表诉讼,应当先书面请求湖南HY公司监事会或者监事提起诉讼。但是,在二审询问中,湖南

HY公司明确表示该公司没有工商登记的监事和监事会。周某虽然主张周某科为湖南HY公司监事,但这一事实已为另案法院生效民事判决否定,湖南HY公司明确否认周某科为公司监事,周某提交的证据也不足以否定另案生效民事判决认定的事实。从以上事实来看,本案证据无法证明湖南HY公司设立了监事会或监事,周某对该公司董事李某、彭某提起股东代表诉讼的前置程序客观上无法完成。

第二,《公司法》第151条第3款规定:"他人侵犯公司合法权益,给公司造成损失的,本条第一款规定的股东可以依照前两款的规定向人民法院提起诉讼。"ZS中国公司不属于湖南HY公司董事、监事、高级管理人员(以下简称"董监高"),因湖南HY公司未设监事会或者监事,周某针对ZS中国公司提起代表诉讼的前置程序应当向湖南HY公司董事会提出。但是,根据查明的事实,湖南HY公司董事会中,除周某以外,其他四名成员均为ZS中国公司董事或高层管理人员,与ZS中国公司具有利害关系,基本不存在湖南HY公司董事会对ZS中国公司提起诉讼的可能性,再要求周某完成对ZS中国公司提起股东代表诉讼的前置程序已无必要。

综上,二审法院认为,周某主张可以不经股东代表诉讼前置程序直接提起本案诉讼的上诉理由成立,一审裁定驳回起诉不当,应予纠正。因此,二审法院依法裁定撤销一审法院民事裁定,指令一审法院审理本案。

四、分析思考

本案一审、二审法院对周某能否直接提起股东代表诉讼作出不同的裁决,其原因在于对股东代表诉讼前置程序可豁免情形的理解和判断不同。

为了防止股东滥诉,保障公司的正常运营,《公司法》第151条规定,一般情形下,股东提起代表诉讼应当履行前置程序,即具有诉讼资格的股东书面请求公司有关机关提起诉讼,在有关机关拒绝诉讼或在收到请求后30日内不起诉时,该股东才有权起诉。同时,建立股东代表诉讼制度的目的是为了保护公司以及中小股东利益,而诉讼中的被告往往是对公司具有实际控制权的董事、监事或控制股东,因此如果过于苛刻和机械地要求原告股东履行前置程序,则可能大大降低股东代表诉讼制度的价值,因此各国法律在设置前置程序的同时,都会规定一些豁免规则。对此,我国《公司法》第151条第2款也规定了该前置程序的豁免情形,即"情况紧急、不立即提起诉讼将会使公司利益受到难以弥补的损害"。但是,该条款的规定不能完全涵盖实践中有关前置程序豁免的特殊情形。司法实践中,法官对于非紧急情况外的其他特殊情况的豁免及其认定有不同的认识,学者们对此也提出不少看法。例如,有学者提出,在被告同时包括董事和监事、原告兼有股东和监事双重身份、公司治理结构不完善、公司进入清算阶段等特殊的非紧急情况下,应辩证理解和灵活运用豁免。[①] 最高人民法院在总结司法实践经验基础上发布的《九民纪要》第25条提出:"根据《公司法》第151条的规定,股东提起代表诉讼的前置程序之一是,股东必须先书面请求公司有关机关向人民法院提起诉讼。一般情况下,股东没有履行该前置程序的,应当驳回起诉。但是,该项前置程序针对的是公司治理的一般情况,即在股东向公司有关机关提出书面请求之时,存在公司有关机关提起诉讼的可能性。如果查明的相关事实表明,根本不存在该种可能性的,人民法院不应当以原告未履行前置程序为由驳回起诉。"显然,该条内容拓宽了前置程序的豁免情形。

本案中,一审法院对于前置程序豁免情形的理解比较窄,仅将其限定于《公司法》第151条第2款规定的情形,再加上没有查清相关事实,从而作出了驳回周某起诉的裁定。二审法院则拓展了前置程序豁免情形的范围,将公司治理结构不完善、公司有关机关提起诉讼不具有可能性列入其中,作为紧急情况外的其他豁免情形。据此,二审法院认为,湖南HY公司的治理结构不完善,即未设立监事会或监事,周某无法完成对该公司董事李某、彭某提起股东代表诉讼的前置程序;湖南HY公司董事会绝大多数成员与被诉公司有利害关系,基本上不存在提起诉讼的

---

① 参见朱慈蕴:《股东派生诉讼的前置程序研究——"紧急情况"之外是否存在可豁免情形》,载《政法学刊》2010年第3期,第5—9页。

可能性,因此要求周某完成对 ZS 中国公司提起股东代表诉讼的前置程序已无必要。综上,二审法院裁决周某可以不经前置程序直接提起股东代表诉讼。应当说,二审法院对股东代表诉讼前置程序豁免情形的理解更加符合设置前置程序的目的,以此作出裁决能够更充分发挥股东代表诉讼制度的作用,从而更好地维护公司和中小股东的利益。

案例六 宋某与大华公司股东资格确认纠纷案[1]
——股权转让的章程限制

一、基本案情

一审原告、二审上诉人、再审申请人:宋某

一审被告、二审被上诉人、再审被申请人:大华公司

大华公司成立于 1990 年 4 月 5 日。2004 年 5 月,大华公司由国有企业改制为有限责任公司,宋某系大华公司员工,出资 2 万元成为大华公司的自然人股东。大华公司章程第三章"注册资本和股份"第 14 条规定:"公司股权不向公司以外的任何团体和个人出售、转让。公司改制一年后,经董事会批准后可在公司内部赠予、转让和继承。持股人死亡或退休经董事会批准后方可继承、转让或由企业收购,持股人若辞职、调离或被辞退、解除劳动合同的,人走股留,所持股份由企业收购。"第十三章"股东认为需要规定的其他事项"第 66 条规定,"本章程由全体股东共同认可,自公司设立之日起生效"。该公司章程经大华公司全体股东签名通过。2006 年 6 月 3 日,宋某向公司提出解除劳动合同,并申请退出其所持有的 2 万元公司股份。2006 年 8 月 28 日,经大华公司法定代表人赵某同意,宋某领到退出股金款 2 万元整。2007 年 1 月 8 日,大华公司召开 2006 年度股东会,大会应到股东 107 人,实到股东 104 人,代表股

---

[1] 案例来源:最高人民法院第 96 号指导案例,中国法院网,https://www.chinacourt.org/article/detail/2018/06/id/3373092.shtml,最后访问时间 2021 年 11 月 7 日。

权占公司股份总数的93%,会议审议通过了宋某、王某、杭某三位股东的退股申请并决议"其股金暂由公司收购保管,不得参与红利分配"。

之后,宋某以大华公司的回购行为违反法律规定,未履行法定程序,以及公司法规定股东不得抽逃出资等,向西安市碑林区人民法院起诉,请求依法确认其具有大华公司的股东资格。该法院于2014年6月10日作出(2014)碑民初字第01339号民事判决书,驳回原告宋某要求确认其具有大华公司股东资格之诉讼请求。一审宣判后,宋某提出上诉。西安市中级人民法院(以下简称"中院")于2014年10月10日作出(2014)西中民四终字第00277号民事判决书,驳回上诉,维持原判。终审宣判后,宋某仍不服,向陕西省高院申请再审。

二、争议焦点

本案争议焦点是:(1)公司章程约定"人走股留"是否违反《公司法》的规定,章程是否有效?(2)大华公司回购宋某股权是否违反《公司法》的规定,是否构成抽逃出资?

三、案件裁判

再审中,针对上述第一个争议焦点问题,法院认为:第一,大华公司章程第14条规定,"公司股权不向公司以外的任何团体和个人出售、转让。公司改制一年后,经董事会批准后可以公司内部赠与、转让和继承。持股人死亡或退休经董事会批准后方可继承、转让或由企业收购,持股人若辞职、调离或被辞退、解除劳动合同的,人走股留,所持股份由企业收购"。依照《公司法》第25条第2款"股东应当在公司章程上签名、盖章"的规定,有限责任公司章程系公司设立时全体股东一致同意并对公司及全体股东产生约束力的规则性文件,宋某在公司章程上签名的行为,应视为其对前述规定的认可和同意,该章程对大华公司及宋某均产生约束力。第二,基于有限责任公司封闭性和人合性的特点,由公司章程对公司股东转让股权作出某些限制性规定,系公司自治的体现。本案中,大华公司进行企业改制时,宋某之所以成为大华公司的股东,其原因在于宋某与大华公司存在劳动合同关系。如果宋某与大华公司没有建立劳动关系，宋某则没有成为大华公司股东的可能性。同理，大华公司章程将是否与公司存在劳动合同关系作为取得股东身份的依据，继而作出"人走股留"的规定，符合有限责任公司封闭性和人合性的特点，亦系公司自治原则的体现，不违反公司法的禁止性规定。第三，大华公司章程第 14 条关于股权转让的规定，属于对股东转让股权的限制性规定，而非禁止性规定，宋某依法转让股权的权利没有被公司章程禁止，大华公司章程不存在侵害宋某股权转让权利的情形。综上，本案一、二审法院均认定大华公司章程不违反《公司法》的禁止性规定，应为正确、有效的结论，宋某的这一再审申请理由不能成立。

针对第二个焦点问题，法院认为：《公司法》第 74 条所规定的异议股东回购请求权具有法定的行使条件，即只有在"公司连续五年不向股东分配利润，而公司该五年连续盈利，并且符合本法规定的分配利润条件的；公司合并、分立、转让主要财产的；公司章程规定的营业期限届满或者章程规定的其他解散事由出现，股东会会议通过决议修改章程使公司存续的"三种情形下，异议股东才有权要求公司回购其股权，对应的是公司是否应当履行回购异议股东股权的法定义务。而本案属于大华公司是否有权基于公司章程的约定及与宋某的合意而回购宋某股权，对应的是大华公司是否具有回购宋某股权的权利，二者性质不同。因此，《公司法》第 74 条不能适用于本案。本案中，宋某于 2006 年 6 月 3 日向大华公司提出解除劳动合同申请并于同日手书《退股申请》，提出"本人要求全额退股，年终盈利与亏损与我无关"，该《退股申请》应视为宋某的真实意思表示。大华公司于 2006 年 8 月 28 日退还其全额股金款 2 万元，并于 2007 年 1 月 8 日召开股东会审议通过了宋某等三位股东的退股申请。大华公司基于宋某的退股申请，依照公司章程的规定回购宋某的股权，程序并无不当。另外，《公司法》所规定的抽逃出资专指公司股东抽逃其对于公司出资的行为，公司不能构成抽逃出资的主体，宋某的这一再审申请理由不能成立。

综上，陕西省高院于 2015 年 3 月 25 日作出（2014）陕民二申字第

00215号民事裁定,驳回宋某的再审申请。

四、分析思考

本案有两个需要讨论的核心问题:一是大华公司章程中"人走股留"条款的效力;二是大华公司回购股权与股东抽逃出资的关系。

(一)关于大华公司章程中"人走股留"条款的效力问题

大华公司章程中的"人走股留"条款,指的是持股人若辞职、调离或被辞退、解除劳动合同的,其所持股份由企业收购,即持股人只能将其股权强制转让给大华公司。关于该条款的效力,我们可将其分解为两个具体问题加以回答。

第一,大华公司以章程方式作出收购股东股权的规定是否有效?关于有限责任公司的股权转让,《公司法》第71条第1款至第3款就股东之间相互转让股权和股东向股东以外的人转让股权作出了具体规定,而该条第4款则允许公司章程对股权转让"另有规定",且明确该"另有规定"的适用优先于前三款的法律规定。① 仔细分析可知,公司章程对股权转让的"另有规定",应包括股权转让程序的"另有规定"和股权处分权的"另有规定"两种情形。其中,股权转让程序的"另有规定",本质上涉及公司的人合性,是对公司内部事务的一种制度性安排,并不直接涉及作为私权性质的股权,与股东个别意思无关,因而这部分章程内容属于自治性规范,其生效只要符合团体法规则即可,即由股东一致同意或多数同意均可;股权处分权的"另有规定",本质上涉及股东对股权这种私权的处分,与股东个别意思密切相关,因而这部分章程内容应理解为全体股东达成的合同,其生效应当尊重全体股东的意思,即必须由股东一致同意。根据我国《公司法》的相关规定,在有限责任公司中,初始章程实行全体一致同意原则,即由全体股东一致同意方能通过,而修订章程则实行资本多数决原则,即由代表2/3以上表决权的股东同意即能通过。因此,对已经通过的初始章程来说,其中的股权转让程序的"另有规定"

---

① 2023年修订的《公司法》第84条第3款仍规定,公司章程对股权转让另有规定的,从其规定。

和股权处分权的"另有规定"均具有法律效力;而对获得通过的修订章程来说,其中的股权转让程序的"另有规定"有效,股权处分权的"另有规定"则未必有效。对于《公司法》第71条第4款,我们采用体系解释方法可以得出,其立法目的在于公司章程对前三款规定的股权转让程序可以另有约定。①

本案中,大华公司章程中的"人走股留"条款显然属于对持股人股权处分权的"另有规定",其生效应当经包括持股人在内的全体股东的一致同意。本案查明的事实显示,大华公司系有限责任公司,而"人走股留"条款是在大华公司的初始章程中加以规定的,该初始章程显然是经包括宋某在内的全体股东同意而通过的,因此该条款是有效的。需要注意的是,大华公司章程所规定的"人走股留"条款虽然有效,但由于该条款未规定公司收购股权的价款,因此当公司依此条款有权收购股权时,股东享有与公司协商确定股权收购价的权利,若收购价未能达成一致,则不能说公司已完成对该股权的收购,原股东的身份已消灭。本案中,大华公司退还股东宋某全额股金款2万元,宋某已经接受,这意味着大华公司对宋某的股权收购已完成,宋某的股东身份已消灭。

第二,大华公司采用章程规定的方式收购股东股权是否合法?关于公司收购股东股权,《公司法》第74条规定②,在三种情形下对股东会决议投反对票的股东可以请求公司按照合理的价格收购其股权。可见,该规定实际上赋予股东在法定情形下强制要求公司订立股权收购协议的权利,而公司则负有与股东达成股权收购协议的义务,其目的是为了保护行使异议权的中小股东的利益,公司实施这种收购显然具有强制性和被动性。但是,公司收购股东股权不局限于《公司法》第74条规定的强制签订协议这一种方式,它还可以通过与股东自愿达成协议的方式来实现。对于后一种方式,《公司法》并未作出禁止性规定,按照"法无禁止即可为"的原则,它应当是被允许的,我们可以从《最高人民法院关于适用

---

① 参见钱玉林:《公司章程对股权转让限制的效力》,载《法学》2012年第10期,第106—107页。
② 2023年修订的《公司法》第89条第1款和第2款的内容,与本条规定相同。

《中华人民共和国公司法》若干问题的规定(二)》(以下简称《公司法司法解释二》(2014年修正))第 5 条的规定①中看到这一点。公司以此种方式收购股东股权,完全出于自己的意愿,而且是在主动行使合同约定的权利。本案中,大华公司用章程来规定收购股东股权,其实是通过合同方式对公司收购股东股权作出了约定,因而是合法的。

(二) 关于大华公司回购股权与股东抽逃出资的关系问题

如果说前一个问题要解决大华公司回购股东宋某股权的合法性,那么这个问题涉及的则是大华公司回购股权行为的债权人保护问题。关于有限责任公司能否在《公司法》第 74 条规定的三种情形之外收购股东股权,司法实务中存有争议。有一种观点认为,根据资本维持原则及《公司法》第 35 条关于"股东不得抽逃出资"的效力性强制性规定,除《公司法》第 74 条规定的情形外,应禁止有限责任公司收购股东股权,以确保公司资本充实,保护债权人利益。②这种观点实质上将公司在法定情形之外收购股东股权归入股东抽逃出资的行为,并加以禁止。

什么是股东抽逃出资?它是指在公司成立后,股东违反资本维持原则的要求,直接地或间接地将自己对公司的出资(或资本、股本)又取回来。从公司的角度来表述,它是指公司违反资本维持原则向股东返还出资。③ 股东抽逃出资会造成公司责任财产减少,损害债权人的利益。对此,《公司法》第 35 条规定,公司成立后,股东不得抽逃出资。《公司法司法解释三》(2014年修正)第 12 条具体规定了股东抽逃出资的情形,包括制作虚假财务会计报表虚增利润进行分配,通过虚构债权债务关系将其出资转出,利用关联交易将出资转出,以及其他未经法定程序将出资抽回的行为。《公司法司法解释二》(2014年修正)第 5 条则规定,在公司解散诉讼中,经协商公司可以收购股东股份。从上述《公司法》及其司

---

① 《公司法司法解释二》(2014年修正)第 5 条第 1 款规定,"人民法院审理解散公司诉讼案件,应当注重调解。当事人协商同意由公司或者股东收购股份,或者以减资等方式使公司存续,且不违反法律、行政法规强制性规定的,人民法院应予支持"。

② 参见周建良:《有限责任公司收购股东股权问题探讨》,载《人民法院报》2016 年 6 月 15 日第 7 版。

③ 参见刘燕:《重构"禁止抽逃出资"规则的公司法理基础》,载《中国法学》2015 年第 4 期,第 185 页。

法解释的规定可以看出:第一,股东可以抽回出资,但不能抽逃出资;第二,抽逃出资本质上是股东作出的非法抽回出资以损害债权人利益的行为;第三,股东抽回出资可以通过公司减少注册资本、收购股东股权等方式来实现,但须履行法定程序,否则即构成抽逃出资。

本案中,大华公司回购股东宋某的全部股权,并退还其全额股金款,其结果是宋某的出资被抽回,大华公司持有该部分股权,其责任财产随之减少。根据上述《公司法》及其司法解释的规定,大华公司回购股权行为本身不构成抽逃出资,但由该行为所导致的股东宋某抽回出资可能构成该股东抽逃出资,是否构成抽逃出资关键是看大华公司回购股权是否履行了法定程序,包括回购本身的程序,以及回购后的股权转让、减资等程序。从本案的审理情况看,法院认定大华公司履行了回购股权的相关程序,且认为程序并无不当,因此不能认定股东宋某抽逃出资。

案例七 曾某与甘肃HN公司股权转让纠纷案[①]
——瑕疵股权转让的效力及责任承担

一、基本案情

一审原告、二审上诉人:曾某

一审被告、二审上诉人:甘肃HN公司、冯某、冯某坤

2015年10月27日,曾某与甘肃HN公司签订《股权转让协议》,约定曾某将其持有的深圳HN公司70%股权转让给甘肃HN公司,转让价款为3500万元,并最晚不超过2015年11月30日支付完毕。协议签订后,曾某依约履行了义务,并于2015年12月2日办理了工商变更登

[①] 案例来源:甘肃省高级人民法院(2017)甘民初155号民事判决书,北大法宝网,https://www.pkulaw.com/pfnl/c05aeed05a57db0a977170626225b93562ce75357c8f5798bdfb.html,最后访问时间2021年7月13日;最高人民法院(2019)最高法民终230号民事判决书,北大法宝网,https://www.pkulaw.com/pfnl/a6bdb3332ec0adc4923fc14396de7f980c45ad7ca1462f32bdfb.html,最后访问时间2021年7月13日。

记,将70%股权变更登记至甘肃HN公司名下,但甘肃HN公司仅支付了股权转让款1200万元,余款2300万元未付。曾某认为该公司的行为属严重违约,应承担违约责任。

另外,甘肃HN公司申报的注册资本为5000万元,冯某、冯某坤系该公司股东,认缴出资额分别为3000万元、2000万元,认缴出资期限均截至2025年12月31日,至起诉日均未实际缴纳出资。曾某认为,根据《公司法司法解释三》(2014年修正)第13条第2款的规定①,冯某、冯某坤应对甘肃HN公司的债务承担补充赔偿责任。

据此,曾某向一审法院起诉,请求:(1)甘肃HN公司立即向其支付股权转让款2300万元及逾期支付违约金(从2015年12月1日起至清偿之日止,按银行同期贷款利率计算,暂计至起诉日为264.5万元);(2)冯某、冯某坤对上述债务承担补充赔偿责任。

甘肃HN公司、冯某、冯某坤一审时共同答辩称:第一,深圳HN公司出资严重不实、原告转让股权存在重大瑕疵;第二,甘肃HN公司止付剩余股权转让款是依据《合同法》第66条、第67条行使合同履行抗辩权,依据《合同法》第111条、第153条要求曾某承担权利瑕疵担保的结果;第三,冯某、冯某坤不是合同相对人,履行的是认缴责任,不应承担责任,不是适格被告。

另外,一审中,甘肃HN公司提起反诉,请求判令曾某履行出资义务。一审法院审查后以不属于合并审理情形为由裁定不予受理。甘肃HN公司不服,向最高法提出上诉,被裁定驳回。

二、争议焦点

本案的争议焦点为:(1)甘肃HN公司是否应向曾某支付剩余股权转让款及逾期支付违约金;(2)冯某、冯某坤是否应对甘肃HN公司的

---

① 《公司法司法解释三》(2014年修正)第13条第2款规定:"公司债权人请求未履行或者未全面履行出资义务的股东在未出资本息范围内对公司债务不能清偿的部分承担补充赔偿责任的,人民法院应予支持;未履行或者未全面履行出资义务的股东已经承担上述责任,其他债权人提出相同请求的,人民法院不予支持。"

上述债务承担补充赔偿责任。

三、案件裁判

(一) 一审裁判

一审法院除查明上述事实外,还查明以下事实:(1)曾某(甲方)与甘肃 HN 公司(乙方)签订的《股权转让协议》第 1 条第 1 项约定,本协议生效后 1 个工作日内,乙方委托有资质的中介机构对合营公司进行实地财务尽职调查。若《财务尽职调查报告》显示合营公司资产负债、内部控制、经营管理等的真实状况与甲方事前所介绍的相差在合理范围以内,本协议下述条款双方继续履行。否则,乙方有权单方面终止本协议。(2)曾某提交的某会计师事务所于 2015 年 8 月 31 日出具的《审计报告》中载明:深圳 HN 公司投资者曾某约定出资额 5000 万元,实际出资额 5000 万元。甘肃 HN 公司、冯某、冯某坤提交的深圳某会计师事务所于 2015 年 10 月 31 日出具的《财务尽职调查报告》中载明:深圳 HN 公司的注册资本 5000 万元,实收资本 1601 万元(为公司实际出资额)。

一审法院查明事实后,针对争议焦点提出以下审理意见:

第一,关于甘肃 HN 公司是否应支付剩余股权转让款及逾期支付违约金问题。一审法院认为,曾某与甘肃 HN 公司签订的《股权转让协议》,系当事人真实意思表示,内容不违反法律禁止性规定,该协议合法有效。曾某已依约将其所持深圳 HN 公司 70%的股权变更登记至甘肃 HN 公司名下,甘肃 HN 公司已付 1200 万元股权转让款,剩余 2300 万元未付。曾某提交的《审计报告》系双方签订《股权转让协议》前形成,且在庭审中作为曾某证明自己出资到位的证据出示,但《股权转让协议》签订后形成的《财务尽职调查报告》显示曾某向深圳 HN 公司实际出资 1601 万元,欠缴出资 3399 万元。综上,曾某对深圳 HN 公司存在欠缴出资的事实,该事实对甘肃 HN 公司受让股权的相关利益具有实质影响。曾某认为双方签订《股权转让协议》时甘肃 HN 公司明知股权出资瑕疵仍然愿意受让的理由,因与相关证据显示的时间节点不相符,法院不予支持。

对于曾某所转让的股权存在欠缴出资3399万元的情形,曾某认为甘肃HN公司应当通过另行起诉解决,甘肃HN公司则主张暂停支付,待曾某补足出资后再行支付剩余股权转让款。一审法院认为,该争议属于权利如何行使的分歧,在当事人没有约定的情形下,甘肃HN公司另行起诉更符合公司法立法本意。而本案中,由于股权转让协议签订前的《审计报告》与签订后的《财务尽职调查报告》中关于深圳HN公司出资情况的结论不同,显然会影响受让人的判断和价款的确定,因此双方在《股权转让协议》中明确约定了受让方的权利保护内容。实际履行中,受让方在《财务尽职调查报告》中发现了重大股权瑕疵,根据《股权转让协议》中"有权单方面终止本协议"的约定,甘肃HN公司暂停支付剩余股权转让款具有合同约定基础。此外,《公司法司法解释三》(2014年修正)第18条第1款规定:"有限责任公司的股东未履行或未全面履行出资义务即转让股权,受让人对此知道或者应当知道,公司请求该股东履行出资义务、受让人对此承担连带责任的,人民法院应予支持;公司债权人依照本规定第十三条第二款向该股东提起诉讼,同时请求前述受让人对此承担连带责任的,人民法院应予支持。"甘肃HN公司受让股权后,存在着被公司债权人依法追究连带责任的法律风险,该公司暂停向出让股东支付剩余股权转让款具有合理性。虽然甘肃HN公司在本案中提起的反诉没有被受理,该公司是否另行起诉属于对自己诉讼权利的处分,但在当事人约定优先的情形下,是否另行起诉并不影响本案中甘肃HN公司依据《股权转让协议》的约定终止合同权利义务。因此,甘肃HN公司依据《股权转让协议》的约定,主张暂停支付剩余股权转让款的抗辩理由成立,法院予以支持。

第二,关于冯某、冯某坤应否承担补充赔偿责任问题。一审法院认为,曾某主张冯某、冯某坤应承担补充赔偿责任的法律依据是《公司法司法解释三》(2014年修正)第13条第2款,由于曾某作为债权人要求甘肃HN公司继续支付剩余2300万元股权转让款的请求不能成立,因此冯某、冯某坤对于甘肃HN公司的债务向曾某承担补充赔偿责任的事实条件尚不具备。

综上所述,深圳 HN 公司出资存在重大瑕疵,且曾某不能证明在股权转让协议签订前甘肃 HN 公司明知其出资不实仍然愿意受让股权,因而根据《股权转让协议》第 1 条第 1 项,股权受让人甘肃 HN 公司有权终止履行该协议。据此,一审法院根据《合同法》第 66 条、第 91 条第 7 项、第 98 条、《公司法》第 26 条第 1 款、第 28 条第 1 款、《公司法司法解释三》(2014 年修正)第 18 条的规定①,判决驳回曾某的诉讼请求。

(二) 二审裁判

一审判决后,曾某不服,提起上诉,请求:(1) 撤销一审法院作出的民事判决书,判令甘肃 HN 公司立即向曾某支付股权转让款 2300 万元及逾期支付违约金;(2) 冯某、冯某坤对上述债务承担补充赔偿责任。

上诉人曾某认为,一审法院认定"由于深圳 HN 公司出资存在重大瑕疵,且曾某不能证明在《股权转让协议》签订前甘肃 HN 公司明知其出资不实仍然愿意受让股权",系认定事实及适用法律错误。第一,深圳 HN 公司注册资本从 1000 万元增资到 5000 万元,系原公司股东深圳 LT 公司垫资 4000 万元。对于该情况,在转让股权之前曾某曾告知甘肃 HN 公司,后者也已认可。第二,股份转让之前,曾某已经如实向甘肃 HN 公司告知了公司的注册资本情况,且对方在《审计报告》《财务尽职调查报告》作出后及在履行协议期间均未对注册资本提出异议,亦未终止合同。第三,本案中,甘肃 HN 公司曾对曾某出资问题提起反诉,一审裁定不予受理,甘肃 HN 公司上诉后被最高法裁定驳回。一审法院合并审理,有违最高法裁定,系适用法律不当。

审理中,二审法院除查明与一审相同事实外,还查明以下事实:(1) 二审期间曾某提交的"股份转让款汇入明细表"显示,自 2015 年 12 月 22 日至 2017 年 1 月 13 日,甘肃 HN 公司分 47 笔共向曾某银行账户转账支付 10214826.4 元,除其中 4 笔共计 400 万元甘肃 HN 公司认为系曾某借款外,其余均认可为案涉股权转让款。(2) 甘肃 HN 公司原股

---

① 《合同法》第 66 条是关于合同当事人同时履行抗辩权的规定,该法第 91 条第 7 项、第 98 条是关于合同终止的条件和效力的规定;《公司法》第 26 条第 1 款是关于公司注册资本的规定,该法第 28 条第 1 款是关于股东足额出资义务的规定。

东冯某、冯某坤分别于 2017 年 1 月 19 日、2017 年 4 月 26 日受让甘肃 HN 公司股权,又分别于 2017 年 12 月 12 日、2018 年 11 月 6 日将二人持有的股权变更登记在案外人张某、魏某名下。冯某、冯某坤认缴出资额分别为 3000 万元、2000 万元,其中冯某坤实缴出资额为 0,二人认缴出资期限均为 2025 年 12 月 31 日。基于此,二审法院围绕争议焦点提出以下审理意见:

第一,关于甘肃 HN 公司应否支付剩余股权转让款及逾期支付违约金问题。二审法院认为,依据《股权转让协议》第 1 条第 1 项的约定,在《财务尽职调查报告》作出后,甘肃 HN 公司若认定目标公司资产不实、股东瑕疵出资,则可通过终止合同来保护自己权利。但甘肃 HN 公司并未实际行使该项合同权利,在《财务尽职调查报告》作出后,甘肃 HN 公司明知目标公司实收资本与注册资本不符,仍选择继续支付股权转让款,应视为其对合同权利的处分。甘肃 HN 公司虽然认为在曾某出资不实的情况下其有权选择何时终止合同,其拒付剩余股权转让款是以实际行动终止合同,但鉴于本案目标公司股权已经实际变更,甘肃 HN 公司虽然以终止合同提出抗辩,但并不符合法定合同解除条件,对其主张法院不予支持。

二审法院认为,现行《公司法》确立了认缴资本制,股东是否足额履行出资义务不是股东资格取得的前提条件,股权的取得具有相对独立性,股东出资不实或者抽逃资金等瑕疵出资情形不影响股权的设立和享有。本案中,曾某已依约将所持目标公司 70% 的股权变更登记在甘肃 HN 公司名下,履行了股权转让的合同义务。甘肃 HN 公司通过股权受让业已取得目标公司股东资格,曾某的瑕疵出资并未影响其股东权利的行使。此外,股权转让关系与瑕疵出资股东补缴出资义务分属不同法律关系。本案中,甘肃 HN 公司以股权转让之外的法律关系为由拒付股权转让价款没有法律依据。对于因受让瑕疵出资股权而可能承担的相应责任,甘肃 HN 公司可另寻法律途径解决。

因此,一审判决认定甘肃 HN 公司拒付曾某股权转让款理据不足。曾某已依约转让股权,甘肃 HN 公司未按约支付对价构成违约,应依照

《合同法》第 60 条①、第 107 条②的规定向曾某支付股权转让款。

第二，关于冯某、冯某坤对甘肃 HN 公司的债务应否承担补充赔偿责任问题。二审法院认为，本案中，甘肃 HN 公司原股东冯某、冯某坤的认缴出资期限截至 2025 年 12 月 31 日。《公司法》第 28 条第 1 款规定，"股东应当按期足额缴纳公司章程中规定的各自所认缴的出资额"。股东享有出资的"期限利益"，公司债权人在与公司进行交易时有机会在审查公司股东出资时间等信用信息的基础上综合考察是否与其进行交易；债权人决定与其交易，则应受股东出资时间的约束。《公司法司法解释三》(2014 年修正)第 13 条第 2 款规定的"未履行或者未全面履行出资义务"应当理解为"未缴纳或未足额缴纳出资"，出资期限未届满股东尚未完全缴纳其出资份额的，不应被认定为"未履行或者未全面履行出资义务"。本案中，冯某、冯某坤二人转让全部股权时，所认缴股权的出资期限尚未届满，不构成《公司法司法解释三》(2014 年修正)第 13 条第 2 款、第 18 条规定的"未履行或者未全面履行出资义务"，且曾某并未举证证明其基于冯某、冯某坤的意思表示或实际行为并对上述股东的特定出资期限产生确认或信赖，又基于上述确认或信赖与甘肃 HN 公司产生债权债务关系。曾某主张冯某、冯某坤二人在未认缴出资本息范围内对甘肃 HN 公司债务不能清偿的部分承担补充赔偿责任的实质，是主张冯某、冯某坤的出资加速到期，该上诉请求没有法律依据，法院不予支持。

综上所述，二审法院依照《合同法》第 60 条、第 107 条等规定，判决如下：(1)撤销一审法院民事判决；(2)甘肃 HN 公司于本判决生效之日起十日内向曾某支付股权转让款 2300 万元及逾期支付股权转让款利息；(3)驳回曾某的其他诉讼请求。

---

① 《合同法》第 60 条第 1 款规定："当事人应当按照约定全面履行自己的义务。"《民法典》第 509 条第 1 款作出了同样的规定。

② 《合同法》第 107 条规定："当事人一方不履行合同义务或者履行合同义务不符合约定的，应当承担继续履行、采取补救措施或者赔偿损失等违约责任。"《民法典》第 582 条、第 583 条作出了与其内容相同的规定。

四、分析思考

本案值得关注的是，对于甘肃 HN 公司应否向曾某支付剩余股权转让款及逾期支付违约金的问题，一审、二审法院作出了相反的回答，原因在于其对以下两个具体问题有着不同的认识。

（一）甘肃 HN 公司能否以曾某出资有瑕疵对其受让股权的相关利益有实质影响为由，行使同时履行抗辩权和合同解除权

在资本认缴制条件下，股东出资不足不影响其股权的设立和享有，只不过为瑕疵股权。由于出资瑕疵的股东已被记载于公司股东名册或者公司登记机关文件，因此基于商事外观主义原则，出资瑕疵的股东能够享有股东身份和完整股权，并可以将其股权转让给他人。由于股权是不同于物权和债权的独立的民事权利，它兼具请求权和支配权、团体权利和个人权利、目的权利和手段权利等属性，[1]因而其转让须双方当事人形成合意，并办理股权变动的登记手续。

在我国，以往的《合同法》和现在的《民法典》对当事人的同时履行抗辩权和合同解除权均作出了明确规定。根据《合同法》第 66 条和《民法典》第 525 条的规定，同时履行抗辩权是在没有先后履行顺序的双务合同中，一方当事人在对方当事人履行前享有拒绝对待给付的抗辩权。同时，上述法律规定了当事人享有合同解除权，它包括法定解除权和约定解除权。关于法定解除权的行使，《合同法》第 94 条和《民法典》第 563 条均规定，出现因不可抗力致使不能实现合同目的、一方明确表示或者以自己的行为表明不履行主要债务、一方迟延履行主要债务经催告后仍未履行、一方迟延履行债务或者有其他违约行为致使不能实现合同目的等情形时，当事人可以行使法定解除权。关于约定解除权的行使，《合同法》第 93 条和《民法典》第 562 条则规定，合同约定的解除条件成就时，解除权人可以解除合同。

本案中，曾某与甘肃 HN 公司签订的《股权转让协议》合法有效，曾某按约将所持深圳 HN 公司 70% 的股权变更登记至甘肃 HN 公司名

---

[1] 参见江平、孔祥俊：《论股权》，载《中国法学》1994 年第 1 期，第 74—77 页。

下,已履行了该合同约定的股权转让义务,股权转让也已完成。因此,在曾某已履行合同义务的情况下,甘肃HN公司要求曾某补缴不足出资款后再支付剩余的股权转让款的主张,即行使同时履行抗辩权中止履行其合同义务,显然不符合行使同时履行抗辩权的法定条件,一审法院认同该主张的说理意见不能成立。

同时,甘肃HN公司在发现股权存在瑕疵时没有行使约定的终止合同的权利,而是持续1年多时间仍然按约履行部分股权转让款的支付义务,表明其已放弃终止合同的权利,在此情况下提出终止合同,不符合行使法定解除权的条件。因此,一审法院以《合同法》第91条第7项关于当事人约定终止的其他情形的规定①,以及《股权转让协议》有关甘肃HN公司有权终止合同的约定为依据,得出该公司暂停支付剩余股权转让款的抗辩理由成立的结论,显然难以服人。

(二) 甘肃HN公司能否以受让瑕疵股权后存在被债权人追究责任的法律风险为由,拒绝支付剩余股权转让款

一审法院支持甘肃HN公司暂停支付剩余股权转让款的另一个理由是,该公司受让股权后,存在着被公司债权人依法追究连带责任的法律风险。这里所说的法律风险,源自《公司法司法解释三》(2014年修正)第18条第1款的规定。根据该规定,曾某在欠缴深圳HN公司出资额3399万元情况下转让股权,受让人甘肃HN公司知道或者应当知道的,则会对该公司产生两个方面的风险:一是,深圳HN公司可以在请求曾某履行补缴出资义务的同时,请求受让人甘肃HN公司对此承担连带责任;二是,深圳HN公司的债权人若依照《公司法司法解释三》(2014年修正)第13条第2款向曾某提起诉讼,请求其在未出资本息范围内对公司债务不能清偿的部分承担补充赔偿责任,则可以同时请求甘肃HN公司对此承担连带责任。可见,作为股权受让人的甘肃NH公司有可能替股权转让人曾某承担其未缴的3399万元出资的责任。问题是,这种风险的存在能否作为甘肃HN公司拒绝支付剩余股权转让款的理由。

股东出资瑕疵形成的股权为瑕疵股权,但瑕疵股权是可以进行转让

---

① 《合同法》第91条规定:"有下列情形之一的,合同的权利义务终止:……(七)法律规定或者当事人约定终止的其他情形。"《民法典》第557条第1款第6项作出了与该内容相同的规定。

的。瑕疵股权的转让涉及两个法律问题,一个是转让人的股权转移至受让人的问题,另一个是作为转让人的股东未出资或者出资不足部分补缴责任承担的问题。前者主要涉及转让人与受让人的股权交易关系,可以通过转让人与受让人签订和履行股权转让合同来解决,由此形成的权利义务关系由合同法调整;后者则涉及转让人、受让人与公司之间的补足出资关系,还会涉及转让人、受让人与公司债权人之间的公司债务补充清偿关系,这些关系由公司法调整。由此可见,就受让人而言,其所参与的这两种法律关系既前后相继又相互独立。也就是说,受让人与转让人履行了瑕疵股权的转让合同,就会产生对公司的补足出资的责任、对债权人的补充清偿的责任,但这两种责任却不能影响瑕疵股权转让合同的履行。因此,甘肃 HN 公司不能以受让瑕疵股权后存在被债权人追究责任的法律风险为由,不按照《股权转让协议》向曾某支付剩余股权转让款。当然,如果甘肃 HN 公司承担了对深圳 HN 公司债权人的补充清偿责任,则可以依照《公司法司法解释三》(2014 年修正)第 18 条第 2 款[①]的规定向出资不足的深圳 HN 公司原股东曾某进行追偿。

案例八 华某与 SJC 公司公司决议纠纷案[②]
——股东会决议无效的认定

一、基本案情

一审原告、二审上诉人:华某,系 SJC 公司股东

一审被告、二审被上诉人:SJC 公司

SJC 公司 2016 年 8 月 8 日的章程规定,公司注册资本为 6313131

[①] 《公司法司法解释三》(2014 年修正)第 18 条第 2 款规定:"受让人根据前款规定承担责任后,向该未履行或者未全面履行出资义务的股东追偿的,人民法院应予支持。但是,当事人另有约定的除外。"

[②] 案例来源:上海市第一中级人民法院(2018)沪 01 民终 11780 号民事判决书,北大法宝网, https://www.pkulaw.com/pfnl/a6bdb3332ec0adc46cc6842bc11c3645046519dc8cd2caabbdfb.html,最后访问时间 2020 年 8 月 26 日。

元,其中夏某于 2015 年 10 月 15 日出资 2500543 元,华某于 2016 年 4 月 26 日出资 1544912 元,案外人杨某于 2016 年 4 月 26 日出资 449495 元,XX 合伙企业于 2016 年 5 月 13 日出资 681818 元,XX 公司于 2016 年 6 月 6 日出资 631313 元,XX2 合伙企业于 2016 年 12 月 31 日前出资 505050 元。该章程还规定,公司股东会会议由股东按照出资比例行使表决权;股东会会议作出修改公司章程、增加或者减少注册资本的决议,以及公司合并、分立、解散或者变更公司形式的决议,必须经代表 2/3 以上表决权的股东通过。

2018 年 2 月 13 日,SJC 公司向华某发出《关于召开临时股东会会议的通知》,通知其于 2018 年 3 月 1 日 10 点在上海某地址召开临时股东会会议,会议内容为审议对 XX 公司认缴的注册资本中 210438 元进行定向减资,SJC 公司注册资本由 6313131 元减少至 6102693 元,并相应地修改章程。

同年 3 月 1 日,SJC 公司作出如下股东会决议:(1)同意 SJC 公司注册资本从 6313131 元减少至 6102693 元,减资后各股东认缴注册资本及持股比例为,夏某认缴 2500543 元,占 40.97%;华某认缴 1544912 元,占 25.32%;杨某认缴 449495 元,占 7.37%;XX 合伙企业认缴 681818 元,占 11.17%;XX 公司认缴 420875 元,占 6.90%;XX2 合伙企业认缴 505050 元,占 8.28%;(2)同意 SJC 公司向 XX 公司返还投资款 500 万元;(3)同意修改章程,修改后的章程见附件一;(4)授权执行董事夏某代表 SJC 公司履行一切为完成本次减资所必要的行为,包括办理债权申报登记、减少注册资本的工商变更手续等。以上决议事项表决结果:同意股东为 5 名,占总股数 75.5286%;不同意股东为 1 名,占总股数 24.4714%。股东夏某、杨某在上述决议上签字,案外人顾某代表华某签字并注明"不同意,属违法减资,程序不合法",夏某分别代表 XX2 合伙企业、XX 合伙企业签字并盖具了该两家企业的公章,案外人吴某代表 XX 公司签字并盖具了 XX 公司公章。当日,华某向 SJC 公司发出告知函,称上述股东会议召开前,两家合伙企业均未就议题通过合伙人会议进行讨论并作出决议,夏某无权代表该两家合伙企业进行表决。

之后,华某向一审法院起诉,请求确认 SJC 公司 2018 年 3 月 1 日股东会决议第(1)(3)(4)项不成立,第(2)项无效。

二、争议焦点

本案争议焦点主要有:(1) SJC 公司临时股东会会议关于同意 XX 公司减少注册资本 210438 元的决议是否应取得全体股东一致同意,是否因未达到代表 2/3 以上表决权的股东通过而导致不成立;(2)股东会决议中同意 SJC 公司返还 XX 公司投资款 500 万元的事项,是否因退还 SJC 公司资本公积金而导致无效。

三、案件裁判

(一) 一审裁判

关于第一个争议焦点,一审法院认为,公司减资往往伴随着股权结构的变动和股东利益的调整,在公司不按股东持股比例减资的情况下更是如此。为了保证公司减资能够体现绝大多数股东的意志,《公司法》规定有限责任公司减资应当由股东会作出特别决议,即经代表 2/3 以上表决权的股东通过才能进行减资。《公司法》已就股东会作出减资决议的表决方式进行了特别规制,但并未区分是否按照股东持股比例进行减资的情形,因此华某关于涉案临时股东会同意 XX 公司减少注册资本的决议应取得全体股东一致同意的主张不符合法律规定,不予采纳。况且,华某在股东会召开期间并未提出与 XX 公司相同比例减资的要求,其主张该股东会决议违反同股同权原则不能成立。对于华某提出的两合伙企业未就涉诉议题进行合伙人会议讨论,夏某无权代表该两股东表决的主张,一审法院认为,对两家合伙企业而言,参加股东会进行表决属于其外部行为,判断该行为效力应适用外观主义原则。涉案股东会决议由该两家合伙企业代表人夏某签字并盖具了企业公章,表明夏某有权代表该两家合伙企业对股东会决议进行表决。据此,华某主张涉诉股东会关于公司减资的决议应当取得全体股东一致同意,且该决议未达到全体股东的 2/3 表决权通过的主张缺乏依据,华某据此主张涉案股东会决议不成立的理由不成立,不予支持。

关于第二个争议焦点,一审法院认为,根据《公司法》的规定,股东会决议无效限定于决议内容违反法律、行政法规的效力性禁止性规范。华某认为涉案股东会决议因违反《公司法》第168条"公司的公积金用于弥补公司的亏损、扩大公司生产经营或者转为增加公司资本。但是,资本公积金不得用于弥补公司亏损"的规定而无效。但是,该规定针对的是法定公积金在公司内部经营管理中的用途和限制,并不排斥公司经合法决议程序将股东溢价投资转成的资本公积金退还给原股东的情形。因此,华某主张相关股东会决议无效,不予支持。

综上,一审法院依法判决驳回华某的全部诉讼请求。

(二)二审裁判

华某不服一审判决,向二审法院上诉,请求撤销一审判决,改判支持其一审诉讼请求。其主要理由为:第一,公司定向减资应当经全体股东一致同意,而非持有2/3以上表决权的股东同意。不经全体股东同意进行的定向减资,违背了公司法"同股同权"的基本原则,损害了少数股东的合法权益,导致少数股东无法等比例分配减少部分的资本,在减资后承担的股东责任增加,并容易遭受大股东的排挤,导致小股东剩余财产分配权被架空,减损小股东的股东权利,也会纵容多数股东串通通过定向减资提前分配公司剩余财产,以及利用控股股东地位做空公司。第二,SJC公司将资本公积金返还给个别股东的做法违反法律规定,不仅侵害了公司的财产权,而且损害了其他股东和公司债权人的利益。

二审法院确认了一审查明的事实,并向税务局调取了SJC公司2018年2月至2018年11月的财务报表。SJC公司的财务报表显示,2018年2月的净资产为9202725.43元,同年3月的净资产为8423242.68元,同年10月的净资产为2317650.37元。2018年2月至10月,SJC公司每月均处于亏损状况,2月到10月的累计亏损达7555523.28元。在该财务报表中,SJC公司的实收资本并未发生变动,股东会决议涉及的减少注册资本和返还XX公司500万元也未予体现。华某认为根据上述财务报表,减资决议作出当月SJC公司的净资产为840余万元,XX公司减资部分对应的净资产为 28 万余元,如果允许其通过减资取走 500 万元,中间的差额就是给其他股东所造成的实际损失;SJC 公司的累计亏损将近 2000 万元,最终的净资产只剩 230 余万元,且如果允许 XX 公司通过减资取走 500 万元,将直接导致公司的净资产变为负 270 余万元,也将损害公司债权人利益。因此,涉案股东会决议第(2)项无效。SJC 公司认为,本公司减资后返还 XX 公司的 500 万元是从公司的资本公积金中抽走的,涉案股东会决议第(2)项符合法律、行政法规,应属有效。

二审法院围绕本案争议焦点,提出如下审理意见:

第一,关于涉案股东会决议的第(1)(2)(4)项是否须经全体股东一致同意,是否构成不成立的问题。二审法院认为,《公司法》第 43 条第 2 款规定:"股东会会议作出修改公司章程、增加或者减少注册资本的决议,以及公司合并、分立、解散或者变更公司形式的决议,必须经代表三分之二以上表决权的股东通过。"SJC 公司章程第 11 条也作出同样的约定。此处的"减少注册资本",应当仅仅指公司注册资本的减少,而并不涵盖减资后股权在各股东之间的分配。股权是股东享受公司权益、承担义务的基础,由于减资存在同比减资和不同比减资两种情况,不同比减资会直接突破公司设立时的股权分配情况,如只需经 2/3 以上表决权的股东通过即可作出不同比减资决议,实际上是以多数决形式改变公司设立时经发起人一致决所形成的股权架构,因此对于不同比减资,除全体股东或者公司章程另有约定外,应当由全体股东一致同意。本案中,SJC 公司的股东中仅有 XX 公司进行减资,不同比减资导致华某的股权比例从 24.47% 上升到 25.32%,该股权比例的变化并未经华某的同意,违反了股权架构系各方合意结果的基本原则。同时,SJC 公司的财务报表显示,该公司出现严重亏损状况,华某持股比例的增加实质上增加了其作为股东所承担的风险,在一定程度上损害了其股东利益。涉案股东会决议第(1)(3)(4)项均涉及减资后股权比例的重新分配以及变更登记,在未经华某同意的情形下,视为各股东对股权比例的架构未达成一致意见,符合《最高人民法院关于适用〈中华人民共和国公司法〉若干问题的规定(四)》(以下简称《公司法司法解释四》)第5条第5项规定的"导致决议不成立的其他情形"。因此,华某主张涉案股东会决议的第(1)(3)(4)项不成立的诉讼请求于法有据,应予支持。

第二,关于涉案股东会决议第(2)项的内容是否无效的问题,二审法院认为,《公司法》第22条第1款规定:"公司股东会或者股东大会、董事会的决议内容违反法律、行政法规的无效。"由于公司是企业法人,具有独立的法人财产。股东将投资款注入公司之后,其出资已经转化为公司的资产,必须通过股权方式来行使权利,而不能直接请求将投资款予以返还。随着股东投入到公司的资金用于公司经营,股东持有的公司股权对应的价值也会发生变化,因此在股东减资时不能直接主张减资部分股权对应的原始投资款归自己所有。根据资本维持原则的要求,公司在存续过程中应维持与其资本额相当的实有资产,为使公司的资本与公司资产基本相当,切实维护交易安全和保护债权人利益,股东不得随意抽回出资。尤其是在公司亏损的情况下,如果允许公司向股东返还减资部分股权对应的原始投资款,实际上是未经清算程序通过定向减资的方式变相向个别股东分配公司剩余资产,这不仅有损公司其他股东的利益和公司的财产权,还严重损害公司债权人的利益,该行为应属无效。本案中,SJC公司的财务报表显示,公司2018年2月至10月处于严重亏损状况,公司决议作出之时公司的净资产为8423242.68元,到2018年10月公司的净资产仅为2317650.37元。如果允许SJC公司向XX公司返还500万元投资款,将导致公司资产大规模减少,损害公司的财产和信用基础,也损害公司其他股东和公司债权人的利益。因此,华某主张涉案股东会决议第(2)项无效具有事实和法律依据,应予支持。一审法院适用法律错误,应当依法予以纠正。

综上,二审法院依照《公司法》第22条、《公司法司法解释四》第5条等规定,判决撤销一审法院作出的民事判决;确认SJC公司于2018年3月1日作出的股东会决议第(1)(3)(4)项不成立,第(2)项无效。

四、分析思考

（一）不同比减资的股东会决议是否须经全体股东一致同意

本案中，对 SJC 公司股东会决议第（1）（3）（4）项是否成立，一审、二审法院作出了不同判决，其根本原因在于两家法院对不同比减资的股东会决议是否须经全体股东一致同意有着不同的理解。

根据减资是否会导致公司股东股权比例发生变化，公司减资可分为同比减资和不同比减资。同比减资是股东按原出资比例或持股比例同步减少出资，减资后各股东持股比例不变，而不同比减资则是各股东不按原出资比例或持股比例减资，减资后各股东持股比例发生改变。不同比减资有两种情形：一是所有股东均减资但减资比例不同，二是一部分股东减资而另一部分股东不减资。定向减资应属于后一种不同比减资。

公司减资会对债权人的债权实现、股东的股权结构产生影响，同比减资会影响债权人债权的实现，但不改变股东的股权结构，而不同比减资不仅影响债权人债权的实现，而且改变股东的股权结构。正因为如此，各国公司法都会对公司减资的程序作出严格规定，包括股东会必须作出特别决议，公司必须履行通知债权人、债权人行使异议权等程序。我国《公司法》也是如此，对此作出了基本相同的规定。但是，对于公司减资的股东会决议，我国《公司法》第 43 条第 2 款①没有区分同比减资和不同比减资，统一规定公司减少注册资本的决议必须经代表 2/3 以上表决权的股东通过，即公司减资决议采用资本多数决原则。因此，一审法院按照《公司法》条文的文义，不认可华某提出关于公司不同比减资的股东会决议应当取得全体股东一致同意的主张。

但是，二审法院对于《公司法》第 43 条第 2 款条文的文义作出了不同解释，认为该条所说的"减少注册资本"仅仅指公司注册资本的减少，

---

① 《公司法》（2013 年修正和 2018 年修正）第 43 条第 2 款规定："股东会的议事方式和表决程序，除本法有规定的外，由公司章程规定。股东会会议作出修改公司章程、增加或者减少注册资本的决议，……，必须经代表三分之二以上表决权的股东通过。"2023 年修订的《公司法》第 66 条第 3 款与该条款内容相同，仅将该条款中的"必须"修改为"应当"。

并不涵盖减资后股权在各股东之间的分配。因此,该条关于"代表三分之二以上表决权"的规定,只约束公司减少注册资本的情形,不约束减资份额在股东之间重新分配的情形。① 照此解释,该条规定仅适用于不会改变股权结构的同比减资,而不适用于会改变股权结构的不同比减资。对于不同比减资的股东会决议表决规则,二审法院基于股权平等原则以及防止资本多数决给不同意减资的股东带来损害,提出按照公司股权架构由股东合意确定的原则,除公司章程另有约定外,该决议应由全体股东一致同意,由此判决涉案减资决议不成立。二审法院对法律的解释以及由此形成的案件判决依据,有利于维护股东平等原则,平衡股东之间的利益,并可防止股东滥用权利。

我们看到,对于定向减资这种不同比减资的股东会决议是否须经全体股东一致同意的问题,由于《公司法》没有明确规定,本案一、二审法院作出不同回答并非个例,其他法院在判案中也有肯定②和否定③两种回答,哪种回答正确需要我们进一步研究。

(二)公司用资本公积金退还股东投资款是否合法

本案中,对SJC公司股东会决议的第(2)项是否无效,一审、二审法院作出了不同判决,其原因在于两家法院对于公司用资本公积金退还股东投资款是否合法有着不同认定。

从公司资产的构成看,它包括所有者权益和负债。其中,所有者权益即净资产,是作为所有者的股东在公司中享有的剩余权益,也是公司的实有财产,包括股本实收资本或者股本、资本公积金、盈余公积金和未分配利润等。因此,股东股权的价值与公司的注册资本和总资产无关,而与公司净资产有关。由此可知,股权每股价值=净资产总额/总股本

---

① 参见任明艳:《未经全体股东一致同意 定向减资决议则不成立》,载《法人》2020年第2期,第80页。
② 作肯定回答的案例如,陈某和诉江阴LT公司公司决议效力确认纠纷案[江苏省无锡市中级人民法院(2017)苏02民终1313号民事判决书],曾某诉简阳ZY公司公司决议效力确认纠纷案[四川省简阳市人民法院(2019)川0180民初4797号民事判决书]。
③ 作否定回答的案例如,胡某诉杭州HM公司公司决议效力确认纠纷案[浙江省杭州市余杭区人民法院(2017)浙0110民初9063号民事判决书],吕某诉上海HY公司、HR公司公司决议效力确认纠纷案[上海市高级人民法院(2018)沪民申1491号民事判决书]。

数。另外，股东向公司投入的股本金和资本公积金都归入公司的净资产，但在公司经营中，其净资产不是不变的，而是变动的。同时，为保证债权人债权的实现，公司法强调资本维持原则，即公司在其存续过程中应维持与其资本总额相当的财产，这里的财产指的是公司的实有财产。

  本案中，XX公司作为股东向SJC公司的出资部分和溢价投资计入资本公积金部分，均为SJC公司的实有财产。SJC公司股东会作出决议，在同意对XX公司定向减资210438元的同时，决定返还其投资款500万元。但从SJC公司财务报表看到，该公司在作出上述决议时处于亏损状态，实际上是从公司净资产中返还XX公司原始投入款500万元。一方面，它属于未经法定清算程序而运用定向减资向XX公司进行公司剩余财产的个别分配，且分配的数额高于减资部分对应的数额，对于公司其他股东显然是不公平的；另一方面，导致公司净资产出现负数，违背资本维持原则，损害债权人的利益。因此，二审法院以此认定SJC公司股东会作出的返还XX公司投资款500万元的决议内容违法，判决该决议无效，是正确的。

案例九　孙某与侯某、山西LB公司等损害公司利益责任纠纷案[①]

——董事、高管违反竞业禁止义务的认定

一、基本案情

  一审原告、二审被上诉人：孙某

  一审被告、二审上诉人：侯某

  一审被告：山西LB公司、江西XL公司、山东XL公司

---

① 案例来源：山东省高级人民法院（2016）鲁民终1454号民事判决书，北大法宝网，https://www.pkulaw.com/pfnl/a25051f3312b07f37febc8a7a1720d9e39801731af2d5b5ebdfb.html，最后访问时间2021年5月20日。

一审第三人：山东 SL 公司

2001 年 12 月,孙某与侯某投资成立山东 SL 公司,公司注册资本 120 万元,孙某持股 40%,任公司董事兼总经理,侯某持股 60%,任公司董事长兼法定代表人。公司经营范围为小容量注射剂(含激素类)、片剂、硬胶囊剂、货物进出口、技术进出口。

2003 年 6 月 24 日,山东 SL 公司持并非侯某本人签字的公司变更登记授权书及股东会决议向工商部门申请变更登记,将法定代表人变更为孙某,公司注册资本由 120 万元增至 889 万元,股东持股比例变更为孙某持股 58.34%、侯某持股 41.66%。2008 年 7 月 10 日,山东 SL 公司再次持并非侯某本人签字的股权转让协议及股东会决议向工商部门申请变更登记,将股东由孙某变更为孙某兵、由侯某变更为孙某瑞。2011 年 10 月 17 日,侯某向法院提起公司决议效力确认诉讼,法院于 2012 年 10 月 8 日作出(2011)济商初字第 57 号民事判决(该判决已生效),确认山东 SL 公司的上述两份股东会决议无效。

侯某于 1999 年 4 月、2007 年 6 月和 2004 年 1 月与他人设立山东 XL 公司、山西 LB 公司和江西 XL 公司,这三家公司经营与山东 SL 公司同类业务,且长期存在业务往来。对此,2012 年 3 月 2 日,孙某以侯某出资设立的上述三家公司的经营范围与山东 SL 公司的经营范围为同类业务,并获取了巨额利润,其行为损害了山东 SL 公司及其他股东的利益,其所得利润依法应当归山东 SL 公司所有为由,请求山东 SL 公司监事会起诉侯某,但该监事会明确回复不予起诉。于是,孙某向一审法院起诉,请求判令侯某将其关联交易所得 300 万元支付给山东 SL 公司,山东 XL 公司、山西 LB 公司、江西 XL 公司对上述交易所得承担连带给付责任。

二、争议焦点

本案争议焦点主要有:(1)侯某是否为山东 SL 公司的董事或股东,是否违反忠实义务并侵犯了该公司的合法权益,孙某主张侯某应向该公司支付因关联交易所得 300 万元的构成和依据是什么;(2)山东 XL 公司、山西 LB 公司、江西 XL 公司是否应承担连带责任;(3)本案是否超过诉讼时效。

三、案件裁判

(一)一审裁判

一审法院查明事实后,针对争议焦点作出如下评判:

对于第一个争议焦点,一审法院认为,山东 SL 公司 2001 年 12 月设立时,侯某是公司股东、董事并担任法定代表人。山东 SL 公司虽分别于 2003 年 6 月 24 日、2008 年 7 月 10 日在工商部门申请变更登记,但因其所依据的股东会决议已被法院于 2012 年 10 月 8 日判决无效,故股权变更自始无效,客观上侯某依然是公司的股东、董事。侯某作为山东 SL 公司股东、董事期间,出资设立山西 LB 公司、江西 XL 公司,且其设立的上述公司经营范围、药品类型与山东 SL 公司的经营范围、药品类型为同类业务,并且侯某将其从江西 XL 公司实际获得的 510 万元资本公积金收益用于增加该公司的注册资本金,损害了山东 SL 公司的利益。《公司法》第 21 条第 1 款规定:"公司的控股股东、实际控制人、董事、监事、高级管理人员不得利用其关联关系损害公司利益。"第 148 条第 1 款规定:"董事、高级管理人员不得有下列行为:……(五)未经股东会或者股东大会同意,利用职务便利为自己或者他人谋取属于公司的商业机会,自营或者为他人经营与所任职公司同类的业务。……董事、高级管理人员违反前款规定所得的收入应当归公司所有。"侯某的行为违反了上述规定,并已经实际获得收益,其行为损害了山东 SL 公司及其他股东的利益,其所得收入依法应当归山东 SL 公司所有。

对于第二个争议焦点,一审法院认为,根据《公司法》第 21 条、第 148 条的规定,公司的控股股东、实际控制人、董事、监事、高级管理人员不得利用其关联关系损害公司利益,董事、高级管理人员未经股东会或者股东大会同意,利用职务便利为自己或者他人谋取属于公司的商业机会,自营或者为他人经营与所任职公司同类的业务,所得的收入应当归公司所有,但该法并未规定董事、高级管理人员设立的公司负有连带责任。因此,孙某请求上述三家公司承担连带责任没有法律依据,依法不予支持。

对于第三个争议焦点,一审法院认为,侯某作为山东 SL 公司股东、董事期间,陆续设立山西 LB 公司、江西 XL 公司并持续经营管理所设公司以获取收益。其行为违反了《公司法》第 148 条的规定,损害了山东 SL 公司及其他股东的利益,这种损害行为是持续的,并未终止。侯某实际获得收益的时间不能被认定为损害山东 SL 公司及其他股东的权益的终止时间,也不应作为起算诉讼时效的开始时间。因此,侯某关于本案起诉已经超过诉讼时效的观点与本案事实不符,依法不予支持。

综上,一审法院依照《公司法》第 21 条、第 148 条的规定,判决侯某于判决生效后十日内向山东 SL 公司支付关联交易所得收入 300 万元,驳回孙某的其他诉讼请求。

(二)二审裁判

侯某不服一审判决,提起上诉,请求二审法院依法撤销一审判决,改判驳回孙某的诉讼请求,其主要理由如下:

第一,侯某不存在违反公司法的行为,没有利用职务便利为自己或他人谋取属于公司的商业机会,自营或者为他人经营与所任职公司同类的业务。(1)侯某没有利用职务便利的机会和基础。侯某因其法定代表人及股东身份自 2003 年起被孙某通过伪造签名的方式非法剥夺,并被逐出公司管理层,失去了对山东 SL 公司的控制。山东 SL 公司一审当庭指出,自公司成立之初,侯某就没有履行和实施法定代表人的管理职权。孙某也没有任何证据证明侯某曾经管理过公司。一审法院引用的 (2011)济商初字第 57 号民事判决恰恰能够证明侯某实际上对公司失去了控制,这才提起诉讼要求确认股东身份,在此之前侯某无法利用股东或董事身份实施任何侵权行为。(2)侯某没有谋取属于公司的商业机会。孙某必须证明原本属于山东 SL 公司的商业机会被侯某利用职务便利使其他公司得到。

第二,无论侯某的行为是否违反《公司法》第 148 条,侯某的身份都不属于公司董事或高级管理人员,不受该条款约束。侯某作为山东 SL

公司的控股股东,从未签署及任命自己为公司董事的文件。工商登记显示,山东SL公司自2008年7月10日起的执行董事为孙某兵,此后无从谈起侯某是否为公司董事的问题。

第三,孙某的诉讼请求已超过诉讼时效期间。孙某所主张的损失为2010年江西XL公司的收益,这说明其所主张的侵权行为是在2010年以前发生的,已超过两年诉讼时效期间。

第四,即使侯某存在违反公司法的行为,一审判决的赔偿数额也没有事实和法律依据,应当返还的款项系因违法行为取得的收入,具体数额应当结合具体的违法行为通过审计评估,核算出实际收益,从而确定应当返还给山东SL公司的赔偿数额。

二审中,法院除对一审法院认定的事实予以确认外,还对当事人二审争议的事实作出如下认定:

第一,山东SL公司提交了落款时间为2001年12月10日的董事、监事选举证明,用于证实侯某作为董事参与了公司经营决策。此外,该公司、孙某均没有提交用于证明该待证事实的其他证据。

第二,山东SL公司2008年7月10日的股东会决议载明,因公司股东发生变动,同意原执行董事、监事、经理辞去职务,选举孙某兵为执行董事、孙某瑞为监事,公司名称变更为"山东SL公司"。孙某兵、孙某瑞作为公司股东在该决议上签字。2008年7月11日,山东SL公司的执行董事变更登记为"孙某兵"。

第三,(2011)济商初字第57号民事判决书(原告为侯某,被告为山东SL公司、孙某、孙某兵、孙某瑞,第三人为张某)载明,四被告共同答辩称,在侯某与孙某成立山东SL公司后,侯某分别在山西晋中、江西萍乡注册了公司,且由侯某担任法定代表人,对山东SL公司的业务无暇过问,便同意由山东SL公司为其加工产品,山东SL公司的股权等事宜由孙某等人负责办理变更事宜;侯某在山东SL公司注册之后从未参与公司具体事务,从未参与具体管理,未履行《合伙合同》中约定的再出资义务;侯某与山东SL公司的所有联系均是建立在与山东SL公司之间的产品加工合同关系上,始终与山东 SL 公司进行交易,在此期间其与山东 SL 公司的代加工业务从来没有停止,业务额度已经达到近二亿元;从其与侯某之间的长期业务关系上看,侯某与山东 SL 公司仅仅是委托加工关系,侯某并没有因在长达十年的脱离公司管理过程中与公司产生争议,从未因未能行使权利而提出异议。(2011)济商初字第 57 号民事判决书还载明,山东 SL 公司、孙某、孙某兵、孙某瑞提交了张某的调查笔录,用于证明山东 SL 公司是包括张某在内的三人合伙设立,三人将其中的两个车间单独拿出经营,山东 SL 公司一直与侯某有业务联系,为侯某加工了价值四五千万元的业务,而且侯某的业务代表一直住在公司;侯某另行注册公司的目的是在山东 SL 公司设立加工厂,不参与公司的任何经营管理,且以自己名义设立的公司一直与山东 SL 公司有业务往来。

第四,山东省高院(2016)鲁民终 1371 号民事判决认定,自 2002 年 1 月 26 日至 2005 年 5 月 31 日,侯某以山东 XL 公司的名义与山东 SL 公司多次发生药品加工业务;自 2005 年 6 月至 2014 年 11 月,侯某以江西 XL 公司的名义与山东 SL 公司多次发生药品加工业务。

二审法院查明事实后,围绕主要争点作出以下评判:

第一,关于侯某的行为是否违反了《公司法》第 148 条第 1 款第 5 项规定的忠实义务问题。二审法院认为,根据《公司法》的该项规定,认定董事违反忠实义务,利用职务便利谋取属于所任职公司的商业机会,或者经营与所任职公司同类的业务,存在两个前提条件:一是担任公司董事并实际从事公司的经营决策等管理行为;二是没有经过股东会的同意而实施上述行为。具体到本案中:(1)侯某虽系山东 SL 公司董事,但未实际参与公司经营决策。根据(2011)济商初字第 57 号民事判决的记载,孙某和山东 SL 公司自认侯某在山东 SL 公司设立以后从未参与公司经营管理,侯某与山东 SL 公司之间仅仅是药品委托加工关系,且侯某由于无暇过问山东 SL 公司事务而委托孙某等人负责于 2003 年、2008 年两次办理了股权变更事宜。根据(2011)济商初字第 57 号民事判决的记载,孙某和山东 SL 公司提交了对该案第三人张某的调查笔录,张某认可侯某不参与山东 SL 公司的任何经营管理,侯某设立山东 SL 公司的目的是在该公司开设加工厂,侯某另行设立的公司一直与山东 SL 公司进行业务往来。本案中,孙某和山东 SL 公司虽然主张侯某作为董事参与了公司的经营决策,但未能提供有效证据予以证实。(2)对于侯某经营与山东 SL 公司同类业务,孙某及山东 SL 公司知情且认可。侯某自 2002 年 1 月至 2005 年 5 月以山东 XL 公司的名义委托山东 SL 公司加工药品,自 2005 年 6 月至 2014 年 11 月又以江西 XL 公司的名义委托山东 SL 公司加工药品,上述事实与孙某在(2011)济商初字第 57 号纠纷案件中所陈述的"在侯某与孙某成立山东 SL 公司后,侯某分别在山西晋中、江西萍乡注册了公司,且由侯某担任法定代表人,对山东 SL 公司的业务无暇过问,便同意由山东 SL 公司为其加工产品,山东 SL 公司的股权等事宜由孙某等被告负责办理变更事宜""侯某与山东 SL 公司的代加工业务从来没有停止"相互对应,与该案中第三人张某在调查笔录中陈述的"山东 SL 公司一直与侯某有业务联系,为侯某加工了价值四五千万元的业务,而且侯某的业务代表一直住在公司"相互对应。以上情况充分表明,孙某和山东 SL 公司对于侯某先后设立经营同类业务的其他公司是知情并认可的,且接受侯某的委托代为加工药品。综合以上情况判断,侯某虽然被选举为山东 SL 公司董事,但并未实际参与公司的经营管理等具体事务,且自 2008 年 7 月被取消了董事资格,而孙某等其他股东对于侯某经营同类业务也是同意的,直到 2014 年 11 月仍然代为侯某加工药品。因此,孙某虽然主张侯某的行为违反《公司法》第 148 条第 1 款第 5 项的规定,应当承担董事损害公司利益的相应责任,但其所提供的证据不足以证实该主张,应当承担举证不能的不利后果。

第二,关于侯某应当赔偿的金额及孙某的诉讼请求是否已经超过诉讼时效期间的问题。二审法院认为,由于孙某未能提供有效证据证实侯某的行为违反了其对山东 SL 公司的忠实义务,各方当事人二审中争议的这两个问题对于案件的处理结果没有实质影响,因此不再予以评判。

综上所述,二审法院认为侯某的上诉请求成立,依照《公司法》第 148 条第1款第5项等规定,判决撤销一审民事判决,驳回孙某的诉讼请求。

四、分析思考

本案中,二审法院作出了与一审法院相反的判决,认定侯某的行为不违反《公司法》第148条第1款第5项规定的忠实义务,其首要的裁判理由是侯某虽系山东SL公司董事,但未参与公司经营决策。这就产生了一个需要讨论的问题,就是不参与公司经营管理的董事是否应履行忠实义务。

董事会是公司的执行机关和经营决策机关,董事作为该机关的成员,在履职中掌管着公司的财产,并运用公司财产从事公司的经营活动,以谋求公司的利益。同时,作为独立个体的董事也有自己的个人利益,往往会在履职中产生追求自己个人利益的冲动。由于公司的经营管理权集中在董事手中,董事在经营管理中面对自己个人利益与公司利益冲突时,可能作出以损害公司利益为代价来满足自己个人利益的行为,因此,为了防范董事的这种行为,保护公司的利益,各国法律均规定了董事的忠实义务以及违反义务的责任。我国《公司法》(2013年修正和2018年修正)第147条、第148条也对此作出相应的规定。[①] 可见,董事忠实义务的法律规定,是对董事利用其所掌握的公司经营管理权不当谋求个人利益行为的防范与规制。这意味着,不参与经营管理的董事不可能利用公司经营管理权作出损害公司利益以满足自己个人利益的行为,因而不应受董事忠实义务规定的约束。

本案中,二审法院正是基于上述董事忠实义务的立法目的,将《公司法》第148条第1款第5项规定中的"董事",限缩解释为实际从事公司经营决策等管理行为的董事,并将其作为认定董事违反该项规定的忠实义务的一个前提条件。从上述对董事忠实义务立法目的之分析来看,二审法院作出的法律解释是合理的。因此,二审法院在认定侯某为未实际

---

① 2023年修订的《公司法》第180条至第186条对此作出了具体规定。

参与山东 SL 公司经营管理事务的董事后,以此为据判定其没有违反《公司法》第 148 条第 1 款第 5 项规定的忠实义务以及损害山东 SL 公司的利益,应当是正确的。

当然,本案引发我们深入思考一些问题。例如,是否所有法定的董事忠实义务,未实际从事公司经营管理行为的董事都可以不履行？董事在没有参与公司经营管理的一段时间内,能否谋取公司的商业机会,自营或者为他人经营与所任职公司同类的业务？

案例十　WT 公司、MGJ 公司与李某等损害公司利益责任纠纷案①
——董事忠实义务的延伸

一、基本案情

一审原告、二审上诉人、再审被申请人:WT 公司

一审原告、二审上诉人、再审被申请人:MGJ 公司

一审被告、二审上诉人、再审申请人:李某

一审被告、二审被上诉人:省二医院

MGJ 公司设立于 2008 年 11 月 21 日,李某自 2011 年 12 月 15 日以来一直为该公司股东,2015 年 4 月 28 日之前担任该公司法定代表人、董事长和总经理。WT 公司设立于 2013 年 6 月 3 日,股东为张某(持股 90%)和张某斌(持股 10%)。同时,MGJ 公司分别与张某、张某斌签订《股权代持协议书》,委托他们作为自己对 WT 公司持有的 90% 和 10% 的股份的名义持有人,MGJ 公司作为上述投资的实际出资者,享有实际

---

① 案例来源:广东省高级人民法院(2019)粤民终 1027 号民事判决书,北大法宝网,https://www.pkulaw.com/pfnl/c05aeed05a57db0aac984551221118ee08680c906db27a19bdfb.html,最后访问时间 2022 年 3 月 16 日;最高人民法院(2021)最高法民申 1686 号民事裁定书,北大法宝网,https://www.pkulaw.com/pfnl/c05aeed05a57db0a73042ec0187eb364f23a12e729345cf7bdfb.html,最后访问时间 2022 年 3 月 16 日。

的股东权利并获得相应的投资收益。2015年6月17日,WT公司股东变更为MGJ公司(持股100%)。

YDY公司设立于2014年8月7日。2014年11月11日,该公司股东变更为李某婧(持股85%)和周某斌(持股15%),其中,李某婧代李某持有该公司72.25%的股权、代其他三人持有该公司12.75%的股权,周某斌代李某持有该公司12.75%的股权,代其他三人持有该公司2.25%的股权。李某为YDY公司的实际控制人。GK公司设立于2013年10月17日。2015年5月18日,GK公司股东变更为周某斌(持股100%),法定代表人亦变更为周某斌。2014年11月12日和11月26日,YDY公司先后召开二次股东会并作出决议,同意李某婧皆以1元价格将其持有的该公司20%股权分别转让给GK公司和两个自然人,同意周某斌皆以1元的价格将其持有的该公司15%股权分别转让给李某婧和一家公司。之后,YDY公司对其股东进行了变更。

WT公司与省二医院分别于2014年1月10日、2月10日签订《合作框架协议》及其《补充(修订)协议》,约定合作开展"某省医学影像阅片中心平台、检验分析中心平台和互联网医院、应急无线医疗建设项目"。协议签订后,WT公司于2014年8月10日依约开发完成并首次发表"WT网络医院平台软件(以下简称'WT网络医院V1.0')",某省卫计委于2014年10月25日复函同意省二医院建立某省应急医疗网络中心和网络医院。对此,2014年10月27日至11月14日,多家媒体对WT公司与省二医院合作开展的"网络医院"等项目进行报道。

2014年11月20日,YDY公司与省二医院签订《YDY网络医院合作协议》,约定双方均视对方为某省内唯一合作方,"共同合作组建YDY网络医院,并对用户提供网上诊疗、双向诊疗等医疗服务"。自此,省二医院转而与YDY公司合作,并终止与WT公司合作。2014年12月4日,YH公司向YDY公司增资6000万元,取得YDY公司10%股权,并以6000万元的价格从GK公司处购得YDY公司10%的股权。

对此,WT公司和MGJ公司认为,李某在担任MGJ公司法定代表人、董事长和总经理期间,利用关联关系和职务便利,谋取属于WT公司的商业机会,违反对MGJ公司、WT公司的忠实勤勉义务,损害了各该公司的利益,因此向一审法院起诉,请求判令李某赔偿WT公司1.2亿元,判令省二医院承担连带赔偿责任。

二、争议焦点

本案争议焦点主要有:(1)李某是否应对MGJ公司和WT公司负有忠实义务、竞业禁止义务,并承担违反该义务的赔偿责任;(2)如果李某需要向WT公司承担赔偿责任,应如何确定赔偿数额。

三、案件裁判

(一)一审裁判

一审法院在事实调查后,围绕争议焦点提出审理意见:

首先,关于李某是否对MGJ公司和WT公司负有忠实义务、竞业禁止义务的问题。一审法院认为,虽然MGJ公司、WT公司均系法人,互为独立民事主体,但在两公司所称的李某损害公司利益行为发生期间,MGJ公司委托案外人张某斌、张某代持WT公司100%股权,WT公司实际系MGJ公司的全资子公司,故李某如有不当谋取WT公司商业机会、损害WT公司利益等行为,则必然对MGJ公司的利益造成损害。李某作为MGJ公司股东、法定代表人、董事长和总经理,其行为已违反对公司的忠实勤勉义务,MGJ公司有权依法向李某主张权利,而李某则须以向WT公司赔偿的方式弥补MGJ公司因WT公司利益直接受损而受到的股东损失。

其次,关于李某是否存在谋取属于WT公司商业机会、损害WT公司利益的行为的问题。一审法院认为,李某作为MGJ公司股东,在担任该公司法定代表人、董事长、总经理及技术团队主要负责人期间,另行实际控制与WT公司具有同类业务的YDY公司,将WT公司与省二医院合作创建的网络医院等项目据为YDY公司所有,谋取本属于WT公司的商业机会,取得YH公司巨额投资。其行为损害了WT公司的利益,进而损害了MGJ公司的利益,李某须向WT公司赔偿。

再次,关于李某就 WT 公司的损失承担赔偿责任的问题。一审法院认为,由于 WT 公司在本案中的损失标的系商业机会,而公司商业机会多体现为预期利益,其价值受未来市场环境、公司管理水平、政策因素等条件的影响较大,因此无法在现在的情况下就其价值作出相对准确的认定。但 WT 公司的损失确实存在,故参照《公司法》第 148 条第 2 款的规定,将李某因此获得的收入归 WT 公司所有以弥补其损失。本案中,李某系 YDY 公司的实际控制人,在 YH 公司于 2014 年 12 月向 YDY 公司增资 6000 万元时,李某婧代李某持有 YDY 公司 62% 的股权,故李某就 YH 公司的增资行为享有相应的股东权益。另外,YH 公司还以 6000 万元的价格向 GK 公司购买其持有的 YDY 公司 10% 的股权,考虑到周某斌于 2015 年 5 月成为 GK 公司唯一股东和法定代表人、周某斌代李某持有 YDY 公司股权且 GK 公司以 1 元的价格获得李某婧代李某持有的 YDY 公司股权等事实,再结合李某系 YDY 公司实际控制人以及为 YDY 公司谋取本属 WT 公司商业机会等事实,能够认定李某就 GK 公司获得的 6000 万元款项实际享有权益。但是,上述权益并不能直接等同于李某的实际收入,WT 公司、MGJ 公司主张李某应当赔偿 1.2 亿元的主张缺乏事实和法律依据。因此,以李某获取的上述权益为基础,综合考虑 YH 公司的定价依据、YDY 公司和 GK 公司的运营成本、网络医院项目的发展前景等因素,酌定李某须向 WT 公司支付赔偿金 2916 万元。

最后,关于省二医院是否须承担连带责任的问题。一审法院认为,WT 公司、MGJ 公司并未提交充分证据证明李某不当谋取 WT 公司商业机会过程中,省二医院与李某存在共同故意,因而对于省二医院应当承担连带责任的主张不予支持。

综上,一审法院依照《公司法》第 20 条第 2 款、第 148 条的规定,作出以下判决:(1) 李某向 WT 公司支付赔偿金 2916 万元;(2) 驳回 WT 公司、MGJ 公司的其他诉讼请求。

(二) 二审裁判

一审判决后,WT 公司、MGJ 公司和李某均提起上诉。上诉时,MGJ 公司、WT 公司请求改判李某赔偿 WT 公司 1.2 亿元,改判省二医院对李某的债务承担连带赔偿责任;李某请求撤销一审判决第(1)项,即其向WT公司支付赔偿金2916万元。

二审法院在同意一审法院四点意见及其说理的基础上,对其说理部分进行了补充:

第一,关于李某是否对MGJ公司和WT公司负有忠实义务和竞业禁止义务的问题。二审法院认为,李某作为MGJ公司的董事长和总经理,依据《公司法》第147条、第148条的规定,对MGJ公司负有法定的忠实义务和竞业禁止义务。MGJ公司是WT公司的全资股东,子公司WT公司的利益和母公司MGJ公司的利益具有显见的一致性,因此,李某对母公司所负忠实义务和竞业禁止义务应自然延伸至子公司WT公司,方能实现公司法为母公司董监高设置忠实义务的立法目的,才能实现对母公司MGJ公司及其股东合法权益的保护。

第二,关于李某是否违反其对MGJ公司和WT公司所负忠实义务和竞业禁止义务的问题。二审法院认为,WT公司在2014年1月与省二医院签署《合作框架协议》时,就已经获得了和省二医院合作网络医院项目的商业机会。李某在担任MGJ公司董事长、总经理及技术团队主要负责人期间,在未向MGJ公司股东会披露的情况下,另行操控YDY公司,将WT公司与省二医院合作的网络医院项目交由YDY公司经营,非法获取了本属WT公司的商业机会,确实损害了WT公司及其母公司MGJ公司的利益。根据《公司法》第148条的规定,李某应当向WT公司进行赔偿。

第三,关于如何认定李某对WT公司的赔偿责任问题。二审法院认为,基于本案交易的特殊性,将从李某的个人收入和MGJ公司及其股东的实际损失两个角度,综合认定李某的赔偿责任,但是从这两个角度都不能做到这一点。(1)无法从李某的个人收入来认定。这是因为,当事人未举证YDY公司运营网络医院项目的盈利情况,法院也无法查证李某个人在YH公司收购YDY公司20%股权的交易中所获得的具体收入。具体来说,一是基于法人财产独立性的考虑,YDY公司获得的6000万元增资款不能认定为李某个人收入;二是虽然GK公司股东与李某有股权代持关系,李某和 GK 公司存在紧密的利益关系,但对于 GK 公司获得的 6000 万元股权转让款,即使引入评估机构或从财务角度查询该笔款项的使用情况,也不能准确反映李某从该笔款项中获取的个人收入。(2) 无法从 MGJ 公司现任股东的实际损失来认定。因为 WT 公司和省二医院签署《合作框架协议》时 MGJ 公司的注册资本为 1000 万元(包括李某及其关联人的出资),除对 MGJ 公司注册资本的出资,MGJ 公司未能证明李某及其关联人之外其他股东投入 MGJ 公司的其他财产金额。据此,除出资金额外,法院无法认定 MGJ 公司各股东对 MGJ 公司或 WT 公司另有其他投入。因此,二审法院认为,在李某个人收入无法查明、WT 公司有实际损失的情况下,一审法院对赔偿金额的处理思路并无不妥。

综上,二审法院认为,WT 公司、MGJ 公司和李某的上诉请求均不能成立,判决驳回上诉,维持原判。

(三) 再审裁判

二审判决后,李某申请再审,主要理由为:第一,原判决擅自扩大《公司法》关于损害公司利益责任纠纷案件赔偿义务主体范围,李某并非 WT 公司董事或高管,对该公司不负有竞业禁止义务;第二,原判决行使自由裁量权属错误,以酌定方式判令李某支付 2916 万元赔偿金明显不当,且未在裁判文书中公开赔偿金计算依据并论证其正当性及合理性。

再审法院经审查,同意一审和二审法院的审理意见,裁定驳回了李某的再审申请。裁定书中,再审法院在论述李某应当对 WT 公司负有忠实义务和竞业禁止义务时,对公司法相关条款作了扩张解释,认为公司法关于董事对公司所负的忠实义务、竞业禁止义务应不限于董事所任职的公司自身,还应包括其全资子公司、控股公司等,如此方能保障公司及其他股东的合法权益,真正实现公司法设置忠实义务、竞业禁止义务的立法本意。

四、分析思考

本案涉及的一个重要法律问题是,母公司董事对子公司是否负有忠实义务。一般来说,根据公司法的基本理论,母公司和子公司均为独立法人,而基于信义义务理论,母公司董事仅对其所在公司负有忠实义务,对子公司不负忠实义务。从我国《公司法》第147条、第148条的规定来看,母公司董事忠实义务的对象也局限于其所任职的公司,不涉及该公司投资设立的子公司。本案中,法院判决作为MGJ公司董事的李某对MGJ公司的全资子公司、控股公司承担损失赔偿责任,其法律依据显然是对董事向公司应负忠实义务法律规定的扩张解释,即将董事忠实义务的对象从其任职的公司扩大至该公司投资设立的子公司。

问题在于,这种扩张解释是否合理。要讨论这个问题,关键是看董事忠实义务的立法目的。所谓董事忠实义务,就是董事在执行公司业务时所承担的以公司利益作为自己行为和行动的最高准则,不得追求自己和他人利益的义务。① 董事忠实义务强调的是董事应当对公司忠心耿耿,始终根据公司整体利益首位原则来选择其行为,当董事个人利益与公司利益或其所负义务相悖时,应当舍弃个人利益,保全公司整体利益。② 从世界范围来看,随着现代公司所有权与控制权日益分离,股东会中心主义转向董事会中心主义,董事职权急剧膨胀,董事的不当行为将损害公司和股东的利益,在此背景下各国在立法上普遍强化了董事义务和责任,其中包括董事的忠实义务和责任。③ 董事忠实义务的立法目的就是遏制董事的机会主义行为,保护公司和股东的权益不受侵害。④ 在我国,基于同样的立法目的,1993年制定的《公司法》就将董事忠实义务及责任列入其中,之后该法修订时又在总结本国公司实践状况和借鉴他国立法经验的基础上对此加以完善,但这种完善仅仅是将董事满足个人利益而损害公司利益的行为更多、更为具体地列举出来,并没有改变该行为损人利己的本质和该规定保护公司、股东利益的立法目的,这些补

---

① 参见张民安:《董事忠实义务研究》,载《吉林大学社会科学学报》1997年第5期,第86页。
② 参见范健、蒋大兴:《论公司董事之义务——从比较法视角考察》,载《南京大学法律评论》1998年第1期,第89页。
③ 参见罗培新:《董事忠实义务的确立与完善》,载《经济导刊》1998年第6期,第73页。
④ 参见李燕:《优化营商环境背景下董事忠实义务规范再构》,载《学海》2023年第3期,第196页。

充规定的行为不过是基于立法目的对公司实践及其发展的总结。因此，基于保护公司、股东利益的立法目的，凡董事侵害公司利益以满足其个人利益的行为都应被列入董事忠实义务规范之列。这意味着，董事忠实义务不局限于董事对其所任职公司的范围，而应扩大到该公司投资设立的子公司。因为当董事实施侵害子公司利益以满足个人利益时，直接侵害的是子公司的利益，实际上也侵害了该子公司的股东即董事所任职公司的利益。按照这样的理解，本案中法院将《公司法》规定的董事向公司所负忠实义务扩大至公司投资的子公司，显然是合理的，由此作出 MGJ 公司董事李某因攫取子公司 WT 公司商业机会而赔偿其遭受损失的判决，是正确的。

当然，法院将董事忠实义务延伸至子公司必须严格、谨慎，否则会损害董事的利益。这就有一些问题需要思考和把握，如：董事忠实义务的延伸有无条件？董事的所有忠实义务是否都能延伸至子公司？

案例十一 顾某、黄某等与康美药业股份公司等证券虚假陈述责任纠纷案①
——董事、监事和高管对第三人的责任

一、基本案情

原告：顾某、黄某等 55326 名投资者

被告：康美药业股份有限公司（以下简称"康美药业"）、马某田、许某等 21 名康美药业实际控制人、董事、监事、高级管理人员，正中珠江会计师事务所（以下简称"正中珠江"），杨某等 4 名正中珠江工作人员

2001 年 3 月 19 日，康美药业在上海证券交易所主板上市，证券代码

---

① 案例来源：广东省广州市中级人民法院（2020）粤 01 民初 2171 号民事判决书，北大法宝网，https://www.pkulaw.com/pfnl/08df102e7c10f2068252db5f87345196cfb0a174cea120edbdfb.html，最后访问时间 2022 年 12 月 22 日。

为 600518。2017 年 4 月 20 日、2018 年 4 月 26 日、2018 年 8 月 29 日，康美药业在上海证券交易所网站、巨潮资讯网、中国证监会指定报纸上先后披露了《2016 年年度报告》《2017 年年度报告》《2018 年半年度报告》。

自 2018 年 10 月 15 日晚开始，网上陆续出现文章，质疑康美药业货币资金真实性，指出可能存在财务造假等问题，并被多家影响范围较大的媒体转载，引起强烈反响。由此，康美药业股票 2018 年 10 月 16 日盘中一度触及跌停，收盘跌幅 5.97%，此后连续三日以跌停价收盘。而同期（2018 年 10 月 16—19 日）上证指数跌幅为 0.69%，医药生物（申万）指数（801150）跌幅为 4.01%。同时，以"康美药业"为关键词的百度搜索指数、百度资讯指数、各类媒体转载指数在 2018 年 10 月 16 日之后均呈现爆炸性增长。

对此，中国证监会依法进行调查，并对违法单位及相关人员作出行政处罚。2019 年 8 月 17 日和 2020 年 5 月 15 日，康美药业发布公告称该公司及相关当事人收到中国证监会《行政处罚及市场禁入事先告知书》和《行政处罚决定书》（〔2020〕24 号）。在上述文件中，中国证监会认定，康美药业《2016 年年度报告》《2017 年年度报告》《2018 年半年度报告》《2018 年年度报告》中存在虚假记载，包括虚增营业收入，多计利息收入，虚增营业利润；《2016 年年度报告》《2017 年年度报告》《2018 年半年度报告》中存在虚假记载，虚增货币资金；《2018 年年度报告》中存在虚假记载，虚增固定资产、在建工程、投资性房地产；《2016 年年度报告》《2017 年年度报告》《2018 年年度报告》中存在重大遗漏，未按规定披露控股股东及其关联方非经营性占用资金的关联交易情况等。基于上述违法行为，中国证监会依法对康美药业作出责令改正，给予警告，并处以 60 万元罚款的处罚；根据相关实际控制人、董事和高级管理人员的违法情节和程度，分别给予警告，并处以 10 万元至 90 万元不等的罚款。2021 年 2 月 18 日，中国证监会作出的行政处罚决定书（〔2021〕11 号）认定，正中珠江出具的康美药业 2016 年、2017 年、2018 年年度审计报告存在虚假记载，对该公司 2016 年、2017 年财务报表的审计存在缺陷，

2018年财务报表的审计存在重大缺陷。据此,中国证监会依法对正中珠江作出责令改正,没收业务收入1425万元,并处4275万元罚款的处罚;根据负责项目的注册会计师的违法情节和程度,分别给予警告,并处以3万元或10万元的罚款。

对于康美药业的上述行为,顾某、刘某君等11名投资者于2020年12月31日向广州市中院提起诉讼,请求判令被告马某田、许某赔偿其投资差额损失、佣金、印花税及利息损失合计412228.20元,判令康美药业及其实际控制人、高级管理人员等被告对上述损失承担连带责任。前述11名投资者共同推选顾某、刘某君为拟任代表人,同时请求诉讼请求相同并申请加入本案诉讼的其他投资者,一并提起普通代表人诉讼。

2021年3月26日,法院发布《普通代表人诉讼权利登记公告》,明确自2017年4月20日(含)至2018年10月15日(含)期间以公开竞价方式买入,并于2018年10月15日闭市后仍持有康美药业股票,且与本案具有相同诉讼请求的投资者,可以于2021年4月25日之前登记加入本案诉讼。上述11名投资者于2021年3月30日向法院申请追加正中珠江及杨某、张某、刘某、苏某为本案被告,请求判令前述5名被告与马某田、许某等被告承担连带赔偿责任。之后,法院依法适用特别代表人诉讼程序审理本案,并由中证中小投资者服务中心有限责任公司(以下简称"投服中心")依法代表原告顾某、黄某等55326名投资者提起诉讼。

法院委托投保基金对权利人范围内的投资者的损失进行测算。经测算,共计55326名投资者发生约48.66亿元损失,扣除系统风险后损失金额为正数的投资者人数为52037名,该52037名投资者扣除系统风险后损失金额总数为2458928544元。

二、争议焦点

本案争议焦点主要有:(1)案涉虚假陈述行为的认定;(2)原告投资损失与案涉虚假陈述行为之间有无因果关系;(3)各被告赔偿责任的认定。

三、案件裁判

法院经法庭调查,围绕上述争议焦点就事实认定和判决理由提出审理意见。

(一)关于案涉虚假陈述行为的认定

《最高人民法院关于审理证券市场因虚假陈述引发的民事赔偿案件的若干规定》(以下简称《虚假陈述证券民事赔偿规定》)第17条第1款规定:"证券市场虚假陈述,是指信息披露义务人违反证券法律规定,在证券发行或者交易过程中,对重大事件作出违背事实真相的虚假记载、误导性陈述,或者在披露信息时发生重大遗漏、不正当披露信息的行为。"法院认为,根据中国证监会作出的《行政处罚决定书》(〔2020〕24号)和《行政处罚决定书》(〔2021〕11号)查明的事实,康美药业存在证券虚假陈述行为。

法院认定,康美药业披露存在虚假记载和重大遗漏的《2016年年度报告》的日期即2017年4月20日,为虚假陈述行为的实施日;媒体质疑康美药业财务造假的日期即2018年10月16日,为案涉虚假陈述行为的揭露日。此外,法院还依法认定本案投资差额损失计算的基准日为康美药业上市可流通股票换手率达到100%的2018年12月4日,基准价为12.7元。

(二)原告投资损失与案涉虚假陈述行为之间有无因果关系

法院认为,这里涉及的因果关系包括交易因果关系和损失因果关系,前者为原告的交易行为与案涉虚假陈述行为之间的因果关系,后者系原告的投资损失与案涉虚假陈述行为之间的因果关系。

第一,关于是否存在交易因果关系。法院认为,符合《虚假陈述证券民事赔偿规定》第18条规定条件的投资者交易行为,与被告虚假陈述行为之间应被推定为存在交易因果关系。基于此,法院按照本案权利人范围[自2017年4月20日(含)起至2018年10月15日(含)期间以公开竞价方式买入,并于2018年10月15日闭市后仍持有康美药业股票,且与本案具有相同种类诉讼请求的投资者]确定投资者名单,调取了相关投资者交易数据,并委托投保基金对投资者的损失情况进行了核算,由此认定原告的交易行为均与被告虚假陈述行为之间存在交易因果关系。

第二,关于是否存在损失因果关系。法院认为,投保基金采用移动加权平均法计算投资者损失是合理的,符合实际的。对于计算投资者损失时扣除证券系统风险导致的损失部分,法院认为,案涉虚假陈述行为从实施日到揭露日期间,证券市场走势波动亦较大,投资者的部分损失系证券市场系统因素造成,该部分损失应予剔除。根据测算情况,除去损失金额在扣除系统风险后为 0 或者负数的 3289 名投资者后,共有 52037 名投资者有损失。至于非系统风险所导致的投资者损失的扣除,法院认为缺乏依据。

综上,案涉虚假陈述行为所导致的 52037 名投资者损失为 2458928544 元。

(三)各被告赔偿责任的认定

1. 康美药业及其实际控制人、董事、监事、高级管理人员的赔偿责任

法院认为,《证券法》(2014 年修正)第 69 条规定:"发行人、上市公司公告的招股说明书、公司债券募集办法、财务会计报告、上市报告文件、年度报告、中期报告、临时报告以及其他信息披露资料,有虚假记载、误导性陈述或者重大遗漏,致使投资者在证券交易中遭受损失的,发行人、上市公司应当承担赔偿责任;发行人、上市公司的董事、监事、高级管理人员和其他直接责任人员以及保荐人、承销的证券公司,应当与发行人、上市公司承担连带赔偿责任,但是能够证明自己没有过错的除外;发行人、上市公司的控股股东、实际控制人有过错的,应当与发行人、上市公司承担连带赔偿责任。"据此,作为上市公司的康美药业因存在上述虚假陈述行为,对案涉投资者损失承担赔偿责任。康美药业的实际控制人、董事、监事、高级管理人员,根据其过错的大小承担相应连带责任,具体如下:

马某田作为康美药业董事长、总经理和实际控制人,组织安排相关人员将公司资金转移到其控制的关联方,且未在定期报告里披露相关情况;为掩盖公司资金被关联方长期占用、虚构公司经营业绩等违法事实,组织策划相关人员实施财务造假。许某作为康美药业副董事长、副总经

理和实际控制人,是主管会计工作的负责人,与马某田共同组织安排相关人员转移公司资金,且知悉马某田组织实施财务造假。此外,马某田、许某明知康美药业《2016年年度报告》《2017年年度报告》《2018年半年度报告》(以下简称"定期报告")披露数据存在虚假,仍然作为董事签字并承诺保证相关文件真实、准确、完整,其行为直接导致康美药业披露的定期报告存在虚假陈述,是应当对康美药业信息披露违法行为直接负责的人员。依据《证券法》第69条之规定,马某田、许某应当承担连带赔偿责任。

邱某作为康美药业董事、副总经理、董事会秘书,主管公司信息披露事务,对公司定期报告的真实性、完整性、准确性承担主要责任,但却根据马某田的授意安排,组织人员转移公司资金,组织策划公司人员实施并亲自参与实施财务造假行为。庄某为康美药业财务负责人,参与实施财务造假行为。温某协助董事会秘书和财务负责人分管财务工作,根据马某田、邱某的授意安排,组织人员转移公司资金,组织协调公司人员实施财务造假及信息披露违法行为。马某洲担任财务部总监助理,分管出纳工作,根据马某田等人安排,参与财务造假工作。此外,邱某、庄某、温某、马某洲明知康美药业定期报告披露数据存在虚假,仍然作为公司董监高签字并承诺保证相关文件真实、准确、完整,其行为直接导致康美药业披露的定期报告存在虚假陈述,也是应当对康美药业信息披露违法行为直接负责的人员。依据上述《证券法》第69条之规定,邱某、庄某、温某、马某洲应当承担连带赔偿责任。

马某耀等13人并非具体分管康美药业财务工作,但公司财务造假持续时间长,涉及会计科目众多,金额十分巨大,前述被告作为公司董监高,如尽勤勉义务,即使仅分管部分业务,也不可能完全不发现端倪。因此,虽然前述被告并未直接参与财务造假,却未勤勉尽责,存在较大过失,且均在案涉定期财务报告上签字保证财务报告真实、准确、完整,所以前述被告是康美药业信息披露违法行为的其他直接责任人员。依据上述《证券法》第69条之规定,马某耀、林某等被告依法应当承担与其过错程度相适应的赔偿责任。其中,马某耀等8人均非财务工作负责人,过失相对较小,法院酌情判令其在投资者损失的20%范围内承担连带赔偿责任；江某等3人为兼职的独立董事，不参与康美药业日常经营管理，过失相对较小，法院酌情判令其在投资者损失的10%范围内承担连带赔偿责任；郭某等2人为兼职的独立董事，过失相对较小，且仅在2018年半年度报告上签字，法院酌情判令其在投资者损失的5%范围内承担连带赔偿责任。

唐某等2人未以康美药业董监高的身份签名确认定期报告内容的真实、准确、完整，不存在虚假记载、误导性陈述或重大遗漏，不属于案涉虚假陈述行为人，不应当对投资者损失承担赔偿责任。

2. 正中珠江及其工作人员的赔偿责任

法院认为，《证券法》（2014年修正）第173条规定："证券服务机构为证券的发行、上市、交易等证券业务活动制作、出具审计报告、资产评估报告、财务顾问报告、资信评级报告或者法律意见书等文件，应当勤勉尽责，对所依据的文件资料内容的真实性、准确性、完整性进行核查和验证。其制作、出具的文件有虚假记载、误导性陈述或者重大遗漏，给他人造成损失的，应当与发行人、上市公司承担连带赔偿责任，但是能够证明自己没有过错的除外。"据此，正中珠江对康美药业的审计行为严重违反审计准则，导致康美药业严重财务造假未被审计发现，影响极其恶劣，应当依法承担连带赔偿责任。

杨某作为正中珠江合伙人和2016年、2017年康美药业审计项目的签字注册会计师，在执业活动中因重大过失造成正中珠江需承担赔偿责任，应当根据《合伙企业法》第57条第1款的规定，在正中珠江承责范围内承担连带赔偿责任。

刘某并非康美药业2016年、2017年审计项目的签字注册会计师，不是案涉虚假陈述行为人，因而不应对投资者损失承担赔偿责任。

虽然张某作为案涉审计报告签字注册会计师，苏某作为审计项目经理，均存在过错，但规定中介机构直接责任人承担赔偿责任的司法解释所依据的《证券法》（1999年施行）第161条规定已被修改，而行为发生时施行的《证券法》（2014年修正）第173条已无中介机构直接责任人承担赔偿责任的规定。根据新法优于旧法的法律适用原则，张某、苏某作为正中珠江的员工,不应因其职务行为直接对投资者承担赔偿责任。

综上所述,法院依法判决:(1)康美药业向原告顾某、黄某等52037名投资者赔偿投资损失2458928544元;(2)马某田、许某、邱某、庄某、温某、马某洲对上述第(1)项确定的康美药业债务承担连带清偿责任;(3)马某耀等8人在上述第(1)项确定的康美药业债务的20%范围内承担连带清偿责任;(4)江某等3人在上述第(1)项确定的康美药业债务的10%范围内承担连带清偿责任;(5)郭某等2人在上述第(1)项确定的康美药业债务的5%范围内承担连带清偿责任;(6)正中珠江、杨某对上述第(1)项确定的康美药业债务承担连带清偿责任;(7)驳回顾某、黄某等55326名投资者的其他诉讼请求。

四、分析思考

本案中法院判决康美药业的董监高承担巨额赔偿连带责任,引发了业界的轰动和学界的关注,涉及的主要问题是:康美药业的董监高是否应承担责任?若须承担责任,应承担多大责任?

其一,关于康美药业的董监高是否应承担连带责任的问题。根据《证券法》(2014年修正)第69条的规定,上市公司公告的年度报告、中期报告有虚假记载、误导性陈述或者重大遗漏,致使投资者在证券交易中遭受损失的,上市公司应当承担赔偿责任,上市公司董监高对此应当承担连带赔偿责任,但是能够证明自己没有过错的除外。按照《虚假陈述证券民事赔偿规定》,上市公司在年度报告、中期报告有虚假记载、误导性陈述或者重大遗漏的行为,属于证券虚假陈述行为。本案中,经法院审理认定,作为上市公司的康美药业披露的《2016年年度报告》《2017年年度报告》《2018年半年度报告》《2018年年度报告》中存在虚假记载或者重大遗漏,已构成证券虚假陈述,并导致52037名投资者在该公司股票交易中损失共计2458928544元。同时,法院审理查明,康美药业部分董监高对公司的证券虚假陈述行为存在故意或过错。对此,法院除判决康美药业赔偿上述投资者的投资损失外,还判决有过错的董监高与康美药业承担连带赔偿责任,这是符合上述法律规定的。

其二,关于康美药业的董监高应承担多大责任的问题。从《证券法》

(2014年修正)第69条的规定看,董监高承担的连带赔偿责任属于过错责任,适用过错推定的归责原则。在过错责任中,过错与责任应当一致,即侵权人过错的大小与其承担责任的大小相当。因此,上市公司实施证券虚假陈述行为造成投资者损失的,应根据董监高过错的有无、大小确定其是否承担连带赔偿责任及承担连带赔偿责任的范围。这里所说的过错,就是董监高没有按照《公司法》第147条的规定履行对上市公司的勤勉义务,以至于公司违反法律规定作出证券虚假陈述行为,承担对投资者的赔偿责任,由此损害了上市公司的利益。本案中,法院本着这种认识,对被诉的21名董监高在康美药业证券虚假陈述中有无过错、过错大小分别进行认定,并在此基础上对其分别作出不承担连带赔偿责任以及承担全部、20%、10%和5%连带赔偿责任的判决。

本案中,法院依据《证券法》相关规定判决康美药业董监高对投资人承担巨额损失赔偿的连带责任,属于公司董监高对第三人的侵权责任。值得注意的是,就在该引起轰动的判决作出后没几天,2021年12月24日全国人大常委会公布了《公司法(修订草案)》,该草案第190条引入了董事、高级管理人员对第三人的责任,即董事、高级管理人员执行职务,因故意或者重大过失,给他人造成损害的,应当承担连带责任。同时,该案对康美药业独立董事承担巨额连带赔偿责任的判决,引发了一波独立董事辞职潮。① 由此,学者们结合康美药业案,对《公司法(修订草案)》关于董事对第三人责任的规定展开了热烈讨论。

学者们的讨论涉及多个重要问题。第一,董事是否应当对第三人承担责任。反对者基于法人机关理论认为,董事是公司机关,和第三人没有直接的法律关系,董事对第三人造成的损失应当由公司来承担。对于有过错的董事,可以由公司对其进行内部追究。② 支持者则理由各异。例如,有学者认为,法人机关理论并不排除董事对第三人的责任,因为董

---

① 参见刘凤茹:《康美案宣判满月,逾60股独董辞职》,载《北京商报》2021年12月13日第6版。
② 如赵万一的观点,参见《中国法学会商法学研究会2022年年会会议简报(第三分会场)》,中国商法网,http://www.commerciallaw.com.cn/index.php/home/news/info/id/630.html,最后访问时间2023年9月27日。过去,许多学者就以此理论反对董事对债权人承担赔偿责任。参见佟柔主编:《中国民法学·民法总则》,中国人民公安大学出版社1990年版,第165页;江平主编:《法人制度论》,中国政法大学出版社1994年版,第39页。

事身份具有两面性,即兼具法人机关成员身份和董事个人自我身份。据此,当董事职务活动中存在故意或者重大过失时,依据法人机关理论固然应让公司承担责任,但是该过错董事也应对受害人承担责任。① 还有学者认为,从董事与第三人之间利益衡量的视角出发,董事应当在故意或重大过失的场景下对直接受损之第三人承担责任,以及在故意侵害公司利益的场景下对间接受损之公司债权人承担责任,这是对董事与第三人间树起一道铜墙铁壁所导致的法律利益天秤倒向董事的一种纠偏。② 第二,董事对第三人责任中的第三人是哪些人。有学者认为,第三人不限于债权人。③ 由此,《公司法》所确立的就是董事对第三人责任的一般规则。还有学者认为第三人仅指债权人。④ 由此,《公司法》中董事对第三人责任规则不应包含证券法和破产法中规范的董事对第三人的责任。第三,董事对第三人应承担连带责任还是独立责任。有学者认为,董事对债权人承担责任的情况纷繁复杂,不能对其作连带责任的概括规定,而应区分不同场合予以规定。⑤ 第四,董事赔偿是全额赔偿还是限额赔偿。有学者认为,在间接损害的场景下,董事赔偿责任不应超过其应向公司承担的赔偿责任;在直接损害的场景下,应适当限制董事赔偿的数额。⑥ 还有学者认为,对于享受低薪酬的外部独立董事的责任,不仅须限定在过错推定责任或慎用比例连带责任,而且应考虑设定与其薪酬相匹配的有限责任。具体而言,一种方案是,根据董事长、内部董事、外部董事的角色定位与职责分工,设定差额倍数赔偿上限;另一种方案是,对于独立董事违反勤勉义务的情形,设置相应的固定赔偿额度,总体不超过

---

① 参见王长华:《公司法人机关理论的再认识——以董事对第三人的责任为视角》,载《法学杂志》2020年第6期,第50—58页。
② 参见岳万兵:《董事对第三人责任的公司法进路》,载《环球法律评论》2023年第1期,第175—177页。
③ 如朱大明、刘斌的观点,参见《中国法学会商法学研究会2022年年会会议简报(第三分会场)》,载中国商法网 http://www.commerciallaw.com.cn/index.php/home/news/info/id/630.html,最后访问时间2023年9月27日。参见王长华:《公司法人机关理论的再认识——以董事对第三人的责任为视角》,载《法学杂志》2020年第6期,第50—58页。
④ 参见叶林、叶冬影:《公司董事连带/赔偿责任的学理考察——评述〈公司法修订草案〉第190条》,载《法律适用》2022年第5期,第13—23页;岳万兵:《董事对第三人责任的公司法进路》,载《环球法律评论》2023年第1期,第190页。
⑤ 参见叶林、叶冬影:《公司董事连带/赔偿责任的学理考察——评述〈公司法修订草案〉第190条》,载《法律适用》2022年第5期,第20—22页。
⑥ 同上。

独立董事在职的薪酬。① 此外,学者们还对《公司法(修订草案)》第190条中董事对第三人责任的性质、构成、归责原则、举证责任等问题进行讨论,发表见解。

在征求各方意见的基础上,2022年12月30日全国人大常委会公布《公司法(修订草案二次审议稿)》,将《公司法(修订草案)》第190条修为为:"董事、高级管理人员执行职务,给他人造成损害的,公司应当承担赔偿责任;董事、高级管理人员存在故意或者重大过失的,也应当承担赔偿责任。"2023年9月1日公布的《公司法(修订草案三次审议稿)》第190条和2023年12月29日修订通过的《公司法》第191条,作出了与此相同的规定。可见,在公司承担赔偿责任的情形下,董事、高管的责任由"承担连带责任"改为"也应当承担赔偿责任"。但是,这种责任究竟是单独责任,还是按份责任,抑或是补充连带责任,尚未形成共识。由于董事、高管对第三人的责任所涉及的法学理论问题和法律适用问题较多,因此新修订的《公司法》于2024年7月1日起施行后,学界和实务界对这方面问题的研讨还将延续。

案例十二 SNZ公司与FH公司执行异议纠纷案②
——公司形式减资与股东抽逃出资

一、基本案情

一审原告、二审上诉人、再审被申请人:SNZ公司

一审被告、二审被上诉人、再审申请人:FH公司

2008年11月,SNZ公司投资5000万元设立了HD集团。2011年

---

① 参见傅穹:《司法视野下独立董事的责任反思与制度创新》,载《法律适用》2022年第5期。
② 案例来源:黑龙江省高级人民法院(2018)黑民终372号民事判决书,北大法宝网,https://www.pkulaw.com/pfnl/a25051f3312b07f362a3654e9324338bab088aa0dbe5a928bdfb.html,最后访问时间2021年7月18日;最高人民法院(2019)最高法民再144号民事判决书,北大法宝网,https://www.pkulaw.com/pfnl/a6bdb3332ec0adc436acf14ac8d58609a1daa1a22c7644b8bdfb.html,最后访问时间2021年7月18日。

12月13日,SNZ公司与FH公司等四方签订《增资扩股协议书》,约定FH公司以货币资金9800万元出资入股HD集团。嗣后,FH公司分三次将9800万元汇入HD集团账户。2012年7月13日,SNZ公司与FH公司等四方作出会议决议,四方终止合作。

2012年9月18日和10月11日,ZX公司和ML公司分别出资2000万元和4000万元入股HD集团,HD集团注册资本由5000万元增至1.1亿元。

2013年1月6日,HD集团在当地某报上发布减资公告,内容为经HD集团股东决定,公司注册资本由1.1亿元减至3000万元。2013年1月10日,HD集团召开全体股东会议,决定将HD集团注册资本由1.1亿元减至3000万元,股东ZX公司和ML公司的出资全部撤出,SNZ公司以经营期间亏损为由将其出资减至3000万元,HD集团股东为SNZ公司。另外,HD集团提交给工商部门的股东会决议和债务清偿及债务担保情况说明中明确公司无债务,而某会计师事务所出具的财务报表显示,2012年12月31日公司尚有86977805.38元流动负债。

2014年7月11日,FH公司因与HD集团在履行《增资扩股协议书》过程中的纠纷提起民事诉讼。2015年5月25日,法院终审判决HD集团返还FH公司投资款1500万元及利息。[①] 在该案执行过程中,2016年6月21日,哈尔滨市中院作出(2016)黑01执异11号执行裁定,追加SNZ公司为被执行人,SNZ公司在其抽逃注册资金2000万元的范围内对FH公司承担责任。SNZ公司对此提出异议,被哈尔滨市中院驳回。在SNZ公司向黑龙江省高院申请复议后,2017年8月16日,哈尔滨市中院对SNZ公司提出的异议重新进行审查,认为SNZ公司在未通知债权人的情况下,提供虚假材料申请减资2000万元的变更登记,违反减资程序的规定,致使被执行人HD集团无可供执行财产,该行为应认定为名为减资、实为抽逃出资,SNZ公司的异议缺乏事实及法律依据,故作出(2017)黑01执异84号执行裁定,驳回SNZ公司的异议。

---

① 参见黑龙江省哈尔滨市中级人民法院(2014)哈民四商初字第54号民事判决书、黑龙江省高级人民法院(2015)黑高商终字第66号民事判决书。

对此,SNZ 公司以执行异议为由向一审法院(即哈尔滨市中院)提起诉讼,请求:(1)撤销(2017)黑 01 执异 84 号执行裁定书;(2)判决不得变更、追加 SNZ 公司为被执行人,SNZ 公司不承担给付 FH 公司 1500 万元的义务。

二、争议焦点

本案争议焦点主要有:(1)HD 集团公司减少注册资本是否属于抽逃出资;(2)执行程序中能否追加减资股东 SNZ 公司为被执行人。

三、案件裁判

(一)一审裁判

一审法院查明上述事实后认为,公司的注册资本是公司对外承担有限责任的基础,它既是公司从事经营活动的物质保障,又是公司对外承担债务的信用保障。公司的减资行为是公司股东根据法定程序抽回公司资本的行为,公司减资后的财产与减资前的财产相比发生了实际减少,导致公司对外承担责任的财产的减少和偿债能力的下降。因此,为维护债权人业已存在的信赖利益,减资必须严格履行《公司法》第 177 条规定[①]的程序。

根据查明的事实,HD 集团在未通知债权人 FH 公司的情况下,其减资公告早于股东会作出减资决议之前对外发布,违反了《公司法》对于公司减资程序的规定,客观上导致债权人依《公司法》第 177 条规定的时限行使请求权无法计算起算点,实际损害了债权人的权利。同时,SNZ 公司作为 HD 集团的股东,在 HD 集团尚有流动负债的情况下,提供虚假材料减资 2000 万元的变更登记行为亦违反减资程序,致使 HD 集团无可供执行财产。公司减资并不属于抽逃资金,但因公司资产减少会降低其对外承担责任的能力,直接影响到公司债权人的利益,故对于违反

---

① 《公司法》(2013 年修正)第 177 条规定:"公司需要减少注册资本时,必须编制资产负债表及财产清单。公司应当自作出减少注册资本决议之日起十日内通知债权人,并于三十日内在报纸上公告。债权人自接到通知书之日起三十日内,未接到通知书的自公告之日起四十五日内,有权要求公司清偿债务或者提供相应的担保。"

法定程序的减资行为,应当认定为名为减资、实为抽逃出资。HD集团的减资行为违反了《公司法》关于减资程序的规定,SNZ公司减少出资的行为应认定为抽逃出资。根据《最高人民法院关于民事执行中变更、追加当事人若干问题的规定》(以下简称《变更、追加当事人规定》)第18条"作为被执行人的企业法人,财产不足以清偿生效法律文书确定的债务,申请执行人申请变更、追加抽逃出资的股东、出资人为被执行人,在抽逃出资的范围内承担责任的,人民法院应予支持"的规定,SNZ公司作为被执行人HD集团的股东,以减资为名抽逃出资,应当在其抽逃出资的范围内承担责任。因此,一审法院判决驳回SNZ公司的诉讼请求。

(二)二审裁判

SNZ公司不服一审判决,提起上诉,请求:(1)撤销一审判决;(2)撤销(2017)黑01执异84号《执行裁定书》,判决不得变更、追加SNZ公司为被执行人和SNZ公司不承担给付FH公司1500万元的义务。

SNZ公司认为,一审判决认定事实错误。HD集团减资发生在2013年1月,HD集团与FH公司债权债务关系形成于2015年5月25日判决生效后,HD集团减资时尚未与FH公司形成债权债务关系。HD集团2015年5月之后未减资,且2016年时的注册资本不是3000万元,而是1.1598亿元。减资是HD集团的公司行为,不是股东行为。认定减资构成股东抽逃出资应当通过诉讼确认,未经实体审判追加被执行人并确定抽逃出资是对SNZ公司诉讼权利的剥夺。同时,SNZ公司是因亏损2000万元减资至3000万元,并未抽回出资,而另外两个股东才是抽回出资,一审判决仅认定减资的SNZ公司抽逃出资显失公正。

二审法院审理后认为,减少注册资本俗称"减资",系企业为弥补亏损、调整资本而减少企业资本的行为。减资除需要召开股东会、编制资产负债表及财产清单、通知或公告债权人外,还要办理减资登记手续,自登记之日起,减资生效。抽逃出资则是指在公司验资注册后,股东将所缴出资暗中撤回,却仍保留股东身份和原有出资数额的一种违法行为。减资与抽逃出资无论是行为主体、构成要件、程序还是法律后果,均不相同。案涉HD集团的减资行为在行政部门办理了减资登记手续,对外产生减资公示的法律效果,在未被确认为违反法定程序之前该减资行为合法有效。依据《变更、追加当事人规定》第18条的规定,抽逃出资的股东可以被追加为被执行人,但并未规定减资可以被追加为被执行人。减资行为是否合法不属于追加被执行人程序审查的范围,且HD集团基于亏损原因将注册资本由5000万元减至3000万元,SNZ公司并未抽回出资,公司减资前与减资后的财产未发生变化,未导致HD集团对外承担责任的财产减少或偿债能力下降。因此,二审法院认为,一审法院在执行程序中认为SNZ公司名为减资、实为抽逃出资缺乏事实和法律依据,判决:(1)撤销一审法院的民事判决;(2)不得追加SNZ公司为被执行人,(2017)黑01执异84号执行裁定于本判决送达之日起自动失效。

(三)再审裁判

FH公司不服二审判决,申请再审,请求撤销二审判决,维持一审判决,依法追加SNZ公司作为被执行人。

再审法院提审后认为,根据《变更、追加当事人规定》第18条的规定,作为被执行人的企业法人,财产不足以清偿生效法律文书确定的债务,申请执行人申请变更、追加抽逃出资的股东、出资人为被执行人,在抽逃出资的范围内承担责任的,人民法院应予支持。本案中,HD集团在减少注册资本过程中,存在先发布减资公告后召开股东会、变更登记时提供虚假材料等违反《公司法》关于公司减资程序规定的情形,但作为HD集团股东的SNZ公司并未利用该集团减资实际实施抽回出资的行为。SNZ公司虽将其登记出资由5000万元减至3000万元,但HD集团的权益并未因SNZ公司的行为受到损害,资产总量并未因此而减少,偿债能力亦未因此而降低。SNZ公司的行为不属于《公司法司法解释三》(2014年修正)第12条规定的情形,不存在抽逃出资的行为,不应当被追加为被执行人。因此,再审法院判决维持二审判决。

四、分析思考

本案二审、再审法院作出了与一审法院相反的判决,其根本原因在于它们对于公司减资、股东抽逃出资等问题有着不同的理解。

什么是公司减资？有学者认为，它在不同的资本制度模式下是不同的。但是，法定资本制度模式下的减资，无论公司法是否设定分期缴纳制度，减少的均为注册资本。① 2013年修正的《公司法》规定，除募集设立股份有限公司外，其他公司的资本实行认缴制。从性质上说，认缴制仍属于法定资本制，只不过资本的缴付期限由股东在章程中加以确定。② 因此，就我国现有资本制度而言，减资就是减少注册资本。

深入分析可知，减资并非只有一种情形，而有多种类型。其中，依公司净资产流出与否，减资可分为实质减资与形式减资。实质减资时，公司净资产从公司流向股东；形式减资时，仅仅导致公司注册资本额减少，而不发生公司净资产的流动。如果我们将"资产"尤其是"净资产"与公司的信用、偿债能力锁定在一起，那么，实质减资必然导致净资产的减损，相应的连锁反应则是公司信用或偿债能力的减弱。实质减资击破了债权人优先获得清偿的定律。换言之，经由实质减资，公司资产首先流向股东，而非先满足债权人的要求。但是，形式减资不产生公司资产的向外流动，而旨在实现公司资产与公司资本的真实回归。形式减资往往发生在亏损企业，其目的在于使公司章程的注册资本与公司净资产水准接近。经由形式减资，使得亏损企业分配盈余成为可能。形式减资不过是一个"纸面交易"，是一个公司资产负债表两端科目的等比例消除，并不导致公司净资产减少。因此，形式减资不会引发公司信用或公司偿债能力减弱。③

股东抽逃出资，是指在公司成立后，股东违反资本维持原则的要求，直接或间接地取回自己对公司的出资（或资本、股本）；从公司的角度来表述，是指公司违反资本维持原则向股东返还出资。④ 股东抽逃出资会

---

① 参见傅穹：《公司减资规则论》，载《法学评论》2004年第3期，第38页。
② 参见赵旭东：《资本制度变革下的资本法律责任 ——公司法修改的理性解读》，载《法学研究》2014年第5期，第28页；朱慈蕴、刘宏光：《完全认缴制下公司资本监控制度的"转型"与"升级"》，载王保树主编：《中国商法年刊（2014年）》，法律出版社2014年版，第73页。
③ 参见傅穹：《公司减资规则论》，载《法学评论》2004年第3期，第39页。
④ 参见刘燕：《重构"禁止抽逃出资"规则的公司法理基础》，载《中国法学》2015年第4期，第185页。

造成公司责任财产减少,损害债权人的利益。《公司法司法解释三》（2014年修正）第12条规定了股东抽逃出资的情形,包括制作虚假财务会计报表虚增利润进行分配,通过虚构债权债务关系将其出资转出,利用关联交易将出资转出,以及其他未经法定程序将出资抽回的行为。这表明,在未经法定程序的实质减资中,股东抽回出资的行为属于抽逃出资,但在形式减资中股东不抽回其出资,故不构成股东抽逃出资。

本案中,HD集团因亏损将注册资本由5000万元减至3000万元,作为唯一股东的SNZ公司由此减资2000万元,但SNZ公司并未从HD集团抽回出资,因而HD集团减资并未导致其责任财产减少、偿债能力下降,该减资显然属于形式减资,在此情形下SNZ公司不构成抽逃出资,法院也就不应当适用《变更、追加当事人规定》第18条的规定,追加SNZ公司为被执行人并认定其应在抽逃出资的范围内对被执行人HD集团的债务承担责任。可见,二审法院对本案涉及的公司减资的类型和股东抽逃出资的构成作出了准确判断,由此作出的判决是正确的。

值得注意的是,我国以往《公司法》并没有区分形式减资和实质减资,其相关规定针对的是实质减资的情形。但是,从公司实践看,形式减资已经被大量应用,而该种减资的特殊性需要法律作出不同于实质减资的规定。2023年修订的《公司法》第225条对形式减资作出了规定。该条主要规定了三方面的内容:一是形式减资的条件,即公司依照本法第214条第2款的规定[①]弥补亏损后,仍有亏损的;二是形式减资的程序,即不适用实质减资的程序,只需在报纸上或者统一的企业信息公示系统公告;三是形式减资后的利润分配,即在法定公积金累计额达到公司注册资本50%前,不得分配利润。

[①] 《公司法》（2023年修订）第214条第2款规定:"公积金弥补公司亏损,应当先使用任意公积金和法定公积金;仍不能弥补的,可以按照规定使用资本公积金。"

案例十三　李某与JS公司、薛某公司解散纠纷案①
——公司司法解散的条件

一、基本案情

一审原告、二审上诉人、申请再审人：李某

一审被告、二审被上诉人、被申请人：JS公司

一审第三人、二审被上诉人、被申请人：薛某

2010年2月1日，李某、薛某共同发起设立JS公司，双方各出资500万元，分别持股50％。该公司章程第14条约定，"股东会会议由股东按照出资比例行使表决权"；第17条约定，"股东会会议应对所议事项作出决议，决议应由代表二分之一以上表决权的股东表决通过，但股东会对公司增加或减少注册资本、分立、合并、解散或变更公司形式、修改公司章程所作出的决议，应由三分之二以上表决权的股东表决通过"。李某、薛某在经营管理中产生矛盾，公司成立后从未按章程规定召开过定期股东会议，股东不能就公司经营管理事宜达成一致意见。同时，李某要求查阅公司账目等股东权利无法得到保障，权益受到损害。对此，李某认为，公司经营管理发生严重困难，陷入僵局，且无法通过其他方法解决，如果公司继续存续，将使其权益受到重大损失，故诉请一审法院判令解散公司。

JS公司认为，本公司不符合公司法规定的解散条件。公司设立至今经营正常，除了股东之间的纠纷之外，开发的房地产项目正常进行，项目

---

① 案例来源：山东省高级人民法院（2014）鲁商终字第111号民事判决书，北大法宝网 https://www.pkulaw.com/pfnl/a25051f3312b07f3031b76f2d60a41c663bfb86595a70277bdfb.html，最后访问时间2021年7月18日；最高人民法院（2014）民申字第1143号民事裁定书，北大法宝网 https://www.pkulaw.com/pfnl/a25051f3312b07f36f3fd9bcac28231cb0b243fc88f048d3bdfb.html，最后访问时间2021年7月28日；山东省高级人民法院（2015）鲁民再字第5号民事判决书，北大法宝网 https://www.pkulaw.com/gac/f4b18d978bc0d1c7724b89c0ab9519a50aad15c7756811cbbdfb.html，最后访问时间2020年5月10日。

手续正在办理。公司有能力完成房地产项目的开发,解决原500多户购房者的历史遗留问题。现阶段如果公司解散,会给股东造成巨额负债和亏损,完成房地产项目反而能保证股东的合法权益。

二、争议焦点

本案争议焦点是,JS公司是否符合解散的条件。

三、案件裁判

(一)一审裁判

一审法院除查明上述事实外,还查明JS公司仅经营一个房地产项目,即SY雅居项目。该项目的情况是,2003年,RFD公司擅自占用某市某区某村集体土地建住宅楼并对外出售。2004年,RFD公司被某市国土部门处罚,包括责令其退还非法占用土地、限期拆除和没收在非法占用的土地上新建的建筑物和其他设施、罚款。2011年12月9日,JS公司通过拍卖取得政府出让的上述被依法没收的违法建筑处置项目用地的使用权连同地上建筑物(即违法建筑处置后的保留建筑),并与某市国土部门、某区政府分别签订《成交确认书》和《地上建筑物移交协议书》。《地上建筑物移交协议书》约定,项目的土地面积34683.5平方米,地上建筑物楼房15栋、建筑面积约75450.13平方米(其中,已对外销售住宅568套,未销售住宅110套),并约定了办理完善相关手续等事宜。2012年9月21日,JS公司缴纳了全部土地出让金、契税,取得了《房地产权证》,并办理了除《预售许可证》外的一系列房地产开发手续,取得建设工程规划许可证、建设工程许可证等证明和文件。一审法院在向某区东部办公室工作人员调查时得知,约600户原购房者因房屋手续一直未办理完毕,多次聚众上访。

一审法院认为,依据《公司法》第183条①的规定,公司解散主要包括三个要件:(1)经营管理困难;(2)公司继续存续会使股东利益受到重大损失;(3)通过其他途径不能解决的。该条的主要立法目的是在公司经营管理发生严重困难时,如果通过其他途径不能解决,为了防止公司继续存续而使股东利益受到重大损失结果的发生,赋予相关股东提请法院解散公司的权利。《公司法司法解释二》第1条②主要是对《公司法》第183条中"经营管理困难"要件的详细解释,它规定的是公司解散案件的受理条件而非公司解散的实质要件。在判断公司应否解散时,仍应按《公司法》第183条的规定进行审理,对此李某应承担相应的举证责任。具体到本案,李某的举证可以证实公司经营管理发生困难,但尚无充分证据证明如果JS公司继续存续会给李某造成重大损失。相比之下,如果JS公司解散,则必然导致其清算,会造成已经开工建设的项目、已经交付的房屋后续手续办理的迟延,这种迟延反而会给公司增加义务,进而损害股东的合法权益。虽然JS公司仅有的两个股东之间存在矛盾,致使召开股东会等公司经营管理发生困难,李某主张JS公司及薛某侵犯了其对公司经营活动的知情权,并且双方对有关公司运营资金的归属也存在争议,但是依据《公司法司法解释二》,股东以知情权为由申请解散公司的,法院不予受理;李某提出的有关公司运营资金归属的争议,也不符合《公司法》第183条规定的公司解散的要件。李某的证据不能证

---

① 一审法院2012年审理本案时依据的是2005年修订的《公司法》,该法第183条规定:"公司经营管理发生严重困难,继续存续会使股东利益受到重大损失,通过其他途径不能解决的,持有公司全部股东表决权百分之十以上的股东,可以请求人民法院解散公司。"二审法院2014年审理本案时跟着一审法院引用该条。

② 一审法院2012年审理本案时引用的是2008年5月12日通过的《公司法司法解释二》,二审法院2014年跟着一审法院引用。该解释第1条规定:"单独或者合计持有公司全部股东表决权百分之十以上的股东,以下列事由之一提起解散公司诉讼,并符合公司法第一百八十三条规定的,人民法院应予受理:(一)公司持续两年以上无法召开股东会或者股东大会,公司经营管理发生严重困难的;(二)股东表决时无法达到法定或者公司章程规定的比例,持续两年以上不能做出有效的股东会或者股东大会决议,公司经营管理发生严重困难的;(三)公司董事长期冲突,且无法通过股东会或者股东大会解决,公司经营管理发生严重困难的;(四)经营管理发生其他严重困难,公司继续存续会使股东利益受到重大损失的情形。股东以知情权、利润分配请求权等权益受到损害,或者公司亏损、财产不足以偿还全部债务,以及公司被吊销企业法人营业执照未进行清算等为由,提起解散公司诉讼的,人民法院不予受理。"

明 JS 公司已经达到《公司法》第 183 条规定的"通过其他途径不能解决的"程度，因而李某可以依法通过其他方式维护自己的合法权益。

一审法院还认为，JS 公司自成立以来仅经营了本案所涉房地产项目。该项目起初尽管是违法建筑，但根据某市政府文件确定的"本着尊重历史，面对现实"的原则，相关政府部门在充分论证后，完善了各项本案所涉房地产项目的行政手续，以期最终解决本案在建房屋原 568 户购房者的权益问题。李某起诉时，对于该房地产项目，JS 公司已办理了除《预售许可证》之外的所有建设开发手续，项目进展顺利，此时如果 JS 公司解散，必然会导致其经营的房地产项目不能顺利进行。同时，李某也没有举证证明 JS 公司经营的房地产项目继续进行会对其利益造成重大损害。再者，JS 公司所经营的最终产品为住宅房屋，不同于一般公司经营生产的动产产品。本案所涉房地产项目与一般房地产项目相比又有其特殊性，该项目起初系违法建筑，并已向社会出售了 568 户，某市政府已对该违法建筑完善了建设开发手续，568 户原购房者急于办理房屋产权证，并且已经出现多次多人到有关政府部门上访的现象。如果 JS 公司解散，势必会影响其所经营的房地产项目的顺利进行，进而影响该项目几百户购房者合法利益的顺利实现。一审法院认为，从《公司法》第 183 条规定的立法目的和 JS 公司承担的对众多已购房户的义务角度出发，该公司目前不宜解散。

综上，一审法院判决驳回李某解散公司的诉讼请求。

（二）二审裁判

李某不服一审判决，提起上诉，请求撤销原判，改判解散 JS 公司。其理由是：第一，一审认定事实错误。(1) 漏判 JS 公司两年多没有召开股东会以及连续两年以上不能作出有效的股东会决议这一重大事实。(2) 薛某与 RFD 公司恶意串通，给 JS 公司增加了 1.25 亿元虚构债务，并用 JS 公司土地进行了抵押，李某作为股东的合法权益受到重大损失。如果 JS 公司继续存续，必然导致公司剩余资产不断被侵蚀，使李某的股东权益进一步受到损失。(3) 本案所涉房地产项目自 2011 年 12 月 9 日拍得后两年内没有开工，JS 公司没有能力完善该项目，公司存续只会使该项目继续拖延,进而导致公司及股东权益受到进一步损失。第二,一审判决适用法律错误。JS公司成立四年没有召开过股东会,无法恢复股东间相互信任的合作基础,公司经营已经严重困难,并且继续存续会使股东利益受到重大损失,无法通过其他途径消除现状,JS公司的情况符合《公司法》第183条规定的公司解散条件。第三,JS公司四年来未处理完毕房地产项目,是导致上访的重要原因,任由JS公司拖延只会加剧上访问题。为此,李某与第三方协商,第三方承诺以2亿元收购JS公司的股权。因此,解散公司有利于结束公司财产持续遭受侵害的状态,有利于涉案项目顺利进行,杜绝上访现象。

二审中,法院除查明与一审相同事实外,还查明JS公司于2014年3月17日取得涉案99套房屋的《预售许可证》。二审法院认为,根据《公司法司法解释二》第1条第1款的规定,JS公司已持续两年以上未召开股东会,无法形成有效股东会决议,其经营管理已发生严重困难。从《公司法》第183条的规定可以看出,解散公司除要求公司经营管理发生严重困难外,还必须同时具备其他两项条件:继续存续会使股东利益受到重大损失;通过其他途径不能解决。本案中,JS公司不符合公司解散的后两项条件。

第一,JS公司自成立以来仅经营了本案所涉房地产项目,且该项目具有特殊性,原系违法建筑,JS公司通过拍卖受让该项目后,完善了该项目的建设开发手续,取得了99套房屋的《预售许可证》,现该项目已具备对外销售条件,公司处于投资收益回收阶段。如果公司解散,其所经营的房地产项目将无法对外销售,房屋产权手续更无法办理,公司的投资及收益将无法收回,反而会造成股东利益的重大损失。

第二,公司强制解散作为股东矛盾无法解决的最后手段,应在股东穷尽一切救济途径之后方得采取。李某在上诉状中提出其与第三方协商,第三方承诺以2亿元收购JS公司的股权,李某所提方案是以JS公司继续存续为前提。从该方案可以看出,即使JS公司经营管理发生严重困难,也可通过其他途径予以解决。对李某所提出的JS公司应予解散的其他事由,均可通过解散公司之外的其他救济途径予以解决,而不能成为其主张JS公司解散的正当理由。

综上,二审法院判决驳回上诉,维持原判。

(三)再审裁判

李某不服二审判决,申请再审,请求改判JS公司解散,理由是:(1)JS公司在薛某的控制之下,李某无法参与公司的经营管理,股东权益长期无法行使,公司僵局导致李某的利益受到重大损失。(2)JS公司解散后组成清算组,可通过清算程序解决JS公司房产销售事宜。(3)薛某与RFD公司恶意串通,为JS公司增加1.25亿元的虚拟债务,并用JS公司拍卖所得的土地为该债务提供担保,损害李某的股东权益。(4)JS公司的僵局不能通过其他途径解决。关于第三方协商收购的方案因薛某不同意而无法实施。李某与薛某之间的矛盾无法达成调解,根据《公司法》第182条及相关司法解释①的规定,当事人不能协商一致使公司存续的,法院应当及时判决解散公司。(5)最高人民法院公布的指导性案例"林方清诉常熟市凯莱实业有限公司、戴小明公司解散纠纷案"与本案案情一致,本案审理应参照该指导性案例。

再审法院除查明与原审相同事实外,还查明涉案项目的568套房产已向社会出售。再审期间,法院多次组织调解未果。JS公司与薛某于2015年5月28日向再审法院出具《承诺函》,该函明确,如果调解未成,为保护李某的股东权利,同意作出以下承诺:(1)不以明显低于市场价的价格销售属于JS公司的房源;(2)不以明显高于市场价的价格对外融资;(3)按照公司章程、公司法的规定组织召开股东会;(4)依法保护股东的知情权;(5)依法保护股东的收益权。

再审法院认为,JS公司因李某与薛某两名股东之间的矛盾持续两年以上无法召开股东会,无法形成有效的股东会决议,根据《公司法司法解释二》第1条第1款的规定,可以认定JS公司的经营管理发生严重困难。关于李某主张本案应参照适用最高人民法院公布的指导案例,再审

---

① 本案再审阶段当事人和法院引用的是2013年修正的《公司法》,该法关于公司司法解散的条款内容未变,序号改为第182条,法院引用的《公司法司法解释二》为2014年2月17日通过的修正本,该司法解释第1条的内容与2008年5月12日通过的文本一致。

法院认为,两案相同之处在于公司均因股东之间存有分歧、互不配合而持续两年以上无法召开股东会,公司经营管理发生严重困难,对股东的利益都造成一定损害。但本案又存在一定的特殊性,JS公司经营的房地产项目相比凯莱实业有限公司经营的普通产品而言承担着更大的社会责任。再审法院认为,在判断公司应否解散时,不仅要考虑股东利益,还要考虑到社会公众利益。《公司法》及《公司法司法解释二》虽然赋予股东在法定情形下解散公司的权利,但是股东权利的行使应当受到公司及股东应承担的社会义务的约束。《公司法》第1条规定,公司法既规范公司的组织和行为,保护公司、股东的权益,还保护债权人的合法权益,维护社会经济秩序。《公司法》第5条亦明确规定,公司从事经营活动,应诚实守信,接受政府和社会公众的监督,承担社会责任。

本案中,JS公司经营的是房地产项目,涉及众多购房者的利益。其正在经营的项目又因历史原因存在着特殊性。该项目起初系违法建筑,已向社会公众出售了568套住宅,仅留110套住宅未出售。出于妥善解决历史遗留问题、维护社会稳定的目的,某市政府保留了该项目,并同意通过土地招拍挂完善相关手续,解决已购房者的问题。政府部门在土地招拍挂公告中明确说明了该项目的出售情况,李某与薛某成立JS公司参与拍卖前对政府公示的项目情况并未提出异议。李某在诉讼中提出质疑,依据不足。再审中李某所提交的证据不足以推翻政府的系列文件资料,对其主张568套房产虚假销售的事实不予认可。

再审法院还认为,某区政府相关复函文件中明确了项目竞得人应承担的义务,其中包括妥善处理原购房户问题,以免引起新的社会问题。JS公司在清楚了解涉案项目的历史状况后仍参与竞拍,即应承担起向568户原购房者交付建成房屋并完善相关手续的社会义务。再审期间,JS公司已经办理了建设项目所需的所有建设手续,预售许可证也已办理完毕,除原568套历史出售房屋外,另110套房产中也已售出50余套并办理了销售合同的备案手续;15栋住宅楼主体已经竣工,正在进行小区内的管网、楼宇外观及小区道路绿化等工程的施工,JS公司承诺的交房时间为2015年10月至2016年1月。JS公司经营的房地产项目已经进行到收尾阶段,若此时公司解散,公司清算组势必无法履行公司应承担的后续施工及办理房产证等义务,进而影响项目的正常进展,阻却众多购房户合法利益的实现,造成新的大规模上访,影响社会稳定。

综上,再审法院认为,李某虽因股东之间的矛盾未能参与公司的经营管理,但其股东个人权利的行使应当受到公司承担的社会责任的约束。李某要求中途解散 JS 公司,违背公司当初向政府作出的承诺,亦有悖诚实守信原则。目前,JS 公司经营的房地产项目预售许可证均已办理完毕,现已对外销售,处于投资收益回收阶段,公司存续不会给李某造成重大经济损失。二审判决驳回其诉讼请求并无不当,应予维持。至于李某因与薛某之间的矛盾影响其股东表决权、知情权、利益分配权等权利的行使,再审法院认为,薛某作为 JS 公司的控制方有义务按照其《承诺书》所载明的内容化解矛盾并积极配合李某行使相关股东权利;李某亦可通过二审判决所明确的其他诉讼途径来维护其权益,或可待 JS 公司经营的 SY 雅居项目按预计时间完成交房的社会义务后,另行提起解散之诉。据此,再审法院判决维持二审法院作出的民事判决。

四、分析思考

本案中,一审、二审和再审法院在认定 JS 公司的经营管理发生严重困难情况下,均未判决 JS 公司解散,但裁判的理由不尽相同。一审法院的理由有二:一是没有充分证据证明 JS 公司继续存续会给股东李某造成重大损失,不符合《公司法》第 183 条规定的公司解散的条件;二是 JS 公司在涉案房地产项目中需承担对众多已购房户的义务,不宜解散。二审法院的理由是,JS 公司的情况不符合《公司法》第 183 条规定的公司解散的后两项条件:继续存续会使股东利益受到重大损失;通过其他途径不能解决。再审法院认为:判断公司应否解散的最重要理由是,不仅要考虑股东利益,还要考虑社会公众利益,因此按照《公司法》第 1 条和第 5 条的规定,股东李某解散公司权利的行使应当受到 JS 公司应承担的社会责任的约束,若该公司解散则违背公司当初向政府作出的承诺,亦有悖诚实守信原则;次要的理由是,JS 公司存续不会给李某造成重大经济损失。可见,在判断公司解散的法律依据上,本案涉及《公司法》第 183

条公司解散条件的规定和《公司法》第 5 条关于公司履行社会责任的规定。二审法院仅以前者为依据进行判断,再审法院主张两者同时考虑的前提下以后者为主要依据进行判断,一审法院倾向于以前者为依据进行判断,同时提到了公司社会义务对决定公司解散的影响。这就引发一个问题,就是法院判断公司解散的依据究竟有哪些。

对于公司应否解散,法院一般是以《公司法》第 182 条[①]以及《公司法司法解释二》第 1 条的规定进行判断。《公司法》第 182 条规定了公司解散的三项基本条件,它是股东起诉的条件,也是法院判断的依据。它包括:(1) 公司经营管理发生严重困难;(2) 公司继续存续会使股东利益受到重大损失;(3) 通过其他途径不能解决公司僵局。前两项是实质条件,后一项是前置条件。第一项条件表达的是因股东之间关系不好,以至于公司管理存在严重障碍,这是根本性条件;第二、三项条件分别从公司管理障碍未来是否会严重损害股东利益和是否还有办法解决两方面限制公司解散。本案中,三家法院运用该条规定对李某的诉请进行审查,均认为 JS 公司符合第一项条件但不符合第二项条件而判决其不解散,这无疑是正确的。值得注意的是,该法条规定的第一项条件是对已然事实的判断,且《公司法司法解释二》第 1 条又明确了其具体情形,因而易于作出准确判断。但是,法条规定的第二项条件则要确定若公司继续存续是否会使股东利益受到重大损失,这显然是对公司未来经营行为和经营结果的一种预估,这种预估因涉及许多复杂因素而往往超出法官的判断能力,因此法官所作出的断定未必可靠。正因为如此,一审、再审法院在认定 JS 公司存续不会给李某的利益带来损害、JS 公司解散不符合第二项条件后,并未就此作出驳回李某诉请的判决,表明以此为据作出判决似乎说服力还不够。

对此,再审法院在《公司法》第 182 条规定之外,还以《公司法》第 5 条关于公司社会责任的规定[②]来判断 JS 公司应否解散。《公司法》第

---

① 2013 年和 2018 年修正的《公司法》第 182 条皆为公司解散的规定,其内容与 2005 年修订的《公司法》第 183 条完全相同。另外,2023 年修订的《公司法》第 231 条对 2018 年修正的《公司法》第 182 条的核心内容未作修改。

② 在 2023 年修订的《公司法》中,第 20 条第 1 款规定了公司承担社会责任的法律义务。

182 条规定的是股东在公司出现僵局时享有请求法院解散公司的权利,其目的是保护股东的利益。而《公司法》第 5 条规定的是公司应当承担社会责任,其目的是最大限度地关怀和增进股东利益之外的其他所有社会利益,包括消费者利益、职工利益、债权人利益、中小竞争者利益、当地社区利益、环境利益、社会弱者权益及整个社会公共利益。① 从某种意义上说,公司承担社会责任意味着公司利益和股东权益的追求受到限制。因此,再审法院认为,在公司应否解散的问题上,如果股东利益和社会公众利益发生冲突,则应当先考虑社会公众利益。本案中,一方面,JS 公司经营管理发生困难,股东李某为维护其利益可以行使解散公司权利;另一方面,要保障 JS 公司所涉众多购房户的合法利益,维护社会稳定,则 JS 公司有必要继续存续。面对这种情况,再审法院以《公司法》第 5 条的规定为依据,提出股东个人权利的行使应当受到公司承担的社会责任的约束,并以此判决 JS 公司不解散,应当是合理的。

此外,公司承担的社会责任范围广泛、内容多样,法院能否在任何情况下都以公司须尽社会责任为由判决公司不解散呢?这是一个需要认真研究的问题。有学者曾撰文指出,某法院在审理因股东矛盾使公司陷入僵局而引起的某公司解散案时认为,公司的解散应当综合考虑公司设立的目的能否实现,公司运行的障碍能否消除以及公司的社会责任能否承担等因素。对此,该学者认为,公司社会责任的根本内容在于公司的行为要对社会有益,不能对社会造成危害。例如,依法纳税、依法排污、防止环境污染等都是公司的社会责任。同时,公司的社会责任在许多场合是一种道德责任。但是,公司解散可能造成若干人失业,也可能造成税收的流失,这是解散公司的必然结果,却不是公司社会责任的应有之义,更不能成为阻止公司解散的理由。道理很简单。又如,根据破产法,我们不能以公司应承担社会责任为由阻止相关公司宣告破产。所以,该案中法院以公司要承担社会责任为由阻止其解散,是不可取的。② 可见,引入公司社会责任作为判断公司能否解散的条件,不是绝对的,而是有限制的。

---

① 参见刘俊海:《现代公司法·下册(第三版)》,法律出版社 2015 年版,第 789 页。
② 参见梁上上:《公司僵局案的法律困境与路径选择——以新旧公司法对公司僵局的规范为中心展开》,载《浙江社会科学》2006 年第 2 期,第 70—71 页。

第二部分

破 产 法

案例一 朱某与 YX 公司破产清算案[①]
——债权人申请破产的审查标准

一、基本案情

上诉人(原审申请人):朱某

被上诉人(原审被申请人):YX 公司

2007 年 8 月 9 日,深圳市中院作出(2007)深中法民七字第 12 号民事裁定,经审查初步查明,被申请人 YX 公司不能清偿对申请人的到期债务,且其资产不足以清偿全部债务,裁定立案受理朱某申请 YX 公司破产清算一案。

2007 年 10 月 12 日,深圳市中院作出 2007 深中法民七字第 12-1 号民事裁定,认为由于被申请人 YX 公司的财务账册及原始凭证缺失,导致被申请人 YX 公司的真实资产状况难以查明,对 YX 公司是否符合破产条件不能确定,依据《企业破产法》第 12 条第 2 款之规定,驳回朱某对

[①] 参见霍敏主编:《破产案件审理精要》,法律出版社 2010 年版,第 37—39 页。

被申请人YX公司的破产清算申请。

对此，朱某不服，上诉至广东省高院。

二、争议焦点

本案争议焦点实际上是破产审查标准问题。申请人朱某以YX公司拒不偿还63.76万元到期借款债务，且YX公司亏损严重，事实上也无法清偿该到期债务为由，向深圳市中院申请YX公司破产还债。该申请被裁定驳回后，朱某上诉至广东省高院，认为其申请符合法定条件，应被受理。

三、案件裁判

（一）案件事实

2007年6月9日，朱某以YX公司拒不偿还63.76万元到期借款债务，且YX公司亏损严重，事实上也无法清偿该到期债务为由，向深圳市中院申请YX公司破产还债。为证明其申请主张，朱某提供YX公司于2000年1月10日，2005年1月10日、1月20日、12月30日，2006年3月5日、8月10日、10月5日向朱某出具的七张欠条，分别载明：朱某借给YX公司10.4万元、5万元、20万元、5万元、5万元、16.7万元、11.66万元，共计63.76万元。另外，朱某还提供了一张YX公司于2006年12月30日出具的总借据，载明YX公司确认其自2000年1月10日至2006年10月5日期间共向朱某借款七笔，共计金额63.76万元；YX公司承诺将于2007年3月1日前向朱某还清上述款项。朱某称，上述七笔借款共计63.76万元，均以现金方式交付给YX公司，但未提供该七笔现金来源相关证据。

另查明，YX公司于1992年4月11日经核准登记成立，其法定代表人原为姚某某，2005年经董事会决议变更为现任法定代表人张某某。2007年3月，YX公司停止经营。朱某是YX公司现任法定代表人张某某的岳母。

YX公司因拖欠工资，被员工张某、陈某某诉至深圳市福田区人民法院。根据双方调解协议，深圳市福田区人民法院制作民事调解书。因YX公司拒不履行生效民事调解书，张某、陈某某于2006年12月20日、2007年1月22日分别申请强制执行。2007年2月，深圳市福田区人民法院查封了YX公司的设备及经营场所。

(二) 裁判要旨

广东省高院审查认为，申请人朱某据以主张对YX公司享有到期债权的证据为YX公司先后出具的七张借据。其中，最早的一笔借款发生于2000年1月10日，金额最大的一笔为2005年1月10日的20万元借款。朱某称，七笔借款共计63.76万元，均为现金交付给YX公司，但未提供该七笔现金来源相关证据。特别是借据所载七笔借款发生时间跨度近七年，并且无任何证据证明朱某在最后一张总借据出具前曾向YX公司进行过催收。而总借据所载出具时间为2006年12月30日，此时YX公司原员工张某已依据生效调解书申请强制执行，要求YX公司清付拖欠工资。朱某为YX公司法定代表人张某某的岳母，属直系姻亲关系，且因YX公司账务账册已严重缺失，无法从其账册记录中印证该七笔借款发生的事实，也无其他相关证据证实上述近七年间七笔借款属实。同时，YX公司在已被原员工申请强制执行后，才出具总票据确认与朱某此前近七年间发生的七笔借款债务。在YX公司的财产已被法院执行查封的情况下，朱某又以债权人身份申请YX公司破产还债。朱某提供的证据材料，无法充分证明其所称七笔借款债权属实，也无法合理排除其利用与YX公司法定代表人张某某的姻亲关系，串通申请YX公司破产的恶意，更无从认定YX公司资产及负债状况。

为依法保护债权人利益，规范企业破产秩序，依照《企业破产法》第1条、第2条之规定，对朱某提出的YX公司破产清算申请，不应受理。朱某上诉主张YX公司符合破产法定条件以及其对YX公司提出的破产清算申请应予受理，因理据不足，法院予以驳回。原审法院在立案受理破产清算申请后、未作出破产宣告前依法裁定，驳回朱某对YX公司提出的破产清算申请，处理正确，应予维持。

四、分析思考

在我国《企业破产法》的立法框架下,本案涉及的是法院受理破产时的审查问题。我国理论与实务界探讨较多的是"破产界限"(或"破产原因")的审查标准,存在实质审查与形式审查两种不同观点。① 不过,这种分歧在某种程度上与我国立法未能有效区分破产申请界限、受理界限及宣告界限有关。有学者认为,破产界限至少存在四个维度:其一,作为濒临破产与事实破产的破产界限;其二,作为当事人提出破产申请事由的破产界限;其三,作为法院受理破产申请的破产界限;其四,作为法院裁定宣告破产的破产界限。虽然《企业破产法》对法院受理破产申请的审查标准没有明确规定,并且从理论上讲,只要符合申请条件,法院就应当受理当事人的破产申请,但是法院受理与否的判断因素与当事人提出申请的判断标准无疑是存在差别的。②

在美国破产法律制度中,区分自愿破产与强制破产两种启动方式。对于自愿破产申请,采取不对破产界限进行审查而"自动受理"的模式。对于强制破产申请,只有符合下列三种条件之一,法院才会作出强制破产救济裁定:(1)债务人未能及时提交对强制破产申请的异议;(2)债务人在破产申请前 120 日内指定了对其全部(或大部分)财产的保管人;

---

① 值得注意的是,实践中对于法院受理破产申请后出现债务人资大于债时业已启动的破产程序是否应继续进行存在争议。而这一问题可视为法院受理破产案件审查标准的衍生问题,尤其是采取形式审查的情形。对此,有观点认为应区分情况分别处理:首先,破产申请被受理后,若因客观原因(如资产的市场价值升值)导致资可抵债,破产程序仍需继续,其是否达到破产原因的判断时点是破产申请提出之时。其次,若企业存在转移、隐瞒财产或虚构债务等恶意"破产逃债"情形,则因其主观存在恶意,非为了全体债权人公开、公平、公正受偿财产,故应裁定驳回。最后,企业被宣告破产后,无论何种原因导致资可抵债,破产程序均须继续。参见霍敏主编:《破产案件审理精要》,法律出版社 2010 年版,第 16—17 页。不过,《企业破产法》第 12 条第 2 款第 1 句规定:"人民法院受理破产申请后至破产宣告前,经审查发现债务人不符合本法第二条规定情形的,可以裁定驳回申请。"对此,全国人大法工委在破产法释义中指出:"人民法院在收到破产申请以后,已经依照本法规定对破产申请进行了审查,但由于破产案件情况复杂,又受立案审查期限的限制,有时难以查清全部事实。因此,人民法院受理破产申请以后,仍然可以继续对破产申请依照本法规定的条件进行审查,发现债务人有不符合本法第二条规定情形,即债务人没有达到不能清偿到期债务,并且资产不足以清偿全部债务或者明显缺乏清偿能力的界限的,仍然可以裁定的方式对该破产申请予以驳回。"参见全国人民代表大会常务委员会法制工作委员会编:《中华人民共和国企业破产法释义》,法律出版社 2006 年版,第 27 页。本书认为,对于破产宣告前发生债务人资大于债(即不符合破产原因),应严格遵守立法。

② 参见韩长印:《破产界限之于破产程序的法律意义》,载《华东政法学院学报》2006 年第 6 期。

(3)债务人整体性不能清偿到期债务。其中,第(1)(2)项主要是程序性要求,第(3)项则属实体性要求。法院在判断债务人是否达到"整体性不能清偿到期债务"标准时,至少会考量以下四个因素:(1)未清偿债务的总项数;(2)未清偿债务的总额度;(3)未清偿债务情况的严重程度;(4)债务人对其财务事项的整体处理状况。①

对于强制破产,考虑到破产程序启动后的强大效力,②为预防债权人滥用破产程序,境外立法往往设置诸多限制规则。如在美国,其立法主要通过以下几个方面进行限制:(1)提起破产申请的债权人不少于3人,除非债务人的债权人总数少于12人;(2)提起破产申请的债权人的债权必须是实然债权;(3)在所有符合条件(2)的债权中,无担保债权的总额须达到特定数额。③

在我国,2006年制定的《企业破产法》对此并未予以明确规定,而《最高人民法院关于审理企业破产案件若干问题的规定》(以下简称《破产案件若干规定》)(法释〔2002〕23号)第8条规定:"债权人申请债务人破产,人民法院可以通知债务人核对以下情况:(一)债权的真实性;(二)债权在债务人不能偿还的到期债务中所占的比例;(三)债务人是否存在不能清偿到期债务的情况。"第9条则规定:"债权人申请债务人破产,债务人对债权人的债权提出异议,人民法院认为异议成立的,应当告知债权人先行提起民事诉讼。破产申请不予受理。"据此,在我国对债权人申请破产的限制主要在于债权真实性与债权数额两个要素。虽较前述境外立法经验仍显粗糙,但借此也可对债权人的恶意破产申请起到一定的排除作用。此处可能存在的问题是,对于债权真实性是否必须进

---

① 对于本案所涉及的强制破产,我国《最高人民法院关于适用〈中华人民共和国企业破产法〉若干问题的规定(一)》对破产界限采用的是推定规则。相关论述参见韩长印、何欢:《破产界限的立法功能问题——兼评〈企业破产法〉司法解释〈规定(一)〉的实际功效》,载《政治与法律》2013年第2期。
② 如双方均未履行完毕的合同得被解除、个别清偿的禁止等,相关内容集中规定在《企业破产法》第14—21条。
③ 对于此处的人数认定、债权的实然性及无担保债权数额的认定等限制,在美国法上均有复杂的规则设计,本书不予展开,详细讨论参见韩长印、何欢:《破产界限的立法功能问题——兼评〈企业破产法〉司法解释〈规定(一)〉的实际功效》,载《政治与法律》2013年第2期;Charles Jordan Tabb, *The Law of Bankruptcy*, Foundation Press, 2009, pp.151-156.

行实质审查仍不明确,而这又与法院对破产原因是否需进行实质审查具有一定的关联性。① 本案实质上涉及的便是据以提起破产申请的债权的真实性审查,显然在案件审理中广东省高院并未采取形式审查的标准。对于"债权在债务人不能偿还的到期债务中所占的比例",司法实务中有法院以10%作为标准,即债务人不能清偿的到期债务比例不能低于10%。②

此外,对于境外立法中提起破产申请的债权人的人数控制,在我国司法实践中业已引起法官的注意。如对于仅存在一个债权人时,能否启动破产程序,实务中存在不同观点:一种观点认为无须启动破产程序。因仅存在一名债权人时,不存在需解决多数债权人公平受偿的问题,故可通过民事强制执行程序实现其债权。另一种观点则认为,破产法上提供的救济措施可更好地实现债权人的权利,由此不应限制其借助破产程序实现自身债权。③

案例二 邢某森等与上海 BYX 股权投资发展中心公司增资纠纷案④
——破产衍生诉讼管辖

一、基本案情

一审被告、二审上诉人:邢某森

一审被告、二审上诉人:姜某燕

一审原告、二审被上诉人:上海 BYX 股权投资发展中心(有限合伙)

---

① 如债权人据以提起破产申请的"到期债权"是否应先经过诉讼或仲裁确认。对此,有观点认为,为有利于债权人的公平受偿,推进劣势企业的淘汰,综合《企业破产法》第 7 条第 2 款及第 10 条第 1 款的文义,无须对"到期债权"进行诉讼或仲裁确认,也无须经过强制执行。参见霍敏主编:《破产案件审理精要》,法律出版社 2010 年版,第 33 页。
② 参见霍敏主编:《破产案件审理精要》,法律出版社 2010 年版,第 25 页。
③ 参见王东敏:《新破产法疑难解读与实务操作(修订版)》,法律出版社 2007 年版,第 54 页。
④ 本案来源:最高人民法院(2017)最高法民辖终 202 号民事裁定书,北大法宝网,https://www.pkulaw.com/pfnl/a25051f3312b07f37259b948cc6080b9d99da9005ab6fad7bdfb.html,最后访问时间 2021 年 5 月 31 日。

(以下简称"上海BYX")

一审第三人:XLHN股份有限公司(以下简称"XL公司")

上诉人邢某森、姜某燕因与被上诉人上海BYX、一审第三人XL公司的公司增资纠纷一案,不服辽宁省高级人民法院(2016)辽民初68号之一民事裁定,向最高人民法院提起上诉。

2010年1月22日,北京BY创业投资有限责任公司(以下简称"北京BY")与大连XL产业集团有限公司(2012年更名为"XL公司")及其控股股东邢某森、姜某燕签署《大连XL产业集团有限公司投资合作协议》(以下简称《投资合作协议》),约定对XL公司增资8000万元人民币。2010年9月7日,北京BY联合河南BYHY创业投资有限公司(以下简称"河南BY")、上海LSH创业投资发展中心(有限合伙)(以下简称"上海LSH")、上海XE创业投资发展中心(有限合伙)(以下简称"上海XE")等投资人,与XL公司及其股东签署《增资扩股协议》,将原《投资合作协议》中的投资主体变更为北京BY、河南BY、上海LSH和上海XE。

协议签署后,上述联合投资人依约履行了全部增资义务,成为XL公司的股东。2011年6月18日,上海BYX与北京BY、河南BY分别签订《股权转让协议》,北京BY将其持有的XL公司11.457%的股权,河南BY将其持有的XL公司5.977%的股权转让给上海BYX,由上海BYX承继北京BY、河南BY在《投资合作协议》及《增资扩股协议》及相关补充协议下的全部权利义务。

2016年,另外两个联合投资人上海LSH和上海XE也将其对XL公司的投资权益全部转让给上海BYX。由于XL公司在前述联合投资人投资后又进行了多次增资扩股,截至起诉前,上海BYX共持有XL公司16.563%的股权,合计持有2996.25万股。

根据《投资合作协议》的约定,若XL公司不能在2014年12月31日前在国内外资本市场上市,邢某森、姜某燕应按照协议第8条约定,无条件受让投资人所持XL公司的全部股权,回购款为本金8000万元外加12%年利率的利息之和。截至2016年6月30日,该回购金额为135605747.9元。依照合同约定,邢某森、姜某燕应于收到投资人要求股权转让的书面通知之日起两个月内付清股权定向转让价款。

由于 XL 公司未能于 2014 年 12 月 31 日前在国内外资本市场上市，触发《投资合作协议》第 8 条"股权定向转让"条款，即回购条款。上海 BYX 多次要求邢某森、姜某燕按照《投资合作协议》约定支付股权回购价款并办理股权变更手续，然而邢某森、姜某燕始终拒绝履行回购义务。上海 BYX 遂诉至人民法院，请求判令邢某森、姜某燕支付上海 BYX 股权回购价款人民 135605747.9 元（暂计算至 2016 年 6 月 30 日），并承担本案全部诉讼费用。

在一审提交答辩状期间，邢某森、姜某燕提出管辖权异议。

二、争议焦点

本案争议焦点是破产衍生诉讼的范围问题。《企业破产法》第 21 条规定："人民法院受理破产申请后，有关债务人的民事诉讼，只能向受理破产申请的人民法院提起。"此处"有关债务人的民事诉讼"应作何种解释，并不明确。就本案而言，主要涉及破产债务人股东间发生的增资纠纷。对其是否属于此种"有关债务人的民事诉讼"，邢某森、姜某燕在一审提交答辩状期间提出管辖权异议，认为辽宁省大连市中级人民法院（以下简称"大连中院"）已受理 XL 公司重整一案，上海 BYX 要求邢某森、姜某燕回购 XL 公司股权的案件与 XL 公司重整存在关联，故请求按照《企业破产法》第 21 条规定，将本案移送大连中院审理。

一审裁定后，邢某森、姜某燕不服，提起上诉，请求撤销一审裁定，改判支持上诉人对本案管辖权提出的异议，将上海 BYX 诉邢某森、姜某燕及 XL 公司增资纠纷一案移送至大连中院审理。其理由是：(1) 本案应从一审首次开庭审理时间 2017 年 2 月 15 日起计算诉讼开始时间，大连中院于 2017 年 1 月 20 日受理重整申请，该时间早于本案诉讼开始时间。(2)《企业破产法》第 21 条规定的是"有关债务人的民事诉讼"，据此，只要案件同债务人具有关联性，就应当适用该条规定，并不限定债务人是作为被告和承担实体义务。(3) 本案诉讼结果涉及 XL 公司的股权结构稳定，与 XL 公司的重整有密切关系。综上，本案应移送至大连中院审理。

三、案件裁判

（一）一审裁判

一审法院（辽宁省高院）认为：

第一，本案已于2016年9月14日立案，而大连中院作出受理申请人惠民县XL提出的对被申请人XL公司进行重整的时间是2017年1月20日。因此，本案是人民法院受理重整申请之前提起的诉讼。

第二，本案是上海BYX与邢某森、姜某燕因依据《投资合作协议》履行回购XL公司股权所发生的股东之间的诉讼，不属于XL公司作为债务人的诉讼。

第三，本案虽然与XL公司存在关联，但与其没有实体上的权利义务关系，XL公司的重整与本案没有直接的法律关系。因此，邢某森、姜某燕的申请不符合《企业破产法》第21条的规定，其提出的管辖权异议不能成立。

据此，辽宁省高院依照《民事诉讼法》第127条第1款规定，裁定驳回邢某森、姜某燕对本案管辖权提出的异议。

（二）二审裁判

二审法院（最高法）认为，《企业破产法》第21条规定："人民法院受理破产申请后，有关债务人的民事诉讼，只能向受理破产申请的人民法院提起。"该条规定适用于债务人的破产申请被人民法院受理后提起的有关债务人的民事诉讼。本案中，大连中院受理惠民县XL提出的对XL公司申请重整的时间为2017年1月20日，而一审法院已经于2016年9月14日立案受理上海BYX诉邢某森、姜某燕及XL公司增资纠纷一案，系在大连中院受理重整申请之前。邢某森、姜某燕上诉主张应以一审首次开庭审理时间2017年2月15日为本案诉讼开始时间，缺乏依据。同时，本案系在履行《投资合作协议》过程中XL公司股东之间所发生的纠纷，虽然与XL公司存在关联，但是XL公司与本案没有实体上的权利义务关系，XL公司的重整与本案不存在直接的法律关系。本案不属于《企业破产法》第 21 条规定的情形。邢某森、姜某燕上诉主张依据该条规定应将本案移送至大连中院审理,缺乏事实和法律依据,法院不予支持。原审裁定驳回邢某森、姜某燕提出的管辖权异议,认定事实清楚,适用法律正确,应予维持。

据此,最高法依照《民事诉讼法》第 170 条第 1 款第 1 项、第 171 条、第 175 条的规定,裁定驳回上诉,维持原裁定。

四、分析思考

我国《企业破产法》第 21 条规定:"人民法院受理破产申请后,有关债务人的民事诉讼,只能向受理破产申请的人民法院提起。"据此,我国立法在破产衍生诉讼上采取的是集中主义。对此,全国人大法工委在释义中指出:"由于破产程序是一种概括式的债权债务处理方式,有关债务人的所有债权债务均集中于受理破产申请的法院依破产程序进行清理,具有严格的时间要求。在破产程序进行中发生的有关债务人的民事诉讼,如果由不同的法院来审理,难以协调其与破产案件的审理进度,影响破产程序的顺利进行,故有必要将这些诉讼集中于审理破产案件的人民法院一并审理。因此,本条规定,人民法院受理破产申请后,有关债务人的民事诉讼,只能向受理破产申请的人民法院提起。"①

但这一规定未能充分注意到民事诉讼案件管辖的复杂性,在实践中引发了一系列争议。根据民事诉讼法,法院可基于合同履行地、保险标的物所在地、票据支付地、侵权行为地等享有管辖权。同时,针对不动产纠纷、港口作业纠纷、遗产继承纠纷等,民事诉讼法还规定了专属管辖制度。即使是在前述释义中,全国人大法工委也注意到了此种复杂性,②但立法在破产衍生诉讼问题上依然采用概括性的集中管辖制度。由此,在司法实践中产生了一系列问题。例如,司法实践中破产法院往往不具有海事纠纷案件的管辖权,也欠缺相应的专业法律知识和审判经验。为

---

① 参见全国人民代表大会常务委员会法制工作委员会编:《中华人民共和国企业破产法释义》,法律出版社 2006 年版,第 37 页。

② 同上。

此,有的破产法院将债务人的海事海商纠纷案件径行委托所在地海事法院审理,有的海事法院又适用《企业破产法》集中管辖的规定,对已受理的海事纠纷案件中止审理并裁定移送破产法院。①

从比较法经验看,与破产债务人相关的诉讼是否均由破产法院管辖,答案是否定的。在德国,为便于把解决破产所需的专业知识和必要设施尽可能地集中于一个审判体内,立法排除了当事人间的协议管辖。其《破产法》第2条第1款规定,事务管辖权属地方法院,此种管辖乃专属管辖。但需注意的是,德国立法并未完全承认破产案件的集中审理原则(即破产法院负责管辖所有因破产程序导致的法律争端),如对于破产管理人参与的诉讼,管辖权仍按照一般性规则确定。②

面对《企业破产法》在破产衍生诉讼管辖问题上存在的规定不够具体,进而导致破产案件审理低效的问题,《最高人民法院关于适用〈中华人民共和国企业破产法〉若干问题的规定(二)》(2020年修正)(以下简称《企业破产法司法解释二》)进行了回应。该司法解释第47条规定:"人民法院受理破产申请后,当事人提起的有关债务人的民事诉讼案件,应当依据企业破产法第二十一条的规定,由受理破产申请的人民法院管辖。受理破产申请的人民法院管辖的有关债务人的第一审民事案件,可以依据民事诉讼法第三十八条的规定,由上级人民法院提审,或者报请上级人民法院批准后交下级人民法院审理。受理破产申请的人民法院,如对有关债务人的海事纠纷、专利纠纷、证券市场因虚假陈述引发的民事赔偿纠纷等案件不能行使管辖权的,可以依据民事诉讼法第三十七条的规定,由上级人民法院指定管辖。"③

---

① 参见王正宇:《海事破产案件法律适用冲突及解决对策研究》,载2020年11月12日"海事商事法律报告ICMCLR"微信公众号,https://mp.weixin.qq.com/s/vBN6hhmAWU1AT84IwOIUQA,最后访问时间2021年5月21日。
② 参见〔德〕C. W. 卡纳里斯:《德国商法》,杨继译,法律出版社2006年版,第20—22页。
③ 《民事诉讼法》第38条规定:"有管辖权的人民法院由于特殊原因,不能行使管辖权的,由上级人民法院指定管辖。人民法院之间因管辖权发生争议,由争议双方协商解决;协商解决不了的,报请它们的共同上级人民法院指定管辖。"第39条规定:"上级人民法院有权审理下级人民法院管辖的第一审民事案件;确有必要将本院管辖的第一审民事案件交下级人民法院审理的,应当报请其上级人民法院批准。下级人民法院对它所管辖的第一审民事案件,认为需要由上级人民法院审理的,可以报请上级人民法院审理。"

据此，最高法认为，破产衍生诉讼仅指破产申请受理后当事人新提起的有关债务人的民事诉讼。毕竟《企业破产法》第 20 条规定，人民法院受理破产申请后，已经开始而尚未终结的有关债务人的民事诉讼或者仲裁在破产管理人接管债务人的财产后，该诉讼或者仲裁继续进行。此规定对《企业破产法》第 21 条中"有关债务人的民事诉讼"进行了一定程度上的限缩。此外，《企业破产法司法解释（二）》第 47 条第 2 款则弥补了《企业破产法》第 21 条在破产衍生诉讼管辖立法上存在的级别管辖缺漏，第 47 条第 3 款则有效协调了破产管辖与民事诉讼法上专属管辖间的冲突。①

不过，《企业破产法司法解释（二）》第 47 条第 1 款中的"有关债务人的民事诉讼案件"仍属不确定概念，有待进一步明确。本案便是最高法在个案中的一种尝试。我国虽非判例法国家，但最高法在个案中进行的诠释在实践中仍具有一定的现实意义。本案中，最高法认为，"……虽然与 XL 公司存在关联，但是 XL 公司与本案没有实体上的权利义务关系，XL 公司的重整，与本案不存在直接的法律关系。本案不属于破产法第二十一条规定的情形"。就此，最高法似认为，应对"有关债务人的民事诉讼案件"进行限缩解释，即仅与破产案件具有"直接的法律关系"的民事诉讼案件才应由破产法院集中管辖。

最高法的这一立场注意到了破产案件的复杂性，值得肯定。在破产案件中既存在纯事务性的管理工作，也存在传统意义上的"诉讼"。这些诉讼，既可能仅因破产程序的启动才会发生（如因破产管理人行使偏颇撤销权而引发的诉讼），也可能是与破产案件无任何实质关联的传统诉讼。由此，如何进一步完善我国破产案件管辖制度仍是一个亟须解决的难题。

---

① 参见最高人民法院民事审判第二庭编著：《最高人民法院关于企业破产法司法解释理解与适用——破产法解释（一）、破产法解释（二）》，人民法院出版社 2017 年版，第 500—504 页。

案例三 | 中国 YTTZ 有限公司与 TYZQ 有限公司破产取回权纠纷案①
——特殊财产的取回

一、基本案情

一审原告、二审上诉人：中国 YTTZ 有限公司（以下简称"YTTZ"）

一审被告、二审被上诉人：TYZQ 有限公司（以下简称"TYZQ"）

上诉人 YTTZ 因与被上诉人 TYZQ 破产取回权纠纷一案，不服宁波市中级人民法院（2009）浙甬商初字第 32 号民事判决，向浙江省高级人民法院提起上诉，该院于 2010 年 9 月 8 日作出（2010）浙商终字第 40 号民事判决书。之后，YTTZ 向最高人民法院提起再审，该院于 2012 年 1 月 19 日作出（2011）民申字第 1081 号民事裁定书，裁定驳回 YTTZ 的申请。

YTTZ 向一审法院诉称：2004 年，中国 YDJT 有限责任公司（以下简称"YDJT"）与 YTTZ、WKKG 集团股份有限公司（以下简称"WKKG"）、上海 HLTZ 有限公司（以下简称"HLTZ"）、上海 RPSY 有限公司（以下简称"RPSY"）、深圳市 XHTZ 控股有限公司（以下简称"XHTZ"）、NBJG 股份有限公司（以下简称"NBJG"）等 TYZQ 股东或股东代表签订了受让 TYZQ 部分股权的《备忘录》、相关的《股权转让协议》及《资金监管协议》等股权转让系列协议，约定由 YDJT 受让 TYZQ 32.67% 的股权，YDJT 按照约定支付 1 亿元股权转让定金后，该 1 亿元股权转让定金由股权转让协议的第三方 TYZQ 进行居中监管，TYZQ 保证在股权转让未成功时承担向 YDJT 返还该 1 亿元股权转让定金及利息的责任。

---

① 案例来源：浙江省高级人民法院（2010）浙商终字第 40 号民事判决书，北大法宝网，https://www.pkulaw.com/pfnl/a25051f3312b07f3041f9146a08efd45880eb68e123e3952bdfb.html，最后访问时间 2021 年 5 月 30 日。

2006年,YDJT向北京市高院提起撤销权诉讼案,要求撤销股权转让系列协议,并要求 YTTZ、XHTZ、WKKG、HLTZ、RPSY、NBJG 承担偿还该1亿元股权转让定金及利息的连带责任。该案件经过一审判决后又经最高法终审判决生效,支持了 YDJT 的以上诉讼请求。同时,上述一审判决和终审判决均确认:"YDJT 划入 TYZQ 指定账户并由 TYZQ 负责监管的1亿元"股权转让定金,在股权转让系列协议撤销后,"股权转让定金应当返还给 YDJT","鉴于本案争诉的股权转让定金款项仍存于 TYZQ 之指定账户内","从便于行使追偿权和诉讼经济原则出发,本院已函告有关行政监管机构及 TYZQ 行政清理组有责任维持该款项现状。在 YTTZ、XHTZ、WKKG、HLTZ、RPSY 足额返还或赔偿 YDJT 上述款项后,均可就各自的合法权益向 TYZQ 进行追偿"。

2009年,YDJT 依据以上判决向北京市高院申请强制执行,YTTZ 承担了 HLTZ、RPSY 对 YDJT 所欠债务的补足赔偿责任,向 YDJT 支付了赔偿款 49986330.63 元(包括延期利息及相关执行费用)。

2009年11月9日,北京市高院京高法函(2009)89号《关于协助支付中国 YTTZ 有限公司股权转让定金的函》进一步明确认定:TYZQ 负责监管的1亿元股权转让定金不属于破产资产,在 YTTZ 向 YDJT 支付赔偿款后,YTTZ 有权要求 TYZQ 从负责监管的1亿元款项中支付相应款项,但 TYZQ 至今未向 YTTZ 支付相应款项。

综上,YTTZ 认为,TYZQ 有责任维持现状的1亿元股权转让定金仍存于其指定账户内,TYZQ 对该款项的占有已属于非法占有或者无因占有,该款项不属于破产人所有,YTTZ 已依法对该款项享有所有权或支配权。请求判令:(1) TYZQ 从1亿元股权转让定金及利息款中支付 YTTZ 49986330.63元;(2)由 TYZQ 承担本案全部诉讼费用。

针对 YTTZ 的起诉,TYZQ 作出以下答辩:

第一,本案缘起于 YDJT 与 YTTZ 等股权撤销权纠纷一案,YTTZ 被强制执行的相关款项是其承担过错赔偿责任的法律后果,不能将 YTTZ 应承担的上述责任转嫁给并非该案当事人的 TYZQ。北京市高院和最高法的判决主文里没有也不可能有要求 TYZQ 承担责任的内容。

第二，YTTZ要求行使取回权的请求并无事实依据。TYZQ于2006年7月7日进入行政清理程序，2007年9月30日进入破产程序，TYZQ行政清理组和破产管理人依法接管了TYZQ所有资产（破产财产），未发现有单独存放的替他人保管的现金等其他资产。

第三，YTTZ要求行使取回权的法律依据并不充分。（1）取回权是一种实体权利，基于所有权而产生，具有绝对性和无条件性。而YTTZ主张的取回权是基于向YDJT承担赔偿责任后的"追偿"权利，本质上是一种债权，或者是代位权。退一步讲，即使本案诉争标的的取回权成立，TYZQ收取的是YDJT的股权转让定金，行使取回权的主体也应该是YDJT，而不是YTTZ。（2）取回权的行使必须有确定的标的物（特定物），货币为种类物，一经交付即发生混同，不能确认所有权权属，TYZQ行政清理、破产至今的资产负债表对此也有印证。从这点上讲，YTTZ要求行使取回权在事实和法律上均无依据。

第四，本案缘起于YDJT与YTTZ等撤销权纠纷一案，事实上，该案涉及的相关股权转让款项，即YDJT支付给TYZQ的1亿元定金，TYZQ已于2006年3月前与YDJT进行了结算（详见TYZQ股东出资专项审计报告），北京市高院一审判决对该部分事实的认定有误，因此，YTTZ的损失是因YDJT的行为而产生，该损失不应转嫁给TYZQ。综上，YTTZ要求行使取回权从事实和法律角度来说均无依据，而且TYZQ已进入破产程序，故请求法院依法保护TYZQ债权人的合法权益，驳回YTTZ的诉讼请求。

一审判决后，YTTZ提起上诉，请求撤销原审判决并依法改判支持YTTZ的全部诉讼请求，其理由如下：

第一，债务人（TYZQ）占有不属于债务人的财产，该事实已经北京市高院和最高法生效判决确认。本案件取回权标的客观性体现于合同特别约定及相关法律规定的专属性、接收与保管方式的独立性、财务账目处理的确定性、取回权标的可返还性等方面，即本案所涉的1亿元股权转让定金存在TYZQ指定账户并由TYZQ负责监管（特定化的货币）的事实成立，该财产不属于破产财产，该客观事实也已经北京市高院和最高法生效判决确认。

第二，YTTZ属于该可取回财产的权利人，该事实已经为北京市高院和最高法的生效判决以及北京市高院的法函（2009）89号《关于协助支付中国YTTZ有限公司股权转让定金的函》等法律文书所确认。本案中，YTTZ对股权交易定金享有所有权及取回权，是基于《物权法》第28条规定的关于所有权取得的"法律文书"方式。北京市高院和最高法判决书认定：在股权转让系列协议撤销后，"股权转让定金应当返还给YDJT"。这种"返还"正是基于YDJT从未丧失其存放于TYZQ指定账户的股权交易定金所有权而产生的法定权利，YDJT对以上股权交易定金的所有权及取回权不容置疑。北京市高院和最高法判决书还认定："本案争诉的股权转让定金款项仍存于TYZQ之指定账户内"、"从便于行使追偿权和诉讼经济原则出发"，在YTTZ"履行了给付义务后"，可就合法权益向TYZQ进行追偿。以"诉讼经济原则"来判决也表明：履行生效判决义务人所获得的权利性质不发生变化，与原权利人享有等同的所有权及取回权，获得的是一种实体权利，无论是由YDJT还是YTTZ享有该实体权利，都仅仅产生权利主体的依法变更，并未改变权利本身的性质。本案所涉股权交易定金从撤销相关股权转让协议之日起就应返还给上述款项的所有权人YDJT，而这个所有权人从YTTZ履行生效判决义务之日起就已变更为YTTZ，这种变更实质上是相关法律规定的依照法院生效判决文书所有权及取回权的继受取得。北京市高院《关于协助支付中国YTTZ有限公司股权转让定金的函》，除对本案股权交易定金的性质进行确认外，还进一步明确要求TYZQ应从其监管的1亿元股权转让定金款项中向YTTZ支付相应的款项。

综上，无论是北京市高院和最高法的事实认定及判决，还是北京市高院《关于协助支付中国YTTZ有限公司股权转让定金的函》，均属于生效的法律文书，同时均已明确将本案取回权标的的所有权、取回权"设立、变更、转让"至YTTZ名下，原审判决故意回避以上法律文书，适用法律错误。

第三，原审判决损害了北京市高院和最高法的司法尊严及法律适用在全国的统一,在逻辑关系上也无法成立。

对于YTTZ的上诉,TYZQ提出以下答辩意见:

第一,从YTTZ提交的相关材料判断,本案缘起于YDJT与YTTZ等撤销权一案,YTTZ被强制执行的相关款项是其承担过错赔偿责任的法律后果,不能将YTTZ应承担的上述责任转嫁给并非该案当事人的TYZQ。北京市高院和最高法的判决主文里没有也不可能有要求TYZQ承担责任的内容。

第二,YTTZ要求行使取回权的请求并无事实依据。TYZQ于2006年7月7日进行行政清理程序,2007年9月30日进入破产程序,TYZQ行政清理组和破产管理人依法接管了TYZQ所有资产(破产财产),未发现有单独存放的替他人保管的现金等其他资产。

第三,YTTZ要求行使取回权的法律依据并不充分。(1)取回权是一种实体权利,基于所有权,具有绝对性和无条件性。而YTTZ主张取回权是基于向YDJT承担赔偿责任后的"追偿"权利,本质上是一种债权,或者是代位权。(2)取回权的行使必须有确定的标的物(特定物),货币为种类物,一经交付即发生混同,不能确认所有权权属,TYZQ行政清理、破产至今的资产负债表对此也有印证。从这点上讲,YTTZ主张取回权在事实和法律上均无依据。YTTZ未举证证明该1亿元定金作为特定物,存放于TYZQ指定的账户中。YDJT将股权转让定金划转入TYZQ的一般账户中。这两个账户,TYZQ仍进行其他的收入支出、资金往来等项目,YTTZ要求行使1亿元的取回权不符合取回权在破产受理时存在并具有特定性的特征。(3)YDJT的诉讼请求为返还股权转让款,并不是以返还定金作为诉讼请求的。YTTZ的起诉权源于YDJT的违约之诉。即便在北京高院和最高法判决认定事实部分,写明的是YT-TZ可以向TYZQ追偿。TYZQ不是远大案件的当事人,法院的判决对TYZQ没有法律效力,且判决主文中没有判决TYZQ承担责任。(4)最高法并未认定1亿元的定金仍存放于TYZQ账户中。同时在该判决中,最高法明确一审法院并未将1亿元定金存放在TYZQ账户这一调查结果作为认定案件事实的依据。因此,YTTZ以北京高院的认定作为理由,认定 1 亿元定金仍存放于 TYZQ 账户,与最高法的判决不符。

第四,本案缘起于 YDJT 与 YTTZ 等撤销权纠纷一案,事实上,该案涉及的相关股权转让款项,即 YDJT 支付给 TYZQ 的 1 亿元定金,TYZQ 已于 2006 年 3 月前与 YDJT 进行了结算,北京高院判决对该部分事实的认定有误。因此,YTTZ 的损失是因 YDJT 的行为而产生,该损失不应转嫁给 TYZQ。请求驳回上诉,维持原判。

二、争议焦点

从一审、二审当事人的起诉和答辩情况看,本案的主要争议焦点是:YTTZ 能否行使破产取回权。

三、案件裁判

(一) 一审裁判

一审法院查明:2006 年 5 月 24 日,YDJT 向北京市高院提起撤销权诉讼,要求撤销 YDJT 与 YTTZ、WKKG、HLTZ、RPSY、XHTZ、NBJG 等 TYZQ 股东或股东代表于 2004 年间签订的受让 TYZQ 部分股权的股权转让系列协议,并要求 YTTZ、XHTZ、WKKG、HLTZ、RPSY 承担偿还 1 亿元股权转让定金及利息的连带责任。该案经过一审判决后又经最高法终审判决,支持了 YDJT 的以上诉讼请求。同时,该一审判决和最高法终审判决均确认"在 YTTZ、XHTZ、WKKG、HLTZ、RPSY 足额返还或赔偿 YDJT 上述款项后,均可就各自的合法权益向 TYZQ 进行追偿"。2009 年,YDJT 依据以上判决向北京市高院申请强制执行,YTTZ 承担了 HLTZ、RPSY 对 YDJT 所欠债务的补足赔偿责任,向 YDJT 支付了赔偿款(包括延期利息及相关执行费用)共计 49986330.63 元。TYZQ 至今未向 YTTZ 支付相应款项。

另查明:TYZQ 于 2006 年 7 月 7 日被中国证监会确认进入行政清理程序。2007 年 9 月 30 日,宁波市中院受理 TYZQ 行政清理工作组提出的 TYZQ 破产申请。2007 年 12 月 25 日,宁波市中院指定 TYZQ 行政清理工作组、宁波科信会计师事务所有限公司为 TYZQ 破产管理人。

一审法院审理认为，YTTZ据以起诉的请求权基础系破产取回权。所谓破产取回权，是指财产权利人可以不依照破产清算程序，直接通过破产管理人或财产控制人取回不属于债务人的财产权利。破产取回权属于民法上物的请求权的一种表现形式。因此，破产取回权的发生依据只能是物权关系，而不能是债权关系。只有所有权人或者其他物权人依照物的返还请求权，才能提出取回该财产的请求。本案中，YTTZ依据北京市高院、最高法判决承担了HLTZ、RPSY对YDJT所欠债务的补足赔偿责任，向YDJT支付了赔偿款，并且依据上述判决取得了向TYZQ进行追偿的权利，但该权利系债权，而非物权或所有权。即使本案所涉的1亿元股权转让定金存在TYZQ指定账户并由TYZQ负责监管（特定化的货币）的事实成立，即该财产不属于破产财产，也只有YDJT对以上股权交易定金享有所有权及破产取回权。但是，由于YTTZ并非该特定化货币的所有人，因此YTTZ以破产取回权的权利人要求TYZQ从1亿元股权转让定金及利息中支付49986330.63元赔偿款的请求，缺乏事实和法律依据，不予支持。

据此，一审法院依照《民法通则》第84条，《企业破产法》第38条、第44条，最高法《关于民事诉讼证据的若干规定》第2条之规定，判决驳回YTTZ的诉讼请求。

（二）二审裁判

二审法院认为，根据双方当事人的诉辩意见，本案的主要争议焦点是YTTZ能否行使破产取回权，原判驳回YTTZ的诉讼请求依据是否充分。破产取回权是破产法上的一项特殊权利，其法理基础是民法上的物的返还请求权，是指权利人对其享有所有权的物的返还请求权，而不是债的返还请求权。因此，只有所有权人或者其他物权人依照物的返还请求权，才能提出取回其财产的请求。本案中，关于YTTZ是否享有涉案1亿元股权转让定金的破产取回权存在重大争议。YTTZ上诉提出其享有该1亿元股权转让定金的取回权，主要理由是北京市高院、最高法的判决及北京市高院的函件等生效法律文书已经明确将本案取回权标的的所有权及取回权"设立、变更、转让"为YTTZ。《物权法》第28条规定："因人民法院、仲裁委员会的法律文书或者人民政府的征收决定等，导致物权设立、变更、转让或者消灭的，自法律文书或者人民政府的征收决定等生效时发生效力。"一般认为，能够直接引起物权变动的法律文书仅限于法院作出的形成判决，给付判决、确认判决以及各种命令、通知等则不能直接引起物权变动。就本案而言，北京市高院和最高法的判决、函件等不属于形成判决，并不能直接引起物权变动，这些生效判决、函件的具体内容虽明确从便于行使追偿权和诉讼经济原则出发，YTTZ 在承担赔偿 YDJT 款项后，可以向 TYZQ 进行追偿，但并未明确将 YDJT 享有的存放于 TYZQ 账户内的 1 亿元定金的所有权直接转移至 YTTZ，YTTZ 认为其依据北京市高院和最高法的生效判决取得了对 1 亿元股权转让定金的所有权和取回权依据不够充分，原判认定 YTTZ 虽依据北京市高院和最高法的生效判决取得了向 TYZQ 进行追偿的权利，但该权利系债权，而非物权或所有权并无不当。YTTZ 可以向 TYZQ 破产管理人申报债权，但不能行使破产取回权。

因此，二审法院认为，原判认定事实清楚，适用法律正确，实体处理并无不当。据此，依照《民事诉讼法》第 153 条第 1 款第 1 项之规定，判决驳回上诉，维持原判。

（三）再审裁判

再审法院认为，《企业破产法》第 38 条规定："人民法院受理破产申请后，债务人占有的不属于债务人的财产，该财产的权利人可以通过管理人取回。但是，本法另有规定的除外。"据此，在破产程序开始时，对于债务人占有的不属于债务人的财产，财产权利人可不依破产程序而直接向破产管理人主张取回。权利人行使破产取回权的权利基础必须是其对取回权的标的物享有所有权或者其他物权。北京市高级人民法院（2006）高民初字第 673 号民事判决中载明："在 YTTZ、XHTZ、WKKG、HLTZ、RPSY 足额返还或赔偿 YDJT 上述款项后，均可就各自的合法权益向 TYZQ 追偿。"最高人民法院（2008）民二终字第 22 号民事判决亦明确："一审法院之所以核查'人民币一亿元股权转让款是否保存于 TYZQ 账户中'，只是为了 YTTZ 等股权出让方承担责任后行使追偿权的方便而进行的。"本案中，YTTZ 依据北京市高院和最高法上述判决承担了 HLTZ、RPSY 对 YDJT 所欠债务的补足赔偿责任共计 49986330.63 元，并据此享有向 TYZQ 进行追偿的权利，但该追偿权系债权，不属于所有权或者其他物权，且上述北京市高院及最高法的判决并未明确 YTTZ 在承担赔偿责任后取得 YDJT 的特定权利。故 YTTZ 认为其依据上述判决取得 1 亿元股权转让定金及利息所有权的主张依据不足。另，北京市高级人民法院京高法函[2007]24 号《关于协助保管 TYZQ 有限责任公司涉及原告中国 YDJT 有限责任公司与被告中国 YTTZ 有限公司等相关案款的函》并非人民法院发生法律效力的裁判，不能发生免除 YTTZ 举证责任的效力，且该函所载"经核实，目前合同项下的此笔款项仍在本案各方当事人与 TYZQ 的共管账户内由 TYZQ 负责监管"的内容亦未被最高人民法院作出的该案终审判决即(2008)民二终字第 22 号民事判决确认，YTTZ 在本案诉讼过程中也没有进一步提交充分证据证明该定金仍封闭于 TYZQ 账户中，故 YTTZ 依据京高法函[2007]24 号认为涉案股权转让定金构成特定化货币的主张依据不足。

综上所述，YTTZ 的再审申请不符合《民事诉讼法》第 179 条第 1 款第 6 项规定的情形。据此，再审法院依照《民事诉讼法》第 181 条第 1 款之规定，裁定驳回 YTTZ 的再审申请。

四、分析思考

本案的核心问题在于如何理解破产法上的取回权。具体而言，本案提出的挑战主要在于：其一，在破产程序中可否就债权行使取回权；其二，在破产程序中如何就货币进行取回。

破产程序作为概括清偿程序，债务人之全部财产均应用于清偿全体债权人的债权。作为当然之推论，用于向债权人清偿的财产仅应是破产债务人自己的财产。但因经济活动的复杂性，由债务人实际占有或管理的财产未必均属债务人所有。为此，破产法设置了破产取回权，即对于不属于破产债务人的财产，财产权利人得通过破产管理人取回财产。需注意的是，虽然它被称为"破产取回权"，但在理论上多数学者认为其并非破产法新创设的权利,而是基于民事法律产生的权利,是民法上物的返还请求权在破产程序中的体现。① 由此,一般认为破产取回权的基础在于物之所有权。正是基于此,前述案例中法院拒绝支持原告的诉请。

但若严格坚守破产取回权来源于所有权的理论假设,在实践中便会带来结果上的异化。如在"徐某诉某卧龙文化艺术有限公司破产清算组交付油画纠纷案"中,法院认为,双方的行为性质符合行纪合同的特征,而在交付委托人之前,行纪合同的标的物的所有权归行纪人,故该幅油画在文化公司交付原告前,其所有权属文化公司,文化公司进入破产程序后,该油画自然成为企业的破产财产,徐某无权取回。② 对此,有观点认为,鉴于行纪的营业外观以及行纪行为本质是为他人利益而进行的经营行为,即委托人而非行纪人是相关财产的最终受益人与风险承担人,故在行纪合同下认定委托人作为相关财产的最终归属人更为恰当。③

其实,在德国法下,破产取回权并没有确定的内容,其内容多由应被取回的财产标的物决定。由此,在德国法下,破产取回权既可以是基于所有权,也可以基于特定物权,如基于物上优先购买权可以在破产程序中取回受负担的不动产,甚至可以取回被破产管理人当作属于财团的债务人债权而无处分权的债权。对于此处债权取回的理解,不妨举例:破产债务人将一债权让与 G,而事实上破产债务人和他的债务人 X 已经协议禁止让与。如果该债权因破产债务人与 X 间的商业行为而成立,则禁止让与的规定因《德国商法典》第 354a 条④而无效。破产债务人破产时,G

---

① 参见韩长印主编:《破产法教程》,高等教育出版社 2020 年版,第 155 页。
② 该案中,当事人约定由文化公司为徐某购买山水画。合同订立后,徐某向文化公司支付现金 8.7 万元,文化公司即委托画家张某绘制该山水画。同年 6 月 14 日,油画绘制完毕,文化公司于同日取走油画,并通知徐某取画。因徐某出国,文化公司将油画暂存放在公司仓库内。8 月 5 日,文化公司因经营不善破产,徐某以其为油画所有权人为由,要求取回该画,但文化公司破产清算组拒绝交付。参见"徐某诉某卧龙文化艺术有限公司破产清算组交付油画纠纷案",来源北大法宝,法宝引证码 CLI.C.367662(编者注:该案无案件编号)。
③ 参见许德风:《破产法论——解释与功能比较的视角》,北京大学出版社 2015 年版,第 224—226 页。
④ 该条内容为:"如果金钱债权的让与已经通过与债务人的商议依照《民法典》第 399 条而排除,并且设定此债权的法律行为对双方均系商行为,或者债务人系公法人或公法特别财产,则有关让与仍然有效。但债务人可以对原债权人给付,并具有免责的效力。对此的另行约定无效。"参见〔德〕C.W.卡纳里斯:《德国商法》,杨继译,法律出版社 2006 年版,第 632 页。

可以取回债权。如果 X 已经向破产债务人作出了有免责效力的给付,则 G 有代偿取回权。①

推而广之,在破产债务人破产时,股权可否作为破产取回权的标的? 例如,原股东 A 在向 B 转让股权后进行变更登记前,又将登记于其名下的股权转让给 C。此时,A 与 B 均进入破产程序,那么对于 C 而言,是否存在主张取回的空间? 根据《公司法司法解释三》第 27 条第 1 款之规定:"股权转让后尚未向公司登记机关办理变更登记,原股东将仍登记于其名下的股权转让、质押或者以其他方式处分,受让股东以其对于股权享有实际权利为由,请求认定处分股权行为无效的,人民法院可以参照民法典第三百一十一条的规定处理。"在我国,善意第三人可参照《民法典》规定之物权善意取得制度取得股权。由此观之,我国学理上关于破产取回权来源于物权所有权的论述存在改进空间。

本案中,当事人及法院最终借助我国立法并不支持债权的破产取回权予以解决。鉴于本案缘起于交由破产债务人监管的 1 亿元股权转让定金,在其破产后,YDJT 无法从破产债务人处取回该笔定金,这存在进一步检讨的空间。货币,作为一种特殊动产,一般认为占有即所有。由此观之,对于货币,在破产程序中并无破产取回的空间。但近些年来,我国无论是理论界还是实务界,均有声音认为,货币可以特定化的前提是可以不再遵循"占有即所有"这一古谚。② 由此,若能够认定由破产债务人监管之 1 亿元股权转让定金业已特定化,则 YDJT 可在破产债务人的破产程序中直接主张破产取回权。

---

① 关于德国法上破产取回权的介绍,参见〔德〕莱茵哈德·波克:《德国破产法导论(第六版)》,王艳柯译,北京大学出版社 2014 年版,第 129—132 页。
② 相关讨论参见其木提:《货币所有权归属及其流转规则——对"占有即所有"原则的质疑》,载《法学》2009 年第 11 期;朱晓喆:《存款货币的权利归属与返还请求权——反思民法上货币"占有即所有"法则的司法运用》,载《法学研究》2018 年第 2 期;孙鹏:《金钱"占有即所有"原理批判及权利流转规则之重塑》,载《法学研究》2019 年第 5 期。

案例四 | 杨某与某房地产公司物权确认纠纷案①
—— 破产管理人待履行合同解除权的限制

一、基本案情

一审原告暨反诉被告、二审被上诉人、再审被申请人:杨某

一审被告暨反诉原告、二审上诉人、再审申请人:某房地产公司

2001年11月12日,杨某与某房地产公司签订《商品房买卖合同》,杨某购买某房地产公司开发的7C号房屋,房屋总价款2799122元,其中首付款849122元,其余房款195万元杨某以银行按揭方式支付。2002年1月18日,杨某与某房地产公司签订的《商品房买卖合同》在北京市国土资源和房屋管理局办理了商品房预售预购登记。某房地产公司没有向杨某交付7C号房屋,也没有为杨某办理7C号房屋的所有权转移登记手续。YT物业公司于2002年10月29日成立后,某房地产公司将7C号房屋交由YT物业公司作为物业用房使用。

根据债权人的申请,北京市第一中级人民法院于2006年5月29日依法受理了某房地产公司破产一案,于2008年1月2日指定北京市XX清算事务所有限公司担任案件的破产管理人。破产管理人于2008年1月2日接管某房地产公司后,针对某房地产公司与杨某签订的《商品房买卖合同》,未向杨某出具解除合同或者继续履行合同的通知。在破产管理人要求下,YT物业公司于2011年3月29日将7C号房屋交给破产

---

① 案例来源:北京市第一中级人民法院(2014)一中民初字第5482号民事判决书,北大法宝网,https://www.pkulaw.com/pfnl/a25051f3312b07f3f4efdba2dbc8fc9c6d7ebaf8d1ba7a2bbdfb.html,最后访问时间2021年6月2日;北京市高级人民法院(2015)高民终字第761号民事判决书,北大法宝网,https://www.pkulaw.com/pfnl/a25051f3312b07f34fc4a4e6a7b2f2e6bcc0650a51c5bf9ebdfb.html,最后访问时间2021年7月18日;最高人民法院(2015)民申字第1158号民事裁定书,北大法宝网,https://www.pkulaw.com/pfnl/a25051f3312b07f31d9345fe3e42c986cf5a24d7e2085f02bdfb.html,最后访问时间2021年7月18日。

管理人。

为支付7C号房屋的购房款，杨某于2002年3月29日与建行XX支行、某房地产公司签订了《个人住房贷款借款合同》，借款金额195万元，用于购买7C号房屋，建行XX支行将贷款款项直接划入某房地产公司在建行XX支行开立的存款账户内。担保方式为阶段性保证，即本合同项下贷款以本合同项下贷款资金所购房屋作抵押，在杨某取得该房屋《房屋所有权证》并办妥抵押登记之前，由某房地产公司提供连带责任保证。建行XX支行于2002年3月29日将195万元贷款划入某房地产公司在建行XX支行开立的存款账户，杨某依约偿还贷款本金及利息至2003年3月，自2003年4月起停止偿还贷款。

2004年6月28日，建行XX支行与XX资产管理公司北京办事处（以下简称"XX资产公司"）签订《债权转让协议》，建行XX支行将包括杨某在内的共计567户借款人共计567笔借款合同项下的债权转让给XX资产公司。2004年11月29日，XX资产公司与DF资产管理公司北京办事处（以下简称"DF资产公司"）签订《债权转让协议》，XX资产公司将包括杨某在内的共计567户借款人共计567笔借款合同项下的债权转让给DF资产公司。2008年3月31日，DF资产公司向某房地产公司破产案件的管理人申报了债权，包括对杨某的债权2242324.61元。DF资产公司提供的债权依据有2008年3月17日向杨某发出的《个人贷款过期催缴通知单》，该通知单载明：根据杨某与建行XX支行签订的借款合同约定的日期和还款计划，截至2006年5月29日，应收本息545393.1元，当日结清2242324.61元。

建行XX支行在将对杨某的债权转让给XX资产公司之前，曾于2004年4月21日到北京市丰台区人民法院起诉杨某、某房地产公司，要求解除《个人住房贷款借款合同》，杨某提前归还借款本金及利息，某房地产公司承担连带保证责任。建行XX支行将对杨某的债权转让给XX资产公司后，并未将转让事宜告知法院，法院在不知情的情况下于2004年10月21日作出（2004）丰民初字第08064号民事判决，判决解除杨某与建行XX支行、某房地产公司签订的《个人住房贷款借款合同》,判决杨某偿还建行XX支行借款本金1892005.36元、利息125573.71元,并以1892005.36元为本金,按照中国人民银行同期逾期贷款利率支付自2004年7月1日起至实际付清之日止的利息;判决某房地产公司对上述款项承担连带责任。该判决生效后,建行XX支行还于2005年9月13日到北京市丰台区人民法院以杨某、某房地产公司为被申请人申请强制执行,法院查封、冻结或轮候冻结了某房地产公司名下包括7C号房屋在内的部分房屋。2005年11月24日,北京市丰台区人民法院以被执行人被查封的财产正在评估、拍卖过程中,亦无其他财产可供执行为由,裁定本次执行程序终结。

二、争议焦点

本案争议焦点是破产法上的待履行合同问题。即对于出卖人尚未办理所有权移转手续的不动产买卖合同,在出卖人破产时应如何处理的问题。

杨某认为,其对案涉房屋享有所有权,得主张取回权,某房地产公司应予以配合,按照合同约定为其办理所有权转移登记手续。

某房地产公司认为,房屋的产权登记在该公司名下,仍属该公司的财产,杨某行使破产取回权没有依据。对于与杨某之间的《商品房买卖合同》,破产管理人没有发出继续履行的通知,合同已经解除。

三、案件裁判

(一) 一审裁判

一审法院认为,人民法院受理破产申请后,破产管理人对破产申请受理前成立而债务人和对方当事人均未履行完毕的合同有权决定解除或者继续履行,并通知对方当事人。破产管理人自破产申请受理之日起2个月内未通知对方当事人,或者自收到对方当事人催告之日起30日内未答复的,视为解除合同。杨某与某房地产公司之间的《商品房买卖合同》成立于破产申请受理前,但杨某已经履行了全部合同义务,故不属于债务人和对方当事人均未履行完毕的合同,某房地产公司破产案件的管理人无权决定该合同的解除或者继续履行。现某房地产公司以破产管理人没有向杨某发出继续履行或解除合同的通知为由，反诉要求确认某房地产公司与杨某于2001年11月12日签订的《商品房买卖合同》已经于2007年8月1日解除，没有法律依据，本院不予支持。

根据《破产案件若干规定》第71条第5项的规定，"特定物买卖中，尚未转移占有但相对人已完全支付对价的特定物"不属于破产财产。本案诉争的7C号房屋，虽然尚未转移占有，但杨某已经支付了全部房款，故应不属于债务人财产。7C号房屋目前虽然登记在某房地产公司名下，但某房地产公司负有向杨某转移所有权的合同义务。鉴于某房地产公司已经进入破产程序的特定事实，杨某起诉要求确认7C号房屋归其所有，某房地产公司配合其行使取回权，将7C号房屋的所有权登记到杨某名下，本院予以支持。《破产案件若干规定》第71条第5项与《企业破产法司法解释二》并不抵触，故某房地产公司有关《破产案件若干规定》第71条因与《物权法》《企业破产法》及《企业破产法司法解释二》第2条相矛盾的答辩意见，无法律依据，本院不予采信。

DF资产公司作为债权人已经向某房地产公司破产案件的破产管理人申报债权，在DF资产公司通过破产程序获得部分偿还后，某房地产公司对其实际偿还DF资产公司的部分取得向杨某的追偿权，DF资产公司对于未获偿还部分有权继续向杨某主张。进而可知，DF资产公司作为债权人申报债权并不是免除了杨某的债务，杨某仍负有对全部债务的最终偿还义务。DF资产公司作为债权人申报债权与杨某行使破产取回权基于两个独立的法律关系，所以DF资产公司申报债权并不妨碍杨某行使破产取回权，也不导致杨某丧失破产取回权。

综上所述，依据《企业破产法》第18条第1款、第38条，《破产案件若干规定》第71条第5项，《企业破产法司法解释二》第2条、第48条的规定，判决如下：(1) 7C号房屋归杨某所有；(2) 某房地产公司配合杨某行使破产取回权，于本判决生效后七日内将7C号房屋的所有权过户到杨某名下；(3) 驳回某房地产公司的反诉请求。

（二）二审裁判

二审法院与一审法院的说理相同，认为某房地产公司要求确认双方的《商品房买卖合同》已于 2007 年 8 月 1 日解除的上诉请求缺乏依据，不予支持；某房地产公司有关《破产案件若干规定》第 71 条因与《物权法》《企业破产法》《企业破产法司法解释二》相关规定相矛盾而不应当被引用的意见，无法律依据，不予采信。据此，依照《民事诉讼法》的规定，判决驳回上诉，维持原判。

（三）再审裁判

再审法院认为：

首先，本案所涉房屋为商品房住宅，杨某通过个人首付、向银行按揭贷款方式支付了全部价款。根据《合同法》《最高人民法院关于建设工程价款优先受偿权问题的批复》（以下简称《优先受偿权批复》）等相关法律、司法解释规定之精神，交付了购买商品房的全部或者大部分款项后，消费者就所购商品房对出卖人享有的债权，有别于普通无担保债权，是一种针对特定不动产所享有的具有非金钱债务属性的特殊债权，在受偿顺序上建设工程价款优先受偿权亦不得对抗该债权。

其次，根据《企业破产法》《企业破产法司法解释二》规定之精神，并非所有的破产程序中的个别清偿行为均属于《企业破产法》第 16 条规定的无效行为。认定个别清偿行为无效的关键要件之一是该清偿行为损害了其他破产债权人的合法权益。而如上所述，交付了购买商品房全部或者大部分款项的消费者对于其所购房屋的权利，因其具有特定性和优先性，故该债权的实现并不会构成对其他破产债权人合法权益的损害。因此，出卖人履行商品房买卖合同约定的交付房屋并办理所有权变更登记的义务，并非《企业破产法》第 16 条规定的无效的个别清偿行为。

再次，根据《企业破产法》第 18 条第 1 款之规定，管理人仅对破产申请受理前成立而债务人和对方当事人均未履行完毕的合同有权决定解除或者继续履行。而本案中，杨某已经通过银行按揭贷款支付了案涉房屋的全部款项，故对于案涉《商品房买卖合同》，某房地产公司破产管理人并无解除权。在杨某主张继续履行双方签订的《商品房买卖合同》的情况下,某房地产公司亦没有举证证明存在《合同法》第94条以及第110条规定的不能履行或不适于继续履行的情形,故某房地产公司应当继续履行案涉《商品房买卖合同》,协助杨某办理7C号房屋所有权变更登记,并将7C号房屋交付给杨某。

最后,根据《物权法》第9条的规定,除法律另有规定的以外,不动产物权的转让以产权登记为要件。对于本案所涉7C号房屋,杨某虽然已经支付了全部购房款,但某房地产公司尚未交付房屋,亦未办理房屋所有权变更登记,相关法律、行政法规、司法解释亦未例外规定此种情形下买受人可直接取得房屋所有权。同时,本案并非因物权归属争议引发的物权确认纠纷,故二审法院将本案案由确定为物权确认纠纷并确认7C号房屋归杨某所有确有不当。但由上所述,二审判决判令某房地产公司协助杨某办理7C号房屋所有权过户手续是正确的。而通过该判项的履行或执行,杨某仍将能够取得7C号房屋所有权。此外,二审判决虽对房屋交付等合同履行事实的认定存在矛盾,但根据《优先受偿权批复》之相关规定,该事实并不影响本案的最终处理。

综上,虽然二审判决存在上述适用法律和认定事实上的问题,但最终处理结果正确。因此,某房地产公司的再审申请不符合《民事诉讼法》第200条第6项规定的情形。据此,再审法院依照《民事诉讼法》第204条第1款之规定,裁定驳回某房地产公司的再审申请。

四、分析思考

妥善处理待履行合同问题,无论是对破产财团价值最大化、破产重整的成功开展等现代破产法立法目标的实现,还是对相对人利益的维护,均有重大意义。在美国,甚至有学者认为,大量破产程序被(债务人)提起的原因便是可借此免掉本应承担的合同义务。待履行合同,作为非破产法(尤其是合同法)与破产法的重要交汇地带,在对其处理的过程中无时无刻不体现着不同法律价值的冲突。一旦制度设置上出现偏差,就必然会产生极大的负面影响。其核心内容主要包含待履行合同之继续履行与解除两个层面。就本案而言,主要涉及的是待履行合同之解除问题以及与此相关的待履行合同判断标准问题。

1. 待履行合同的判断标准问题

从《企业破产法》第 18 条的立法体例来看,我国实质上采用了与美国法上的"实质违约"路径相类似的路径,即应首先判断合同是否属于待履行合同。具体表现为:在美国法上需要判断是否构成实质违约,在我国法上则要判断双方是否均未履行完毕。至于履行完毕与否的标准,有学者认为仅限于主义务,[1]也有学者认为应包括主义务与从义务的未履行完毕。[2] 由此,我们不难想象,美国法上"实质违约"路径存在的不足,在我国法下亦会存在。

这集中表现为,对某一特定合同是否属于待履行合同的不同认定将直接带来结果上的巨大差异,[3]若某一特定合同被认定为待履行合同,则破产管理人可以选择继续履行,相对人将因此而得要求破产管理人提供担保,其因继续履行待履行合同而取得的债权将会被视为共益债权;若未被认定为待履行合同,在事先未设定担保的情况下,相对人仅得作为普通债权人申报债权。

对于这一问题,至少从理论上讲存在借助待履行合同认定标准的统一来克服的可能性。不过,对于当前我国学者主张的《企业破产法》第 18 条下的待履行合同仅限于主合同义务,或包括主合同义务与从合同义务未履行完毕的情形,本书持不同见解。崔建远教授认为,虽然原则

---

[1] 参见齐树洁主编:《破产法研究》,厦门大学出版社 2004 年版,第 271 页。
[2] 参见兰晓为:《破产法上的待履行合同研究》,人民法院出版社 2012 年版,第 22 页。
[3] 在我国司法实践中,围绕如何判断某一合同是否属于《企业破产法》第 18 条规定的"债务人和对方当事人均未履行完毕"发生了诸多争议,如在"温州佳通实业有限公司等诉温州博来登皮具有限公司租赁合同纠纷案"(浙江省温州市龙湾区人民法院(2014)温龙民初字第 767 号民事判决书)中,法院认为,"租赁合同……承租人不光要支付租金,还要按照约定的方法使用租赁物,仅仅支付租金并不是履行完毕合同的表现,本案租赁期限未满,出租人将房屋交付承租人使用、收益仍处于持续状态,故仍属于'债务人和对方当事人均未履行完毕的合同'"。而在"杭州众意纸业有限公司诉中信富通融资租赁有限公司等/融资租赁合同纠纷案"(天津市高级人民法院(2015)津高民二终字第 0070 号民事判决书)中,法院则认为,"在融资租赁合同中,出租人负有支付租赁物购买价款、将租赁物交付承租人使用的积极义务并承担保证承租人在租赁期间对租赁物占有、使用的消极义务。出租人就其中的积极义务履行完毕,即实现了签订融资租赁合同的实质性目的,应认定出租人就融资租赁合同已履行完毕。"

上足以导致合同被解除的违约行为限于违反主合同义务的行为,对从义务、附随义务的违反一般不会导致合同的解除,但是若对从义务、附随义务的违反将导致合同目的落空时,相对人亦得解除合同。① 由此,本书认为,在前述因违反从义务、附随义务而得解除合同的情形下,双方对从义务甚至附随义务的未履行完毕亦可构成《企业破产法》第18条下的"债务人和对方当事人均未履行完毕"。换言之,在判断某一特定合同是否属于待履行合同时,不应仅仅局限于判断主义务、从义务是否均未履行完毕,在某些特定情形下,亦可基于附随义务的未履行完毕而判定该合同属于待履行合同。即无论是主义务的未履行完毕,还是从义务的未履行完毕,乃至附随义务的未履行完毕,都可导致《企业破产法》第18条下的"债务人和对方当事人均未履行完毕"情形的发生。进而言之,在判断是否属于待履行合同时,只能进行个案判断,而判断的标准不妨采纳崔建远教授关于合同解除事由的判断规则,即相关义务之不履行是否会导致合同目的落空。② 这在实质上与美国法上的"实质违约测试"理论并无不同,但这一判断标准在清晰度或明确度上明显存在不足,在实践中难免会对适用结果的统一性带来负面影响,正如美国法上表现出来的那样——法官在个案适用时享有巨大的解释空间。

2. 破产管理人对待履行合同解除权的限制问题

我国《企业破产法》第18条为破产管理人创设了一项针对待履行合同的解除权,即破产管理人得解除那些不利于破产财产价值最大化的待履行合同。从立法模式上看,我国立法采取的是"解除权"模式,而非"拒绝履行"模式。然而,这一立法构造除在制度设计上过于简陋外,③实际上对非破产债权人一方过于苛刻,在司法实践中极易导致不公结果的发生。如在"宏恩医疗健康产业有限公司诉嵊州市天宏制衣有限公司等纠

---

① 参见崔建远主编:《合同法(第六版)》,法律出版社2016年版,第193页。
② 同上书,第193—197页。
③ 如在出租人破产时,对以下三个问题便缺乏明确规定:(1)破产管理人是否应该解除合同?(2)承租人投入之装修费应如何处理?(3)承租人提前缴纳之租金应如何处理?参见最高人民法院民事审判第二庭编:《企业改制、破产与重整案件审判指导》,法律出版社2015年版,第199页。

纷案"中,在承租人并无违约行为的前提下,法院虽已意识到"承租方系医疗机构,确实需要妥善、谨慎的应对解除合同后所造成的影响",但仍然认为"这并不能成为管理人行使解除权的障碍"。① 对此,我国学者业已提出诸多批评,主流观点认为,《企业破产法》第 18 条赋予破产管理人的权利过大,应予必要限制。具体而言,可参照境外立法,禁止破产管理人解除租赁合同、所有权保留买卖合同②、知识产权许可合同、已完成预告登记之房屋买卖合同、融资租赁合同等。③

  对于本案所涉及的自然人购买居住用商品房的买卖合同,实践中有观点认为可从保障居住权的视角进行理解,将其区别于一般的买卖合同,进而对破产管理人的解除权进行限制。回归到本案,最高法业已注意到《企业破产法》第 18 条赋予破产管理人的解除权应予必要限制,指出"根据《中华人民共和国合同法》(以下简称《合同法》)、《最高人民法院关于建设工程价款优先受偿权问题的批复》(以下简称《优先受偿权批复》)等相关法律、司法解释规定之精神,交付了购买商品房的全部或者大部分款项后,消费者就所购商品房对出卖人享有的债权,有别于普通无担保债权,是一种针对特定不动产所享有的具有非金钱债务属性的特殊债权,在受偿顺序上优先于有担保债权的建设工程价款优先受偿权亦不得对抗该债权"。不过,本案的特殊性在于,再审中最高法实际上借助

---

① 参见浙江省嵊州市人民法院(2016)浙 0683 民初 558 号民事判决书。实际上,这类案件在我国司法实践中已大量发生,并且均基于现行立法破产管理人的解除权得到法院的支持,如"厦门兴汇源金属制品有限公司等诉杭州兆丰电池有限公司租赁合同纠纷案"[浙江省杭州市中级人民法院(2013)浙杭民终字第 3086 号民事判决书]、"郦可达等诉浙江枝来服饰有限公司房屋租赁合同纠纷案"[浙江省绍兴市中级人民法院(2014)浙绍民终字第 550 号民事判决书]、"吴刚、桐柏县五交化公司破产清算组与梁峰租赁合同纠纷案"[河南省南阳市中级人民法院(2013)南民一终字第 00585 号民事判决书]等莫如是。从效果上看,该规定虽有利于破产财产的变现,却严重损害了承租人的利益,其原有营业能否继续经营下去甚至亦会受到影响。
② 对于所有权保留买卖合同,《企业破产法司法解释二》第 34—38 条已设置了具体规则。
③ 参见许德风:《论破产中尚未履行完毕的合同》,载《法学家》2009 年第 6 期,第 92—104 页;李永军:《论破产管理人合同解除权的限制》,载《中国政法大学学报》2012 年第 6 期,第 69—77 页;吴春岐:《论预告登记之债权在破产程序中的法律地位和保障》,载《法学论坛》2012 年第 1 期,第 67—71 页;庄加园:《预告登记的破产保护效力》,载《南京大学学报(哲学·人文科学·社会科学)》2014 年第 6 期,第 53—63 页;张钦昱:《论融资租赁中的破产》,载《政法论坛》2013 年第 5 期,第 59—68 页。

买受人杨某业已履行完毕自己支付房款义务的现实,排除了待履行合同规则的适用。

但问题是,面对各类有名合同与无名合同,在"解除权"模式下破产管理人不得解除的合同类型边界究竟应如何确定,即何种类型的合同破产管理人不得解除,实乃一个无法回答的问题。这一点在同样采用"解除权"模式的日本也有所体现。换言之,前述学者的主张——在坚持"解除权"模式的前提下通过立法明定破产管理人不得解除的合同类型,并不能从根本上克服"解除权"模式的前述弊端。

此外,上述讨论尚未触及"解除权"模式背后的根源性问题。按照现行立法,在债务人于破产申请受理前存在违约行为时,破产管理人仍可于破产程序中选择解除合同。即破产法实际上为违约方创设了一项法定解除权。然而,合同法上的法定解除理论一般认为,在一方当事人拒绝履行合同时,仅非违约方享有解除权。① 由此,破产法实质上突破了合同法的基本理论构造。

案例五 某公司破产管理人与某银行支行破产撤销权纠纷案②

——破产程序中加速到期条款的效力

一、基本案情

原告:某公司破产管理人

被告:某银行支行

原告诉称,2007年11月13日,某公司向被告某银行支行借款200

---

① 虽然《民法典》确认了特定情形下违约方得解除合同,但此规定与本书所论述内容并不冲突;本书所欲讨论的是,当事人原本并不享有解除权,却在破产程序中得解除合同。

② 案例来源:江苏省南通市港闸区人民法院(2009)港民二初字第0168号民事判决书,北大法宝,https://www.pkulaw.com/pfnl/a25051f3312b07f36897b987c04bea53923678aa43ccf16fbdfb.html,最后访问时间2021年6月1日。本案相关内容的详细讨论参见:韩长印、张玉海《借贷合同加速到期条款的破产法审视》,载《法学》2015年第11期。

万元,还款期为 2008 年 5 月 12 日。2008 年 3 月 26 日,被告以某公司财务状况严重恶化等为由,宣布贷款提前到期,并于当日和次日在某公司账户上分别强行扣取存款 39312 元和 108500 元。根据《企业破产法》第 32 条的规定,在人民法院受理破产申请前的 6 个月内,债务人仍对个别债权人进行债务清偿的,破产管理人有权申请人民法院予以撤销。故请求撤销被告扣划某公司 147812 元存款的行为,并将该款返还给破产管理人。

被告辩称,因某公司欠贷款利息多日未还,且被告发现该公司财务状况严重恶化,已经影响其债权的实现。被告宣布借款合同项下的贷款提前到期并自行扣划某公司的账户存款,是符合双方合同约定的;被告扣款时并不知道某公司将要向人民法院申请破产,也不存在与原告恶意串通,其主观上是善意的;《企业破产法》第 32 条规定的是,债务人在人民法院受理破产申请前 6 个月内仍对个别债权人进行清偿的,破产管理人有权申请人民法院予以撤销,但该条规定的可撤销条件是债务人主动清偿债务,而本案是债权人主动扣划债务人的存款,不属于该条规定可以撤销的情形。因此,被告扣取某公司在其行所设账户上的款项是合法正当的,原告的诉讼请求不能成立,法院应予驳回。

二、争议焦点

本案争议焦点主要有:(1) 关于破产撤销权纠纷案件的被告主体问题;(2) 关于合同项下的借款是到期债务还是未到期债务的问题;(3) 关于债权人善意受偿到期债权行为能否适用《企业破产法》第 32 条的规定予以撤销的问题。

三、案件裁判

法院审理查明,2007 年 11 月 13 日,某公司(甲方)与某银行支行(乙方)订立了借款合同一份,约定某公司向某银行支行借款 200 万元,借款到期日为 2008 年 5 月 12 日。借款合同中约定,当出现甲方财务状况恶化以及甲方停业、停产、歇业、解散、停业整顿、清算等情形时,乙方有权停止发放尚未发放的借款或提前收回借款；乙方提前收回借款，应当通知甲方，自提前收回借款的通知到达甲方之日起，借款合同项下的借款视为到期，甲方应立即归还本合同项下的借款本息。双方在合同中还约定，如甲方未按约偿还本合同项下的借款本息，甲方同意乙方直接扣划甲方在某银行及其所有分支机构的所有账户中的资金以清偿本合同项下的债务。同时，被告与第三人XXX公司签订了保证担保合同一份，由第三人为上述借款合同项下的债权提供担保。

2008年3月26日，被告以某公司欠利息多日未还，且财务状况严重恶化，已严重影响其债权的实现等为由，向某公司及其担保人发出书面通知，宣布贷款提前到期，并要求某公司提前偿还借款本息。当日，被告自行扣划了某公司账户上的业务往来款39312元，次日又扣划了108500元，合计扣划了人民币147812元。事后，某公司对被告发出的提前收贷通知和在其账户上扣款的行为没有提出异议，第三人按照担保合同的约定替某公司向被告偿还了剩余借款本息。

2008年3月31日，某公司委托南通中天会计师事务所有限公司对其账面负债情况进行审计，该事务所于同年4月14日出具审计报告，审计结果为：截至2008年3月31日，某公司账面负债总额为9375821.80元，审计调账后负债总额为13024355.81元，资产负债率为112%。

2008年5月22日，某公司以上述审计报告为依据向港闸区人民法院申请破产。2008年7月14日，该法院作出（2008）港民破字第0001号民事裁定，受理了某公司的破产申请，并指定南通产权交易所有限公司为某公司的破产管理人。

法院经审理认为，被告与某公司在借款合同中约定，当出现某公司不偿还借款本息及公司发生财务状况恶化等情形时，被告有权提前收回借款，并自提前收回借款的通知到达某公司之日起，借款合同项下的借款视为到期。2008年3月，双方约定的被告单方解除合同的条件已经成就，在被告向某公司送达借款合同提前到期的通知后，双方之间的借款合同法律关系即终止。因此，被告扣划某公司账户上的存款时，虽然借款合同约定的"借款到期日"尚未到达，但因合同中的"加速到期"条款已经生效，被告也依该条款行使了单方解除合同权，使合同项下的"未到期债务"转化为"已到期债务"。故本案原告主张合同项下的借款为到期债务符合法律规定。

本案原告主张撤销某公司对被告进行个别清偿行为的主张能否成立，取决于撤销债务人对个别债权人之清偿行为应具备哪些法律条件。根据《企业破产法》第32条的规定，人民法院受理破产申请前6个月内，债务人有本法第2条第1款规定的情形（破产原因的出现），仍对个别债权人进行清偿的，破产管理人有权请求人民法院予以撤销。从《企业破产法》第32条和第2条第1款的规定中可以看出，对个别清偿行为行使破产撤销权应具备以下条件：一是清偿行为发生在人民法院受理破产申请前6个月内；二是债务人出现了《企业破产法》第2条第1款规定的破产原因，即债务人不能清偿到期债务，并且资产不足以清偿全部债务或者明显缺乏清偿能力；三是受偿债权人在主观上应当明知债务人已出现了《企业破产法》第2条第1款规定的破产原因。

本案中，被告扣款抵偿某公司对其负有的债务的行为确实发生在人民法院受理破产申请前6个月内，当时某公司也可能出现了不能清偿到期债务并且资产不足以清偿全部债务或者明显缺乏清偿能力的情形，但该情形是否为被告所知悉，原告并没有充分的证据加以证明。《企业破产法》第32条之所以规定须债务人有该法第2条第1款规定的情形，显然是为了赋予获得受偿的债权人以善意抗辩权，即只有当债权人明知债务人出现该法第2条第1款规定的情形而仍然为个别受偿时，人民法院才能依据破产管理人的申请对之予以撤销。因为对到期债务的清偿毕竟是债务人的法定义务，破产撤销权的立法目的也仅仅是限制债务人的不当清偿行为，以保护整体债权人的利益。倘对善意受偿的到期债务均可依破产管理人的请求予以撤销，将会使债务人在破产前一定期间内所有交易行为的效力处于不确定状态之中，这将大大损害交易安全，不利于市场经济的健康发展，也不符合企业破产法以及其他民事法律之立法本意。本案被告行使借款合同单方解除权并扣划某公司账户存款抵债，依据的是我国合同法的规定和双方的约定，不能仅凭被告向某公司发出的合同项下的债务提前到期的通知就推定被告已明知某公司出现了破产原因。因为包含某公司负债情况的审计报告于 2008 年 4 月 14 日才出具,且负债情况的审计结果与资不抵债或无力偿债的破产原因之间并不存在必然的因果关系;债务人出现财务恶化等债权人可以单方解除合同的情形,与债务人出现破产原因之间也不能完全画上等号。在没有证据证明被告主观上存在恶意的情况下,被告依照合同约定自行扣划债务人账户存款抵债,并不违反法律禁止性规定,是善意的合法行为。据此,本案原告的诉讼请求不能成立。当然,被告提出的对非债务人的主动清偿行为不得撤销的抗辩理由于法无据。因为无论是债务人主动清偿、债权人自行扣款抵偿还是依据法院生效裁判强制执行获得的清偿,只要法院审查认为清偿行为系具备发生在破产临界期内、债务人是否出现破产事由以及债权人是否明知债务人出现破产原因三个条件的个别清偿行为,那么,一旦破产管理人依法请求撤销,则法院均应当予以支持。

四、分析思考

本案涉及的核心问题是借贷合同加速到期条款在破产法上的效力。这一问题在破产法理论上和司法实务中均存在较大争议。争议的焦点集中在以下几个方面:其一,依据加速到期条款获得清偿或者抵销的行为应否依照破产法上的撤销权规则予以撤销?其二,债权人根据加速到期条款而享有的宣布债权提前到期的权利属于何种性质的权利?如果银行借贷合同中的加速到期条款能获认可,那么破产债务人与借贷合同之外的其他债权人之间关于特定债权优位对待的约定之效力是否应当同样得到承认?其三,如果允许撤销,那么,是将其作为未到期债权的提前清偿还是作为已到期债权的清偿予以撤销?撤销权的适用对象是否应仅限于债务人的主动还款行为?[①] 以下从借贷合同加速到期条款的法律属性与破产撤销权的基本功能等方面对相关问题予以初步探析。

---

① 参见浙江省湖州市中级人民法院(2013)浙湖商终字第 35 号民事判决书。该案判决显示,一审、二审法院均认定本案中信用社的扣款行为属于对未到期的债务提前清偿,且撤销权的适用对象同样包括被动的债务清偿。

(一) 借贷合同加速到期条款的基本内涵

简单来说,借贷合同的加速到期条款是贷款人对债务人的消极行为或者履约状况实施约束的救济性措施。借贷合同往往约定,当债务人出现"可能影响借款安全或者债务履行情形"或者"还款能力可能发生重大不利变化的情形"时,①即便贷款的清偿期限并未届至,贷款人亦得单方面宣布提前到期,并得采取一切可能的措施实现对贷款的追讨。加速到期条款适用的法律后果根据其触发因素的不同而有差异。如果加速到期条款的触发因素有可能使债务人陷入破产,则该条款可能使借款人的还款义务自动并立即到期;反之,加速到期条款可能为债务人约定一个宽限期,以使债务人消除相关的风险触发因素。

在我国,借贷合同加速到期条款常见的触发因素主要包括:(1) 违反陈述和保证;(2) 不履行还本付息义务;(3) 违反合同约定的其他义务(如变更贷款用途等);(4) 违反其他合同,影响本合同履行;(5) 债务人涉讼,影响本合同债权人利益;(6) 债务人经营能力或者清偿能力受限;(7) 债务状况恶化;(8) 股东发生变动;(9) 借款人或者担保人涉嫌犯罪;(10) 逃避监管、构成违法事由;(11) 担保物贬值且未追加担保等。②而中国人民银行《贷款通则》第 22 条第 5 项规定:"借款人未能履行借款合同规定义务的,贷款人有权依合同约定要求借款人提前归还贷款或停止支付借款人尚未使用的贷款。"第 71 条规定:"借款人有下列情形之一,由贷款人对其部分或全部贷款加收利息;情节特别严重的,由贷款人停止支付借款人尚未使用的贷款,并提前收回部分或全部贷款:(1) 不按借款合同规定用途使用贷款的。(2) 用贷款进行股本权益性投资的。(3) 用贷款在有价证券、期货等方面从事投机经营的。(4) 未依法取得经营房地产资格的借款人用贷款经营房地产业务的;依法取得经营房地产资格的借款人,用贷款从事房地产投机的。(5) 不按借款合同规定清

---

① 参见"中国农业银行股份有限公司南京雨花台支行诉南京宇扬金属制品有限公司管理人破产撤销权纠纷案",江苏省南京市中级人民法院(2013)宁商终字第 241 号民事判决书。
② 参见李春:《商业银行提前收回贷款的法律问题探讨》,载《上海金融》2007 年第 8 期;吴庆宝:《金融机构提前收贷风险防范的司法认知》,载《民商事审判指导》2008 年第 2 辑。

偿贷款本息的。(6)套取贷款相互借贷牟取非法收入的。"

(二)借贷合同加速到期条款的基本属性分析

在我国相关实践中,"终止"概念至少在三个不同的层面上被使用:(1)作为解除的上位概念,与合同消灭同义;(2)作为解除的一种类型;(3)与解除并列的概念。但是,我国合同法却将"终止"作为与合同消灭相同的概念使用,而将德国法所称的"终止"直接称为"解除"。① 由此,我国合同法语境下的"终止"与"解除"便与传统大陆法系国家尤其是德国民法中的"终止"与"解除"存在重大差异。为了统一我国合同法下"终止"与"解除"的含义,同时也便于更好地进行比较法上的对比,崔建远教授认为,应把"终止"作为"解除"的一种类型,把这种意义上的"终止"直接称为"解除",不再用"终止"字样;而在合同消灭的意义上使用"终止",与法人终止、委托终止等保持一致。② 王利明教授则认为,"终止"本身可以从广义和狭义上理解。从广义上理解,终止包括解除等各种使合同关系消灭的形式,其效力在于使合同对当事人失去拘束力,而解除则仅为终止的一种原因。从狭义上理解,终止只是与解除相对应的、使合同不再对将来发生效力的导致合同消灭的事由。③ 简言之,崔建远教授的思路在于扩大解除的外延;而王利明教授的思路则在于对终止作扩大解释。④

在明晰了我国合同法语境下对"解除"与"终止"的不同理解后不难发现,若严格坚持解除权与终止权相区分的观点,则借贷合同加速到期条款实为一种关于终止权的约定条款。

第一,考察相关境外法制可以发现,在严格区分解除权与终止权的德国和我国台湾地区,均认为加速到期条款应属一种终止权。例如,黄茂荣教授认为,我国台湾地区"民法"除第204条外,对于消费借贷并无

---

① 参见崔建远主编:《合同法(第五版)》,法律出版社2010年版,第244页。
② 需注意的是,崔建远教授作出此种判断的基础在于其认为在溯及力方面,合同解除和合同终止已经趋同了。参见崔建远主编:《合同法(第五版)》,法律出版社2010年版,第244页。不过,杜景林认为,与解除不同,终止不具有溯及的效果,而仅自表示之时起向将来发生效力。参见杜景林:《德国债法总则新论》,法律出版社2011年版,第130页。
③ 参见王利明:《合同法新问题研究》,中国社会科学出版社2011年版,第541页。
④ 本书赞同一时性合同采解除权模式,继续性合同采终止权模式。

终止事由之规定,仅第 475 条之一第 1 项所定关于有偿消费借贷之预约的撤销事由,可类推适用充为终止事由。其实务上的结果是让诸当事人自定,特别是由贷与人以定型化契约的方式规范之。而加速到期条款可谓典型之代表,贷与人可据以提前终止契约。①《德国民法典》亦有类似规定,依据该法第 490 条第 1 款之规定,如借用人的财产状况发生实质性恶化,或者濒临发生实质性恶化,则贷与人享有特别终止权。②

第二,就其运作机制来看,加速到期条款亦难以被解读成解除权。加速到期条款之实质是通过债务人对自己期限利益(主要是指债务人在债权人主张加速到期后的到期日与原合同约定的到期日之间对本金的使用利益)的放弃,提前实现债权人的债权,进而达到债权人规避风险的目的。若以时间为衡量标准,按照加速到期条款的字面意思,其效果在于使尚未到期的贷款提前到期,与意在解除当事人双方合同关系的合同解除目的并不相同。而实践中往往存在这样的情形,即在加速到期条款中同时约定债权人可得解除合同——对提前收贷与解除合同作刻意区分。例如,在"中国银行股份有限公司厦门开元支行诉张某等金融借款合同纠纷案"中,当事人在借贷合同中约定,"借款人未按期归还贷款本息视为合同项下违约,贷款人有权……宣布本合同项下贷款本息全部或部分提前到期,终止或解除本合同并依法及本合同约定对抵押汽车行使抵押权"。③

(三)加速到期条款的偏颇性甄别

破产程序作为一种概括清偿程序,应具有最大化收集破产财产并在同等债权人中公平分配的功能。由此,区别于个别强制执行所秉承的"时间在先、权利在先"理念的"同等债权同等对待"原则,便构成破产法

---

① 参见黄茂荣:《债法各论(第一册)》,中国政法大学出版社 2004 年版,第 117—118 页。
② 《德国民法典》第 490 条第 1 款内容为:"借用人的财产情况或者为借贷所提供担保的价值发生实质性恶化,或者有发生实质性恶化的危险,因此危害借贷的归还,并且纵使将担保变价,仍然不能够改变这一情况的,在发生疑义时,贷与人在支付借贷之前,始终可以终止借款合同,在支付借贷之后,通常仅能够立即终止借贷合同。"参见杜景林、卢谌:《德国民法典评注——总则·债法·物权》,法律出版社 2011 年版,第 248—249 页;黄茂荣:《债法各论(第一册)》,中国政法大学出版社 2004 年版,第 118 页。
③ 参见福建省厦门市思明区人民法院(2012)思民初字第 3923 号民事判决书。

的最大特征。正如有学者指出的,破产法主要通过破产程序启动之时的"自动冻结"制度所产生的往后冻结效力与撤销权制度所体现的溯及既往的功能,维持可供债权人分配以及可供社会利用的总财富的价值。这两项制度通过在时间维度上的无缝对接,共同实现防止个别人在全体债权人共有的责任财产这一"公共鱼塘"内"钓鱼"的效果。因而,要解决债务人的有限财产所引发的债权人利益的公平分配问题,没有破产撤销权制度是绝对行不通的。① 破产撤销权的逻辑机理就在于,将影响公平对待债权人的财产转让行为予以撤销,从而维护破产法的公平原则。②

破产撤销权之关注点仅在于偏颇期起算时点至破产程序启动期间之债权人间债权秩序是否会因债权人或债务人的行为而被改变,而不考究此时段内债权人之债权是否确定或合法等问题。也就是说,破产撤销权试图维护的是偏颇期起算时点之时债权人之间的相互关系或按此时状态之自然发展结果(比如,某项有财产担保的债权因所附解除条件之成就而被解除所产生的债权人间相对秩序的变动,或其间发生新的债权而引起的债权人间秩序的变动等)。其效果是将偏颇期起算时点至破产程序正式启动期间的债权秩序予以"冻结",以防止进入破产程序前债权被个别清偿或被改变受偿顺位。但此处之"冻结"效力不及破产程序启动之时的"自动冻结"效力,后者会产生诸如未到期债权被视为到期的效果,而前者并不影响双方当事人基于合同产生的既定的权利义务内容。

如前所述,破产撤销权试图维护的是偏颇期起算之时债权人间的权利义务格局或按此时之状态自然延续至破产程序启动时的权利义务结果,任何试图改变此原始状态或其自然延续结果的行为均将被撤销。而考察债权人基于合同约定主张加速到期的行为是否具有偏颇性的关键在于,要甄别加速到期的行为是否改变了偏颇期起算之时债权人间的相互关系或按此时状态之自然发展结果。

对于债权人基于加速到期条款而主张加速到期的行为,其效果仅在于使得偏颇期起算之第一日至破产程序启动日期间内尚未确定的债权

---

① 参见韩长印:《破产撤销权若干疑难问题研究》,载《月旦民商法杂志》2006 年第 4 期。
② See Charles Jordan Tabb, *The Law of Bankruptcy*, Foundation Press, 2009, p. 442.

得以确定,即由未到期债权转变为到期债权。由此而引起的该债权人地位的变化,并未改变其与原债权人间的顺位关系。因为该债权人这种可得改变自身地位的权利是于偏颇期起算之第一日时自然带来的。即于偏颇期起算之第一日至破产程序启动日期间内,该债权人基于加速到期条款所享有的地位,只有在该债权人就是否主张加速到期作出明确选择时才得以确定,在此之前其与其他未到期之债权人间的关系都处于一种不确定状态,而且这种不确定状态应属破产撤销权所意在维护的偏颇期起算之第一日前的原始秩序状态。

案例六 某有限公司与凌某别除权纠纷案[①]
——破产程序中登记对抗主义抵押权未登记时的效力

一、基本案情

一审被告、二审上诉人:某有限公司

一审原告、二审被上诉人:凌某

上诉人某有限公司因别除权纠纷一案,不服湖南省益阳市赫山区人民法院于 2014 年 10 月 15 日作出的(2014)益赫民二初字第 753 号民事判决,向湖南省益阳市中级人民法院提起上诉。

一审法院查明:某有限公司于 2000 年 4 月 13 日经益阳市工商局登记注册成立,公司注册资金为 50 万元,法定代表人为谢某某。2013 年 1 月 6 日,某有限公司注册资本增至 200 万元,公司股东谢某某出资为 200 万元。从 2010 年 11 月 7 日至 2013 年 3 月 2 日,某有限公司法定代表人谢某某因生产经营需要,向凌某借款共计 312 万元,具体明细如下:

[①] 案例来源:湖南省益阳市中级人民法院(2014)益法民二终字第 199 号民事判决书,北大法宝网,https://www.pkulaw.com/pfnl/a25051f3312b07f3e05d527d56a34c41569a92bdd3afca85bdfb.html,最后访问时间 2021 年 6 月 2 日。

(1) 2010 年 11 月 7 日,借款金额为 50 万元;(2) 2011 年 11 月 9 日,借款金额为 137 万元;(3) 2013 年 2 月 25 日,借款金额为 50 万元;(4) 2013 年 3 月 2 日,借款金额为 75 万元。2013 年 4 月 1 日,凌某与谢某某、谢某(谢某某之子)签订《借款合同》,合同约定:借款金额 1000 万元(具体金额以条据为准),借款用途为生产经营周转,借款还款期限自 2013 年 4 月 1 日起至 2015 年 3 月 31 日止,借款方以某有限公司资产抵押,到期不能归还贷款,贷款方有权就抵押物优先受偿。同日,凌某作为抵押权人与某有限公司签订《抵押合同》,约定以某有限公司资产(附抵押物清单)作为抵押物,用于本次借款的抵押担保额为 1000 万元,抵押期限为两年。某有限公司在该《抵押合同》上加盖公章,并出具了抵押物清单。抵押物清单载明的内容为某有限公司的装载机等设备以及用于存放原材料的钢筋混凝土的圆库(以下简称"材料圆库")8 个,装载机等设备在抵押物清单上载明的价值共计 7526190 元,材料圆库 8 个在抵押物清单上载明的价值共计 1000 万元。某有限公司将抵押设备的发票交给了凌某,但双方未去有关部门办理抵押登记手续。《借款合同》签订之后,某有限公司于 2013 年 4 月 2 日向凌某借款 195 万元。以上某有限公司共计向凌某借款 507 万元,均用于某有限公司交电费、还款等生产经营。某有限公司法定代表人谢某某对于所欠凌某 507 万元,分别于 2013 年 4 月 1 日、4 月 15 日向凌某出具了借款金额为 122 万元、385 万元的借条两张。2013 年 5 月 18 日,某有限公司因经营不善停产。

2013 年 8 月 20 日,某有限公司与凌某签订《还款协议书》,约定:某有限公司向凌某所借的 507 万元,应支付的利息按月利率 2%结算(金额 385 万元的借款,计息时间自 2013 年 4 月 1 日起,金额 122 万元的借款,计息时间自 2013 年 4 月 15 日起)。某有限公司自愿以厂房、机械设备作为抵押、担保,具体清单另造附后。之后,某有限公司并未另外出具包括该厂房、机械设备在内的抵押物清单。

2014 年 6 月 4 日,某有限公司以经营不善、不能清偿到期债务为由,向一审法院申请破产重整。一审法院于 2014 年 6 月 5 日作出(2014)益赫民破字第 2.1 号民事裁定,受理某有限公司破产重整申请,并指定某资产管理有限公司为破产管理人。原告在债权申报期内向破产管理人申报了债权,经破产管理人审核,认为凌某的债权为507万元,但该债权不享有优先受偿权,为一般债权。凌某诉至本院,请求确认其债权507万元享有优先受偿权。

一审宣判后,双方当事人均不服,提起上诉。

二、争议焦点

本案争议焦点主要有:(1)本案中的《抵押合同》是否有效;(2)凌某对某有限公司提供的抵押物是否都享有抵押权。

某有限公司认为:凌某对某有限公司享有的507万元债权属于普通债权,双方签订的《抵押合同》损害了其他债权人的利益,应为无效。抵押的设备未办理抵押登记,不能对抗善意的第三人,凌某对抵押的设备不享有优先受偿权。

凌某认为:(1)凌某与某有限公司签订《抵押合同》是在该公司申请破产重整一年之前,根据《企业破产法》的规定,人民法院受理破产申请前一年内对没有财产担保的债务提供财产担保的,破产管理人才可以对民事行为行使撤销权。因此,不存在损害其他债权人的利益,《抵押合同》具有法律效力。(2)某有限公司认为抵押的设备未办理抵押登记,不能对抗善意第三人,凌某不享有优先受偿权这一观点错误。因为法律上规定的善意第三人是指对同一标的物享有物权的人,而本案中并没有善意第三人。因此,凌某对抵押的设备享有优先受偿权。

三、案件裁判

(一)一审裁判

一审法院认为:凌某与谢某某、谢某签订的《借款合同》、凌某与某有限公司签订的《抵押合同》是双方真实意思表示,其内容不违反法律规定,合法有效。《借款合同》签订之前,某有限公司已向凌某借款312万元。合同签订后,某有限公司于2013年4月12日向凌某借款195万元。《借款合同》约定借款1000万元,某有限公司以资产抵押,某有限公司也向凌某出具包括设备、材料圆库在内的抵押物清单。但是,双方未到有关部门办理抵押权登记。根据《物权法》第187条、第188条之规定,某有限公司以其材料圆库进行抵押,因材料圆库属于建筑物,依法应当办理抵押登记,抵押权自登记时设立。本案中,因双方未对材料圆库办理抵押登记,凌某对材料圆库的抵押权未设立,故其依法不享有优先受偿权。某有限公司以生产设备向凌某设立抵押,抵押权自某有限公司出具抵押物清单时设立。物权具有排他性,动产抵押权属物权,其效力优先于债务人之一般债权,登记与否不能影响其物权优先效力。虽双方未对抵押的设备进行抵押权登记,但并不影响抵押权的设立。不过,双方对抵押的设备未进行抵押权登记,依法不得对抗善意第三人。第三人指的是对同一标的物享有物权的人,不包括债务人的一般债权人。

根据双方签订的《借款合同》约定的内容,某有限公司向凌某借款1000万元,某有限公司以设备、材料圆库作抵押。在合同签订后,某有限公司向凌某借款金额为195万元,依照合同约定和相关法律规定,凌某依法对借款195万元的抵押设备享有优先受偿权。而某有限公司在《借款合同》签订之前向凌某所借的312万元,因当时并未对借款设定抵押,且之后双方签订的《还款协议书》并未对该笔312万元借款另行设定抵押。因此,凌某对该笔312万元债权不享有优先受偿权,法院认定该笔312万元借款为一般债权。

据此,一审法院根据《物权法》第180条、第187条、第188条和《企业破产法》第58条第3款、第109条之规定,判决:(1)确认凌某对某有限公司抵押的设备以折价或拍卖、变卖的价款在债权195万元内享有优先受偿权;(2)驳回凌某的其他诉讼请求。

(二)二审裁判

二审法院围绕争议焦点提出以下审理意见。

关于焦点一,某有限公司上诉称双方签订的《抵押合同》损害了其他债权人的利益,应为无效。凌某称某有限公司与凌某在法院受理破产重整申请一年前,即 2013 年 4 月 1 日签订《抵押合同》,该合同系双方当事人真实意思表示,不违反法律、行政法规的强制性规定,应认定合法有效。所以,一审判决对此认定并无不当,某有限公司关于这方面的上诉理由不能成立。

关于焦点二,从《借款合同》和《抵押合同》来看,某有限公司约定以机械设备和材料圆库为凌某的借款提供抵押担保,但均未办理抵押登记。根据《物权法》的相关规定,凌某只对该公司的机械设备享有抵押权。某有限公司上诉称该抵押的设备未办理抵押登记,不能对抗善意的第三人,凌某对该抵押物不享有优先受偿权。依据《物权法》对动产抵押权设立的立法宗旨,登记并非动产抵押权的生效要件,动产抵押权未经登记不影响其作为物权的属性,其效力优先于普通债权。同时,某有限公司没有提供证据证明在该抵押物上设定了其他物权,且至今没有任何第三人就该抵押物主张权利来对抗抵押权人的优先受偿权。因此,凌某对机械设备享有抵押权,一审判决对此认定并无不当,某有限公司关于这方面的上诉理由也不能成立。

凌某上诉称 507 万元借款均属于有抵押担保的债权,因其于 2013 年 4 月 1 日之前出借的 312 万元已在《借款合同》签订后又续借给某有限公司。但是,凌某对此并没有提供充分证据予以证实,且在原审时谢某某也确认了 507 万元借条中有 312 万元借款形成于 2013 年 4 月 1 日之前。因此,应当认定《借款合同》和《抵押合同》签订之后形成的借款金额只有 195 万元,原审判决认定凌某对 195 万元债权享有优先受偿权并无不当,凌某和某有限公司关于这方面的上诉理由均不能成立。

综上,某有限公司和凌某的上诉理由均不能成立,对双方的上诉请求应不予支持;一审判决认定事实清楚,适用法律正确,程序合法,处理得当,对该判决应予维持。据此,法院依照《民事诉讼法》第 170 条第 1 款第 1 项之规定,判决驳回上诉,维持原判。

四、分析思考

本案涉及的核心问题是：采登记对抗主义之抵押权①在未登记时于破产中对无担保债权人的效力问题，具体而言，主要涉及以下几个方面：(1) 在未破产时，未登记之动产抵押权能否对抗无担保之普通债权人；② (2) 对于这种非破产法下的对抗力，破产法是否一概予以尊重，尤其是在未登记得对抗无担保之债权人时；(3) 未登记之抵押权人能否在发生破产时继续进行登记，这又可进一步划分为破产临界期内的登记问题与破产程序进行中的登记问题。

（一）我国《物权法》上未登记抵押权的对抗效力

对于我国《物权法》所规定的登记对抗主义应如何从解释论的视角进行理论阐释，已引起了学者们的关注。对登记对抗力的正确理解无疑是理解"对抗的法律构成"这一问题至为重要的前提条件，而这实际上又涉及登记的效力的问题。学者们虽对登记的效力存有不同见解，但登记的对抗力，还是得到了多数学者的认可。③"在法国能对抗叫opposabilité，不能对抗叫inopposabilité，即'法律行为结果或无效结果产生的权利在对第三人的关系中没有效力'，也就是说一般有效的效力不能对一定的人主张，不能对抗一定的人，即对抗力用于承认一种相对的效力之时。将行为一般效力问题和得主张该效力的相对人的范围问题

---

① 此处所提之抵押权，若未作特殊说明，均指采登记对抗主义之抵押权。另外，需注意的是，在由第三人提供抵押时，若债务人陷入破产，则因破产债权人显然无权就抵押标的物主张权利，故无讨论之必要；若抵押人陷入破产，则其债权人仍会与未登记之抵押权人就抵押物之清偿发生冲突，故仍值得予以讨论。而在由债务人于自己之财产上设定抵押时，破产债务人与抵押人同一，如本案所示，显然具有讨论之必要。故，此处讨论的是抵押人陷入破产时，在抵押物上设定之未登记之抵押权与就该抵押物主张受偿之无担保债权间的冲突问题。
② 我国学者在讨论未登记不得对抗之第三人范围时所主张的未登记不得对抗之破产债权人，应指无担保之普通债权人。参见龙俊：《中国物权法上的登记对抗主义》，载《法学研究》2012年第5期。而在破产法上破产债权人之概念还包括有担保之债权人，如《企业破产法》第107条第2款规定，"人民法院受理破产申请时对债务人享有的债权称为破产债权"，故本书所着重讨论者亦限定于无担保之普通债权人。
③ 我国学者对登记公示的效力多有讨论，相关讨论参见常鹏翱、常宪亚：《不动产登记与物权法：以登记为中心》，中国社会科学出版社2009年版，第224—231页。

分开。"①换言之,法国法上有关对抗力原则的规定,其目的在于解决权利之间的冲突,无对抗力意味着赋予一方当事人的权利对于就该被争议的权利业已进行了公示的第三人可视为不存在,即第三人得无视该未予公示的权利。只不过由于物权总是通过其对抗力表现其特征,因此物权之无对抗力事实上等同于物权对第三人无效力。②我国亦有学者持类似看法,③本书亦采纳此观点。就此,我们不难得出登记对抗与第三人的权利来源是两个完全分离的问题的推论。不过,需注意的是,不应因此而认为"物权取得是属于主张没有对抗力之后的另一个可能的问题"④。恰恰相反,第三人拥有引发冲突的权利乃是其得主张对抗的前提条件。这一点在法国学者对法国1955年法令第30条⑤的理解中清晰地体现出来。法国学者一般认为,第三人得因权利无对抗力而受益须具备四个条件:一是应为特定权利承受人;二是其相对的应为同一出让人;三是应为争议权利的权利人;四是进行了有效的公示。⑥而对于第三人权利来源的解释,则属于登记之公信力的范畴。

具体到我国法中的登记对抗问题,亦应立足于登记对抗力的核心功能——解决争议权利的冲突问题,特别是在我国《物权法》虽未对登记簿的公信力予以明确规定,却也确立了善意取得制度的背景下,第三人权利来源的问题足可得到妥善解决。至于第三人的范围问题,本书认为应将其限定于就争议权利具有正当利益者。进一步而言,不妨借鉴法国法中对得因权利无对抗力而受益的第三人所要求的四个条件予以限制:

---

① 王茵:《不动产物权变动和交易安全——日德法三国物权变动模式的比较研究》,商务印书馆2004年版,第237页。
② 参见尹田:《法国物权法(第二版)》,法律出版社2009年版,第556—559页。
③ 参见孙鹏:《物权公示论——以物权变动为中心》,法律出版社2004年版,第232—236页。
④ 郭志京:《也论中国物权法上的登记对抗主义》,载《比较法研究》2014年第3期。
⑤ 法国1955年1月4日法令第30条规定:"依第29条第1项应予公示的法律行为或司法决定,如未予公示,对以同样应予公示或公示的行为和司法决定而从同一让与人处取得同一不动产权利及对同一不动产设定并登记的优先权或抵押权的第三人,无对抗力。即使前述行为已予公示,如第三人引用的法律行为、司法决定权、优先权或抵押权公示在先,则前述行为仍为无对抗力。"参见尹田:《法国物权法(第二版)》,法律出版社2009年版,第550页。
⑥ 关于这四个条件的详细讨论,参见尹田:《法国物权法(第二版)》,法律出版社2009年版,第556—560页。

(1) 应为特定权利承受人;(2) 其相对的应为同一出让人;(3) 应为争议权利的权利人;(4) 进行了有效的登记。① 由此,对于无担保债权人,亦应如法国法那样,允许其通过司法查封、扣押而取得优先于未登记之抵押权人的地位。

(二) 未登记抵押权的破产撤销

按上文观点,在抵押人未破产时,未登记之抵押权显然得对抗无担保之债权人。那么,是基于破产法尊重非破产法规范的基本原则在破产中对这种对抗效力予以承认,②还是基于破产法所具有的集体清偿属性而予以特殊对待,以便平衡破产语境下无担保债权人与未登记抵押权人间的利益关系? 对此,我国现行《企业破产法》并未予以明确规定,它更多是一个立法论的问题。

在境外立法例中,《美国破产法》通过独具特色的强臂撤销权制度有效地化解了在破产语境下无担保债权人与未登记抵押权人间的利益平衡问题。根据《美国破产法》§544(a)(1)之规定,破产管理人可被拟制为在破产案件开始时对债务人享有债权的债权人,并就债务人之全部财产享有普通债权人可得享有之司法优先权,且无须此类债权人的现实存

---

① 需要予以补充说明的是,如本书前文业已提到的,我国物权变动问题的根源在于立法对本并不能同时共存的两种模式均予以了选择。在这一根本问题未能得到立法纠正前,对登记对抗问题的理论解释极可能陷入王茵博士所说的日本法的境地,即"虽寻求着一贯的解释理论,但却由于学者学派的分别,不同学者的解释,总是使之倾斜于德国法体系或法国法体系,而一种理论总是受到另一种理论的攻击,并且也始终能找到攻击点。"参见王茵:《不动产物权变动和交易安全——日德法三国物权变动模式的比较研究》,商务印书馆 2004 年版,第 235—236 页。至于我国将来物权变动模式的修正,则是一个基于我国实践经验之上的政策选择问题,而国外实践经验业已表明:无论哪种模式,辅之以必要的配套制度,均可对交易自由与交易安全给出恰当的回应。相关讨论可进一步参见张淞纶:《登记对抗主义废止论——以物权变动模式二元并置的内在矛盾为中心》,载《中外法学》2024 年第 1 期,第 181—198 页。
② 许德风教授虽然主张我国《物权法》上采登记对抗主义的抵押等担保权在破产中不能对抗破产管理人或其他债权人,不过其论据主要包括以下几点:(1) 我国大多数担保采登记生效主义,少数采登记对抗主义,若作出让步,则会造成体系上的混乱,出现"有优先受偿效力的抵押权"与"没有优先受偿效力的抵押权"的区分;(2) 避免弱化登记对抗便利交易的制度功能;(3) 随着浮动抵押日益广泛的应用,《物权法》第 181 条、第 189 条本身也将具有更强的一般公示力,即普通债权人应合理期待债务人的财产上可能存在未登记的抵押权等理由。参见许德风:《破产法论——解释与功能比较的视角》,北京大学出版社 2015 年版,第 403—404 页。

在。而破产管理人行使强臂撤销权将使得该抵押标的物被纳入破产财团,未登记之抵押权人将转变为无担保债权人,参与最后的按比例分配。① 关于其法理基础,我国学者们多认可美国知名破产法学者托马斯·H.杰克逊(Thomas H. Jackson)教授的观点,即在破产之外,未登记之担保债权人会面临无担保债权人的竞争,因后者可通过获取司法优先权的方式取得优先于未登记担保债权人的受偿地位。若未登记之担保债权人率先完成登记,则其获得优先地位;若无担保债权人率先取得司法优先权,则其将优先于未登记之担保权人。而破产的发生中断了这一竞赛:在破产申请之后,担保债权人不得再对其担保物权进行完善,无担保债权人也无法再取得司法优先权。这实际上就宣布了上述未决竞赛的结果是"平局":担保财产将归入破产财团,所有的无担保债权人,包括之前的担保债权人,只能对其进行公平分配。更关键的是,在未发生破产时,二者均有获胜的机会,故二者间的竞争是公平的。②

我国学者在论述破产法的目的时亦认为,破产法所创设的集体清偿程序可以有效避免平等原则存在的诸如可参与分配的主体有限、可分配的财产特定等缺陷,以及优先原则必然会导致的债权人之间就抢先执行债务人的财产而展开恶性竞争。它既可能使债务人的总资产价值得以维持甚至增加,又可能提高债务人资产处置的效益,还可以降低用于预防他人的"损人利己"行为而必须付出的防御性代价,它在将所有债权人的集体行为统一于破产程序的前提下,使每个债权人的获偿状态更好。③由此可见,在我国《企业破产法》中引入美国法上的强臂撤销权制度并不存在理论上的障碍,即美国学者用于论述强臂撤销权正当性的破产作为一集体清偿程序所具有的制度价值亦为我国学者所认可。至于我国在进行具体制度构建时是否需要像美国法上那样赋予破产管理人一拟制的司法优先权,本书认为大可不必。

---

① See Charles Jordan Tabb, *The Law of Bankruptcy*, Foundation Press, 2009, p. 446.
② See Thomas H. Jackson, Avoiding Powers in Bankruptcy, 36 STANFORD L. Rev. 725 (1984).
③ 参见韩长印、朱春和:《参与分配制度与破产立法》,载《当代法学》2000年第1期,第54—59页。

(三) 未登记抵押权破产语境下的登记限制

1. 抵押权人能否继续就未登记之抵押权进行登记问题

在非破产法下,对于采登记对抗主义的抵押权,若尚未登记,抵押权人当然有权继续进行登记,且进行登记之时点亦不存在任何限制,只不过需要由抵押权人自己承担因未登记或迟延登记而带来的不利后果。但在破产法语境下,未登记之抵押权人仍能继续不受限制地进行登记吗?此一问题又可细分为以下两个维度,即在破产临界期内进行的登记与破产开始后进行的登记。

对于破产临界期内进行的登记能否为破产法所认可,就其实质而言,涉及的是对其进行是否属于破产法所禁止的偏颇行为的评价问题。为此,有必要先对偏颇撤销权之法理基础进行诠释。杰克逊教授曾经指出,偏颇撤销权旨在将债权人试图在破产程序前扩大其债权以增加其可得分配份额的行为,或债务人在债权人授意下采取的类似行为所取得的财产予以取回。① 就其效果而言,可以说偏颇撤销权冻结了偏颇期起算时点至破产程序正式启动期间的债权秩序。

在破产临界期内进行的登记,对于其他原本可因未登记而受益之第三人(如虽设立时点晚于该未登记之抵押权,但却率先完成登记之抵押权人)而言,显系提升了未登记抵押权人在此后破产程序中的受偿地位,故可基于偏颇撤销权予以撤销。《美国破产法》第547条亦有类似规定。

2. 破产程序中继续进行登记的自动冻结问题

由于破产案件的处理非一朝之事,因此有必要在破产程序启动后禁止债权人对债务人财产采取个别行动,以免破产法对债权人平等对待的立法目标因债权人对债务人财产的争夺而遭受妨碍乃至难以实现。② 即自动冻结制度的功能在于"通过禁止所有企图对债务人提出请求或者直接对债务人的财产实施执行的行为以达到解救债务人和公平对待所有

---

① See Thomas H. Jackson, *The Logic and Limits of Bankruptcy Law*, Harvard University Press, 1986, p.130.
② See H. R. REP. 95-595, H.R. Rep. No. 595, 95TH Cong., 1ST Sess. 1977, 1978 U.S. C.C.A.N. 5963, 1977 WL 9628 (Leg. Hist.) 〔R〕, p. 265.

债权人的目的"①。对于未登记之抵押权,在破产程序中禁止其继续完成尚未完成之登记当属无疑,否则将使得原本破产管理人得予以撤销的未登记之抵押权转变为不得撤销之已登记的抵押权,进而使得该部分债权人获得清偿优待,有违破产法目标的实现。

而从比较法的视角看,国外立法对此亦多有明确规定。如《法国商法典》第 622-30 条规定,抵押、质押及优先权,在开始司法重整程序的判决作出后不得再予登记;《美国破产法》§362(a)对此作出了明确规定,其中第 4 项主要禁止在债务人财产上创设、完善(perfect)或执行任何担保(lien),第 5 项则禁止以担保破产前业已存在之债权为目的而创设、完善(perfect)或执行任何担保权(lien)。然而遗憾的是,我国《企业破产法》及其司法解释虽对自动冻结进行了多方面的规定,却并未涉及未登记之抵押权在破产程序中能否继续进行登记的问题,故有必要通过修法或司法解释的形式予以明确。

案例七 LN 公司管理人与 SY 银行 ZC 支行请求撤销个别清偿行为纠纷案②

——破产撤销的例外

一、基本案情

一审原告、二审被上诉人:威海 LN 供热有限公司管理人(以下简称"LN 公司管理人")

一审被告、二审上诉人:威海市 SY 银行股份有限公司 ZC 支行(以下简称"SY 银行 ZC 支行")

---

① 韩长印、李玲:《简论破产法上的自动冻结制度》,载《河南大学学报(社会科学版)》2001 年第 6 期,第 37—40 页。
② 案例来源:山东省威海市中级人民法院(2014)威商终字第 318 号民事判决书,北大法宝网,https://www.pkulaw.com/pfnl/a25051f3312b07f3f0db6d8488a562ce8699f5365f3064c4bdfb.html,最后访问时间 2021 年 6 月 2 日。

原告 LN 公司管理人与被告威海某科技工业园有限公司破产撤销权纠纷一案，山东省威海市环翠区人民法院经一审审理后作出（2014）威环商初字第 201 号民事判决书，支持原告破产管理人的诉求。后被告不服，向山东省威海市中级人民法院提起上诉。

法院查明，2012 年 12 月 21 日，威海 LN 供热有限公司（以下简称"LN 公司"）与 SY 银行 ZC 支行签订《流动资金借款合同》，LN 公司向 SY 银行 ZC 支行借款 400 万元用于购煤，借款期限自贷款人向借款人实际发放贷款之日起至约定还款之日止，最长不超过 12 个月，实际起讫日期以借款凭证的记载为准；本合同项下借款自实际发放贷款之日起按日计息，按月结息，结息日为每月 20 日；还款方式为借款人按月付息，到期一次性还本；LN 公司须在 SY 银行 ZC 支行开立结算账户（账号：8504013090×××39），并保证在付息日、计划还款日、借款期限届满日前或借款被宣布提前到期之日主动存入足额的应付借款本息，同时不可撤销地授权贷款人于上述日期届满之日起从该账户内直接扣收应付借款本息。该合同还对违约责任等事项进行了约定。合同签订后，原、被告均按合同约定履行了相应的义务。

2013 年 9 月 2 日，威海某科技工业园有限公司以 LN 公司不能清偿到期债务且资不抵债、明显缺乏清偿能力为由，向威海市中级人民法院申请对其进行破产重整。威海市中级人民法院审查后于 2013 年 9 月 22 日裁定 LN 公司重整。威海某会计师事务所对 LN 公司资产负债等情况进行评估，评估报告中资产负债表显示，LN 公司于 2013 年 1 月 1 日起全部资产小于全部负债，自 2013 年 3 月 23 日起具有资不抵债的情形。

另查，SY 银行 ZC 支行于 2013 年 4 月 21 日起按月从 LN 公司还息账户扣划利息共计 171733.32 元。LN 公司管理人以该扣划利息行为系个别清偿行为为由，诉至法院，要求撤销。

二、争议焦点

本案争议焦点主要有：（1）SY 银行 ZC 支行从 LN 公司账户扣划利息的行为是否属于个别清偿？（2）LN 公司管理人是否有权申请撤销？

在一审中，原告威海 LN 供热有限公司管理人主张上述支付行为属于个别清偿行为，要求撤销 SY 银行 ZC 支行 2013 年 4 月破产重整前收取 LN 公司的贷款利息 171733.32 元。被告 SY 银行 ZC 支行辩称，《企业破产法》中的个别清偿行为是针对恶意损害其他债权人理由的清偿行为，LN 公司按时偿还利息，没有损害其他债权人利益，且对债务人的经营活动有益，不符合《企业破产法》中的可撤销情形。

三、案件裁判

（一）一审裁判

一审法院认为，人民法院受理破产申请前 6 个月内，债务人存在资不抵债的情形，仍对个别债权人进行清偿的，破产管理人有权请求人民法院予以撤销。但是，个别清偿使债务人财产受益的除外。破产撤销权的立法目的是限制债务人的不当清偿行为，以保护其整体债权人的利益。LN 公司向被告支付涉案款项时确已存在资不抵债的情形，符合法律规定的破产管理人可行使法定撤销权的期间，因此破产管理人有权请求撤销。银行与其他债权人的债权地位平等，即使被告依照合同约定扣划债务人 LN 公司账户的利息，亦属清偿个别债权人的行为。对银行的债权实行偏颇性清偿，没有使破产债务人财产受益，而是使其破产后可供分配的财产减少，损害了其他债权人可获清偿的利益，此行为有违法律规定，应予撤销。

据此，一审法院依照《企业破产法》第 32 条、《企业破产法司法解释二》第 9 条之规定，判决：(1) 撤销 SY 银行 ZC 支行于 2013 年 4 月至破产重整受理前收取 LN 公司贷款利息 171733.32 元的行为；(2) SY 银行 ZC 支行于判决生效后十日内返还已收取 LN 公司的利息 171733.32 元。

（二）二审裁判

二审法院认为，根据《企业破产法》第 2 条第 1 款、第 32 条的规定，破产管理人对债务人个别清偿行为行使撤销权应当具备以下条件：一是清偿债务的行为发生在人民法院受理破产申请前 6 个月内；二是债务人出现了《企业破产法》第 2 条第 1 款规定的破产原因，即债务人不能清偿到期债务,并且资产不足以清偿全部债务或者明显缺乏清偿能力;三是受偿债权人在主观上应当明知债务人出现了《企业破产法》第2条第1款规定的破产原因。本案中,SY银行ZC支行在借款合同履行后,按照合同约定每月从LN公司约定的账户扣划利息,并非LN公司主动向债权人支付,而SY银行在扣划银行利息时亦无从知晓LN公司已存在破产原因,其主观是善意的。同时,从双方《流动资金借款合同》的签订时间来看,2012年12月LN公司因购煤向SY银行ZC支行借款400万元,2013年9月该公司被裁定破产重整,间隔时间很短。而LN公司提供的贷款资料显示其正常经营,能够进一步佐证SY银行ZC支行对LN公司存在破产原因根本不知情,其主观上是善意的。LN公司管理人亦没有证据证明SY银行ZC支行知道其存在《企业破产法》第2条第1款规定的情形。综上,SY银行ZC支行从LN公司账户扣划利息的行为,并非LN公司的个别清偿行为。《企业破产法》第32条的规定赋予获得受偿权的债权人以善意抗辩权,即只有当债权人明知债务人出现了《企业破产法》第2条第1款规定的破产原因而仍然为个别受偿时,人民法院才能依据破产管理人的申请对其进行撤销。原审认定SY银行ZC支行扣划贷款利息的行为属于《企业破产法》规定的个别清偿行为有误,应予纠正。

据此,二审法院依照《企业破产法》第2条、第32条,《企业破产法司法解释二》第9条,《民事诉讼法》第169条、第170条第1款第2项、第175条的规定,判决:(1)撤销(2014)威环商初字第201号民事判决第(1)项、第(2)项;(2)驳回LN公司管理人要求撤销SY银行ZC支行收取2013年4月至破产重整前收取LN公司贷款利息171733.32元行为的诉讼请求。

四、分析思考

本案涉及的核心问题是破产撤销权的例外。破产法之所以设置撤销例外规则,从根源上讲是为了避免破产法的"矫枉过正"。本书在借贷合同加速到期部分曾指出,破产撤销权的关注点仅在于偏颇期起算时点至破产程序启动期间之债权人间债权秩序是否会因债权人或债务人的行为而被改变,而不考究此时段内债权人之债权是否确定或合法等问题。① 缺失破产撤销权的护卫,实难想象破产法之价值能否实现。

对于商事交易而言,交易秩序的稳定无疑处于最核心的地位。债务履行期届至时债务人进行清偿,债权人亦得保有相关履行利益——这一合同法上的基本规则便成为商事交易开展的自然需求。破产撤销权的存在则使得这种利益格局仅因债务人的破产而被否定,债权人暂时性丧失全部或永久性丧失部分已取得的履行利益。这种事后的干预无疑对基本的商事交易秩序带来极大冲击,正如本案所呈现的。为了平衡交易安定的需求,偏颇撤销规则的设置便不能仅以破产分配制度的维系为唯一目的。换言之,偏颇撤销规则便无法仅规定在债务人陷入事实破产后受益债权人交出债务人在事实破产后对其所为的给付。②

对此,我国破产法立法业已注意到此类问题,即在《企业破产法》第32条规定"清偿使债务人财产受益"这一抗辩事由。此外,《企业破产法司法解释二》作了进一步规定。其第14条第1句规定:"债务人对以自有财产设定担保物权的债权进行的个别清偿,管理人依据企业破产法第三十二条的规定请求撤销的,人民法院不予支持。"第16条规定:"债务人对债权人进行的以下个别清偿,管理人依据企业破产法第三十二条的规定请求撤销的,人民法院不予支持:(一)债务人为维系基本生产需要而支付水费、电费等的;(二)债务人支付劳动报酬、人身损害赔偿金的;(三)使债务人财产受益的其他个别清偿。"

对于现行立法,有学者直言:"'清偿使债务人财产受益'是构成偏颇清偿例外的状态要件。严格说来,这是一个逻辑上不通的表述,因为任

---

① 当然,从比较法上进行观察会发现,破产法语境下的撤销可进一步区分为欺诈撤销与偏颇撤销(美国法上还存在一种强臂撤销,正如本书未登记抵押权效力部分所论述的,其背后法理仍是对"厚此薄彼"的规制,故本书在此处将其粗略地划入偏颇撤销的范畴)两类。前者实质上源于合同法上的撤销,其法理基础在于"欺诈"的有害性,正如法谚"欺诈毁灭一切"(fraus omnia corrumpit)所揭示的那样。由此,偏颇撤销权才是"真正"的破产撤销权。

② See Charles Jordan Tabb, *The Law of Bankruptcy*, Foundation Press, 2009, pp. 460-461.

何'清偿'都会造成破产财产的减少而不会使其增益。"并认为,只能综合其规范目的,结合破产实践的规律与逻辑加以判断。① 还有学者结合比较法经验对我国《企业破产法》第 32 条的规定进行了阐释,认为美国法上的同时实施的交易例外、常规营业中的付款例外、后续返还的新价值例外、浮动担保的固定价值例外等具有较大的借鉴价值。该学者进一步指出,借鉴美国法上的"常规营业例外",对于我国《企业破产法》第 32 条可作如下理解:"使债务人财产受益",应当限于常规营业中的清偿;对于常规营业中的到期清偿行为,基于债务人已经陷入资不抵债的事实(追溯期内资不抵债的立法推定),仍应接受使债务人的财产受益(比如提供后续供货或者信用拓展)的检视。但常规交易、常规财务往来或者常规交易条件中的付款行为本身,不应当直接解释为"使债务人财产受益",更多是对于从反面解释哪些行为不具有"使债务人财产受益"的特性,具有一定的辅助或者反证作用。② 就《企业破产法司法解释二》第 16 条之规定,尤其是第 1 项"债务人为维系基本生产需要而支付水费、电费等的"而言,可以认为这一美国法上的偏颇撤销例外规定在一定程度上为最高人民法院所接受。不过,就本案而言,案涉的清偿行为显然非此处的"维系基本生产需要"而支付的水电费。但从学理上不难发现,它可以落入美国法上的"常规营业例外"的射程。

根据《美国破产法》§547(c)(2)的规定,适用"常规营业例外"需满足以下条件:该债务"是由债务人在其与受让人的业务或财务事项的常规范围内所承担的",且该给付是"在债务人与受让人的业务或财务事项的常规范围内所作出的"或者该转让是"根据常规营业条件所作出的"。对于该例外规则的把握,如何理解"常规营业"无疑处于核心地位。对此,在美国法上主要借助主观标准(当事人之间的常规标准)、客观标准

---

① 根据该学者的观点,具体可从价值要素与时间要素两个角度进行判断。前者主要指等值交易(并认为"法释[2013]22 号"第 14 条的规定便属此类情形),后者主要指是否存在信用授予。参见许德风:《破产法论——解释与功能比较的视角》,北京大学出版社 2015 年版,第 397—407 页。
② 参见韩长印:《破产撤销权行使问题研究》,载《法商研究》2013 年第 1 期。

(行业常规标准)进行把握。但在实践中,由于上述标准的证明难度极大,尤其是客观标准,因此美国联邦破产法审查委员会建议将结合标准改为可分标准,即被告债权人只要能够证明给付行为符合主观标准(当事人之间的常规标准)或者客观标准(行业常规标准)即可。不过,前一标准应予以优先适用,行业标准应作为一种补充标准。2005年《美国破产法》修改时,美国国会接受了前述建议。因此,美国2005年修法后最可能的实践后果就是,在涉及常规营业例外的偏颇撤销诉讼中,主要焦点将变为特定给付是否符合当事人之间破产申请前的常规交易模式。而客观的行业标准由于难以证明,可能只在极少数的案件中才被提及(即当事人间不具有足以确定常规交易模式的申请前交易时)。①

需注意的是,破产法司法实践中与理论上皆有观点认为,对于偏颇撤销权之构成要件尚需考察债权人或债务人的主观要件,正如本案所呈现的:二审法院直言偏颇撤销权的行使条件包括"……三是受偿债权人在主观上应当明知债务人出现了《企业破产法》第2条第1款规定的破产原因"。从比较法上看,的确有不少立法例采取此态度。在美国,其早期破产法一直坚持认为并非所有偏颇行为都属于有害行为,应区分善意偏颇行为和恶意偏颇行为,只有后者才应被撤销。而这种区分在很大程度上都是以债务人或债权人的主观意图作为判断基础。不过,1978年《美国破产法》已不再对此作直接要求,仅借助§547(c)的例外规定[尤其是§547(c)(2)规定的常规营业的例外]进行平衡。② 从对偏颇撤销权的限制的视角观之,偏颇撤销权行使要件(或者说行使条件的提高,如主观过错的加入)也可理解为一种偏颇撤销的例外规则。③

---

① 关于美国法上的"常规营业例外"规则的详细讨论,参见 Charles Jordan Tabb,*The Law of Bankruptcy*,Foundation Press,2009,pp. 498-509。
② See Charles Jordan Tabb,*The Law of Bankruptcy*,Foundation Press,2009,p. 461。
③ 关于我国司法实践对此问题的分歧,详细内容可参见胡利玲:《如何理解破产临界期内"个别清偿使债务人财产受益"?——对我国偏颇清偿例外的重释与情形补足》,载《人民司法·应用》2019年第22期。

案例八 DW 公司与某典当公司、位某某破产撤销纠纷案[①]

——破产程序中对事后追加物保的撤销

一、基本案情

一审原告、二审上诉人:浙江 DW 会计师事务所有限公司(以下简称"DW 公司")

一审被告、二审被上诉人:宁波某典当有限责任公司(以下简称"某典当公司")

第三人:位某某

2007 年,宁波 HY 电子有限公司(以下简称"HY 公司")分数次向第三人位某某借款 800 万元。2008 年 1 月,HY 公司为归还案外人贺某某的借款 300 万元,以公司房地产作抵押向第三人再借款 300 万元。第三人认为工业房产不能抵押给自然人,但可抵押给典当行。2008 年 1 月 30 日,HY 公司、被告某典当公司和第三人商谈房地产抵押事宜,三方商定:HY 公司欠案外人贺某某的 300 万元由第三人支付,HY 公司共欠第三人 1100 万元,第三人将 HY 公司欠其的 1100 万元债权转让给被告,HY 公司将房地产抵押给被告,被告应付给 HY 公司的 1100 万元当金直接支付给第三人。当日,第三人与被告签订了债权转让协议。

2008 年 1 月 31 日,被告与 HY 公司签订房地产典当合同 1 份,约定:HY 公司以房地产作为向被告典当的抵押物担保,典当当金为 1100 万元。同日,被告出具金额为 200 万元当票 1 张、300 万元的当票 3 张,

---

[①] 案例来源:浙江省宁波市北仑区人民法院(2011)甬仑商初字第 492 号民事判决书,北大法宝网,https://www.pkulaw.com/pfnl/a25051f3312b07f3c8f578a7f2cf4268ef8443268f439526bdfb.html,最后访问时间 2021 年 7 月 18 日;浙江省宁波市中级人民法院(2012)浙甬商终字第 52 号民事判决书,北大法宝网,https://www.pkulaw.com/pfnl/a25051f3312b07f3eec59375a252fa9f4dc93c10ab03163ebdfb.html,最后访问时间 2021 年 5 月 30 日。

HY公司出具收到1100万元的收条1份,但被告未实际给付HY公司1100万元当金。2008年2月1日,被告在房管部门办理了抵押登记。同日,被告与第三人签订转存协议1份,约定:第三人确认收到被告1100万元,该款系HY公司指定被告支付;第三人同意将该1100万元转存于被告处,被告按月率15支付利息。2008年2月,第三人分两次归还了HY公司欠案外人贺某某的300万元。

2008年3月18日,被告以HY公司未归还当金为由向宁波市江北区人民法院起诉,该院作出(2008)甬北民二初字第166号民事调解书,约定HY公司于2008年5月5日前归还被告典当款1100万元及利息,但未涉及房地产抵押。2008年3月3日至2011年10月29日被告分多次支付给第三人11909万元。2008年6月3日,宁波市北仑区人民法院裁定受理债权人对HY公司的破产清算申请,指定原告DW公司为破产管理人。

2011年6月8日,原告DW公司起诉被告某典当公司和第三人位某某,认为HY公司在法院受理破产申请1年内对没有财产担保的债务提供了财产担保,损害了其他债权人的利益,根据《企业破产法》第31条第3项的规定,请求判令撤销HY公司与某典当公司2008年1月31日签订的房地产典当合同和HY公司将房地产抵押给某典当公司的行为。

被告某典当公司辩称:被告与HY公司间的房地产典当合同已经履行,被告应付给HY公司的当金1100万元直接归还了HY公司欠第三人位某某的借款;第三人与被告签订了(转存)协议,又将该1100万元存在被告处。HY公司与被告间的房地产典当合同合法有效,并已实际履行。应驳回原告诉讼请求。

第三人位某某答辩称:被告与HY公司签订的房地产典当合同属"新债新抵押",不是"旧债新抵押";原告请求撤销权已超过《合同法》第75条规定的1年除斥期间,撤销权已消灭。应驳回原告诉讼请求。

二、争议焦点

本案争议焦点主要有:HY公司与某典当公司签订的房地产典当合

同和 HY 公司将房地产抵押给某典当公司的行为,是否属于企业破产法上规定的事后追加物保的行为。

三、案件裁判

法院经审理认为,第三人位某某作为 HY 公司的债权人,为使其无担保债权获得担保,考虑到工业厂房无法抵押给自然人,于是通过 HY 公司向被上诉人抵押借款的形式,用当金归还第三人的借款,这从第三人与某典当公司签订的债权转让协议可见。2008 年 1 月 31 日被上诉人与 HY 公司签订房地产典当合同后,被上诉人应支付给 HY 公司的 1100 万元当金并未实际支付,只是由 HY 公司出具名义上收到 1100 万元的当金收条。次日,被上诉人与位某某签订(转存)协议,位某某同意将上述款项 1100 万元即刻转存于某典当公司处。综上,典当合同反映的借新债只是一个表象,本质上是为旧债 1100 万元提供抵押担保,HY 公司在第三人位某某的操纵下,通过被上诉人将其无财产担保的债权升级为有担保的债权,损害了其他债权人的利益,依法应予撤销。

一审法院于 2011 年 11 月 18 日作出判决:驳回原告 DW 公司的诉讼请求。二审法院于 2012 年 3 月 21 日以同样的事实作出判决:(1)撤销宁波市北仑区人民法院(2011)甬仑商初字第 492 号民事判决;(2)撤销 HY 公司与某典当公司签订的房地产典当合同和 HY 公司将房地产抵押给某典当公司的行为。

四、分析思考

本案中,二审法院认为:"典当合同反映的借新债只是一个表象,本质上是为旧债 1100 万元提供抵押担保,HY 公司在第三人位某某的操纵下,通过被上诉人将其无财产担保的债权升级为有担保的债权,损害了其他债权人的利益,依法应予撤销。"这反映的是实践中较为普遍的"借新还旧"在破产程序中应如何处理的问题,其核心在于如何理解"借新还旧",以及《企业破产法》第 31 条第 3 项规定的事后追加物保(即对没有财产担保的债务提供财产担保)的适用范围。

在实践中,"借新还旧"更多发生在银行借贷中。在理论上,"借新还旧"又被称为"贷款平移",指经营发生困难的企业无力偿付债务时,商业银行授信给担保人贷款,再由担保人借款给债务人,用以偿还银行贷款,进而达到债权从银行债权人到担保人的"转移"。"借新还旧"在效果上将银行的"坏账"转移给了担保人。在具体操作上,"借新还旧"多采用由金融机构向担保人发放贷款,再由担保人通过专用账户向债务人进行精准回流。① 本案中的债权人虽非银行,且采取了债权让与的方式,但在实质上与上述"贷款平移"并无本质区别——均以新附担保的债权取代无担保的老债权。

对于此类"借新还旧"是否构成企业破产法规定的事后追加物保,理论上仍有争议,毕竟此时的债权乃"新生"债权。对此,有观点认为,对于"借新还旧"应作进一步考察,可将之区分为直接借新还旧时的追加物保与间接借新还旧时的追加物保。对于前者,从其实质考察,仍应允许破产管理人撤销该担保行为。对于后者,又可进一步区分为:(1)第三人与债权人存在关联关系;(2)第三人与债务人存在关联关系;(3)第三人与债权人、债务人均存在关联关系。第(1)种场景下,若该等行为发生在破产临界期内,考虑到该行为的实质结果——债权人之债权清偿顺位得到实质提升,应承认其可撤销性,当事人仍仅得申报债权而不得在破产程序中主张担保权;第(2)种场景下,考虑到探究当事人主观意思之困难,可推定此类行为具有偏颇性,可撤销,但应允许当事人自证清白;第(3)种场景下,虽原则上不予撤销,但仍应注意考察当事人之内部合意是否存在通谋等情节。②

不过,也有观点认为应区分还旧贷的行为与借新贷的行为。前者除存在债务人财产受益、常规营业付款情形外,应予撤销;后者并不存在合理之对价,因此具有可撤销性,甚至有可能因符合合同之无效情节而归

---

① 相关介绍参见韩长印主编:《破产疑难案例研习报告(2020年卷)》,中国政法大学出版社2020年版,第153—156页。
② 参见任一民:《既存债务追加物保的破产撤销问题》,载《法学》2015年第10期。

于无效。①

对于以上论述,本书认为仍存在进一步探讨之空间。《企业破产法》第 31 条第 3 项之立法目的在于:"在破产程序中,有财产担保的债权较之普通债权优先受偿,债务人在人民法院受理破产申请前一定期限内对没有财产担保的债务提供财产担保,意味着本应用于集体清偿的财产变成了有财产担保的债权人优先受偿的标的,从而使普通债权人通过破产程序所能够获得的清偿数额减少,这显然是不符合通过破产程序实现公平清偿的目标。"②事后追加物保属于我国立法明确规定的偏颇撤销的三种形态之一。偏颇行为的可撒销性根源于其损害了未获优先清偿地位的其他债权人的利益。③ 此外,我国《企业破产法》第 31 条还规定,对无偿转让财产、以明显不合理的价格进行交易、放弃债权等行为,破产管理人亦得予以撒销。理论上将此类行为归为欺诈行为,较之于偏颇性行为,欺诈行为更加强调交易的主观恶性。在构成要件上,对欺诈行为的撒销需考察当事人之主观要素。④ 前述对第三人与债务人/债权人是否存在关联关系的考察,其立基点在于创设新债的动机,由此与事后追加物保乃偏颇行为的基本定位存在冲突。前述区分还旧贷的行为与借新贷的行为的论点,在论述借新贷的行为可撒销时亦借助于对交易目的的考察。⑤

本书同样认为,应以是否存在结果上的偏颇作为分析的起点,并将"还旧"与"借新"相区分。但在考察最终结果层面时,无须为"借新还旧""贷款平移"这些金融学上的表述所困惑——单纯就结果而言,在进行法学意义上的考察时无须将二者作为一个整体。不妨假设:甲债务人欠 A 公司 100 万元,后向 B 公司借款 100 万元并提供担保,取得之借款用于

---

① 参见韩长印主编:《破产疑难案例研习报告(2020 年卷)》,中国政法大学出版社 2020 年版,第 160—166 页。

② 全国人民代表大会常务委员会法制工作委员会编:《中华人民共和国企业破产法释义》,法律出版社 2006 年版,第 51 页。

③ 参见韩长印主编:《破产法教程》,高等教育出版社 2020 年版,第 150 页。

④ 需注意的是,鉴于当事人主观因素考察的困难,在美国法上法院更多借助间接因素来确定债务人的主观欺诈意图。这些间接因素又被称为"欺诈表象"。参见[美]查尔斯·J.泰步:《美国破产法新论》,韩长印等译,中国政法大学出版社 2017 年版,第 642—643 版。

⑤ 参见韩长印主编:《破产疑难案例研习报告(2020 年卷)》,中国政法大学出版社 2020 年版,第 165 页。

偿还甲欠 A 公司之 100 万元。

在整体视角下,将"借新"与"还旧"视作一个有机体,进而探究针对"新债"的担保是否在实质上提升了"旧债"的清偿顺位。以破产债务人与债权人间的直接"借新还旧"为例,债权人享有的债权额并未发生实质变化,所变化者仅为债权人由无担保债权人变为担保债权人。① 故此种视角下,形式上的两个债权("新债"与"旧债")被视为一个债权,"新债"上之担保被视为对该债权的担保,而破产程序下的"矫正"更多聚焦于该担保之有效性上。

在区分视角下,应先对"还旧"行为与"借新"行为进行分别检视。此时,甲债务人之财产发生如下变化:先向 A 公司还款 100 万元,即可用于向无担保债权人清偿的财产减少 100 万元;因新贷款,甲债务人取得 100 万元,同时负担一个有担保的 100 万元债务。而破产管理人是否得予撤销,亦分别指向这两个行为。对于"还旧",若不存在撤销例外之情势,破产管理人显然得主张予以撤销——偏颇撤销情形之个别清偿。由此,债权人基于"旧债"取得之 100 万元,破产管理人得予以恢复。对于后者,若无其他情节,并无撤销之必要。毕竟,此时债务人虽负担了一个设有担保的新债(100 万元),但其同时也取得一个价值 100 万元的债权(或已获得此笔贷款)。虽然在破产程序中须对"新债"的债权在担保额度内进行优先清偿,但甲债务人此时得用于向全体无担保债权人清偿的总财产并无减少。甲债务人的财产增加 100 万元的同时,应向"新债"的债权人优先清偿 100 万元。换言之,对于"新债"存在一个合理对价,非仅对债务人产生消极影响。② 由此,甲债务人的可分配财产并不会因"借新还旧"而发生消极影响,且因"借新还旧"而"获益"的债权人仍仅得以 100 万元的债权额参与最后的比例清偿。

简而言之,对于实践中常见的"借新还旧"或"贷款平移",在非破产语境下似难以对其合法性基础进行诘难。但在破产语境下,若不对此种

---

① 参见任一民:《既存债务追加物保的破产撤销问题》,载《法学》2015 年第 10 期。
② 参见韩长印主编:《破产疑难案例研习报告(2020 年卷)》,中国政法大学出版社 2020 年版,第 165 页。

行为进行否定性评价,[1]显然有违破产法平等清偿债权的基本立法目的。但是,规制此类不当行为的路径仍值得进一步检讨。若以整体视角观之,将"还旧"与"借新"视作一个整体,那么直接借助《企业破产法》第31条第3项之事后追加物保有违内在的逻辑体系。相较于将之界定为偏颇撤销,将其视作一种欺诈撤销可能更符合破产撤销权的理论设定。此外,如上文所述,即使不将"还旧"与"借新"视作一个整体,仍可在既有法律框架下取得相似的效果。回归到本案,虽其与常见的"借新还旧"在操作模式上略有差异,但就其实质而言并无不同,仍需借助破产撤销制度予以否定性评价。只不过法院在整体视角下找到的是"事后追加物保"这一工具,未能充分注意到背后的逻辑障碍。

案例九 ZHCH公司破产管理人与某行温州分行破产抵销权纠纷案[2]
——破产抵销权的行使

一、基本案情

一审原告、二审上诉人:ZHCH数码科技有限公司破产管理人(以下简称"ZHCH公司破产管理人")

一审被告、二审被上诉人:某银行股份有限公司温州分行(以下简称"某行温州分行")

上诉人ZHCH公司破产管理人因与被上诉人某行温州分行破产抵销权纠纷一案,不服温州市中级人民法院(2014)浙温商初字第9号民事判决,向浙江省高级人民法院提起上诉。

---

[1] 当然,此种行为需发生在破产临界期内。
[2] 案例来源:浙江省高级人民法院(2014)浙商终字第27号民事判决书,北大法宝网,https://www.pkulaw.com/pfnl/a25051f3312b07f3496aeb8ca78b284c960444a2a2cdcd0ebdfb.html,最后访问时间2021年6月2日。

一审法院审理查明,ZHCH 公司因开立信用证所需与某行温州分行签订信用证开证合同,约定 ZHCH 公司将款交存于其在某行温州分行处开立的保证金专用账户,并承诺以该账户中的款项作为偿还开证合同项下债务的保证。当 ZHCH 公司不履行债务时,某行温州分行有权在该账户中直接扣划保证金用于偿还债务,而某行温州分行则对 ZHCH 公司交存的保证金按定期存款利率计付利息。ZHCH 公司向某行温州分行交纳的信用证保证金分别为 2010 年 7 月 27 日 277372 元、2010 年 8 月 11 日 240600 元、2010 年 9 月 16 日 260000 元、2010 年 12 月 17 日 268000 元、211050 元,信用证到期付款日分别为 2010 年 10 月 27 日、2010 年 11 月 11 日、2010 年 12 月 16 日、2011 年 3 月 17 日。ZHCH 公司在某行温州分行就信用证对外付款后,已向其履行了支付义务,但开立信用证保证金在 ZHCH 公司被宣告破产前仍以存款方式留存在 ZHCH 公司在某行温州分行处开设的账户上。温州中院于 2013 年 11 月 4 日作出(2013)浙温破字第 3-3 号民事裁定书,裁定终止 ZHCH 公司重整程序并宣告 ZHCH 公司破产。某行温州分行申报并经 ZHCH 公司破产管理人审查确认的对 ZHCH 公司享有的债权金额为人民币 25311292.49 元、美元 6861027.78 元。另外,温州中院查明的其他事实与 ZHCH 公司破产管理人诉称的事实一致。

二审中,法院另查明:某行温州分行申报并经 ZHCH 公司破产管理人审查确认的对 ZHCH 公司享有的债权金额为人民币 25311292.49 元、美元 6861027.78 元,该笔债权金额包括案涉 1417286.15 元在内。2012 年 12 月之前,ZHCH 公司经营尚属正常。

二、争议焦点

本案的主要争议焦点在于,某行温州分行就案涉 1417286.15 元是否有权行使破产抵销权,即某行温州分行是否具备行使破产抵销权的实体条件和程序条件。

ZHCH 公司破产管理人上诉称:本案焦点在于某行温州分行扣款行为,应适用《企业破产法》第 16 条作无效处理,还是适用《企业破产法》第

40条作破产抵销权处理。一审判决没有对此焦点作出评析,而认定适用《企业破产法》第40条按破产抵销权判决,在认定事实和适用法律上均属错误。理由如下:第一,一审判决认定事实错误。(1)本案所涉的"法院受理破产申请日"应为2013年7月19日;(2)一审判决关于总额1417286.15元均形成于"申请破产受理一年前"的事实认定同样错误。第二,一审判决适用法律错误。(1)本案不适用《企业破产法》第40条,对特定客户的银行存款,银行是保管人,负有保管的法定义务,双方之间不形成货币意义上的债权债务关系,双方不存在"互负债务",不能适用"破产抵销权";(2)破产抵销权不包括"扣划"的行为;(3)某行温州分行的扣款行为,构成偏颇性清偿或优惠清偿。第三,本案应适用《企业破产法》第16条,认定扣款行为无效。

某行温州分行辩称:(1)一审判决认定事实错误的情况并不存在。ZHCH公司破产管理人认为法院受理破产申请日时间是2013年7月19日属实。无论是一审法院认定的破产宣告日2013年11月4日还是申请日2013年7月19日,对于保证金合同转化为储蓄合同的时间而言,均已超过一年,故均不属于不得抵销的范畴。(2)一审法院强调的是双方债权债务关系的储蓄合同形成的时间是一年前,并没有强调本金和利息,不存在本金可以抵销,而利息不得抵销的情况,故也不影响判决结果。(3)ZHCH公司破产管理人的第三个上诉理由也是不成立的。破产抵销权制度是例外的个别清偿,本案应审查的是是否属于例外情形。一审法院经审查认为不属于可以限制的行为,故一审适用法律是对的。某行温州分行的扣划行为是行使破产抵销权的后果,目前法律对如何行使破产抵销权没有详细规定,故某行温州分行是有权行使的,虽提前个别行使,但不影响其他债权人利益,应当根据法律的有关规定,予以允许。

三、案件裁判

(一)一审裁判

一审法院审理认为,《企业破产法司法解释二》第42条第2款规定,破产管理人对抵销主张有异议的,应当在约定的异议期限内或者自收到主张债务抵销的通知之日起3个月内向人民法院提起诉讼。所以,ZHCH公司破产管理人具有原告诉讼主体资格,有权提起本案诉讼。

《企业破产法》第40条规定:"债权人在破产申请受理前对债务人负有债务的,可以向管理人主张抵销。但是,有下列情形之一的,不得抵销:(一)债务人的债务人在破产申请受理后取得他人对债务人的债权的;(二)债权人已知债务人有不能清偿到期债务或者破产申请的事实,对债务人负担债务的;但是,债权人因为法律规定或者有破产申请一年前所发生的原因而负担债务的除外;(三)债务人的债务人已知债务人有不能清偿到期债务或者破产申请的事实,对债务人取得债权的;但是,债务人的债务人因为法律规定或者有破产申请一年前所发生的原因而取得债权的除外。"某行温州分行对ZHCH公司享有的债权,已向ZHCH公司破产管理人申报,并经ZHCH公司破产管理人审查确认。某行温州分行主张抵销的债务是ZHCH公司在破产申请受理前向该行交纳的开立信用证保证金。开立信用证保证金的目的是为了确保开证申请人在开证行对外付款后能按约足额向开证行付款,减轻开证行的垫付融资风险。存款人提供存款为信用证开立作质押担保,开证行向存款人按约计付存款利息,开证行与保证金交纳人即存款人之间形成以存款作为质押物的质押合同关系。在存款质押期间,存款人不能行使处分权。而在存款所担保的债务得以完全履行之后,其担保功能灭失,存款人对该存款被限制的权利解禁,存款人原作为开证行储户的取款自由等权利恢复,开证行与存款人的质押合同关系转换到储蓄合同关系。ZHCH公司于2010年向被告交纳的开立信用证保证金,在其担保的主债务得以清偿后,ZHCH公司与某行温州分行之间就该保证金的质押合同关系转变为储蓄存款合同关系,ZHCH公司依储蓄存款合同对某行温州分行享有债权。ZHCH公司对某行温州分行享有的前述债权形成于ZHCH公司被申请破产受理一年前,不存在《企业破产法》第40条规定的不得抵销情形,且某行温州分行对ZHCH公司亦享有到期金融债权,故该行依法享有抵销权。

《企业破产法司法解释二》第 41 条第 1 款规定,债权人依据《企业破产法》第 40 条的规定行使抵销权,应当向破产管理人提出抵销主张。该规定说明,抵销主张发生于破产管理人确定之后,由债权人向破产管理人提出。ZHCH 公司破产管理人以某行温州分行抵销主张发生在 ZHCH 公司被申请破产受理之后为由,提出该抵销系某行温州分行利用自身便利条件的个别受偿行为,违背破产法规定的债权公平受偿原则的主张,与法不符,不予支持。

某行温州分行的破产抵销权是基于其与 ZHCH 公司存在互负债务,该行向 ZHCH 公司破产管理人申报并经审查确认的债权是其行使抵销权的前提条件之一。现某行温州分行对 ZHCH 公司享有的债权大于其对 ZHCH 公司负有的债务,主张全部抵销并无不当。某行温州分行对 ZHCH 公司存款的扣划属于单方行为,不产生破产抵销的法律后果,若扣划有误,ZHCH 公司破产管理人仍享有返还请求权。故某行温州分行在扣划后再向破产管理人提出破产抵销权主张,对 ZHCH 公司的其他债权人的债权得以公平清偿不构成实质损害。

据此,一审法院依照《企业破产法》第 40 条之规定,判决驳回 ZHCH 公司破产管理人的诉讼请求。

(二)二审裁判

1. 关于上诉人提出的本案焦点在于被上诉人扣款行为应适用《企业破产法》第 16 条作无效处理,还是适用《企业破产法》第 40 条作破产抵销权处理

由于破产抵销制度的本质是破产债权人只能依破产程序按债权清偿比例受偿的例外,且某行温州分行已经明确向 ZHCH 公司破产管理人提出了破产抵销权主张,因此,本案应重点并优先依照《企业破产法》第 40 条审查某行温州分行破产抵销权的行使条件是否具备,如果尚不具备,则应认定其扣款行为无效并判令其退回相应款项,从而产生与《企业破产法》第 16 条个别清偿无效相同的法律后果;如果具备,则某行温州分行有权在抵销的范围内得到全额清偿。

2. 关于某行温州分行就案涉 1417286.15 元是否有权行使破产抵

销权的问题,具体分析如下:

第一,实体上,债权人行使破产抵销权应当符合以下条件:

(1) 双方存在互负债权债务关系。案涉 1417286.15 元为某行温州分行对 ZHCH 公司所负债务,在 ZHCH 公司偿付了信用证项下应付款项后,ZHCH 公司与某行温州分行之间就该笔保证金的法律关系为储蓄存款合同关系,ZHCH 公司依储蓄存款合同对某行温州分行享有债权。

(2) 时间上债权人应当是在破产申请受理前对债务人企业负有债务。本案中,该笔债务成立于破产申请受理日即 2013 年 7 月 19 日之前。对于上诉人所提出的"1417286.15 元被扣款总额,包括保证金本金、保证期间定期利息、转为储蓄后的利息,其中的利息部分,非但不是破产申请受理一年前,甚至是延伸至破产申请受理之后所形成的",因利息属于本金的孳息,该笔债务的成立时间应以本金债务的成立时间为准,应认定案涉债务成立于破产申请受理日即 2013 年 7 月 19 日之前。

(3) 对于特定期限内成立的债务,债权人主观上须无恶意,即非已知债务人有不能清偿到期债务或者破产申请的事实而对债务人负担债务。债务人破产受理前特定期限内成立的债权债务能否抵销,要以对方当事人是否有恶意作为区分标准。当事人为恶意者,其抵销权的行使应被认定为无效;反之,则可以行使抵销权。具体到本案中,债权人某行温州分行主观上无恶意。首先,该笔保证金所涉信用证到期付款日分别为 2010 年 10 月 27 日、2010 年 11 月 11 日、2010 年 12 月 16 日、2011 年 3 月 17 日,远早于破产案件受理日即 2013 年 7 月 19 日;其次,根据二审查明的事实,在 2012 年 12 月之前,ZHCH 公司经营尚属正常,而信用证到期付款日远早于这一时间点;最后,债权人主观上存有恶意的举证责任在于主张破产抵销权无效的一方,在案证据无法证明某行温州分行是在已知债务人有不能清偿到期债务或者破产申请的事实而对债务人负担该笔债务。因此,本案适用《企业破产法》第 40 条,而不应适用该法第 16 条。至于上诉人提出的"一审判决事实认定错误"的理由也不成立。因为本案所涉的"法院受理破产申请日"应为 2013 年 7 月 19 日的事实已在一审判决书的事实部分作了认定,即"另外,二审法院(温州中院)查明的其他事实与原告（即上诉人）诉称的事实一致"。

第二，破产抵销权行使的程序条件是，债权人据以主张抵销的债权在破产程序中必须依法申报并最终经人民法院裁定确认。通过破产管理人审查和债务人、债权人会议核查等程序，可以保证抵销债权的真实性、合法性和准确性，从而防止利用虚假债权侵蚀破产财产进而损害全体债权人利益的情况发生。因此，未经依法申报的债权不能主张抵销，并且最终抵销的债权必须是经人民法院裁定确认的债权。本案中，某行温州分行申报并经 ZHCH 公司破产管理人审查确认的对 ZHCH 公司享有的债权金额为人民币 25311292.49 元、美元 6861027.78 元。虽然该笔债权尚未经法院裁定确认，程序上存有瑕疵，但在该笔债权已经 ZHCH 公司破产管理人审查确认，其真实性、合法性和准确性能得到保障且债权数额远大于所欲抵销的债务数额的情况下，该程序瑕疵尚不构成破产抵销权行使的实质性障碍。

综上所述，某行温州分行就案涉 1417286.15 元有权行使破产抵销权。一审判决认定事实基本清楚，适用法律正确，实体处理并无不当。依照《民事诉讼法》第 170 条第 1 款第 1 项之规定，判决驳回上诉，维持原判。

四、分析思考

本案涉及的问题主要是破产程序中抵消权的行使问题，即抵销权的构成要件与行使程序。

本案中，作为抵消权人的某行温州分行，因其在经济生活中的特殊地位，在实践中往往通过直接扣划客户在己方开设的账户内资金的方式进行抵销。对此，理论上和司法实践中都存在不同观点：一种观点认为，银行不能利用自身在追索债务人财产方面的便捷性擅自扣划客户在银行账户中的款项，并据以主张破产抵销权。客户在银行账户中的款项并不均属于客户对银行债务提供的担保，若允许银行不加选择、区别地扣划，则无异于让银行无条件获得优先受偿权，侵害了其他债权人公平受偿的权利，构成偏颇性清偿。另一种观点认为，银行与破产企业之间无论是以何种方式所负债务,只要符合《企业破产法》第40条的规定,都可以主张抵销权。①

对此,首先需明确的是:破产法上的抵销虽来源于民法,但又有所不同。破产法承认债权人抵销权的正当性基础在于,抵销在本质上具有担保功能。但区别于民法上抵销的要件,②破产程序中的抵销实则可区分为独立的抵销与同一交易内的抵销。前者指无关的两个交易中产生的两个相向债权的抵销;后者主要指同一交易内或相关联交易的抵销。③

但对于银行债权人而言,其抵销权又有特殊性。其原因在于银行与其客户间关系的复杂性。二者既可能因客户在银行存款/贷款而产生借贷关系,也可能因资产存管(如客户开设证券账户时需同步在银行开立资金存管账户)关系产生保管关系。显然,在不同的法律关系中,银行与客户间债权债务关系的内容亦存在不同。正是基于此种现实,比较法上一般认为,银行与客户间可以产生抵销,但需视二者间具体的法律关系而定。即银行并非对由自己保管之客户的全部资金均可主张抵销。在判断银行与客户间法律关系的性质时,客户在银行开立账户的性质具有重要识别功能。④ 在我国,立法上虽缺乏相应的明确规定,但仍可以找到必要的规则支持。⑤ 例如,我国《民法典》第568条关于抵销的规定确立了法定抵销的基本制度框架,《企业破产法》第40条也对破产语境下的破产抵销权作出规定。而破产程序的基本规则之一在于尊重非破产法

---

① 参见陈学箭、黄丽君:《银行作为债权人行使破产抵销权的要件》,载《人民司法·案例》2015年第6期。
② 根据《民法典》第568条第1款之规定,抵销的积极要件有四项:(1)必须是双方当事人互负债务、互享债权(债权的相互性);(2)双方的债权均须有效存在;(3)双方互负债务的标的物的种类、品质相同(同种类性);(4)必须是自动债权已届清偿期。参见崔建远:《论中国民法典上的抵销》,载《国家检察官学院学报》2020年第4期。
③ 参见许德风:《破产视角下的抵销》,载《法学研究》2015年第2期。
④ 参见沈达明编著:《美国银行业务法》,对外经济贸易大学出版社1995年版,第127页;沈达明、郑淑君编著:《英法银行业务法》,中信出版社1992年版,第12—23页、第188—199页。
⑤ 在我国,虽可基于《贷款通则》等解读出相关立法已赋予银行以抵销权,但尚存在诸多问题。如并未限制银行可得抵销的账户类型,未对银行可抵销的借款人账户上资金的来源及用途进行明确界定,银行与客户权利安排失当等。相关讨论参见李西臣:《论我国银行抵销权制度的建立》,载《上海金融》2007年第1期;张学安:《国际金融法中的抵销理论与实践》,法律出版社2008年版,第195—206页。

规范,除非存在破产法上的公共政策需要。由此,对于银行而言,若基于非破产法规范原本并不享有抵销权,则其在破产程序中亦无法主张抵销。

此外,在破产程序中对抵销的限制,相较于境外立法,我国相关立法仍存较大改进空间。例如,假定债务人甲在不当增加其开立在债权人乙银行的账户余额后立即申请破产,而在甲之破产程序启动前一刻乙采取迅速行动行使抵销权使自身债权得到全额清偿;但若没有甲之前之不当增加账户内余额的行为,债权人乙银行即使行使抵销权也不能得到全额清偿。在该假设案例中,显然乙银行获得了超常的待遇,有违破产法的"同等债权同等对待"的基本精神。而我国《企业破产法》第40条却并不能对上述情形作出有效回应。此外,依我国《企业破产法》关于破产撤销权之规定也难以有效对此时乙银行之抵销行为作出回应。这是因为,在该假设案例中,增加账户内余额的行为可解读为双方当事人间产生了新的债权债务关系,而债权人嗣后以其原债权与新债务为抵销。问题的关键是,对于这部分新增的债务,债权人可否为抵销。对此问题,《美国破产法》主要通过第553(b)条的规定予以规制。该条规定,如果债权人在破产程序启动前90日内行使抵销权的行为减少了该笔主动债权与其所对应之被动债权间的原本差额,那么便意味着该债权人的地位获得提升损害了其他债权人利益,破产管理人就得追回债权人多获得清偿的那部分财产。

对于债权人行使破产抵销权的程序,所争议者主要在于:债权人之债权是否须经申报并由法院裁定确认。对此,存在以下三种观点:其一,债权人行使抵销权的债权应当经过依法申报和法院裁定确认;其二,破产债权无须经申报和法院裁定确认即可直接予以抵销;其三,折中说,认为作为主动债权的破产债权是否需经申报和法院裁定确认,应视管理人对破产债权的存在、数额大小是否有争议而定。①

---

① 参见陈学箭、黄丽君:《银行作为债权人行使破产抵销权的要件》,载《人民司法·案例》2015年第6期。

本书倾向于第二种观点。除比较法上的经验外,[1]就我国立法之体系而言,亦难以得出债权须经申报和法院确定程序。《企业破产法司法解释二》第 41 条第 1 款规定,债权人依据《企业破产法》第 40 条的规定行使抵销权,应当向管理人提出抵销主张。该规定更多是对破产程序本身特点的尊重。抵销权作为形成权,行使权利亦需有特定之对象,只不过其权利效果的实现不依赖于对方当事人的意思表示。而进入破产程序后,破产债务人丧失对自己财产的控制,破产财产已由管理人接管。因此,进入破产程序后向管理人主张抵销应属破产程序之内在要求。虽然该司法解释第 42 条第 1 款规定,"管理人收到债权人提出的主张债务抵销的通知后,经审查无异议的,抵销自管理人收到通知之日起生效。"但是,该规定指向的仅是抵销权在破产程序中发生效力的特殊要求,凸显了破产管理人代表全体无担保债权人利益的基本定位。

案例十　刘某与 QY 房地产公司等保证合同纠纷案[2]
——破产程序中的保证

一、基本案情

原告:刘某

被告:QY 房地产公司(以下简称"QY 公司")

被告:夏某

原告刘某起诉称:2014 年 3 月 18 日,WX 纸业有限公司(以下简称"WX 公司")向原告借款 900 万元,还款时间为 2014 年 4 月 30 日;2014

---

[1] 例如,《德国破产法》第 94 条规定:破产债权人在破产程序开始时依法或依约有权抵销的,此项权利不因破产程序而受影响。《日本破产法》第 67 条规定,破产债权人在破产程序开始时针对破产人负担债务的,可以不依照破产程序予以抵销。参见李飞主编:《当代外国破产法》,中国法制出版社 2006 年版,第 42 页、第 743 页。

[2] 案例来源:浙江省富阳市人民法院(2014)杭富商初字第 2756 号民事判决书,北大法宝网,https://www.pkulaw.com/pfnl/a25051f3312b07f394ecbbce42e0db77c07ae0dca51175bbdfb.html,最后访问时间 2021 年 5 月 21 日。

年3月25日，WX公司和被告夏某向原告借款1000万元，还款时间为2014年4月30日；借款人承诺，如逾期不还，按中国人民银行同期贷款基准利率的四倍支付利息，并承担律师费、交通费等诉讼费用。该两笔借款均由QY公司、夏某提供连带责任担保，保证期限2年。WX公司于2014年4月10日归还原告借款1000万元（即2014年3月25日所借款1000万元）。但2014年3月18日所借900万元经原告多次催讨，至今未还，现WX公司已倒闭。被告QY公司、夏某也无承担保证责任之诚意。为此，原告提起诉讼，请求依法判令：被告QY公司、夏某对WX纸业有限公司向原告借款900万元以及至2014年10月20日止利息1411200元和至判决确定的履行日止的利息承担还款责任（按人民银行××××年半年贷款利息5.6%的4倍，年息22.4%计算）。

在本案审理过程中，原告刘某减少诉讼请求中利息部分的请求为：被告QY公司、夏某对WX纸业有限公司向原告借款900万元及2014年3月18日至2014年9月14日止利息991200元（按年息22.4%计算）承担还款责任。

被告QY公司答辩称：(1)如被告承担担保责任，则应承担的主债务利息依法应计算至主债务人WX公司的破产申请受理时止。根据《担保法》第21条之规定，被告QY公司作为担保人，其应承担的担保范围应以主债务人WX公司的债务为限。本案中，WX公司的破产申请已于2014年9月15日被富阳市人民法院依法受理。根据《企业破产法》第46条第2款（附利息的债权自破产申请受理时起停止计息）之规定，本案的主债务利息依法应计算至WX公司破产申请受理日即2014年9月15日止。故本案被告QY公司作为担保人，应承担的利息也应计算至2014年9月15日止。(2)如被告应履行担保责任，履行期限应当为主债务人WX公司破产程序终结之日起一定期限内，且责任范围应当为原告在破产程序中未受清偿的部分为限。本案中，主债务人WX公司已经进入破产程序。虽然截至2014年11月18日被上诉人未申报债权，但债权申报的期限至2015年1月9日止，且即使超过了申报期限，根据《企业破产法》第56条第1款的规定："在人民法院确定的债权申报期限内,债权人未申报债权的,可以在破产财产最后分配前补充申报;但是,此前已进行的分配,不再对其补充分配。为审查和确认补充申报债权的费用,由补充申报人承担。"被上诉人在破产财产最后分配前仍可以补充申报。因此,上诉人作为担保人如果在破产程序尚未终结前履行了保证责任,被上诉人仍有可能在破产程序中申报债权,届时被上诉人将获得双重清偿。若原告在双重受偿后,未将双重受偿部分主动返还给被告,亦可能产生新的纠纷和诉讼。

被告夏某对原告的诉请没有异议。

根据当事人的陈述及法院审理确认的有效证据,法院认定如下事实:

(1)2014年3月18日,WX公司向原告刘某出具借条一份,载明:"今向刘某借到人民币玖佰万元(9000000)整,期限定于2014年4月30日前归还,若逾期不还,按中国人民银行同期同贷利息四倍计息,并支付每天元违约金,且诉讼产生的费用但不限于律师费、交通费、评估、拍卖等费用全部由借款人承担。一旦发生纠纷,由出借方所在地人民法院管辖。"被告QY公司、夏某作为保证人在该份借条上盖章,并承诺:对上述借款本息及律师费、交通费逾期,愿意承担连带还款责任,保证期限2年。同日,原告刘某通过银行转账的方式向WX公司交付900万元。借款到期后,WX公司未还本付息,被告QY公司、夏某亦未履行担保义务。

(2)2014年3月25日,WX公司和被告夏某向原告借款1000万元,还款时间为2014年4月30日。该借款由QY公司提供连带责任担保,保证期限2年。该借款WX公司于2014年4月10日归还。

(3)2014年9月15日,经富阳市人民法院裁定,WX公司进入破产重整程序。

(4)原告刘某未向WX公司破产管理人申报债权。在本案审理过程中,原告书面通知两被告明确:原告未向富阳市人民法院申报债权,两保证人可以向富阳市人民法院申报该笔债权,预先行使追偿权。

二、争议焦点

本案的争议焦点是：利息计算的截止时间是本金还清日，还是 WX 公司被法院受理破产申请之日。

三、案件裁判

法院审理认为，WX 公司向原告刘某借款 900 万元及被告 QY 公司、夏某为案涉借款提供担保的行为，是各方真实意思表示，内容不违反法律和行政法规的强制性规定，应属合法有效。原告刘某与 WX 公司、被告 QY 公司、夏某之间的借贷关系、担保关系有效成立，借贷、担保事实清楚，有 WX 公司出具并由被告 QY 公司盖章及夏某签字的借条及兴业银行个人汇款委托书等证据在案佐证。现借款人 WX 公司在借款到期后，并未按时归还借款，显属违约。故被告 QY 公司、夏某作为案涉借款的连带责任保证人，依法应当承担相应连带保证责任。保证人承担保证责任后，有权向债务人追偿。法院受理债务人破产案件后，债权人未申报债权的，保证人可以参加破产财产分配，预先行使追偿权。原告刘某现主张的借款本金符合法律规定，法院依法予以支持。

保证合同具有从属性，其保证范围从属于主债务的范围，当主债务的履行范围发生变更，保证范围也相应发生变更，但保证范围不得超过主债务范围。由于 WX 公司于 2014 年 9 月 15 日由富阳市人民法院裁定受理破产申请，根据《企业破产法》第 46 条第 2 款之规定，附利息的债权，自破产申请受理时停止计息。因此，本案的主债权的利息应计算至 2014 年 9 月 15 日止。被告 QY 公司、夏某作为连带责任保证人，也应支付利息至 2014 年 9 月 15 日。在本案审理过程中，原告刘某减少诉讼请求之利息部分的请求，减少后的利息计算，符合法律的规定，法院予以支持。

关于被告 QY 公司提出的履行期限应为主债务人 WX 公司破产程序终结之日起一定的期限内，且责任的范围应当以原告在破产程序未受清偿的部分为限的抗辩意见。法院认为，《最高人民法院关于适用〈中华人民共和国担保法〉若干问题的解释》(以下简称《担保法司法解释》)第44条规定:"保证期间,人民法院受理债务人破产案件的,债权人既可以向人民法院申报债权,也可以向保证人主张权利。债权人申报债权后在破产程序中未受清偿的部分,保证人仍应当承担保证责任。债权人要求保证人承担保证责任的,应当在破产程序终结后六个月内提出。"另根据《企业破产法》第124条的规定,破产人的保证人和其他连带债务人,在破产程序终结后,对债权人依照破产清算程序未受清偿的债权,依法继续承担清偿责任。上述司法解释及法律规定的目的是防止债权人获得双重清偿。而本案中,原告刘某未向WX公司破产管理人申报债权,且明确通知两保证人可以向富阳市人民法院申报该笔债权,预先行使追偿权,故不存在双重清偿的情况。由担保人先行承担担保责任,也有利于各方当事人摆脱讼累,尽快实现有关权利,减少不当损失。故被告的该项抗辩理由不能成立,法院不予采信。

综上,法院认为原告刘某的诉讼请求合理、合法,依照《合同法》第205条、第206条、第210条,《担保法》第18条、第21条、第31条、第32条,《企业破产法》第46条第2款之规定,判决:(1)被告QY房地产公司、夏某归还原告刘某借款本金900万元,于本判决生效之日起30日内付清;(2)被告QY房地产公司、夏某支付原告刘某借款利息991200元,于本判决生效之日起30日内付清。如未按本判决指定的期间履行给付金钱义务,应当依照《民事诉讼法》第253条之规定,加倍支付迟延履行期间的债务利息。

四、分析思考

本案所涉问题的核心在于主债务人破产时保证人的保证责任范围,其关键又在于如何理解我国《企业破产法》第46条第2款的规定,即"附利息的债权自破产申请受理时起停止计息"是否及于保证人。本案中,法院立基于保证合同的从属性(范围的从属性)认为,根据《企业破产法》第46条第2款,主债权之利息自主债务人被受理破产申请之日起业已被停止计算,此种停止计算导致该部分利息灭失,进而导致主债范畴的缩减,相应地作为从债的保证责任亦应进行缩减。①

显然,这一裁判思路的"要害"在于《企业破产法》第46条第2款中的"停止计息"是否具有消灭该部分利息之债的效力。对此,本书持怀疑态度。我们不妨先将目光聚焦到《企业破产法》第124条的规定:"破产人的保证人和其他连带债务人,在破产程序终结后,对债权人依照破产清算程序未受清偿的债权,依法继续承担清偿责任。"对此,法院认为该条的立法目的在于"防止债权人获得双重清偿"。然而,全国人大法工委对该法的释义指出:"本条是关于破产程序终结后破产人的连带债务人继续承担清偿责任的规定。企业法人因破产程序终结而终止,对未清偿的债务已无法再清偿。但债务人破产并非债权消灭的原因,债权人依照破产程序未得到全部清偿的债权,并不因债务人破产而消灭,只是不能从已破产的债务人处得到清偿,但并不排除从第三人处得到清偿。"②史尚宽教授在探讨保证债务之从属性时认为,"主债务人为股份有限公司,未清偿其债务而陷于破产,因而丧失人格,不能向其请求时,保证债务亦不消灭。"③对此,应认为"此时为债务人不能履行其债务之一情形,即为因可归责于主债务人之事由而为给付不能"④。许德风教授亦认为,《企业破产法》第46条第2款规定之停止计息并不意味着主债务的依法减少。⑤由此,结合《企业破产法》第124条之规定,根据"举重以明轻"规则,既然破产程序之终结都不影响债权人对保证人的追偿权,对于第46条第2款之停止计息亦应认为并不影响该部分利息之实体法效力。

其实,全国人大法工委在对《企业破产法》第46条第2款的释义中早已给出答案。对于规定停止计息,全国人大法工委指出:"破产申请受

---

① 不过,实践中也有观点认为,债权人仍然能够向保证人主张破产申请受理日之后发生的利息。关于我国司法实践围绕此类问题的不同做法,可进一步参考于焕超:《破产程序中债权人对保证人的利息请求权分析》,载《海南金融》2016年第11期。
② 全国人民代表大会常务委员会法制工作委员会编:《中华人民共和国企业破产法释义》,法律出版社2006年版,第173页。
③ 史尚宽:《债法各论》,中国政法大学出版社2000年版,第917页。
④ 同上。
⑤ 参见许德风:《破产法论——解释与功能比较的视角》,北京大学出版社2015年版,第346页。

理后发生的利息不属于破产债权。因此,附利息的债权自破产申请受理时起停止计息。"① 此处,全国人大法工委实际上借助了境外立法上的劣后债权理论。劣后债权是指那些虽符合一般债权的构成要件,但因债务人处于破产状态这一特定事实,而仅能后于一般破产债权获得分配的债权。一般认为,劣后债权应包括:(1) 债权人因参加破产程序而支出的费用;(2) 破产宣告后的利息;(3) 因破产宣告后的债务不履行行为而产生的违约金;(4) 破产程序开始后逾期未申报的债权;(5) 超过诉讼时效的债权;(6) 破产宣告后产生的罚金、罚款、滞纳金等。我国企业破产法对此未作规定。②

对于破产程序中的保证问题,我国立法在保证期间的计算、保证人与债权人的权利行使(尤其是保证人与债务人同时破产时)等方面均需进一步明确。对此,《最高人民法院关于适用〈中华人民共和国企业破产法〉若干问题的规定(三)》已进行了初步回应。其第 4 条规定:"保证人被裁定进入破产程序的,债权人有权申报其对保证人的保证债权。主债务未到期的,保证债权在保证人破产申请受理时视为到期。一般保证的保证人主张行使先诉抗辩权的,人民法院不予支持,但债权人在一般保证人破产程序中的分配额应予提存,待一般保证人应承担的保证责任确定后再按照破产清偿比例予以分配。保证人被确定应当承担保证责任的,保证人的管理人可以就保证人实际承担的清偿额向主债务人或其他债务人行使求偿权。"第 5 条规定:"债务人、保证人均被裁定进入破产程序的,债权人有权向债务人、保证人分别申报债权。债权人向债务人、保证人均申报全部债权的,从一方破产程序中获得清偿后,其对另一方的债权额不作调整,但债权人的受偿额不得超出其债权总额。保证人履行保证责任后不再享有求偿权。"不过,遗憾的是,本应明晰规则的司法解释在实践中却引发了进一步的争议。例如,该司法解释第 16 条第 1 款规定:"本规定自 2019 年 3 月 28 日起实施。"由此,对于实践中已开始之

---

① 全国人民代表大会常务委员会法制工作委员会编:《中华人民共和国企业破产法释义》,法律出版社 2006 年版,第 75 页。
② 参见韩长印主编:《商法教程》,高等教育出版社 2007 年版,第 454—455 页。

重整或已进入执行阶段之重整计划是否应进行调整,便需进一步明确。又如,根据该解释第 5 条,在保证人与债务人同时破产时,保证人的追偿权在实质上被剥夺。对此,也有学者提出了不同观点。①

案例十一 | 上海某科技股份有限公司破产重整案②
——破产重整中对无担保小额债权的
　　优惠清偿

一、基本案情

申请人:上海超日太阳能科技股份有限公司

上海超日太阳能科技股份有限公司(以下简称"超日公司")因连续三年亏损,公司股票自 2014 年 5 月 28 日起暂停上市,11 超日债于 2014 年 5 月 30 日起终止上市。2014 年 4 月 3 日,超日公司接到 YH 公司的函,YH 公司以超日公司不能清偿到期债务,且资产不足以清偿全部债务、明显缺乏清偿能力为由,向法院申请对超日公司进行重整。法院经审查认为,超日公司符合进行重整的条件,于 2014 年 6 月 26 日作出(2014)沪一中民四(商)破字第 1-1 号民事裁定,依法裁定受理 YH 公司对超日公司提出的重整申请,并于同日作出(2014)沪一中民四(商)破字第 1-1 号决定,指定北京市某律师事务所上海分所、某会计师事务所(特殊普通合伙)上海分所担任破产管理人。该案现已重整成功。

二、案件裁判

根据《上海超日太阳能科技股份有限公司重整计划草案》,普通债权

---

① 关于破产中保证问题的探讨,可进一步参考许德风:《破产中的连带债务》,载《法学》2016 年第 12 期。
② 案例来源:上海市第一中级人民法院(2014)沪一中民四(商)破字第 1 号民事裁定书,北大法宝网,https://www.pkulaw.com/pfnl/a25051f3312b07f3d319be991207fe5fe68779e303070d8bbdfb.html,最后访问时间 2021 年 6 月 1 日。

在重整计划执行期限内按照如下方案一次性清偿完毕:

根据偿债能力分析报告,超日公司在破产清算状态下的普通债权受偿率约为3.95%。为最大限度提升债权人的受偿水平,根据超日公司的实际情况,本重整计划大幅提高普通债权受偿率,具体调整方法如下:(1)每家普通债权人20万元以下部分(含20万元)的债权全额受偿;(2)普通债权超过20万元部分按照20%的比例受偿。

三、分析思考

本案代表了我国司法实践中的一种常见小额普通债权清偿方案,其背后反映的是我国破产重整实践中常见的小额债权分组清偿(或优待清偿)的合理性问题。我国《企业破产法》第82条规定,债权人会议对重整计划草案进行表决时应进行分组表决,基本分组为:担保债权组、职工债权组、债务人所欠税款组及普通债权组。同时,该条第2款规定,人民法院在必要时可以决定在普通债权组中设小额债权组对重整计划草案进行表决。由此,我国立法确立了破产重整中债权按组清偿的基本原则,且在进行债权分组时应遵守同类债权同一组别原则。这一制度设计实为破产法同等债权人同等对待基本原则的体现。但是,由于《企业破产法》第82条第2款的规定,司法实践常将小额债权区别对待。由此导致小额普通债权人虽同作为无担保债权人,在破产实践中却常因其债权额的因素而被优待,即清偿率高于大额无担保债权人。

有学者将我国司法实践中常见的小额债权清偿方式总结为三种模式:(1)小额债权与其他普通债权在同一表决组内同比例受偿;(2)小额债权作为独立的一组,获得高于其他普通债权的受偿比例,甚至被100%清偿;(3)小额债权不单独分组,而是纳入普通债权组,并采取分段按比例递减的清偿方式,小额债权整体上获得大于其他普通债权的受偿比例。[①] 本案反映的便是第(3)种模式。

对于第(1)种模式,实践中存在一定的变形,即虽在清偿率上相同,

---

① 参见韩长印:《从分组到分段:重整程序中的小额债权清偿机制研究》,载《法学》2019年第12期。

但在清偿方式、期限等方面存在不同,如"长岭案"。根据《长岭(集团)股份有限公司重整计划》①,全部普通债权均按经确认的债权数额的18%予以清偿。不过,在该案中,设置债权人组别时,区分了大额普通债权与小额普通债权。具体而言,第3组、第4组分别为大额普通债权组(大额债权人共66家,债权金额为1130472372.50元);小额普通债权(小额普通债权人97家,债权金额为12773479.69元)。此外,小额债权与大额债权在清偿方式上也存在差异:小额普通债权自重整计划执行之日起的3个月内以货币方式清偿完毕。大额普通债权原则上以货币方式清偿,自重整计划执行之日起的12个月内清偿完毕;同时,根据自愿原则,大额普通债权人可以向破产管理人提出书面申请,要求以长岭股份流通股股东让渡的部分股份,按每股6.34元的价格,折抵其根据本重整计划调整后应享有的债权。(编著注:债权人自愿接受更长的清偿期限的,不在此限。如出现此情况,该等债权人的清偿期限相应顺延。)股份转入方须缴纳的税费,由相应债权人自行承担。

对于第(2)种模式,典型的如"沧化股份案"。根据《沧州化学工业股份有限公司重组方案》②(以下简称《重组方案》),普通债权人中50万元以上(不含50万元)大额债权保证获得11.33%的清偿,如出资人权益调整按《重组方案》预计变现,可增加清偿比例2.95个百分点,普通债权人中50万元以上(不含50万元)大额债权可获得14.28%的清偿。50万元以下(含50万元)小额普通债权按30%的确定比例清偿,该小额普通债权的清偿比例不受出资人权益调整后资产变化的影响。此外,小额普通债权在《重组方案》通过后1年内清偿完毕,而大额普通债权则要分3年清偿完毕。

整体而言,对小额无担保债权的区别对待在司法实践中已是普遍现象。根据知名破产律师的统计,在截至2016年的50家上市公司破

---

① 《长岭(集团)股份有限公司重整计划》,https://stock.tianyancha.com/an/12d24de236956c7a511d01bdbc4fbe32.PDF,最后访问时间2024年4月8日。
② 《沧州化学工业股份有限公司重组方案》,https://static.cninfo.com.cn/finalpage/2007-12-29/36385483.PDF,最后访问日期2024年4月29日。

产重整案件中,科健股份等共计8家上市公司重整计划设置了小额普通债权组,共有31家普通债权中区分了小额普通债权(含未设置小额债权组案件),且采取分段递减式的优惠清偿方案,如舜天船舶、川化股份等。①

就此类小额债权的优惠清偿,已有论者质疑其正当性。如有实务界人士在论述中提及"在司法实践中,设立小额债权组因违反了公平对待同一性质债权人的原则,引发其他债权人的不满,反而影响了重整计划通过的目标"②。但也有学者持支持立场,如王卫国教授便认为,"设立小额债权人组是基于重整实务中提高重整计划表决效率的需要。小额债权组虽然债权金额较小,但往往人数众多,其表决权的行使会加大表决程序的成本,拖延表决时间。由于小额债权总额一般较小,即使全额或者高比例清偿,也不会给债务人财产造成过多负担。相对于为小额债权支付的高于一般普通债权的受偿比例而言,提高重整计划表决效率所带来的时间和成本节约,特别是重整计划早日付诸实施所带来的效益,更值得重视"③。此种论述实为坚持效率论。也有学者认为,小额债权分组优惠清偿欠缺合理性基础,但分段递减清偿是在普通债权组中的次一级分类,且该分类找到了小额债权人与大额债权人间利益相对平衡的连接点。这在于,在同组但分段按比例递减清偿模式下,普通债权组内每一层级的债权均可视为平等的债权,所获分配比例是相同的。④

在进一步反思之前,有必要回到条文本身。全国人大法工委在针对《企业破产法》第82条第2款的释义中指出:"在实践中,大债权人往往人数少但是债权额很大,而小债权人往往人数很多但是债权额却较小。如果把所有普通债权作为一组进行表决,按照同一比例清偿,

---

① 参见刘延岭、赵坤成主编:《上市公司重整案例解析》,法律出版社2017年版,第40页、第11—21页。
② 参见赵玉忠、张德忠:《关于企业重整过程中几个问题的思考与应对——以淄博钜创纺织品有限公司重整案为视角》,载《山东审判》2015年第3期。
③ 王卫国:《破产法精义》,法律出版社2007年版,第249—250页。
④ 参见韩长印:《从分组到分段:重整程序中的小额债权清偿机制研究》,载《法学》2019年第12期。

重整计划草案很难取得出席会议的债权人过半数同意。如果对小额债权人提高清偿比例以取得他们的同意,对大额债权人的权益影响也很小。因此,本条第二款规定,人民法院在必要时可以决定在普通债权组中设立小额债权组对重整计划草案进行表决。"① 可见,该观点主要基于效率视角。

由此,问题的本质转化为对重整效率之考量是否足以支撑突破公平清偿这一破产法基本原则。概因即使是在分段递减清偿模式下,不同债权人的清偿比例仍存在差异,且同一债权人在不同方案下得到的最终清偿率亦存在差异。以本案为例,其清偿方案为:每家普通债权人 20 万元以下部分(含 20 万元)的债权全额受偿。普通债权超过 20 万元部分按照 20% 的比例受偿。假设甲债权人之债权额为 18 万元,乙债权人之债权额为 40 万元,且二人均为无担保债权人。按此方案,甲债权人的最终清偿率为 100%,而乙债权人的最终清偿率为 60%。同为无担保债权,乙仅因其债权额较大而被较低清偿。从结果上看,此种方案仍是以大额债权人之利益补偿小额债权人,且债权额越大受到的不利影响亦越大。换言之,在此种模式下,债权额分级的级数越多,大额债权人受到的不利影响越大。如在银广夏破产重整案中,其债权清偿方案为:普通债权的清偿比例调整如下:每笔债权 100 万元以下部分(含 100 万元)清偿比例为 100%,每笔债权 100 万元以上至 1000 万元以下部分(含 1000 万元)清偿比例为 70%,每笔债权 1000 万元以上部分清偿比例为 50%。对于债权额为 1000 万元以上的债权人,其实受到了多次"伤害"。相较而言,单独设小额债权组并对其进行优惠清偿模式,则仅在大额债权人与小额债权人之间造成结果上的区别对待。

关键在于,对于同一案件,可用以分配的总财产是一定的。在小额债权单独分组并优惠清偿方案下,事先被切走的部分小于分段递减式清偿方案下事先被切走的部分。同样以超日公司案为例,在小额债权单独

---

① 全国人民代表大会常务委员会法制工作委员会编:《中华人民共和国企业破产法释义》,法律出版社 2006 年版,第 119 页。

分组并优惠清偿方案下,仅对总债权额小于20万元的部分进行100%清偿,剩余的部分对全体债权额大于20万元的债权人统一按20%的清偿率清偿;而在分段递减方案下,首先对全部20万元以下部分进行100%清偿,剩余财产才能够向债权额大于20万元的部分进行清偿,此时能够进行二次分配的总财产小于单独分组并优惠清偿方案下的可分配财产。

  当然,此类优惠清偿方案若能够在无担保债权人组表决时获得全票通过,其公平性基础似可借助于当事人之同意予以证成。但需注意的是,根据法律规定,重整计划在分组表决时采取的是多数决原则。换言之,即使某一组表决通过了重整计划,其组内存在投反对票者应属大概率事件。而在重整计划因无担保债权人组未能表决通过而法院强裁通过时,面临的公平性拷问最为集中。由是观之,即使将重整计划的性质定性为合同,①仍无法借助于当事人之合意/同意证成小额无担保债权人优惠清偿的公平性基础。

  小额普通债权优惠清偿的正当性基础虽仍存在疑虑,但从其在上市公司重整实践中被普遍采用的现实观之,其社会效果应较为正面。而在比较法上,无论是德国法还是美国法,均允许设立小额债权组,以便利重整。对此,理论研究应直面这一挑战。一种可能的理论出路在于跳出既有理论的窠臼——债权果真是"平等"的吗?毕竟在破产语境下,债权平等的基本假定一再受到挑战,如劳工债权、人身侵权之债等。我国司法实践中,甚至有声音认为,房地产开发商破产时,对于以居住为目的的普通购房者的债权亦应给予特殊保护。

---

① 关于重整计划的性质,在我国仍存争议:有观点认为重整计划乃合同,也有观点认为重整计划由债权人会议表决通过,故属民事法律行为中的决议行为。

案例十二 某科技公司与 HL 公司房屋租赁合同纠纷案[①]
——破产重整中未按期申报债权问题

一、基本案情

一审原告、二审上诉人：衢州某科技有限公司（以下简称"某公司"）

一审被告、二被上诉人：浙江 HL 化工集团有限公司（以下简称"HL 公司"）

某公司因向 HL 公司破产管理人申报债权被拒，遂向法院提起诉讼。该案经一审[案号为（2017）浙 08 民初 378 号]、二审[案号为（2018）浙民终 93 号]审判审结。

2015 年 7 月 10 日，原告的前身衢州 HL 科技有限公司与被告签订协议一份，约定由原告租赁被告车间、仓库和办公场所等，租赁期限为 20 年，自 2015 年 7 月 10 日至 2035 年 7 月 10 日止，租赁费用每年 25 万元。第一次预付两年租赁费用 50 万元，第三年开始每年 7 月预付下一年费用。原告按协议约定预付了租用费用后，对租用场地进行了翻修和维修，共花费维修费用 74419.7 元。

2016 年 4 月 22 日，法院裁定受理被告重整申请，公告中债权申报的期限为 2016 年 6 月 15 日前。6 月 24 日召开第一次债权人会议。8 月 10 日，被告破产管理人书面通知原告解除 2015 年 7 月 10 日原、被告双方签订的协议。9 月 27 日，法院裁定被告、衢州 HL 氟化学有限公司（以下简称"HL 氟公司"）、衢州市荣康氟材料有限公司（以下简称"荣康氟公司"）进行合并破产重整。11 月 25 日，召开第二次债权人会议表决重

[①] 参见程顺增：《规避企业破产法的重整计划条款有效》，载《人民司法·案例》2019 年第 32 期，第 71—74 页。

整计划草案。2017年2月23日,法院裁定批准HL公司、HL氟公司、荣康氟公司重整计划。

重整计划第二部分债务人重整经营方案包括以下内容:原HL公司(被告)的债权人(包括但不限于对债务特定财产享有担保权的债权人、职工、普通债权人及共益债权人等)均无权向重整投资人以及新HL公司(被告)主张权利,如有债权人主张权利,均应按破产程序向荣康氟公司破产管理人申报债权,并按重整计划规定行使相关权利。第四部分债权受偿方案包括以下内容:如有债权人在本次债权人会议召开之日后冉申报或主张债权的(以下简称"会后申报债权"。如有债权人在本次债权人会议后改变申报债权性质,即之前申报为普通债权,本次会议后要求更改为优先债权,对其改变申报债权性质部分债权,也按会后申报债权对待),应通过荣康氟公司、HL氟公司破产清算程序主张债权,不得向新HL公司主张债权。

2017年3月10日,原、被告就搬离问题进行协商。3月23日,原告变更企业名称,将公司名称变更为"衢州某科技有限公司"。3月31日,原告搬离。5月上旬,重整计划执行完毕。

5月20日,原告向被告破产管理人申报债权74419.7元,但破产管理人审核后认为原告申报的债权不属于破产债权,对原告申报的债权审查结果为0。

另,原告法定代表人应某个人也是被告重整程序中的债权人,参加了两次债权人会议。

二、争议焦点

本案的主要争议焦点为:原告在重整计划通过后仍向被告主张权利是否得当。

2017年10月9日,原告诉至法院,请求确认原告某公司对被告HL公司享有74419.7元的债权,并作为破产共益债务优先受偿。破产管理人审核后认为原告申报的债权不属于破产债权,对原告申报的债权审查结果为0。

三、案件裁判

一审法院认为,案件争议焦点之一为原告在重整计划通过后仍向被告主张权利是否得当。原告在被告厂区内租赁部分厂房长期生产经营,且其法定代表人个人亦系被告重整债权人,参加了两次债权人会议,应当对被告整个重整程序知情且有高于一般债权人的了解程度。在破产管理人自破产申请受理之日起2个月内未通知解除租赁协议的情况下,既未向破产管理人发出催告,也未在合理期限内申报债权,甚至在破产管理人发出书面解除合同通知、原告法定代表人知晓拟表决重整计划草案的情况下亦怠于行使权利。

原告主张,对于《企业破产法》第18条第1款应理解为,破产管理人自破产申请受理之日起2个月内未通知对方当事人的,破产管理人失去单方合同解除权。具体到本案,原、被告双方于2017年3月10日达成解除协议,此时债权方形成。

一审法院认为,破产管理人自破产申请受理之日起2个月内未通知对方当事人的,视为合同解除,除非破产管理人与对方当事人就继续履行合同另行协商一致。法律明确规定了合同解除的后果,据此债权人具有申报相应债权的权利,即自2016年6月23日起,原告与被告的租赁协议应视为解除,不论被告破产管理人于2016年8月才通知原告解除租赁协议,还是原告实际占用被告案涉厂房直至2017年3月31日,自2016年6月23日起,原告都应向被告破产管理人申报债权。

原告在明知被告进行重整,并且重整计划拟订中不包括继续履行租赁协议的情形下仍不申报债权,可能影响重整程序的整体推进。企业破产法的立法本意是鼓励对企业进行重整挽救,债权人应妥善行使申报债权的权利。企业破产法赋予破产管理人解除双方均未履行完毕的合同的权利,目的在于使债务人财产最大化甚至使债务人更生。债权人未依照企业破产法规定申报债权的,在重整计划执行期间不得行使权利;在重整计划执行完毕后,可以按照重整计划规定的同类债权的清偿条件行使权利。经人民法院裁定批准的重整计划,对债务人和全体债权人均有约束力。

具体到本案，原告非因不知晓重整程序等客观原因不申报债权，而是怠于申报债权，可视为放弃申报债权、表决重整计划草案等相应的权利，重整计划对原告具有约束力。即使原告的维修费用属于必要或有益费用，也因受重整计划的约束，不得向被告主张权利。一审法院遂判决驳回原告诉讼请求。

二审法院驳回上诉，维持原判。

四、分析思考

本案涉及的是未申报债权在破产程序中的处理问题。未申报债权给破产实践带来的挑战，除本案所反映的能否参与破产重整程序外，更多表现为其可以在重整计划执行完毕后按照重整计划中的同类债权获得清偿。我国《企业破产法》第92条第2款规定："债权人未依照本法规定申报债权的，在重整计划执行期间不得行使权利；在重整计划执行完毕后，可以按照重整计划规定的同类债权的清偿条件行使权利。"由此，即使按照重整计划执行完毕，重整后的破产债务人仍需面对清偿破产重整前债务的风险。这也给参与破产重整的战略投资人带来巨大的不确定性。为此，投资人在做投资计划时必须充分考量到此类风险，否则在重整计划执行完毕后极易因清偿此类债务而导致资金紧张。

同时，在上市公司破产重整实践中，重整计划往往预留部分财产用于清偿此类未申报债权。如在庞大汽贸集团股份有限公司重整案件中，重整计划便对未申报债权作出专门安排。根据该重整计划，对于未依照《企业破产法》规定申报但账面记载的债权，在本重整计划执行期间不得行使权利；在重整计划执行完毕后，债权人可以按照本重整计划规定的同类债权的清偿条件向庞大集团主张权利。为此，本重整计划按照已确认债权受偿方案为上述预计债权预留现金、股票及留债额度，在债权获得最终确认后按照本重整计划规定的同类债权的清偿条件进行清偿。未依法申报债权的债权人，自重整计划执行完毕公告之日起满三年仍未向公司主张权利的，根据重整计划为其预留的资金将归还上市公司用于补充流动资金,已提存的偿债股票将按照上市公司股东大会形成的生效决议予以处置。而本案中,重整计划针对《企业破产法》第 92 条第 2 款设置了专门条款:如有债权人在本次债权人会议召开之日之后再申报或主张债权的,应通过荣康氟公司、HL 氟公司破产清算程序主张债权,不得向新 HL 公司主张债权。

面对《企业破产法》第 92 条第 2 款在实践中引发的诸多争论,我们不得不反思这一立法的正当性。全国人大法工委在对本款的释义中解释道:"债权申报是债权人参加破产程序、在破产程序中行使权利的必备条件。债权人未在人民法院确定的债权申报期限内按照本法规定的要求申报其债权,被视为放弃或怠于行使其权利。本条规定,债权人未依照本法规定申报债权的,在重整计划执行期间不得行使权利,但该债权并不消灭,在重整计划执行完毕后,可以按照重整计划规定的同类债权的清偿条件行使权利。"① 其内在逻辑在于,未申报债权并不因破产程序而消灭,仍需进行清偿。问题是,考虑到未申报债权对破产程序带来的消极影响,此类债权果真未受任何影响吗?

从比较法上看,在法国未按期申报债权仅仅不能对抗债务人,而并非失其本权,否则担保人也可不再负担清偿之责。② 我国台湾地区学界通说亦持类似立场,认为未按期申报的债权仅丧失请求权,而非其本权。③ 不过,对于未按期申报债权之法律效果,不同国家及地区的立法态度并不相同。

我国有学者主张,对于未按期申报的债权,应允许其补充申报,逾期仍未申报的视为自然债权。债权人既不能在重整计划执行期间行使权利,也不能在重整计划执行完毕后请求债务人清偿。④ 不过,也有学者主张,对逾期申报的债权应当区别对待,凡是故意或因重大过失而逾期申

---

① 全国人民代表大会常务委员会法制工作委员会编:《中华人民共和国企业破产法释义》,法律出版社 2006 年版,第 131 页。
② 参见郗伟明:《论破产重整中未按期申报债权之处置》,载《法商研究》2012 年第 6 期。
③ 参见郑志斌:《中国公司重整实证研究》,载李曙光、郑志斌主编:《公司重整法律评论(第 1 卷)》,法律出版社 2011 年版,第 11 页。
④ 参见张善斌、翟宇翔:《破产重整程序中未按期申报债权处理方式的选择与构建》,载《河南财经政法大学学报》2020 年第 4 期。

报债权的,应遭受失权的制裁;相反,对因不可归咎于自身过错的原因而逾期申报的,其后续的分配请求权不受影响;对普通过失导致逾期申报的,其受偿比例应当酌减。该学者还认为,实践中为未按期申报债权预留财产的做法缺乏正当性基础。①

与未按期申报债权之债权人是否应失权或受到消极法律评价相类似的一个问题是:破产程序的终结对债权人在破产程序中未获清偿部分债权的影响。我国《企业破产法》第123条规定了破产程序结束后的补充分配制度,第124条规定了破产债权人得继续向保证人等主张权利。基于体系解释的视角,可否得出结论:破产程序终结后,发现破产债务人的新财产时,债权人得要求破产管理人清偿债务?

---

① 参见郡伟明:《论破产重整中未按期申报债权之处置》,载《法商研究》2012年第6期。

第三部分

合 同 法

■■■ 案例一 | 黄某与世纪公司买卖合同纠纷案①
——电子商务下的合同成立及违约责任

一、基本案情

一审原告、二审被上诉人：黄某

一审被告、二审上诉人：北京世纪卓越信息技术公司（以下简称"世纪公司"）

世纪公司系某电商平台的实际运营管理者。2021年11月26日，ninhao2018@163.com 的电子邮箱收到某电商平台发来的电子邮件1封，确认其订购了"CHANGHONG 长虹 LED32538 32 英寸 LED 电视"，

---

① 案例来源：北京市第三中级人民法院（2014）三中民终字第09383号民事判决书，北大法宝网，https://www.pkulaw.com/pfnl/a25051f3312b07f319f402874 8e1768cb6a8e77ab419deffbdfb.html? keyword＝%E5%8C%97%E4%BA%AC%E5% B8%82%E7%AC%AC%E4%B8%89%E4%B8%AD%E7%BA%A7%E4%BA%BA% E6%B0%91%E6%B3%95%E9%99%A2%EF%BC%882014%EF%BC%89%E4%B8% 89%E4%B8%AD%E6%B0%91%E7%BB%88%E5%AD%97%E7%AC%AC09383% E5%8F%B7%20&way＝listView，最后访问时间2023年10月22日。

送货地址为黄某的地址,并注明此邮件仅确认收到了订单,但不代表接受订单,只有该电商平台发出发货确认的电子邮件,订购合同才成立。当日,某电商平台再次给上述电子邮箱发送了邮件,确认邮箱用户已就涉案订单支付货款161.99元。

2021年11月28日,某电商平台给ninhao2018@163.com的电子邮箱发送邮件称:由于缺货,将无法满足您对商品CHANGHONG长虹LED32538 32英寸LED电视的订购意向;如果您已经完成付款,相应款项将退回。

世纪公司称:2021年11月20日,后台系统故障将错误的商品信息上传至前台,直到2021年11月26日13点左右,出现大量异常订单时世纪公司才发现此错误。目前涉案商品的货款已经退还。黄某则表示:若双方继续履行合同,则愿意再向世纪公司支付货款161.99元。

黄某就上述邮件及在某电商平台注册购买的过程进行了公证,并为此支付了公证费1000元。黄某委托某律师事务所律师孙英杰作为代理人参加诉讼,并为此支付了律师费4000元。

消费者注册成为该电商平台用户时,注册页面对"使用条件"以链接、字体加粗的形式进行了提示;但若注册用户不点击"使用条件"的链接,也不会影响注册程序;即便订购页面显示暂时缺货,用户仍然可以下单购买。在下单后的检查订单页面中,"检查订单"以加粗加大字体出现在页面最上端,下面普通字体载明:"当您选择了我们的商品和服务,即表示您已经接受了本电商平台的隐私声明、使用条件和商品的退换货政策。您点击提交订单按钮后,我们将向您发送电子邮件或短信确认我们已收到您的订单,只有我们向您发出发货确认的电子邮件或短信,方构成我们对您的订单的确认,我们和您之间的订购合同才成立。"该页面对产品型号、订购数量、送货地址、付款方式等内容进行了字体加粗加黑处理。消费者点击提交订单按钮,购买成功。在整个购买过程,"使用条件"和"隐私声明"均以普通字体的链接按钮形式出现在页面最下端。

该电商平台公布的"使用条件"载明:如果您通过本网站订购商品,本网站上展示的商品和价格等信息仅仅是要约邀请,您的订单将成为购买商品的申请或要约。收到您的订单后,我们将向您发送一电子邮件或短信确认我们已经收到您的订单,其中载明订单的细节,但该确认不代表我们接受您的订单。只有当我们向您发出送货确认的电子邮件或短信,通知您我们将您订购的商品发出时,才构成我们对您的订单的接受,我们和您之间的订购合同才成立。

二、争议焦点

本案系网络消费引发的买卖合同纠纷,主要争议焦点有:(1)黄某是否为本案买卖合同的适格主体;(2)世纪公司在网站中公布的"使用条件"是否对双方具有约束力;(3)世纪公司与黄某之间买卖合同是否已经成立;(4)世纪公司是否应当承担继续履行合同的责任;(5)世纪公司是否应给付黄某保全费用和律师费。

三、案件裁判

一审法院认为:(1)世纪公司于判决生效之日起10日内向黄某交付长虹LED32538 32英寸LED电视机1台;黄某同时向世纪公司给付价款161.99元;(2)世纪公司于判决生效之日起10日内给付黄某证据保全费用1000元、律师费4000元。如果未按判决指定的期间履行给付金钱义务,应当按照《民事诉讼法》第253条之规定,加倍支付迟延履行期间的债务利息。

宣判后,世纪公司不服一审判决,提出上诉。二审法院审理后,驳回上诉,维持原判。

四、分析思考

(一)黄某是否为本案买卖合同的适格主体

在合同法律关系中享有权利和承担义务的当事人为合同主体,而合同是平等主体的自然人、法人、其他组织之间设立、变更、终止民事权利义务关系的协议。合同主体包括自然人、法人和其他组织,具体而言:

第一,自然人,既包括本国的公民,也包括外国人和无国籍人。自然人分为无民事行为能力人、限制民事行为能力人和完全民事行为能力人。无民事行为能力人可以作为合同主体,但是本人不能单独签订合同,需法定代理人代为签订合同才能生效。限制民事行为能力人可以独立签订与本人年龄和智力相适应的合同,对于超出本人年龄和智力的合同,需法定代理人代为签订才能生效。完全民事行为能力人可以独立签订合同。

第二,法人,是指具有民事权利能力和民事行为能力,并依法独立享有民事权利和承担民事义务的组织,包括企业法人、机关、事业单位法人、社会团体法人。

第三,其他组织,是指除自然人和法人以外的单位或者机构。《最高人民法院关于适用〈中华人民共和国事诉讼法〉的解释》第 52 条规定,其他组织包括:(1)依法登记并领取营业执照的个人独资企业;(2)依法登记并领取营业执照的合伙企业;(3)依法登记并领取我国营业执照的中外合作经营企业、外资企业;(4)依法成立的社会团体的分支机构、代表机构;(5)依法设立并领取营业执照的法人分支机构;(6)依法设立并领取营业执照的商业银行、政策性银行和非银行金融机构的分支机构;(7)依法登记并领取营业执照的乡镇企业、街道企业;(8)其他符合本条规定条件的组织。

在本案中,原告在某电商平台的整个交易过程虽然采取的是用户名方式进行,但在非实名注册的购物网站中,只要消费者掌握网站账号、密码并能够实际使用预留的电子邮箱,即可推定消费者为该买卖合同实际操作者,属于合同法上的自然人主体,是买卖合同的适格主体。

(二)世纪公司在网站中公布的"使用条件"是否对双方发生约束力

本案中,某电商平台网站公布的"使用条件"属于典型的格式条款。格式条款又称"标准条款",是指当事人为了重复使用而预先拟定并在订立合同时未与对方协商的条款,如保险合同、拍卖成交确认书等,都是格式合同。《民法典》第 497 条、第 498 条从保护公平、维护弱者权益出发,对格式条款从三个方面予以限制:第一,提供格式条款一方有提示、说明的义务,应当提请对方注意免除或者限制其责任的条款,并按照对方的要求予以说明；第二，免除提供格式条款一方当事人主要义务、排除对方当事人主要权利的格式条款无效；第三，对格式条款的理解发生争议的，应按通常理解予以解释。对格式条款有两种以上解释的，应当作出不利于提供格式条款一方的解释。

本案中，对于作为格式条款的"使用条件"，网站未能以足以引起消费者注意的文字、字体、符号或者其他明显标志作出提示，也未能作出消费者能够理解的解释和说明，因此应被视为未尽到提示说明义务，相应地该格式条款对消费者没有约束力。

（三）世纪公司与黄某之间的买卖合同是否已经成立

《民法典》第483条规定："承诺生效时合同成立，但是法律另有规定或者当事人另有约定的除外。"从合同的订立过程来看，合同是否成立关键要看是否经过了要约、承诺的过程。在其他实体要件都满足的情况下，承诺生效时合同成立。

在这个过程中需要区分何为要约邀请，何为要约，何为承诺。要约邀请又称"要约引诱"，是指希望他人向自己发出要约的意思表示。要约邀请是当事人订立合同的预备行为，只是引诱他人发出要约，不能因相对人的承诺而成立合同。要约，是一方当事人以缔结合同为目的，向对方当事人提出合同条件，希望对方当事人接受的意思表示。发出要约的一方为要约人，接受要约的一方为受要约人。要约邀请和要约存在本质区别。要约生效后具有法律约束力，要约邀请不具有约束力。要约一经发出，要约人在一定时期内就要受到一定的约束，不得随意撤回和撤销。如果要约人违反了有效要约，就要承担一定的法律责任。要约邀请只是当事人准备订立合同所采取的事实行为，这种行为只是邀请他人向自己发出要约，即使他人作出承诺，也不能因此使合同成立。相应地，要约邀请人撤回邀请，一般也不承担法律责任。承诺是受要约人同意要约的意思表示。

本案中，世纪公司在某电商平台网站中公布的"使用条件"载明：如果您通过本网站订购商品，本网站上展示的商品和价格等信息仅仅是要约邀请，您的订单将成为购买商品的申请或要约。某项意思表示属于要约还是要约邀请不能仅看单方声明,应当根据其内容、性质进行法律判断。电商在网站发布明确、具体的商品信息、价格等的行为,明显是希望与他人订立合同的意思表示,与实体店明码标价的商品陈列一样属于要约,消费者提交订单是对商品及其价格等表示同意的意思表示,是对要约的同意,属于承诺。因此,只要消费者提交订单,合同即成立。

(四)世纪公司是否应当承担继续履行合同的责任

如上所言,世纪公司与消费者的购买合同依法成立,依法成立的合同对合同双方当事人具有法律效力。消费者下订单并付款后,电商以缺货为由单方取消订单属于违约,应承担相应的违约责任。《民法典》第577条规定:"当事人一方不履行合同义务或者履行合同义务不符合约定的,应当承担继续履行、采取补救措施或者赔偿损失等违约责任。"本案中,在消费者要求世纪公司继续履行买卖合同的情况下,世纪公司应当承担继续履行合同的责任,否则应当承担其他违约责任。

案例二 海崔鑫公司与龙德胜公司仓储合同纠纷案[①]
——仓储合同中的提货凭证

一、基本案情

一审原告、二审上诉人:海崔鑫公司

一审被告、二审被上诉人:龙德胜公司

2021年5月25日,海崔鑫公司与龙德胜公司签订《上海龙德胜冷藏储备有限公司冷库仓储租赁合同》(以下简称《仓储租赁合同》),约定:由龙德胜公司为海崔鑫公司提供仓储租赁;租赁期限为1年,自2021年6月1日至2022年5月31日。《仓储租赁合同》第5条第5款约定,海崔

[①] 案例来源:湖北省武汉市中级人民法院(2018)鄂01民终5486号民事判决书,北大法宝网。https://www.pkulaw.com/pfnl/a6bdb3332ec0adc473623e3b20bdc8b6b604632507024b42bdfb.html,最后访问时间2023年10月22日。

鑫公司提取货时，需提供盖章的提货单或传真作为提货的唯一凭证；第6条第5款约定，合同期限届满，如不续约，海崔鑫公司应在十天内将库存商品全部提货完成，否则造成商品变质，货物损坏，龙德胜公司不承担任何责任。合同还约定了其他事项。合同签订后，海崔鑫公司将其牛肉产品（即货物）交由龙德胜公司冷藏存放，但海崔鑫公司在提货时，双方未按合同约定凭盖章的提货单或传真提货，而是经海崔鑫公司法定代表人崔海同意，海崔鑫公司业务员在龙德胜公司提取货物。

2021年12月27日，海崔鑫公司向龙德胜公司发出《关于货物出库相关事宜告知函》（以下简称《告知函》），内容为：海崔鑫公司从即日起，所有产品出库均需加盖公章，并注明出库品名、数量。如无印鉴，视同龙德胜公司私自出货，一切责任由龙德胜公司承担。当日，龙德胜公司向海崔鑫公司出具回执，内容为：龙德胜公司已收悉海崔鑫公司的货物出库相关事宜《告知函》，并承诺不直接将货物交给海崔鑫公司法定代表人、业务经理等个人，接到海崔鑫公司加盖公章的出库通知后才予以办理相关出库手续。2022年1月19日，海崔鑫公司的法定代表人崔海向龙德胜公司出具盖有公司印章的《承诺书》《情况说明》，内容为崔海为海崔鑫公司法定代表人，其与海崔鑫公司有纠纷一事与龙德胜公司无关。2022年6月18日，海崔鑫公司的法定代表人崔海向龙德胜公司出具《申明》，内容为：海崔鑫公司于2021年12月27日发出的《告知函》未经其同意，因此作废。2022年7月14日，崔海向龙德胜公司出具《责任承诺书》，内容为：要求提取放在龙德胜公司的牛肉产品，望龙德胜公司配合出货，承诺如发生任何经济纠纷和法律责任，均由海崔鑫公司承担。2022年7月15日、7月16日，崔海从龙德胜公司冷库提取货物47.2418吨。自2022年7月16日起，海崔鑫公司存放在龙德胜公司的货物还有53.322吨，海崔鑫公司持加盖公司印章的提货单提取以上货物，龙德胜公司以货物已由海崔鑫公司质押给第三方为由予以拒绝。为此，海崔鑫公司诉至法院，请求判如所请。

二、争议焦点

从一审、二审情况来看,本案争议焦点主要有:(1)海崔鑫公司的法定代表人崔海提取47.2418吨货物的行为是个人行为还是公司行为,提取货物的责任是否由海崔鑫公司承担;(2)合同期限届满后,海崔鑫公司是否能提取还存放在龙德胜公司的53.322吨货物。

三、案件裁判

一审法院经审理认为,本案中龙德胜公司储存海崔鑫公司交付的牛肉货物,海崔鑫公司支付仓储费,双方形成仓储合同关系,因此,本案案由应为仓储合同纠纷。海崔鑫公司与龙德胜公司签订的《仓储租赁合同》是双方当事人的真实意思表示,且不违反法律规定,合同合法有效。海崔鑫公司的法定代表人崔海在龙德胜公司提取货物的民事行为,产生的法律后果由海崔鑫公司承担。龙德胜公司对海崔鑫公司法定代表人提取47.2418吨货物的行为,不承担保管不善造成货物被提走产生损失的责任。据此,一审判决:(1)由龙德胜公司于本判决书生效之日起五日内返还海崔鑫公司53.322吨货物;(2)驳回海崔鑫公司的其他诉讼请求。本案受理费30800元,减半收取15400元,由海崔鑫公司负担7235元,由龙德胜公司负担8165元。

海崔鑫公司不服一审判决,提起上诉。二审法院认为,《民法典》第904条规定:"仓储合同是保管人储存存货人交付的仓储物,存货人支付仓储费的合同。"海崔鑫公司将牛肉交由龙德胜公司提供仓储冷藏存放,并向龙德胜公司支付仓储费用,双方形成仓储合同法律关系。在仓储物的提取上,双方采取由海崔鑫公司的法定代表人崔海同意,海崔鑫公司的业务员直接到龙德胜公司提货的方式。2021年12月27日,海崔鑫公司向龙德胜公司发出《告知函》,明确要求从即日起所有产品出库均需加盖公章,并注明出库品名、数量,龙德胜公司亦出具回执,承诺不直接将货物交付海崔鑫公司法定代表人、业务经理等人,接到海崔鑫公司加盖公章的提货单后才办理出库手续。但其后,龙德胜公司凭海崔鑫公司法定代表人崔海出具的《责任承诺书》,在没有海崔鑫公司加盖公章的情形下,将其中47.2418吨货物交付给崔海,造成海崔鑫公司损失。仓储合同是双务、有偿合同,《民法典》第917条规定:"储存期内,因保管不善造成仓储物毁损、灭失的,保管人应当承担赔偿责任。因仓储物本身的自然性质、包装不符合约定或者超过有效储存期造成仓储物变质、损坏的,保管人不承担赔偿责任。"因此,对因龙德胜公司保管不善造成海崔鑫公司47.2418吨货物损失,龙德胜公司应承担赔偿责任。海崔鑫公司的上诉有理,其上诉请求,本院予以支持。二审法院判决:(1)由龙德胜公司于本判决书生效之日起五日内返还海崔鑫公司53.322吨货物;(2)龙德胜公司于本判决书生效之日起五日内赔偿海崔鑫公司47.2418吨货物损失1957704.4元。

四、分析思考

(一)本案是租赁合同纠纷还是仓储合同纠纷

本案中,双方当事人在合同名称使用上并不规范,使用的是"冷库仓储租赁合同"。那么,本案究竟是租赁合同纠纷还是仓储合同纠纷?《民法典》第703条规定:"租赁合同是出租人将租赁物交付承租人使用、收益,承租人支付租金的合同。"《民法典》第904条规定:"仓储合同是保管人储存存货人交付的仓储物,存货人支付仓储费的合同。"

租赁合同是转移租赁物使用收益权的合同。在租赁合同中,承租人的目的是取得租赁物的使用收益权,出租人也只转让租赁物的使用收益权,而不转让其所有权;租赁合同终止时,承租人须返还租赁物。因此,在租赁合同的履行中,出租人需"交付"租赁物,租赁物由承租人占有、控制和使用。而在仓储合同履行中,保管人并不向存货人交付仓储设备,仓储设备仍由保管人控制,相反存货人需向保管人交付仓储物。

本案中,海崔鑫公司与龙德胜公司签订的《仓储租赁合同》,由海崔鑫公司将牛肉交由龙德胜公司进行冷藏储存,冷藏设备仍由龙德胜公司控制使用,龙德胜公司并未移转冷藏设备控制使用权于海崔鑫公司,因此本案应属于仓储合同纠纷。

(二) 公司法定代表人实施的行为是否都由公司承担责任

1. 公司法定代表人在法定职权内的行为

法定代表人个人与公司在内部关系上也往往是劳动合同关系,故法定代表人个人属于雇员范畴。但在对外关系上,法定代表人属于公司机构,对外以法人名义进行民事活动时,其与法人之间并非代理关系,而是代表关系,且其代表职权来自法律的明确授权,故不另需法人的授权委托书。因此,根据《民法典》第61条第2款的规定,法定代表人以法人名义从事的民事活动,其法律后果由法人承受。

2. 法定代表人行为超越其代表权限的法律后果

超越职权是指法定代表人超越其权限范围而代表公司所实施的民事行为。超越职权可以再细分为两种情形:一是违反法律对代表权的限制;二是违反公司章程、股东会或董事会决议对法定代表人的授权限制。

违反法律对代表权的限制包括公司法定代表人不得代表公司与该法定代表人自己进行签订合同、提起诉讼等民事活动。公司法定代表人的这些行为应属无效,其法律后果应由该法定代表人自己承担,公司不承担责任。

根据公司法相关规定,公司可以通过公司章程或股东会决议、董事会决议限制法定代表人的职权,但这种限制不得对抗善意第三人。《民法典》第61条第3款也规定:"法人章程或者法人权力机构对法定代表人代表权的限制,不得对抗善意相对人。"也就是说,原则上法定代表人违反公司章程、股东会或董事会决议而超出权限的行为是有效的,但这种有效不得对抗善意第三人。

从法理角度讲,法律作出这样的规定有两个方面考虑:第一,法定代表人违反公司章程、股东会或董事会决议而超出权限的行为,如果认定有效,则难免损害法人及股东利益,甚至可能放纵法定代表人与他人恶意串通,损害法人及股东利益;第二,如果一概认定该行为无效,则难以维护交易安全,增大交易成本,不符合现代社会交易所要求的简单、方便的原则,使善意相对人的利益遭受损害,相对人的交易预期无法确定。

鉴于以上原因,我国《民法典》第504条规定:"法人的法定代表人或者非法人组织的负责人超越权限订立的合同,除相对人知道或者应当知道其超越权限外,该代表行为有效,订立的合同对法人或者非法人组织发生效力。"《民法典》第61条第1、2款规定:"依照法律或者法人章程的规定,代表法人从事民事活动的负责人,为法人的法定代表人。法定代表人以法人名义从事的民事活动,其法律后果由法人承受。"《民法典》第62条进一步规定:"法定代表人因执行职务造成他人损害的,由法人承担民事责任。法人承担民事责任后,依照法律或者法人章程的规定,可以向有过错的法定代表人追偿。"《民法典》第61条第3款还规定,在交易相对人是善意的情况下,公司应当承担责任。公司承担责任后,可追究法定代表人的内部责任,如解除其职务或请求其赔偿。

3. 法定代表人滥用职权的法律后果

法定代表人滥用职权是指法定代表人在行使代表权时,利用其代表权为自己或者第三人谋取利益并给公司造成损失的行为。例如,法定代表人利用其代表权将属于公司的一块房产低价卖给他人或自己的亲属,给公司造成差价损失等。

那么,法定代表人滥用职权的行为在法律上如何认定呢?对于法定代表人滥用职权行为的处理,与超越职权行为的处理原则是一致的,即其代表行为有效,但限于相对人是善意第三人。也就是说,尽管法定代表人滥用了职权,但从交易安全的角度考虑,公司不得否认其行为的有效性,除非公司能够证明交易相对人存在恶意,即相对人知道或者应当知道法定代表人的行为是滥用职权。

4. 法定代表人的侵权行为

法定代表人的侵权行为是指法定代表人在执行职务行为时给他人造成损害的情形。法定代表人在执行职务行为时给他人造成损害的,其责任如何承担呢?

从法理上讲,因法定代表人在代表公司履行职务时给他人造成损害,其行为即为公司行为,其行为的后果就应当由公司来承担。

但是,上述行为均要求法定代表人是以公司名义实施的职务行为,而非以个人名义实施的行为。以个人名义实施的行为应当视为法定代表人自己的个人行为,而非公司行为,公司当然无须承担责任。关键在于如何区分个人行为和职务行为。一般来说,法定代表人签字加盖公司公章的行为,应视为代表公司的职务行为;未加盖公章但出具证明法定代表人身份证明文件情况下实施的职务行为,由于法定代表人不需要授权委托书,该行为也应视为公司行为;未加盖公司公章,而且相对人属于恶意第三人的,应视为个人行为。

本案中,海崔鑫公司认为,海崔鑫公司到龙德胜公司提货须持盖章的提货单有合同约定及《告知函》要求。因此,崔海提取 47.2418 吨货物的行为,不是代表海崔鑫公司的职务行为,应由龙德胜公司承担因保管不善而造成损失的责任。龙德胜公司认为,《仓储租赁合同》已届满,《告知函》不合法,均对龙德胜公司没有约束力;海崔鑫公司的法定代表人提取货物,是代表海崔鑫公司而为的职务行为,因此,该 47.2418 吨货物应认定为海崔鑫公司提取,龙德胜公司不承担因保管不善造成损失的责任。一审法院认为:第一,虽然双方在发生纠纷时,《仓储租赁合同》确实已届满,但上述货物的提取与交付是合同没有履行完毕的权利、义务,因此合同仍对双方有约束力;合同签订后,双方在合同的实际履行中对提取货物的方式发生了改变,即由海崔鑫公司的法定代表人或者经其同意的业务人员等持未盖章的提货单提货,双方对此没有异议,已形成交易习惯,因此,可认为双方对提取货物的方式进行了重新约定,此约定为有效。第二,《民法典》第 61 条规定:"依照法律或者法人章程的规定,代表法人从事民事活动的负责人,为法人的法定代表人。法定代表人以法人名义从事的民事活动,其法律后果由法人承受。法人章程或者法人权力机构对法定代表人代表权的限制,不得对抗善意相对人。"因此,海崔鑫公司的法定代表人崔海在龙德胜公司提取货物的民事行为产生的法律后果由海崔鑫公司承担。龙德胜公司对海崔鑫公司法定代表人提取47.2418吨货物的行为,不承担保管不善造成货物被提走产生损失的责任。

笔者认为,海崔鑫公司向龙德胜公司发出的《告知函》加盖了公司公章,而法定代表人崔海出具的《责任承诺书》未加盖公章,在两份文件意见相左的情况下,龙德胜公司相信未加盖公章的《责任承诺书》而不相信加盖了公章的《告知函》,属于恶意相对人。因此,法定代表人崔海提取货物的行为应视为个人行为,而非公司行为。二审法院也认定,在加盖公章的《告知函》与未加盖公章的《责任承诺书》相矛盾的情况下,龙德胜公司相信未加盖公章的《责任承诺书》构成恶意,崔海提取货物的行为属于个人行为,而非海崔鑫公司行为。

(三)仓储合同履行期限届满后尚未提取的货物应如何处理

根据双方《仓储租赁合同》的约定,合同期满,如不续约,海崔鑫公司应在十天内将库存商品全部出完,否则造成商品变质,货物损坏,龙德胜公司不承担任何责任。海崔鑫公司也可选择提存的方式终止债权债务关系。除非海崔鑫公司拖欠仓储费用,否则龙德胜公司无权留置尚未提取的货物。本案中,海崔鑫公司、龙德胜公司均承认,合同内的货物截至2022年7月16日还有53.322吨未提取,但海崔鑫公司持有盖章的提货单要求龙德胜公司出货,却遭龙德胜公司拒绝。龙德胜公司拒绝海崔鑫公司提货的理由为该货物已由海崔鑫公司质押给第三方,海崔鑫公司应与第三方共同办理相关手续才能出货。但是,龙德胜公司没有提供货物被质押的证据。因此,龙德胜公司拒绝海崔鑫公司提取53.322吨货物没有事实和法律依据。

如果龙德胜公司同意海崔鑫公司凭加盖公章的提货单提货,但海崔鑫公司未能按照约定在十天之内将库存商品全部出完,由此给龙德胜公司造成损失的,海崔鑫公司应当赔偿损失。

案例三 | 苏某某、李某某与某地产代理(深圳)有限公司中介合同纠纷案[①]
——中介人隐瞒交易对象为其利害关系人构成对委托人利益的损害

一、基本案情

一审原告、二审被上诉人：苏某某、李某某

一审被告、二审上诉人：某地产代理(深圳)有限公司(以下简称"某地产公司")

2015年，苏某某、李某某购置罗湖区罗沙路东方凤雅台8栋5座6C房产。2020年4月25日，两人委托某地产公司办理该房的出售。当日，某地产公司介绍一名叫郭某的客户与苏某某、李某某签订了一份《二手房买卖合同》，约定苏某某、李某某将该房产出售给郭某，转让成交价为668万元，郭某支付定金10万元，余款在2020年7月15日前付清。合同还约定，卖方应当在收到全部楼款(除押金外)两个月内将房屋交付给买方。苏某某、李某某、郭某以及某地产公司还签订了一份资金托管协议。约定将定金中的5万元作为交楼押金，由某地产公司托管。同时，苏某某、李某某与郭某还签订了一份买方主体变更确认书(其中新买方处为空白)。此后，郭某将前述《二手房买卖合同》的权利转让给史某，由史某继续履行郭某项上的各项协议，史某在上述买方主体变更确认书上签名确认，落款时间亦为2020年4月25日。郭某对史某承担连带保证责任。同日，苏某某、李某某签署了一份佣金支付承诺书(卖方)。该

[①] 案例来源：广东省深圳前海合作区人民法院(2017)粤0391民初158号民事判决书，北大法宝网，https://www.pkulaw.com/pfnl/08df102e7c10f2068a4398a 42129014dbca1b2dd1797ee19bdfb.html? keyword=%EF%BC%882017%EF%BC%89 E7%B2%A40391%E6%B0%91%E5%88%9D158%E5%8F%B7%20&way=listView，最后访问时间2023年10月22日。

承诺书有以下内容：苏某某、李某某与买方郭某于2020年4月25日就本案所涉物业签订了一份《二手房买卖合同》及相关协议，约定的房屋转让价格为668万元，苏某某、李某某承诺向某地产公司支付佣金100200元。2020年6月15日，苏某某、李某某与史某签订了一份深圳市《二手房买卖合同》，并就该合同办理了公证。2020年7月28日，苏某某、李某某向某地产公司支付了佣金100200元。此外，史某亦向某地产公司支付了佣金100200元。在上述房屋交易期间，郭某系某地产公司的房产中介人员。某地产公司先是否认郭某该身份，后又主张交易时已向苏某某、李某某告知郭某该身份情况。某地产公司主张前后不一，但未能提供证据证明。

二、争议焦点

本案的争议焦点在于：(1)作为中介人的房地产经纪公司隐瞒其促成的交易对象为其利害关系人（该公司员工），是否损害了委托人的利益？(2)房地产经纪公司是否有权向委托人收取居间服务的报酬？

三、案件裁判

一审法院于2020年12月22日作出判决：(1)某地产公司应于判决生效之日起三日内返还苏某某、李某某佣金100200元；(2)驳回苏某某、李某某的其他诉讼请求。一审案件受理费人民币13188元，由苏某某、李某某负担11181.5元，由某地产公司负担2006.5元。宣判后，某地产公司提起上诉。二审法院于2021年6月10日作出民事判决：驳回上诉，维持原判。二审案件受理费人民币2006.5元，由上诉人某地产公司负担。

四、分析思考

（一）中介合同（居间合同）的概念、特征及其与行纪合同的区别

1. 中介合同（居间合同）的概念和特征

《合同法》第424条规定："居间合同是居间人向委托人报告订立合

同的机会或者提供订立合同的媒介服务,委托人支付报酬的合同。"《民法典》第961条规定:"中介合同是中介人向委托人报告订立合同的机会或者提供订立合同的媒介服务,委托人支付报酬的合同。"可见,《民法典》上的中介合同即《合同法》上的居间合同,变更了一个称谓而已。所谓居间,是指居间人向委托人报告订立合同的机会或者提供订立合同的媒介服务,委托人支付报酬的一种制度。居间人是为委托人与第三人进行民事法律行为报告信息机会或提供媒介联系的中间人。

居间合同具有以下特征:第一,居间合同是由居间人向委托人提供居间服务的合同。居间人向委托人报告订立合同的机会或者提供订立合同的媒介服务,委托人是否与第三人订立合同,与居间人无关,居间人不是委托人与第三人之间的合同的当事人。第二,居间人对委托人与第三人之间的合同没有介入权。居间人只负责向委托人报告订立合同的机会或者为委托人与第三人订约居中斡旋,传达双方意思,起牵线搭桥的作用,对合同没有实质的介入权。第三,居间合同是双务、有偿、诺成合同。

2. 中介合同(居间合同)与行纪合同的区别

在司法实务中,对于同样的房屋中介服务合同纠纷,各地法院在案由的界定上并不一致,有的法院界定为居间合同纠纷,有的法院界定为行纪合同纠纷。那么,房屋中介服务合同究竟是居间合同还是行纪合同?

《合同法》第414条规定:"行纪合同是行纪人以自己的名义为委托人从事贸易活动,委托人支付报酬的合同。"《民法典》第951条也规定:"行纪合同是行纪人以自己的名义为委托人从事贸易活动,委托人支付报酬的合同。"可见,行纪合同是指行纪人接受委托人的委托,以自己的名义,为委托人从事贸易活动,委托人支付报酬的合同。接受委托的一方为行纪人,而另一方则为委托人。例如,某配件厂(甲方)委托某销售公司(乙方)代销产品,乙方接受甲方的委托并以自己的名义代甲方销售产品,代销价款归甲方,乙方收取代销费。在这个关系中,甲方为委托人,乙方为行纪人。

行纪合同也称"信托合同"。罗马法上的信托是一种遗产处理形式，是指被继承人将遗产的全部、部分或者一特定物，嘱托其继承人转交给指定的第三人，这时的信托并不产生法律上的效力。英美法上的信托是从中世纪英国通行的用益权制度发展而来，源于英国的衡平法。英美法上的信托制度的主要内容是受托人根据信托人（财产所有人）的委托，为受益人（第三人）的利益而运用此财产，对信托人的财产进行管理、处分。大陆法系由于有财团法人制度及法定代理制度，可以实现信托想要达到的目的，因此大陆法系无信托制度。随着行纪业务的发展，行纪合同逐渐被广泛应用，成为一种独立的合同类型，与委托合同并存。有些国家把行纪合同规定在商法典中，如《法国商法典》《德国商法典》都对行纪合同专门作了详细的规定。我国台湾地区"民法典"对行纪合同也有专门的规定。

行纪合同与居间合同是两种性质不同的合同。第一，办理事务的范围不同。在我国，行纪主要用于购销货物、寄售商品和有价证券的买卖等业务，行纪行为属于动产和有价证券买卖等商事行为。居间的业务范围较广，除法律禁止交易的事项以及国家管理的未允许放开市场经营的重要生产资料和部分生活资料以外，均可以进行居间服务。第二，合同标的不同。所谓合同标的，即合同的权利义务所指向的对象。行纪合同中行纪人为委托人提供的服务不是一般的劳务，而是行纪人与第三人发生法律关系，为一定的法律行为，该法律行为的实施是委托人与行纪人订立行纪合同的目的所在，故行纪合同的标的是行纪人为委托人进行一定的法律行为。居间合同的标的是居间人为委托人进行一定的事实行为，居间人为委托人提供特定的劳务，即报告订约机会或提供订立合同的媒介服务。居间人所办理的事务本身并不具有法律意义，而行纪合同中行纪人受托的事务是法律行为，这正是行纪合同与居间合同的本质区别。第三，与第三人的关系不同。行纪人与第三人的合同关系相对于行纪合同本身来说是外部法律关系，根据合同相对性规则，行纪人与第三人的合同关系只能发生在特定的合同当事人之间，即发生在行纪人和第三人之间。在居间合同中，无论是指示居间还是媒介居间，居间人都不参与委托人与第三人的合同关系,居间人在交易中仅是中介人,既不是交易的当事人一方或其代理人,也不直接参与交易双方的谈判,在交易双方权利义务内容上并不体现居间人的意见,合同的权利义务仅在委托人与第三人之间设定、产生。第四,"介入"程度不同。行纪人在一定条件下有介入权,居间人在特定情形下承担介入义务。行纪人接受委托买卖有市场定价的商品时,除委托人有反对的意思表示外,行纪人享有自己可以作为出卖人或买受人的权利。行纪人的介入权是法律规定的一种形成权,使委托人和行纪人之间达成买卖合同。在媒介居间中,如果委托人一方或双方指定居间人不得将其姓名、商号、名称告知对方,居间人根据诚实信用原则有保密义务,由此居间人产生为委托人隐名的义务,这种居间称为"隐名居间"。在隐名居间中,对于委托人依据与相对人的合同应承担的义务,在一定条件下居间人以履行辅助人的身份负履行义务,并领受对方当事人所为的给付。因此,只有在保护隐名委托人利益的情况下才有居间人的介入义务,而不存在居间人基于特定情形主动介入的权利。

在一般的房屋买卖过程中,房产中介只是为委托人提供订立合同的机会,撮合买卖双方订立合同,受托人并不以自己的名义订立房屋买卖合同,真正签订房屋买卖合同的仍然是委托人自己。因此,我们一般所说的房屋买卖中介服务合同实质上是居间合同。

(二) 中介合同(居间合同)中中介人(居间人)的主要义务

中介人(居间人)在中介合同(居间合同)中主要承担以下义务:

(1) 提供订立合同的机会或订立合同的媒介服务的义务。《民法典》第961条规定:"中介合同是中介人向委托人报告订立合同的机会或者提供订立合同的媒介服务,委托人支付报酬的合同。"据此,中介人(居间人)的主要义务就是向委托人提供服务,包括报告订立合同的机会和提供订立合同的媒介服务。

(2) 如实报告的义务。《民法典》第962条规定:"中介人应当就有关订立合同的事项向委托人如实报告。中介人故意隐瞒与订立合同有关的重要事实或者提供虚假情况,损害委托人利益的,不得请求支付报酬并应当承担赔偿责任。"本条规定确立了中介人（居间人）的如实报告义务。凡是对订约有影响的事项，居间人都应向委托人报告，其中包括第三人的信用状况、第三人将用于交易的标的物的存续状况、第三人的支付能力、所购买商品的瑕疵等。①

（3）忠实、勤勉义务。中介合同（居间合同）是委托人基于对中介人（居间人）的信任而订立的合同，根据诚实信用原则，中介人（居间人）应如实披露相关信息，忠于委托人，在涉及利益冲突时，应进行回避。中介人（居间人）需要顾及在其斡旋之下订立合同的双方当事人利益，故应居于中立立场，不能为了自己利益而挪用或侵占委托人财物。

至于中介人（居间人）的勤勉义务，我国《民法典》未作明确规定，但从中介合同（居间合同）的性质来看，中介人（居间人）应当勤勉尽职，努力促成交易合同的订立。

（三）本案中中介人（居间人）违反了何种义务

本案中，中介人（居间人）某地产公司故意隐瞒郭某为其员工的信息，未尽到如实报告义务。中介合同（居间合同）建立在信息不对称的基础之上，中介人（居间人）占据信息和专业优势，委托人依赖中介人（居间人）提供的信息、意见作出判断和决策，中介人（居间人）就有关订立合同的事项向委托人如实报告是其最基本的合同和法律义务。某地产公司接受苏某某、李某某的委托，为其提供出售房屋的中介服务，但某地产公司在隐瞒郭某系该公司员工的情况下，介绍郭某与苏某某、李某某签订房屋买卖合同，违反了如实向苏某某、李某某报告有关订立合同事项的义务。

（四）本案中委托人是否需要支付中介服务费

房地产经纪公司介绍其利害关系人与委托人交易，不同于自己直接参与交易。房地产经纪公司或经纪人自己与委托人进行交易时，实质上已不再具有中介人（居间人）的地位，而是委托人的交易对手，其利益集中体现在交易对价当中，与委托人直接对立，当然没有理由再以中介人

---

① 参见胡道才等主编：《参阅案例研究·商事卷（第2辑）》，中国法制出版社2011年版，第147页。

(居间人)的身份要求委托人支付中介服务报酬。一旦房地产经纪公司或经纪人自己成为委托人的交易对象,就直接破坏了中介服务的法律关系,因此为行业管理规定所禁止。住房和城乡建设部、国家发展和改革委员会、人力资源和社会保障部制定的《房地产经纪管理办法》第25条规定:"房地产经纪机构和房地产经纪人员不得有下列行为:……(八)承购、承租自己提供经纪服务的房屋。"

房地产经纪公司隐瞒交易对象为其利害关系人的,构成对委托人利益的损害。首先,在中介合同(居间合同)关系中,中介人(居间人)有义务向委托人报告其掌握的真实、完整的交易信息。《民法典》第962条第1款规定:"中介人应当就有关订立合同的事项向委托人如实报告。"《房地产经纪管理办法》第25条禁止房地产经纪机构和房地产经纪人员从事的行为中,第2项为"对交易当事人隐瞒真实的房屋交易信息,低价收进高价卖(租)出房屋赚取差价",第3项为"以隐瞒、欺诈、胁迫、贿赂等不正当手段招揽业务,诱骗消费者交易或者强制交易"。上述规定均要求中介人(居间人)在从事中介服务时,应当如实披露交易的真实信息,不能利用职务上的便利获取不正当利益。本案被告隐瞒其介绍的交易对象为与其具有利害关系的人员(该公司员工),违反了如实报告交易事项的法律义务。其次,中介人(居间人)介绍其利害关系人与委托人交易的,将使中介人(居间人)与委托人产生利益冲突。在中介合同(居间合同)关系中,中介人(居间人)收取委托人报酬的对价是向委托人报告订立合同的机会或者提供订立合同的媒介服务,在交易双方之间保持中立角色是其应有立场。如果中介人(居间人)与其介绍的交易对象存在利害关系,将使其角色错位,为自己或利害关系人的利益考虑而难以客观、全面地向委托人报告交易信息(如市场同类商品价格、市场变化趋势、供求情况等),甚至可能故意提供误导性意见。最后,中介人(居间人)隐瞒交易对象与其存在的利害关系,构成对委托人利益的损害。中介合同(居间合同)建立在信息不对称和委托人对居间人的信任基础之上,委托人依靠中介人(居间人)提供的信息和专业意见进行交易决策,在交易过程中中介人(居间人)对委托人的影响力不言而喻。而委托人是否知道中介人（居间人）与交易对象存在利害关系，事关其对中介人（居间人）可信任度的判断，影响其对中介人（居间人）提供的意见和信息的甄别，这些对委托人而言至关重要。中介人（居间人）介绍利害关系人参与交易，本就存在立场失衡的道德风险，如果还有意隐瞒利害关系，则足以说明其不仅不再忠于委托事项，反而有利用委托人的信赖误导委托人为自己或利害关系人谋求私利的高度可能。而委托人对此若不知情，则无法规避该风险。因此，中介人（居间人）隐瞒其与交易对象之间的利害关系，即应认定损害了委托人的利益，委托人有权根据《民法典》第 962 条第 2 款的规定拒绝支付报酬。在此基础上，如果委托人能够证明中介人（居间人）给其造成损害的程度，则可以继续要求中介人（居间人）予以赔偿。以此理解和适用《民法典》第 962 条第 2 款规定的"中介人故意隐瞒与订立合同有关的重要事实或者提供虚假情况，损害委托人利益的，不得请求支付报酬并应当承担赔偿责任"，能够保护中介合同（居间合同）关系得以建立的信赖基础，减少道德风险，避免委托人与居间人之间利益失衡。

案例四 脱普公司与熊黛等保管合同纠纷案①
——保管合同与仓储合同、技术服务合同的区分

一、基本案情

一审被告暨反诉原告、上诉人：脱普公司

一审原告暨反诉被告、被上诉人：熊黛等

脱普公司成立于 2010 年 10 月，其经营范围为干细胞保存技术研

---

① 案例来源：湖北省武汉市中级人民法院（2016）鄂 01 民终 8254 号民事判决书，北大法宝网 https://www.pkulaw.com/pfnl/a25051f3312b07f332949003dbbe65b96a21c354714c75a5bdfb.html，最后访问时间 2023 年 10 月 22 日。

发、仪器设备研发与销售、新药研究与技术转让、技术服务、技术咨询。2019年12月15日,脱普公司相关工作人员在金华市人民医院向熊黛、王某介绍,胎儿的脐带血干细胞可予以保存,将来子女万一发生血液疾病,则可将其用于干细胞自体治疗。同日,熊黛、王某与脱普公司签订脐带血干细胞储存协议,协议内容为脐带血干细胞储存与制备。胎盘脐带干细胞储存是一种新型的医学服务,可以为储存者提供胎盘脐带干细胞的检测、储存及制备服务,并为储存者未来可能患有的某些疾病的治疗提供帮助。熊黛、王某愿意为其子女储存脐带血干细胞,并为此支付相关处理、检测、制备及储存费用。熊黛、王某所支付费用包括胎盘脐带干细胞的采集、运输、制备、各项检测、储存费及其他约定的费用,选择的储存种类为脐带血干细胞,储存项目为单项,制备检测费为8200元,储存年限为20年,储存总费用为17800元;熊黛、王某应提前足额交付相应费用,如果在脱普公司接收胎盘脐带干细胞之前未足额支付应缴费用,脱普公司有权拒绝接收胎盘脐带干细胞并终止协议,且不承担任何违约责任;熊黛、王某同意将其子女的胎盘干细胞交付脱普公司,由脱普公司对胎盘脐带干细胞进行接收、检测、制备及其他储存必需的相关处理;脱普公司将检测合格的熊黛、王某子女的脐带血干细胞以液态氮冻存方式储存在脱普公司的干细胞库中;如熊黛、王某子女或其直系亲属需使用所存脐带血干细胞治疗血液系统或相关重大疾病,可享有脱普公司名下医院的优先治疗权;熊黛、王某交付冻存保管的胎盘脐带干细胞在脱普公司库内保存期间,因熊黛、王某原因无故取消冻存,则脱普公司只退还熊黛、王某预缴的未实际储存年份的储存费;因脱普公司原因导致不能冻存,则脱普公司按熊黛、王某已实际支付费用的2倍向熊黛、王某予以返还。同日,熊黛签订胎盘脐带采集及储存知情同意书及确认单,载明熊黛、王某委托金华市人民医院作为胎盘脐带干细胞采集者代为采集胎盘脐带及脐带血,并同意将胎盘脐带及脐带血交付脱普公司,由其对脐带干细胞进行保管与制备技术服务。熊黛、王某于同日向脱普公司支付款项2000元。其后,在熊黛分娩时,金华市人民医院采集了胎儿的脐带血。脱普公司对脐带血进行了相关检测、制备工作,通知了熊黛、王某检测合格,并将制备后的脐带血干细胞储存于该公司。但是,熊黛、王某未向脱普公司支付余下的储存费用。

另查明:2020年11月30日,脱普公司与北京盈科(上海)律师事务所签订委托代理合同,约定脱普公司因熊黛、王某确认合同效力及反诉违约纠纷,聘请北京盈科(上海)律师事务所提供法律服务,该所委派李继忠律师担任脱普公司的委托代理人,代理一审、二审法律程序,脱普公司向北京盈科(上海)律师事务所支付律师代理费8000元,北京盈科(上海)律师事务所开具了发票。

在审理过程中,经熊黛、王某申请,法院就脐带血造血干细胞储存及应用等相关专业问题对湖北省卫生和计划生育委员会进行了走访并制作了走访笔录。湖北省卫生和计划生育委员会血液中心答复,脐带血干细胞公共库是国家投资建设的干细胞库,全国只有七家,目前湖北省没有公共库。湖北省现有两家民营库,其中一家是脱普公司。脱普公司是经过湖北省科技厅审批,在原省卫生厅备案的用于科研、非盈利目的高科技企业。干细胞的储存需要在特定条件下进行,脱普公司在技术上具有对脐带血进行存储的能力,但该公司属于科研机构,不得以营利为目的进行收费,脱普公司收取存储费用应当是不被允许的。医院是可以采血的,关于采血之后如何管理、应用,已有相应规范。脐带血干细胞在技术上是可以应用于临床的,但目前我国还在推广中,相关法律法规并不健全。双方当事人对该走访笔录均不持异议。

诉讼中,脱普公司明确表示,如果法院认为双方合同不能继续履行,该公司愿意向熊黛、王某退还2000元,且不再坚持熊黛、王某支付合同约定的余下15800元费用的反诉请求。

二、争议焦点

一审法院认为,本案当事人争议的焦点问题是:(1)双方签订的胎盘脐带干细胞储存协议是否有效;(2)熊黛、王某是否有权请求解除该协议。

三、案件裁判

二审法院认为,脱普公司的上诉理由部分成立,其部分请求本院予以支持。判决解除熊黛、王某与脱普公司于2019年12月15日签订的胎盘脐带干细胞储存协议;脱普公司于判决生效之日起十日内向熊黛、王某返还储存于该公司的熊黛、王某子女的胎盘脐带干细胞;熊黛、王某于本判决生效之日起十日内向脱普公司支付制备检测费6200元、以每年480元的标准向脱普公司支付自2020年1月12日至脱普公司返还胎盘脐带干细胞之日期间的储存费用。

四、分析思考

(一)胎盘脐带干细胞储存协议是否属于保管合同

1. 保管合同的概念及特征

《合同法》第365条、第366条规定,"保管合同是保管人保管寄存人交付的保管物,并返还该物的合同。""寄存人应当按照约定向保管人支付保管费。当事人对保管费没有约定或者约定不明确,依照本法第六十一条的规定仍不能确定的,保管是无偿的。"《民法典》第888条、第889条也规定:"保管合同是保管人保管寄存人交付的保管物,并返还该物的合同。寄存人到保管人处从事购物、就餐、住宿等活动,将物品存放在指定场所的,视为保管,但是当事人另有约定或者另有交易习惯的除外。""寄存人应当按照约定向保管人支付保管费。当事人对保管费没有约定或者约定不明确,依据本法第五百一十条的规定仍不能确定的,视为无偿保管。"可见,保管合同是保管人有偿地或无偿地为寄存人保管物品,并在约定期限内或应寄存人的请求返还保管物品的合同。

保管合同是提供劳务的合同。保管合同以物的保管为目的,保管人为寄存人提供的是保管服务。保管合同的履行,仅转移保管物的位置,对保管物的所有权、使用权不产生影响。保管合同是实践合同。就保管合同而言,仅有当事人双方意思表示一致,合同不能成立,还必须有寄存人将保管物交付给保管人的事实,《合同法》第367条规定:"保管合同自保管物交付时成立,但当事人另有约定的除外。"《民法典》第 890 条规定:"保管合同自保管物交付时成立,但是当事人另有约定的除外。"保管合同是双务、不要式合同,有偿或无偿须根据当事人约定。

2. 本案中的储存协议属于仓储合同、保管合同还是技术服务合同

仓储合同是在保管合同的基础上发展起来的一种合同类型。《合同法》第 381 条、《民法典》第 904 条规定:"仓储合同是保管人储存存货人交付的仓储物,存货人支付仓储费的合同。"《合同法》第 395 条、《民法典》第 918 条规定:"本章没有规定的,适用保管合同的有关规定。"由此可以认为,仓储合同是一种较为特殊的保管合同,但两者仍然存在一定区别:(1) 合同主体不同。保管合同的保管人通常为一般的民事主体,而仓储合同中保管人具有特殊的身份,是以仓储活动为业的特殊企业法人。法律上特别规定仓储合同,也是考虑到易燃易爆、腐蚀性、需要冷藏、具有放射性等特殊物品都对保管人资质有特殊要求,一般民事主体无法从事。[①] 换言之,保管合同对保管人的资格无特别的要求,一般自然人和法人均可以作为保管人。而仓储合同对保管人的资格有特殊要求,保管人即仓库营业人,必须是具备仓储设备和专门从事仓储保管业务的人,只有经过仓储营业登记的专营或兼营仓储保管业务的人,才能成为适格的仓储合同保管人。(2) 合同成立的条件不同。除了当事人对合同的成立有明确约定的情况之外,保管合同是实践合同,寄存人向保管人交付保管物是合同成立的要件,保管合同自保管物交付时成立。在保管物没有交付之前,即便双方当事人就保管物品达成一致协议,保管合同也不成立。而仓储合同是诺成合同,双方当事人依法就合同的主要条款达成一致意见,合同即成立。存货人交付货物的行为属于成立后的履行行为,而非合同成立要件。(3) 合同是否有偿不同。保管合同以无偿为原则,以有偿为补充。换言之,保管合同一般无偿,但如果当事人明确约定了保管费,也可以有偿。当事人对保管费没有约定或者约定不明确的,由当事人补充约定,不能达成补充协议的,推定为无偿。而仓储合

[①] 参见王利明:《合同法研究(第三卷)》,中国人民大学出版社 2012 年版,第 667 页。

同是有偿合同,保管人提供仓储服务,具有营利性质。仓储合同的当事人在合同成立后互负给付义务,保管人须为存货人提供仓储服务,存货人须向保管人给付报酬和其他费用。(4)保管人对保管物的验收和赔偿责任不同。保管合同的寄存人,交付的保管物有瑕疵或者按照保管物的性质需要采取特殊保管措施的,应当将有关情况告知保管人。若因寄存人没有履行告知义务而致使保管物受损,则保管人不承担损害赔偿责任。而仓储合同中保管人应当按照约定对入库仓储物进行验收,保管人在验收时发现仓储物与约定不符的,应当及时通知存货人。如果因保管人未认真验收而致使入库仓储物的品种、数量、质量不符合约定,则保管人应当承担赔偿责任。(5)保管人对保管物毁损、灭失的责任不同。保管期间,保管合同的保管人因保管不善造成保管物毁损、灭失的赔偿责任,依有偿保管和无偿保管而有所不同。有偿保管的,保管人应承担损害赔偿责任;无偿保管的,保管人能证明自己没有重大过失的,就可以不承担损害赔偿责任。而仓储合同保管人造成仓储货物毁损、灭失的,除了仓储物品的性质、包装不符合约定或者超过有效储存期而造成仓储物变质、损坏的之外,保管人均应对保管不善承担损害赔偿责任。

严格意义上来说,仓储合同是保管合同的一种具体的特殊类型,在民商法分立的国家,仓储合同属于商事合同的范畴。仓储是一种商事行为,有无仓储设备是仓储保管人是否具备营业资格的重要标志;仓储设备是保管人从事仓储经营业务必备的基本物质条件。从事仓储业务资格是指仓储保管人必须取得专门从事或者兼营仓储业务的营业许可。而在本案中,保管的客体确实需要特殊设备,但脱普公司不属于以营利为目的的商法人主体,并不具备仓储资质,未取得专营或兼营仓储业务的营业许可证,因此本案中的储存协议不属于仓储合同。

提起上诉时,脱普公司认为本案中的储存协议实质上是技术服务合同,一审法院将其定性为保管合同是错误的。那么,什么是技术服务合同呢？技术服务合同,是指当事人一方以知识为另一方解决特定技术问题所订立的合同。《合同法》第356条第2款规定:"技术服务合同是指当事人一方以技术知识为另一方解决特定技术问题所订立的合同,不包括建设工程合同和承揽合同。"《民法典》第878条第2款规定:"技术服务合同是当事人一方以技术知识为对方解决特定技术问题所订立的合同,不包括承揽合同和建设工程合同。"技术服务合同具有以下特征:第一,合同标的是解决特定技术问题的项目。第二,履行方式是完成约定的专业技术工作。第三,工作成果有具体的质量和数量指标。第四,有关专业技术知识的传递不涉及专利和技术秘密成果的权属问题。根据《合同法》第360条、第361条和《民法典》第882条、第883条的规定,技术服务合同的委托人应当按照约定提供工作条件,完成配合事项;接受工作成果并支付报酬。技术服务合同的受托人应当按照约定完成服务项目,解决技术问题,保证工作质量,并传授解决技术问题的知识。本案中,脱普公司只是运用自身特殊设备、技术提供保管服务,并不解决技术问题,也不会传授解决技术问题的知识,因此本案中的储存协议不属于技术服务合同。二审法院也认为,根据《最高人民法院关于印发修改后的〈民事案件案由规定〉的通知》中"民事案件案由应当依据当事人诉争的民事法律关系的性质来确定"的规定,双方签订的储存协议虽然以脱普公司的新型技术为依托,但其主要目的是储存脐带干细胞,双方当事人的诉请也是针对脐带干细胞储存相关的事项,故一审法院将本案案由定为保管合同纠纷正确。二审法院认为,双方签订的胎盘脐带干细胞储存协议的主要内容为,脱普公司以特定的技术手段为熊黛、王某储存、保管胎盘脐带干细胞,并在熊黛、王某需要时向其返还胎盘脐带干细胞用于疾病治疗等,其实质是以新型技术为依托的保管合同关系,该储存协议的法律性质仍应为保管合同。

(二)本案中的储存协议是否有效

在上诉阶段,被上诉人熊黛、王某原本主张确认双方签订的胎盘脐带干细胞储存协议无效。诉讼中,经法院释明,熊黛、王某以脱普公司不具备脐带血采集、存储资质,导致合同目的无法实现为由,变更诉讼请求为:解除熊黛、王某与脱普公司之间签订的胎盘脐带干细胞储存协议。那么,熊黛、王某与脱普公司之间签订的胎盘脐带干细胞储存协议是否有效?

一审法院认为,对于干细胞的采集、制备、储存和临床应用,国家卫生健康管理部门先后发布了《血站管理办法》《采供血机构设置规划指导原则》《脐带血造血干细胞库管理办法(试行)》和《医疗技术临床应用管理办法》等规范性文件予以规范。根据《合同法》第52条第5项的规定,违反法律、行政法规的强制性规定的合同无效。《民法典》第153条第1款也规定:"违反法律、行政法规的强制性规定的民事法律行为无效。但是,该强制性规定不导致该民事法律行为无效的除外。"而"法律、行政法规的强制性规定"是指效力性强制性规定。上述卫生部的规范性文件不属于法律、行政法规,双方签订的胎盘脐带干细胞储存协议是双方当事人真实意思表示,故本案不存在违反法律、行政法规的强制性规定的情形,该储存协议应当认定为有效。

那么,本案是否存在超出经营范围的问题呢?最高人民法院《关于适用〈中华人民共和国合同法〉若干问题的解释(一)》第10条规定:"当事人超越经营范围订立合同,人民法院不因此认定合同无效。但违反国家限制经营、特许经营以及法律、行政法规禁止经营的除外。"《民法典》第505条规定:"当事人超越经营范围订立的合同的效力,应当依照本法第一编第六章第三节和本编的有关规定确定,不得仅以超越经营范围确认合同无效。"也就是说,只要不违反国家限制经营、特许经营以及法律、行政法规禁止经营的,企业法人超越经营范围签订的合同仍有效,此点充分体现了尊重当事人意思自治。本案中,脱普公司系经过湖北省科技厅审批,在原湖北省卫生厅备案的科研、非盈利目的高科技企业,其经营范围包括干细胞保存技术研发,在技术上具有对脐带血进行储存的能力,但其经营范围并不包括向一般民众提供脐带血储存业务,因此本案中的储存协议属于超越经营范围订立的合同。只有超越当事人经营范围,而且该经营范围违反国家限制经营、特许经营以及法律、行政法规禁止经营的,合同才会无效。我国合同法强烈体现了鼓励交易的原则,法律不轻易干预合同的效力,也不轻易否定合同的效力,因此,在认定合同是否违反国家限制经营、特许经营规定时,必须审查相关规定是否为法律、行政法规的强制性规定所设定。本案中,当事人虽超出经营范围,但胎盘脐带干细胞存储业务并不属于法律、行政法规的强制性规范限制经营、特许经营或禁止经营的范围，而仅属于部门规章规定的限制经营的范围，因此该储存协议有效。

二审法院也认为，因胎盘脐带干细胞储存协议是双方当事人真实意思的表示，脱普公司亦具有合法的干细胞制备、储存等业务经营资质，该协议并不存在违反法律、行政法规的强制性规定的情形，故双方签订的协议真实、合法有效。

（三）熊黛、王某是否有权请求解除该协议

合同解除可分为法定解除和约定解除，当具备法定或约定的合同解除条件时，解除权人有权解除合同。熊黛、王某是否有权请求解除该协议，首先应看该协议中是否约定了合同解除的条件，如果约定了合同解除条件而且条件成就的，享有解除权的一方可以主张解除合同。另外，《合同法》第94条规定："有下列情形之一的，当事人可以解除合同：（一）因不可抗力致使不能实现合同目的；（二）在履行期限届满之前，当事人一方明确表示或者以自己的行为表明不履行主要债务；（三）当事人一方迟延履行主要债务，经催告后在合理期限内仍未履行；（四）当事人一方迟延履行债务或者有其他违约行为致使不能实现合同目的；（五）法律规定的其他情形。"《民法典》第563条也规定了合同的法定解除事由："有下列情形之一的，当事人可以解除合同：（一）因不可抗力致使不能实现合同目的；（二）在履行期限届满前，当事人一方明确表示或者以自己的行为表明不履行主要债务；（三）当事人一方迟延履行主要债务，经催告后在合理期限内仍未履行；（四）当事人一方迟延履行债务或者有其他违约行为致使不能实现合同目的；（五）法律规定的其他情形。以持续履行的债务为内容的不定期合同，当事人可以随时解除合同，但是应当在合理期限之前通知对方。"

熊黛、王某认为脱普公司不具备脐带血采集、存储资质，导致其合同目的无法实现，故请求解除双方签订的胎盘脐带干细胞储存协议。依据是《合同法》第94条第4项的规定，当事人一方迟延履行债务或者有其他违约行为致使不能实现合同目的，另一方当事人可以解除合同。二审法院认为，本案中脱普公司系经过湖北省科技厅审批，在原湖北省卫生厅备案的科研、非盈利目的高科技企业，其经营范围包括干细胞保存技术研发，在技术上具有对脐带血进行存储的能力。熊黛、王某在与脱普公司签订合同后，委托金华市人民医院采集了胎盘脐带血，脱普公司对脐带血进行制备、检测，并储存了胎盘脐带干细胞，已履行了合同的主要义务，故不存在违约致使不能实现合同目的的情形，熊黛、王某以合同目的不能实现为由请求解除合同，不予支持。但是，二审法院同时认为，《合同法》第376条第1款规定："寄存人可以随时领取保管物。"故合同约定的保管期限并不构成对寄存人的强制约束。本案中，熊黛、王某因对脱普公司缺乏足够信任，在合同约定的储存期限届满前要求返还保管物，于法有据，予以准许，双方签订的胎盘脐带干细胞储存协议予以解除。

笔者认为，因合同目的不达而解除合同更符合本案实际情况。第一，《合同法》第376条第1款和《民法典》第899条第1款均规定，寄存人可以随时领取保管物。这种取回保管物的权利，是否就是合同任意解除权？取回保管物是否等同于解除保管合同？王利明教授认为："在保管合同规定了保管期间的情况下，如果寄存人提前领取保管物的，则应当支付相应的费用，这种费用的计算要考虑到保管人需要支付的人力、物力等成本。"[1]取回保管物仍需支付保管费，可见取回保管物不等于解除保管合同。第二，脱普公司从事干细胞技术研发，在技术上具有对脐带血进行存储的能力，但这不等于其具有开展经营性存储业务的资质。严格来说，脱普公司仅具有为了科研而存储脐带血的资质。一个是科研活动的附带性存储，一个是经营性保管，两者在目的上存在本质区别。而熊黛、王某只是单纯地希望将脐带血进行储存，并不希望其被用于科研。

---

[1] 王利明：《合同法研究（第三卷）》，中国人民大学出版社2012年版，第649页。

案例五 百乐居公司与义乌公司房屋租赁合同纠纷案[①]
——租赁合同下装修、加建与改建的责任

一、基本案情

一审原告暨反诉被告、二审上诉人、申诉人：百乐居公司

一审被告暨反诉原告、二审被上诉人、被申诉人：义乌公司

百乐居公司享有位于深圳市龙岗区龙岗街道龙东村的康美思数码城的房屋产权，该房产中的六栋厂房均为三层，且相互独立，前排商铺为单层。2020年4月8日，百乐居公司与义乌公司签订涉案房屋租赁《意向书》，约定："百乐居公司将拥有完全权属，即领有房产证的六栋厂房35778.49平方米和未领房产证的临街店铺和临街建筑10380平方米，共计46158.49平方米物业出租给义乌公司使用，并同意义乌公司进行整体商业改造，以满足义乌公司的经营需求。"《意向书》第7条约定："合同签订生效后，甲方（百乐居公司）必须根据乙方（义乌公司）兴办深圳市义乌小商品批发城的整体规划和装饰需要，在不影响建筑物结构的前提下，同意乙方进行整体商业改造，同时应配合乙方办理物业功能变更、消防报批等相关手续，以满足乙方经营需求。"双方还特别约定："该意向书作为今后签订正式合同的补充条款，对双方具有法律约束力。"

2020年5月1日，百乐居公司与义乌公司签订《租赁补充合同》，约定由甲方百乐居公司将位于深圳市龙岗区龙岗街道龙东社区鸿基中路房产租赁给乙方义乌公司用于兴办深圳市义乌小商品批发城项目使用，约定租赁面积为一期46158.49平方米（包括六栋厂房和对应商铺，具体

[①] 案例来源：广东省深圳市中级人民法院(2018)粤03民再29号民事判决书，北大法宝网，https://www.pkulaw.com/pfnl/a25051f3312b07f3ef88e2922a27c7aba0dd23d55b914d52bdfb.html，最后访问时间2023年10月22日。

位置以租赁图纸为准),租金为每月10元/平方米,以后每年月租金按2%递增,支付方式为每月10日支付当月租金,每月租金为人民币461585元;双方对租赁期限、免租期、房屋交付方式、租赁保证金等进行了明确的约定,免租期自2020年5月15日起计算至2020年10月14日止;第1.3条约定,"经双方协商甲方(百乐居公司)基于双方的合作关系和乙方(义乌公司)需要,甲方同意将厂房前面的单层商铺给予乙方拆除进行加建三层门面的改造";第2.2条约定,"乙方在签署本合同前已经现场视察过租赁房地产,同时完全知悉该租赁房地产的状况"。合同还约定,双方可另行签订深圳市有关部门统一文本的《租赁合同》,《租赁合同》与《租赁补充合同》内容有不一致或相抵触之处,均以《租赁补充合同》为准。

2020年5月15日,百乐居公司与义乌公司签订《租赁合同》,并在房屋租赁部门办理了租赁备案手续。百乐居公司于2020年5月15日向义乌公司交付上述租赁房产,但至今未能将违章建设且存有产权争议的7764.2平方米拐角楼房屋交付义乌公司使用。在双方一审提交并确认真实性的有关催收租金往来函件中,对于义乌公司提出百乐居公司未交付租赁面积7764.2平方米,百乐居公司未提出异议,在一审庭审中也未提出异议。2020年8月21日,义乌公司向百乐居公司支付了首月租金人民币461585元及租赁保证金人民币903170元。在合同履行过程中,义乌公司在支付2021年1月份租金时,未支付7764.2平方米租金人民币77642.00元,并将之前已支付7764.2平方米的租金在应支付的2021年1月份租金中扣除。此后,百乐居公司数次向义乌公司发出租金催缴函,但义乌公司仍然按照扣除7764.2平方米的租金后按时支付。

租赁合同签订后,义乌公司进场对涉案租赁房产进行商业改造,将租赁房产分租给不同小商户,开办义乌小商品批发城进行经营。因涉案房屋多处漏水,义乌公司通知百乐居公司维修,但百乐居公司未进行维修。义乌公司为此聘请第三人进行维修,共支出人民币483436元。

2020年7月5日,百乐居公司为配合义乌公司就涉案房产的商业改造,向消防部门出具《证明》,同意由义乌公司对涉案物业进行改造,以达到消防部门要求为准。

在《租赁补充合同》附件2中,二层平面布置显示,前排6、8、10栋厂房与后排7、9、11栋厂房之间均留有中空;三层平面布置图显示,前排6、8、10栋厂房之间与后排7、9、11栋厂房之间均留有中空。也就是说,8、9栋厂房的二层、三层之间均留有中空。而在双方的另案诉讼一审庭审中,百乐居公司主张涉案房产的现状为,8、9栋厂房的第二层被连接起来,未留有中空;6栋厂房的第三层全部被连接起来,未留有中空。义乌公司对此予以确认。百乐居公司主张,双方在《租赁补充合同》附件2约定的二、三层预留中空是考虑到商城的连通和消防问题;义乌公司则主张,在申报消防审批时,该合同附件2被提交给消防部门,但达不到消防要求,故百乐居公司在2020年7月5日向消防部门出具《证明》,义乌公司按照消防要求,在改造过程中将附件2约定的二、三层预留中空连接起来,每栋厂房就是一个消防分区,共设置六个消防分区,将消防分区连接起来以方便消防疏散、逃生。百乐居公司则主张其虽在义乌公司申请消防审批时出具上述《证明》,但并没有准许义乌公司在附件2约定的改造范围外另行加建和改造。

百乐居公司主张,涉案房产前排商铺第四层为义乌公司2021年年底加建,主要依据为义乌公司就涉案房产分别于2020年、2022年申请消防验收,前排商铺第四层是在2022年申请消防验收。义乌公司则主张,前排四层商铺在2020年一次性改造完毕,义乌公司原以为第四层用于办公的房产不需要申报消防验收,后被政府部门告知第四层也需申报消防验收,其后才补办消防验收手续,故涉案租赁房产存在两次申报消防验收的情况,并主张消防验收申请时间的先后不能推出房产改建时间的先后。义乌公司为证明前排商铺是在2020年义乌小商品城开业前一次性改造完毕,向法院提交了百乐居公司当时的法定代表人参加义乌小商品城2020年12月开业典礼时的照片,从该照片可见当时的前排商铺与本案再审期间组织双方到现场拍摄的前排商铺一致。

关于配电房(原动力中心)西侧加建商铺的问题,百乐居公司与义乌公司对该加建商铺所占地块的权属各执一词。再审法院根据义乌公司的申请,就此权属问题向深圳市孙氏大立实业有限公司(以下简称"大立公司")进行调查。该公司董事长确认,该加建商铺所占地块部分属百乐居公司,部分属大立公司,至于百乐居公司、大立公司各占地块的具体面积,需通过测绘确定,属于大立公司的地块是其免费出借给义乌公司使用的。百乐居公司与义乌公司对该事实均予以确认,并确认该加建的商铺面积约100平方米。关于该商铺由谁加建的问题,再审法院向该商铺现经营者李某进行调查,李某确认商铺为其加建,现经营"潮客大排档",李某每月向义乌公司交纳管理费一千余元。百乐居公司对该商铺是谁加建的事实不予确认,并主张即使系李某加建,也是经过义乌公司许可的,且义乌公司每月收取管理费,故义乌公司应对该加建行为承担责任。

二、争议焦点

本案再审的争议焦点为百乐居公司要求解除《租赁补充合同》及《租赁合同》的理由是否成立。具体来说,争议焦点主要涉及以下四个问题:(1)义乌公司将涉案前排商铺建成四层是否构成违约?(2)义乌公司未按《租赁补充合同》附件2的约定对涉案六栋厂房留有中空是否构成违约?(3)百乐居公司未交付义乌公司使用的租赁面积是多少?(4)配电房(原动力中心)西侧加建商铺是否应归责于义乌公司?

三、案件裁判

一审法院作出民事判决:(1)驳回百乐居公司的全部诉讼请求;(2)百乐居公司在该判决生效之日起十日内向义乌公司交付7764.2平方米房屋(尚未交付的);(3)百乐居公司在该判决生效之日起十日内向义乌公司赔偿损失人民币483436元;(4)驳回义乌公司的其他反诉请求。

义乌公司不服一审判决,提起上诉。二审法院民事判决:驳回上诉,维持原判。在本案一、二审判决后,百乐居公司不服,向广东省高院申请再审被驳回,遂向检察机关申请监督。广东省人民检察院经审查,向广东省高院提出抗诉。广东省高院裁定二审法院再审,深圳市中院再审维持原判。

四、分析思考

（一）义乌公司将涉案前排商铺建成四层是否构成违约

《合同法》第 223 条规定："承租人经出租人同意，可以对租赁物进行改善或者增设他物。承租人未经出租人同意，对租赁物进行改善或者增设他物的，出租人可以要求承租人恢复原状或者赔偿损失。"《民法典》第 715 条也规定："承租人经出租人同意，可以对租赁物进行改善或者增设他物。承租人未经出租人同意，对租赁物进行改善或者增设他物的，出租人可以请求承租人恢复原状或者赔偿损失。"本案中，出租人与承租人对于改建租赁物有过约定，但对于改建的内容、范围等存在争议。

《租赁补充合同》第 1.3 条约定："甲方（百乐居公司）同意将厂房前面的单层商铺给予乙方（义乌公司）拆除进行加建三层门面的改造。"对于该合同约定的厂房前面的单层商铺拆除后建成三层还是四层符合合同的约定，双方各执一词。法院再审认为，从该条约定的文字表述看，"建三层"前有"加"字，原有一层，"加建三层"，应为四层。义乌公司向法院提交了百乐居公司当时的法定代表人参加义乌小商品城 2020 年 12 月开业典礼时的照片，从该照片可见开业时的前排商铺与本案再审期间本院组织双方当事人到现场拍摄的前排商铺一致，可见前排商铺是在义乌小商品城开业前一次性建成四层。不同于建筑物内部改造，前排商铺的改造从外观上显而易见，百乐居公司当时的法定代表人参加开业典礼，理应发现前排商铺被改造成四层的事实，但百乐居公司对此并未提出异议。对于该加建四层构成违约的主张，百乐居公司在一审诉状中仅笼统提出义乌公司存在改建、加建的违约事实，未明确提出前排商铺被加建四层，并且在对二审判决申请再审时未再主张义乌公司存在改建、加建的违约事实。综上，法院再审认定，义乌公司把前排商铺改造成四层符合双方合同的约定。

对于这类案件，取证还有一种途径，就是到规划部门查阅规划许可证。在国有土地上进行建设都应当事先取得规划许可证，否则将被作为违章建筑看待。因此,究竟能改建为几层应以规划许可证、规划红图等文件为准。即便双方当事人已有约定,但具体建设与规划许可证不符的,相关当事人仍需承担相应的责任。

(二)义乌公司未按《租赁补充合同》附件2的约定对涉案六栋厂房留有中空是否构成违约

本案实际上涉及合同的变更。合同变更指当事人约定的合同内容发生变化和更改,即合同权利和义务变化的民事法律行为。合同变更有广义与狭义之分。广义的合同变更,包括合同内容的变更与合同主体的变更。狭义的合同变更仅指合同内容的变更。一般来说,须经当事人协商一致,方可变更合同。当事人协商一致是变更合同的一般条件和必要前提。因为合同是在双方当事人协商一致的基础上订立的,是双方当事人意思表示一致的体现。对合同进行变更将使双方当事人权利义务关系发生变化,而任何一方均不能将自己的意志强加给对方。未经对方同意擅自变更合同,不仅不能对合同的另一方产生约束力,而且还可能构成违约。这里所讨论的合同变更,仅指当事人之间的协议变更,不包括法院或者仲裁机构根据当事人的请求,变更或撤销因欺诈、胁迫或者乘人之危、重大误解、显失公平而订立的合同的法定变更。

本案中,双方当事人虽然在《租赁补充合同》附件2中对六栋厂房留有中空进行约定,但该约定未必符合据此改造后小商品批发城的消防安全要求。同时,百乐居公司于2020年7月5日向消防部门出具《证明》,在该《证明》中并未要求义乌公司对涉案物业的改造必须按照附件2的约定进行,而是同意以达到消防部门要求为准进行改造,可见其在出具该《证明》时已经预见或者应该预见到为符合消防安全要求,涉案物业的实际改造情况可能与附件2约定不一致,并且也同意以消防部门的要求为准,该《证明》可视为百乐居公司对《租赁补充合同》附件2约定内容的变更。在百乐居公司出具该《证明》,义乌公司按照建筑安全标准及消防安全要求对六栋厂房二、三层进行商业改造后,可视为义乌公司以行为同意了对合同内容的变更,因此义乌公司对涉案物业的改造不应被视为违约。

(三) 百乐居公司未交付义乌公司使用的租赁面积是多少

认定未交付使用的租赁面积是一个事实认定问题。对于事实认定，依据"谁主张，谁举证"的原则。在举证上，义乌公司一直主张未交付使用的租赁面积为7764.2平方米，相关证据也与其主张一致；而百乐居公司相关证据和主张则前后并不一致，无法形成完整证据链。根据证据规则，宜采信义乌公司的主张。

百乐居公司在双方有关催收租金往来函件中，对于义乌公司提出其未交付租赁面积7764.2平方米未提出异议，在一审庭审中对其未交付的租赁面积为7764.2平方米也未提出异议；二审中，百乐居公司认为，实际未交付的租赁面积为6644.14平方米，余下1120.06平方米已交付义乌公司。百乐居公司在对二审判决申请再审时也主张，未交付部分的面积按拍卖登记面积为6644.14平方米。百乐居公司对此问题的陈述前后不一，在再审中又主张其在44号案件一审中已经提交充分证据证明其未交付的租赁面积为6644.14平方米，主张44号案件对该事实已经作出认定，但44号案件一审判决或44-4号一审裁定并未对其未交付租赁面积作出认定，其在44号案件一审中提交的另案开庭笔录、民事判决书、民事裁定书及资产评估报告等证据不能证明其在本案中实际未交付租赁面积为6644.14平方米。综上，法院再审认定，百乐居公司未交付租赁面积为7764.2平方米，义乌公司未支付上述面积相应的租金，不构成违约。

(四) 配电房（原动力中心）西侧加建商铺是否应归责于义乌公司

经法院再审调查及双方确认，配电房西侧加建商铺总面积约100平方米，其中归属于百乐居公司的面积比大立公司小。对于部分归属于百乐居公司的地块，双方在租赁合同中并未约定可建成商铺，义乌公司虽主张该商铺是商户自行加建，商铺现经营者也确认为其加建，百乐居公司对此却不予确认。义乌公司对于租赁范围内的整体物业及其配套设施有管理职责，即便该商铺为他人加建，由于其未予阻止，反而按月收取管理费，该加建商铺的行为也应归责于义乌公司。鉴于双方租赁的物业主要为六栋厂房及前排商铺，约定的租赁面积为46158.49平方米，而该商铺所占地块属于百乐居公司的部分不足 50 平方米,相对比例较小,且不涉及租赁房产主体结构,虽然义乌公司就此构成违约,但违约情节较轻,基本不影响双方实现合同目的,百乐居公司可依法要求义乌公司对此予以恢复原状,义乌公司应在百乐居公司要求的合理期限内予以恢复原状。

案例六 ASXY 业委会与天一物业公司物业服务合同纠纷案①
——小区公共收益的归属与管理

一、基本案情

一审原告、二审上诉人:ASXY 小区业委会

一审被告、二审被上诉人:天一物业公司

ASXY 小区业委会、天一物业公司于 2015 年 8 月 25 日签订《物业管理委托合同》,该合同第 14 条、第 23 条约定,天一物业公司负责按 180 元/月/车位的标准向车位使用人收取路面车位的停车费,其中 100 元/月/车位为代收,每月 5 日前交业委会;第 18 条约定,除停车棚外,其他公共部位营利性广告收入属广大业主,由业委会统一管理;第 18 条(编者注:该合同第 18 条编号重复)约定,委托管理期限自 2015 年 8 月 1 日起至 2018 年 7 月 31 日止;第 36 条约定,合同期届满后,ASXY 小区业委会没有书面通知天一物业公司续聘或解聘,且天一物业公司继续管理的,视为此合同自动延续一年。该合同同时约定了物业管理期间各种维护费支出等其他条款。2019 年 6 月 4 日,ASXY 小区第二届业委会致函天一物业公司,指出天一物业公司进入小区后,存在诸多严重违约及

---

① 基本案情根据湖北省武汉市中级人民法院(2019)鄂 01 民终 677 号民事判决书改编形成。该判决书见北大法宝网,https://www.pkulaw.com/pfnl/a6bdb3332ec0adc4f3fb2b584a959 17414712c1e57c1bb2bdfb.html,最后访问时间 2023 年 10 月 22 日。

侵占业主利益的行为，要求天一物业公司整改并归还侵占的业主利益。2019年6月20日，天一物业公司公布了《关于车辆泊位费中场地租金使用情况公示》，天一物业公司在该公示中表述：天一物业公司自2014年11月开始进入ASXY小区提供服务，试用至2015年8月才签订物业服务合同；物业服务合同约定，路面停车费180元/月/车位中的100元/月/车位交给业委会，这笔款项至今未能交纳，本届业委会简报公示约有78万元，此前还说过有90多万元，以你们算的为是；但该约定一开始就无法执行，因为天一物业公司垫付了前物业公司欠下的电费和电梯年检费，此后又支付了各项维护费，至今共计支出935080元，因此天一物业公司不可能再向业委会付款。2020年3月19日，ASXY小区业主大会会议讨论通过了《ASXY小区业主大会议事规则》，该规则第18条第14项规定，在本小区业主的共同利益遭受损害时，业主委员会有权代表全体业主向人民法院提起诉讼。2020年7月17日，ASXY小区业委会致函天一物业公司，要求天一物业公司按照国家和本市相关法规规定，报告物业服务工作和财务收支情况。2020年8月，天一物业公司向ASXY小区业委会公示了2020年1月至8月的收支明细账目表，载明在此期间，车辆泊位场地租金（即停车费）收入为102300元，广告费收入为13400元，共计115700元，但支出各项费用189044元。一审法院另查明，中审众环会计师事务所2022年6月28日向法院提交《退案函》，载明委托事项为对天一物业公司（ASXY小区）2014年11月至2021年4月的停车费收入、广告费收入、相关房屋出租收入和公共支出进行审计。由于鉴定资料不全，中审众环会计师事务所无法完成此次委托事项，现特申请退案。

二、争议焦点

本案争议焦点主要有：(1) ASXY小区业委会是否为适格的诉讼主体？(2) ASXY小区公共收益归属于谁？(3) ASXY小区公共收益具体数额是多少？(4) 天一物业公司有无权利以公共收益折抵小区各项维护费用？

三、案件裁判

一审法院判决：天一物业公司向 ASXY 小区第三届业委会支付 2014 年 12 月至 2021 年 4 月期间的小区停车费收益 700016 元；天一物业公司向 ASXY 小区第三届业委会支付 2020 年 1 月至同年 8 月期间收取的小区广告费 13400 元。

天一物业公司不服一审判决，提起上诉。二审法院判决驳回上诉，维持原判。

四、分析思考

（一）本案中 ASXY 小区业委会是否为适格的诉讼主体

《物权法》第 83 条规定："业主应当遵守法律、法规以及管理规约。业主大会和业主委员会，对任意弃置垃圾、排放污染物或者噪声、违反规定饲养动物、违章搭建、侵占通道、拒付物业费等损害他人合法权益的行为，有权依照法律、法规以及管理规约，要求行为人停止侵害、消除危险、排除妨害、赔偿损失。业主对侵害自己合法权益的行为，可以依法向人民法院提起诉讼。"《民法典》第 286 条规定："业主应当遵守法律、法规以及管理规约，相关行为应当符合节约资源、保护生态环境的要求。对于物业服务企业或者其他管理人执行政府依法实施的应急处置措施和其他管理措施，业主应当依法予以配合。业主大会或者业主委员会，对任意弃置垃圾、排放污染物或者噪声、违反规定饲养动物、违章搭建、侵占通道、拒付物业费等损害他人合法权益的行为，有权依照法律、法规以及管理规约，请求行为人停止侵害、排除妨碍、消除危险、恢复原状、赔偿损失。业主或者其他行为人拒不履行相关义务的，有关当事人可以向有关行政主管部门报告或者投诉，有关行政主管部门应当依法处理。"第 287 条规定："业主对建设单位、物业服务企业或者其他管理人以及其他业主侵害自己合法权益的行为，有权请求其承担民事责任。"根据上述规定，为了维护小区公共利益，业主大会和业委会有权代表业主实施诉讼行为。

本案中，在 ASXY 小区业委会提起本案诉讼前，该小区业主大会会议已讨论决定，在小区业主的共同利益遭受损害时，业委会有权代表全体业主向人民法院提起诉讼，并将该项授权载于《ASXY 小区业主大会议事规则》，故 ASXY 小区业委会有权提起本案诉讼。因此，ASXY 小区业委会属于适格的诉讼主体。

（二）小区公共收益归属于谁

《物权法》第 73 条规定："建筑区划内的道路，属于业主共有，但属于城镇公共道路的除外。建筑区划内的绿地，属于业主共有，但属于城镇公共绿地或者明示属于个人的除外。建筑区划内的其他公共场所、公用设施和物业服务用房，属于业主共有。"《民法典》第 274 条规定："建筑区划内的道路，属于业主共有，但是属于城镇公共道路的除外。建筑区划内的绿地，属于业主共有，但是属于城镇公共绿地或者明示属于个人的除外。建筑区划内的其他公共场所、公用设施和物业服务用房，属于业主共有。"《最高人民法院关于审理建筑物区分所有权纠纷案件具体应用法律若干问题的解释》第 3 条规定："除法律、行政法规规定的共有部分外，建筑区划内的以下部分，也应当认定为物权法第六章所称的共有部分：（一）建筑物的基础、承重结构、外墙、屋顶等基本结构部分，通道、楼梯、大堂等公共通行部分，消防、公共照明等附属设施、设备，避难层、设备层或者设备间等结构部分；（二）其他不属于业主专有部分，也不属于市政公用部分或者其他权利人所有的场所及设施等。建筑区划内的土地，依法由业主共同享有建设用地使用权，但属于业主专有的整栋建筑物的规划占地或者城镇公共道路、绿地占地除外。"根据以上规定，除了合同另有约定的以外，利用业主共有部分土地设置的停车位、广告位获取的收益应当归属于业主共有。

ASXY 小区业委会与天一物业公司于 2015 年 8 月 25 日签订了《物业管理委托合同》，该合同第 14 条、第 23 条约定，天一物业公司负责按 180 元/月/车位的标准向车位使用人收取露天车位的停车费，其中 100 元/月/车位为代收，每月 5 日前交业委会；第 18 条规定除停车棚外，其他公共部位营利性广告收入属广大业主，由业委会统一管理。可见，该

《物业管理委托合同》已经对利用业主共有部分获得的收益归属如何分配进行了明确约定。

(三) ASXY 小区公共收益具体数额是多少

ASXY 小区公共收益具体数额是多少是一个事实证明问题。在具体数额的事实证明上,天一物业公司以数据资料毁损为由拒绝提供相关证据予以证明。同时,天一物业公司在《关于车辆泊位费中场地租金使用情况公示》中,提出"本届业委会简报公示约有 78 万元,此前还说过有 90 多万元,以你们算的为是"。换言之,天一物业公司对 ASXY 小区业委会提出的 2017 年 6 月以前的公共收益为 90 多万元的主张不持异议。另外,2020 年 8 月,天一物业公司向 ASXY 小区业委会公示了 2020 年 1 月至 8 月的收支明细账目表,载明在此期间车辆泊位场地租金收入为 102300 元,广告费收入为 13400 元,共计 115700 元。

二审法院认为,对于上述费用计算方式,一审中,因审计资料不全,导致中审众环会计师事务所无法作出小区停车费、公共收益情况的司法鉴定意见,而审计资料理应由天一物业公司保存,因此鉴定不能的不利后果应由其承担。在无法准确作出停车费认定的情况下,天一物业公司于 2019 年 6 月 20 日曾在小区公告《停车使用费用公示》,自认部分停车费、广告费收取情况,该公示在法律上属于当事人对事实的部分自认,一审法院根据公示内容计算出停车费并予以认定并无不妥。

(四) 物业公司有无权利以小区公共收益折抵小区维护费用

《物业管理条例》第 34 条规定:"业主委员会应当与业主大会选聘的物业管理企业订立书面的物业服务合同。物业服务合同应当对物业管理事项、服务质量、服务费用、双方的权利义务、专项维修资金的管理与使用、物业管理用房、合同期限、违约责任等内容进行约定。"第 60 条规定:"违反本条例的规定,挪用专项维修资金的,由县级以上地方人民政府房地产行政主管部门追回挪用的专项维修资金,给予警告,没收违法所得,可以并处挪用数额 2 倍以下的罚款;构成犯罪的,依法追究直接负责的主管人员和其他直接责任人员的刑事责任。"

可见,对于小区维护费用的收取,物业公司不能仅凭单方意愿以公共收益进行折抵。物业公司应当按照法律规定和物业服务合同的约定进行小区维护费用的收取和使用。本案中,由于 ASXY 小区和天一物业公司在《物业管理委托合同》中并未约定过以公共收益折抵小区维护费用,因此,天一物业公司无权以公共收益折抵小区维护费用。二审法院也认为,天一物业公司上诉请求以公共收益折抵小区维护费用的主张,因相关证据不足,不予支持。

案例七 世元公司与刘某、朱某等抵押合同纠纷案①
——未办抵押登记的不动产抵押合同中抵押人的责任认定

一、基本案情

一审原告、二审上诉人:世元公司

一审被告、二审被上诉人:赢晟公司

一审被告、二审被上诉人:百都公司

一审被告、二审被上诉人:刘某、朱某

2019年4月25日,世元公司作为丙方(结算方)、百都公司作为甲方(供应方)、赢晟公司作为乙方(采购方)签订《三方代理结算协议》。该协议约定:甲方向乙方销售汽车用品,双方已签订《供货合同》,甲方授权丙方为《供货合同》项下的代理结算经销商;乙方按照本协议向丙方偿付《供货合同》中到期应付货款,丙方有权直接向甲方进行追索,甲方应在收到丙方书面通知之日起3日内向丙方支付乙方所有欠付款项。甲方负责处理乙方的退换货事宜,甲方应确保不因自身原因影响乙方按时向丙方支付货款;甲方承诺为乙方的付款义务向丙方提供连带保证。

---

① 案例来源:北京市第三中级人民法院(2017)京03民终4112号民事判决书,北大法宝网,https://www.pkulaw.com/pfnl/a6bdb3332ec0adc45a1105537a261edee1f5d489234cfc3abdfb.html,最后访问时间2023年10月22日。

就结算方式,三方约定:结算依据为甲乙双方盖章确认并经丙方认可的《对账单》,丙方对《对账单》审核通过后,甲方按照丙方提供的《核算单》向丙方开具等额的增值税专用发票,丙方在收到发票后3个工作日内向甲方支付货款,付款比例为对账单的70%;乙方自丙方向甲方付款之日起90日内向丙方支付《对账单》金额全额货款,付款方式为现金;丙方收到乙方全额货款后,扣除丙方已支付货款以及发放应付手续费等费用后,向甲方付款;就三方约定甲方向丙方支付手续费,标准为0.6%每月。

2019年4月25日,百都公司与赢晟公司共同出具2—4月《对账单》一张,商品名称为"汽车用品",结算总金额2148360元。赢晟公司出具《退货单》,显示时间为2019年10月20日,将名称为"各类坐垫及装饰物等"总价1778762元的货物退还给百都公司。2019年5月7日,世元公司向百都公司出具银行承兑汇票5张,总金额2121290.66元。2019年5月9日,百都公司出具《票据签收单》一张,载明:今收到世元公司邮寄的银行承兑汇票一张,金额2121290.66元。各方确认本案中尚欠款项本金为1503852元。

2019年8月20日,甲方百都公司、乙方世元公司、丙方刘某和朱某签订《补充协议》约定:甲乙双方签订了《三方代理结算协议》,由于履行过程中协议的采购方未能根据约定向乙方支付应付款,甲乙双方确认《三方代理结算协议》项下未结算本金为1503852元,且由甲方支付该笔款项及相应的罚息;甲方保证按照本条下属约定向乙方偿还款项,逾期每日按照逾期部分的0.06%支付违约金;2019年8月26日前甲方向乙方支付150万元及罚息6000元;刘某、朱某同意以名下共同所有的房产向世元公司提供抵押担保。同日,百都公司与世元公司、抵押人刘某和朱某签订《房屋抵押担保协议》,约定将刘某和朱某共有的位于北京市朝阳区的房产抵押给世元公司,并在10日内办理抵押登记。后刘某和朱某未办理抵押登记。在一审法院主持的证据交换过程中朱某的代理人对《补充协议》《房屋抵押担保协议》的真实性予以认可,庭审时又称签字非朱某本人所签,并就其中的签名申请鉴定。世元公司称协议的原件找不到了,故无法提供,鉴定程序未能进行。

二、争议焦点

从一审、二审情况来看,本案争议焦点主要有:(1)本案中《房屋抵押担保协议》是否有效?(2)抵押担保未办理登记的,抵押人是否需要承担责任?需要承担什么责任?

三、案件裁判

一审法院于2021年12月9日作出判决:(1)百都公司于本判决生效之日起十日内向世元公司偿还欠款1503852元;(2)百都公司于本判决生效之日起十日内向世元公司支付违约金(以1503852元为基数,自2019年8月26日开始至付清之日止,按照日0.06%的标准计算);(3)刘某对前述两项确定的百都公司付款义务中未能清偿部分向世元公司承担连带清偿责任;(4)驳回世元公司的其他诉讼请求。

一审宣判后,世元公司提起上诉。2022年,二审法院认为,一审判决认定责任主体和方式不当,因此二审判决维持一审民事判决第(1)项、第(2)项;撤销一审民事判决第(3)项、第(4)项;刘某、朱某就一审民事判决第(1)项、第(2)项确定的百都公司付款义务中未能清偿部分在抵押房屋的价值范围内向世元公司承担连带清偿责任。

四、分析思考

(一)抵押合同是否有效

1. 抵押人否认抵押行为的认定

在一审法院的数次询问、开庭中,刘某作为朱某的委托代理人对《补充协议》和《房屋抵押担保协议》及其签字的真实性均予以认可,朱某代理人上述行为应视为对不利事实的自认。在之后的诉讼过程中,朱某对于上述自认的证据和事实予以否认,但是朱某的反悔能否成立,要看其是否提供了充分的相反证据推翻自认。本案中,朱某并未就此提供证据,只是申请了鉴定,但鉴定意见仅为证据种类之一,并不意味着鉴定程序本身具有直接的证明力,且鉴定程序未能进行的原因在于协议原件的缺失。从合同原件保管的角度而言,双方均有保管好原件的责任,故朱某对其自认的反悔不能成立。

基于以上原因,根据证据规则,应当认定《补充协议》和《房屋抵押担保协议》及朱某签字的真实性,上述协议对于朱某具有法律约束力。

2. 未办理不动产抵押登记的抵押合同效力认定

1995年颁布施行的《担保法》第41条规定:"当事人以本法第四十二条规定的财产抵押的,应当办理抵押物登记,抵押合同自登记之日起生效。"根据该条规定,在不动产抵押合同生效要件上,该法采取的是登记生效主义,即如果没有办理抵押物登记,抵押合同将不生效。显然,这一规定将物权变动的原因和物权变动的结果混为一谈。

2007生效的《物权法》对此作出了修正,区分了物权变动的原因和物权变动的结果。《物权法》第187条规定:"以本法第一百八十条第一款第一项至第三项规定的财产或者第五项规定的正在建造的建筑物抵押的,应当办理抵押登记。抵押权自登记时设立。"第188条规定:"以本法第一百八十条第一款第四项、第六项规定的财产或者第五项规定的正在建造的船舶、航空器抵押的,抵押权自抵押合同生效时设立;未经登记,不得对抗善意第三人。"《民法典》第402条规定:"以本法第三百九十五条第一款第一项至第三项规定的财产或者第五项规定的正在建造的建筑物抵押的,应当办理抵押登记。抵押权自登记时设立。"第403条规定:"以动产抵押的,抵押权自抵押合同生效时设立;未经登记,不得对抗善意第三人。"根据上述规定,抵押登记仅仅是抵押权生效的要件或对抗要件,而不是抵押合同的生效要件。

本案中,世元公司和百都公司之间存在一定的债权债务关系,作为第三人的朱某、刘某,为担保百都公司的债务履行,和世元公司签订了《房屋抵押担保协议》,并明确了朱某和刘某办理抵押登记的义务。随后,因刘某、朱某拒绝办理抵押登记导致诉讼产生。结合上述理论分析可知,因涉诉房屋未办理抵押登记,故抵押权未产生,世元公司并不享有涉诉房屋的优先受偿权。但是,不可否认的是,上述抵押合同并不存在违反合同法的情形,因此该抵押合同有效。

(二)未办理不动产抵押登记时抵押人责任的认定

未办理不动产抵押登记的,抵押权虽然未生效,但如果抵押合同不存在无效情形,抵押人就仍需按照具体情况承担相应的合同责任。

1. 因抵押人的行为导致未办理抵押登记

因抵押人的行为导致未办理抵押登记的,抵押人承担的并非担保责任,而应当是违约责任。理由如下:第一,抵押合同中约定的是各方当事人为实现抵押物权而应当履行的"前期"合同义务。第二,对于抵押权的设立,依照物权法确立的区分原则,抵押合同仅是抵押权设立的原因行为,在未办理抵押登记的前提下,当然不可能产生具有担保功能的物权,"以发生物权变动为目的的原因行为,自合法成立时生效。在不能发生物权变动的结果时,有过错的当事人应当承担违约责任"①。主观地赋予抵押合同本身一定的担保性,将合同责任和物权设立后的担保责任界限模糊,无疑会造成法律逻辑上的混乱。第三,从抵押权人的角度分析,如果抵押人未办理抵押登记,抵押权人要求抵押人继续履行的依然是合同义务,遵循的法律依据依然是合同法。

具体到本案中,刘某、朱某在抵押合同有效的前提下,拒绝继续履行办理抵押登记的约定,违反的是合同义务,应当为此承担相应的违约责任。

2. 因债权人的原因导致未办理抵押登记

在抵押人完全履行登记协助义务之后,债权人仍可能基于时间、金钱、物权凭证的掌握等多种考虑而不去办理抵押登记。此时,依照合同法基本理论,如果抵押人不存在违约行为,债权人也就无权主张抵押人承担违约责任。

(三)未办理不动产抵押登记时抵押人应承担何种责任

根据上文分析,因抵押人的原因未办理不动产抵押登记的,抵押人构成违约,需承担相应的违约责任。《合同法》第 107 条与《民法典》第

---

① 梁慧星主编:《中国民法典草案建议稿附理由·物权编》,法律出版社 2004 年版,第 15 页。

577 条规定:"当事人一方不履行合同义务或者履行合同义务不符合约定的,应当承担继续履行、采取补救措施或者赔偿损失等违约责任。"根据该规定,债权人可以要求抵押人继续履行合同或赔偿损失。

一方面,不管抵押合同是否对办理抵押登记的具体事项进行了约定,根据其设定抵押权的合同目的,抵押人均有义务协助债权人办理抵押登记。如果抵押人未办理,债权人可以要求抵押人继续协助其办理抵押登记,使抵押权得以设立。即债权人有权请求抵押人继续履行抵押合同,协助其办理抵押登记。

另一方面,债权人有权要求抵押人承担赔偿损失的违约责任。至于损失的确定依据,如果合同明确约定了计算方式,则按照当事人的约定;如果合同中没有约定损失的计算方式,则应当依照合同法的相关规则进行计算。《合同法》第 113 条第 1 款规定:"当事人一方不履行合同义务或者履行合同义务不符合约定,给对方造成损失的,损失赔偿额应当相当于因违约所造成的损失,包括合同履行后可以获得的利益,但不得超过违反合同一方订立合同时预见到或者应当预见到的因违反合同可能造成的损失。"《民法典》第 584 条规定:"当事人一方不履行合同义务或者履行合同义务不符合约定,造成对方损失的,损失赔偿额应当相当于因违约所造成的损失,包括合同履行后可以获得的利益;但是,不得超过违约一方订立合同时预见到或者应当预见到的因违约可能造成的损失。"

具体到抵押合同中对抵押人违约行为造成的损失范围确定上,如果已办理抵押登记,则抵押权成立。依照物权法的规定,一旦债务人不履行到期债务或者发生当事人约定的实现抵押权的情形,债权人就可以与抵押人协议以抵押财产折价或者以拍卖、变卖该抵押财产所得的价款优先受偿。有了"物"的保障,债权人便可容易地实现抵押物担保范围内的债权。相反,如果未办理抵押登记,则抵押权无法成立,抵押物本身的担保功能便无法显现。一旦债务人无力还债或还债不足,与抵押权成立相比,债权人遭受的实际损失就是债务人未能清偿的合同约定的抵押物担保范围内的债权。本案中,债务人为百都公司,其对债权人世元公司负有当然的清偿义务。在抵押合同中,刘某、朱某同意以双方名下的房屋为百都公司的债务提供抵押担保,结合上述分析,在抵押权未能设立的情况下,刘某、朱某应以合同约定的房屋价值为基础,就百都公司未能清偿的债务向世元公司承担连带清偿责任。

案例八 平安银行与盛世矿产公司、章代英、马严予借款合同案[①]
——刑民交叉下金融借款合同、担保合同的效力认定

一、基本案情

一审原告、二审被上诉人:平安银行

一审被告、二审上诉人:盛世矿产公司、章代英、马严予

第三人李志民自2017年始从事高利转贷,并因此自2018年始背负巨额债务无力偿还。为维持资金运转,李志民先后成立由其实际控制的杰邦进出口公司、盛世矿产公司、森源物资公司等系列公司,并于2019年1月以抽逃出资的手段成立了注册资本1亿元的杰邦控股集团,借以扩大资金规模,营造其拥有雄厚经济实力的假象。2021年6月,李志民隐瞒其背负巨额债务无力偿还的真相,以支付利息为诱饵,骗取被告章代英、马严予、王宁等人以其名下房产作抵押,虚构经营需资金等事由,以提供虚假的购销合同等形式向多家银行贷款,共骗取贷款7500万元,除支付银行及担保人部分利息外,实际骗取贷款6300万元。其中,李志

[①] 案例来源:浙江省杭州市中级人民法院(2015)浙杭商终字第2096号民事判决书,北大法宝网,https://www.pkulaw.com/pfnl/a25051f3312b07f3b486459ca23bc7dd564384f2bc9231c7bdfb.html? keyword = % E6 % B5 % A6 % E5 % 8F % 91 % E9 % 93 % B6 % E8 % A1 % 8C % E6 % B1 % 82 % E6 % 98 % AF % E6 % 94 % AF % E8 % A1 % 8C % E4 % B8 % 8E % E9 % A5 % B6 % E5 % BA % 94 % E5 % AE % 8F % 20 & way = listView,最后访问时间2023年10月22日。

民以其实际控制的被告盛世矿产公司的名义与原告平安银行签订了《流动资金借款合同》,贷款1300万元;被告章代英、马严予以其房产作抵押,分别与原告平安银行签订了《房地产最高额抵押合同》,并办理了抵押登记;王宁以其房产作抵押,与中信银行签订了《房地产最高额抵押合同》,向中信银行贷款280万元,并办理了抵押登记。贷款发放后,李志民将其主要用于归还巨额非法集资债务及利息等。后因李志民无力归还贷款,王宁代为偿还了中信银行的贷款280万元。至案发时,被告盛世矿产公司欠原告平安银行的贷款本金未还,仅支付利息56万元,并支付被告章代英26万元、被告马严予25万元、被告王宁95万元。

法院刑庭经审理后认为,李志民以非法占有为目的,虚构贷款用途,隐瞒履约不能真相,骗取银行、担保人信任,骗得担保人担保及银行贷款,并将贷款用于还债以致无力偿还银行贷款,造成银行、担保人特别巨大的经济损失,其行为分别构成贷款诈骗罪、合同诈骗罪,以贷款诈骗罪判处其无期徒刑,并处没收个人全部财产,以合同诈骗罪判处其无期徒刑,并处没收个人全部财产。

该刑事判决生效后,原告平安银行以金融借款合同纠纷为由向法院提起民事诉讼,请求法院判令被告盛世矿产公司向其偿还借款本金1300万元、支付利息28万余元,并主张对被告章代英、马严予用于抵押的房产在其各自担保的主债权范围内享有优先受偿权。被告盛世矿产公司未作抗辩。被告章代英、马严予则抗辩认为,案涉贷款事实已经法院确认系第三人李志民骗取原告贷款构成的犯罪行为,故自己无须承担担保责任。

二、争议焦点

本案争议焦点主要有:(1)在构成贷款诈骗罪、合同诈骗罪的情况下借款合同是否有效?(2)在构成贷款诈骗罪、合同诈骗罪的情况下借款合同是否可撤销?(3)在构成贷款诈骗罪、合同诈骗罪的情况下抵押合同是否有效?抵押权是否有效?

三、案件裁判

二审法院认为,据《流动资金借款合同》(编号:95202011280637)记载,该合同系盛世矿产公司与平安银行于2017年6月13日签署,约定借款期限为2017年6月13日至2018年6月13日。平安银行发放贷款的时间亦为2017年6月13日。而据前述合同附件1——盛世矿产公司于2017年5月31日出具的《项下提款申请书》记载,《流动资金借款合同》的订立时间为2017年5月31日。此与《流动资金借款合同》记载的时间不一致。《合同法》第32条规定,当事人采用合同书形式订立合同的,自双方当事人签字或者盖章时合同成立。鉴于《项下提款申请书》仅系盛世矿产公司向平安银行单方出具,不能以其记载的合同订立时间作为认定双方已就合同条款协商一致的依据,应当以《流动资金借款合同》记载的合同签署时间即2017年6月13日作为合同成立时间。原审判决认定平安银行向盛世矿产公司发放的前述贷款,属于章代英、马严予依《房地产最高额抵押合同》所应承担担保责任的主债务,有相应的事实和法律依据。

根据《最高人民法院关于适用〈中华人民共和国民事诉讼法〉的解释》第93条之规定,已为人民法院发生法律效力的裁判所确认的事实,当事人无须举证证明。浙江省杭州市中级人民法院判决认定,李志民以支付利息为诱饵骗取章代英等人以名下房地产作抵押,向平安银行等金融机构骗取贷款,李志民支付章代英钱款25.26万元。在章代英、马严予无相反证据足以推翻前述判决所确认的事实的情况下,原审判决对此予以确认并判令章代英、马严予向平安银行返还该25.26万元及相应利息并无不当。鉴于章代英、马严予以其房地产为案涉借款提供抵押担保,客观上对李志民以盛世矿产公司名义骗取平安银行贷款起到了增信作用,原审判决认定章代英、马严予存在过错,并判令其对平安银行因主债务人清偿不能所受到的损失承担一定的赔偿责任亦无不妥。

四、分析思考

(一) 在构成贷款诈骗罪、合同诈骗罪的情况下借款合同是否有效

1. 可否以违反强制性法律规范为由认定借款合同无效

根据《合同法》第 52 条第 5 项之规定,违反法律、行政法规的强制性规定,合同无效。《民法典》第 153 条第 1 款规定:"违反法律、行政法规的强制性规定的民事法律行为无效。但是,该强制性规定不导致该民事法律行为无效的除外。"一般认为,刑法属于强制性法律规范,行为人刑事上构成犯罪的,同时也触犯了法律的强制性规定。那么,可否以此认定借款合同无效?

对于《合同法》第 52 条第 5 项之规定,结合原合同法司法解释来看,应当这样理解。《最高人民法院关于适用〈中华人民共和国合同法〉若干问题的解释(一)》第 4 条规定:"合同法实施以后,人民法院确认合同无效,应当以全国人大及其常委会制定的法律和国务院制定的行政法规为依据,不得以地方性法规、行政规章为依据。"《最高人民法院关于适用〈中华人民共和国合同法〉若干问题的解释(二)》第 14 条规定:"合同法第五十二条第(五)项规定的'强制性规定',是指效力性强制性规定。"因此,只有违反全国人大及其常委会制定的法律和国务院制定的行政法规中的效力性强制性规范的合同才无效。全国人大及其常委会制定的法律和国务院制定的行政法规以外的强制性规范,属于《民法典》第 153 条所规定的"不导致该民事法律行为无效"的效力性强制性规定。对于效力性强制性规范的区分方法,王利明教授提出了三分法:第一,法律、法规规定违反该规定,将导致合同无效或不成立的,为当然的效力性规定;第二,法律、法规虽然没有规定违反其规定将导致合同无效或不成立,但违反该规定若使合同继续有效将损害国家利益和社会公共利益,这也属于效力性规定;第三,法律、法规没有规定违反其规定将导致合同无效或不成立,虽然违反该规定,但若使合同继续有效并不损害国家利益和社会公共利益,而只是损害当事人利益的,属于取缔性规定(管理性规定)。同时,《九民纪要》对于效力性强制性规范进行了一些细化,《九民纪要》

第 31 条规定:"违反规章一般情况下不影响合同效力,但该规章的内容涉及金融安全、市场秩序、国家宏观政策等公序良俗的,应当认定合同无效。人民法院在认定规章是否涉及公序良俗时,要在考察规范对象基础上,兼顾监管强度、交易安全保护以及社会影响等方面进行慎重考量,并在裁判文书中进行充分说理。"即规章若构成公序良俗,则可作为效力性强制性规范看待。《九民纪要》第 30 条第 2 款对于效力性强制性规范和管理性强制性规范进行了列举:"人民法院在审理合同纠纷案件时,要依据《民法总则》第 153 条第 1 款和合同法司法解释(二)第 14 条的规定慎重判断'强制性规定'的性质,特别是要在考量强制性规定所保护的法益类型、违法行为的法律后果以及交易安全保护等因素的基础上认定其性质,并在裁判文书中充分说明理由。下列强制性规定,应当认定为'效力性强制性规定':强制性规定涉及金融安全、市场秩序、国家宏观政策等公序良俗的;交易标的禁止买卖的,如禁止人体器官、毒品、枪支等买卖;违反特许经营规定的,如场外配资合同;交易方式严重违法的,如违反招投标等竞争性缔约方式订立的合同;交易场所违法的,如在批准的交易场所之外进行期货交易。关于经营范围、交易时间、交易数量等行政管理性质的强制性规定,一般应当认定为'管理性强制性规定'。"

其一,刑法上并未明确说明构成贷款诈骗罪、合同诈骗罪的情况下借款合同无效,该案不属于王利明教授所说的"法律、法规规定违反该规定,将导致合同无效或不成立"之情形。

其二,刑法上并未明确说明构成贷款诈骗罪、合同诈骗罪的情况下借款合同是否属于"违反该规定若使合同继续有效将损害国家利益和社会公共利益"的情形,而且这在学术上和司法实践中都存在一定争议。一方面,我国银行大多数是国有银行;另一方面,犯罪行为虽然也会侵害个人利益,但追究刑事责任主要还是因为犯罪行为具有"社会危害性"。本书认为,在国有银行法人化之后,应当将国家利益和银行利益进行区分。同时,即便认定该行为涉及金融秩序等公共利益,也应当是使合同继续有效更有利于维护该公共利益,并且不会损害国家利益或社会公共利益。

因此，刑法关于贷款诈骗罪、合同诈骗罪的规定不属于效力性强制性规范，不应当以此为由认定借款合同无效。

2. 可否以欺诈行为损害国家利益为由认定合同无效

根据《合同法》第52条第1项之规定，一方以欺诈、胁迫的手段订立合同，损害国家利益，合同无效。在借款合同构成刑法上贷款诈骗罪、合同诈骗罪的情况下，认定其构成民法上的欺诈并无障碍。

要适用《合同法》第52条第1项认定合同无效，关键要看是否损害国家利益。如上所言，不应简单地将银行利益等同于国家利益。因此，本案也不宜适用本条款认定合同无效。

《民法典》第148条规定："一方以欺诈手段，使对方在违背真实意思的情况下实施的民事法律行为，受欺诈方有权请求人民法院或者仲裁机构予以撤销。"即欺诈订立的合同为可撤销合同，未撤销前合同有效。

3. 可否"以合法形式掩盖非法目的"为由认定合同无效

根据《合同法》第52条第3项之规定，以合法形式掩盖非法目的，合同无效。并非所有涉及刑事犯罪的借款合同都被判有效，司法实践中，借款合同仍有可能因存在"以合法形式掩盖非法目的"的情形，最终被判无效。典型的"以合法形式掩盖非法目的"表现为借款人和贷款人通谋，贷款人亦参与到犯罪过程之中，如借款人涉嫌骗取贷款罪且贷款人涉嫌违法发放贷款罪。至于借款人单方面的诈骗犯罪行为，虽然司法实践中倾向于将其视为民事欺诈，但也存在被认定为"以合法形式掩盖非法目的"的情形。另外，在贷款人不知情的情形下，借款人单方为掩盖犯罪行为的虚假行为同样可以成立"以合法形式掩盖非法目的"。

最高人民法院（2016）最高法民终800号判决认为，尽管合同相对方主观上对犯罪行为不知情，但客观上诈骗方利用合同实现其犯罪目的，进而依据《合同法》第52条第3项"以合法形式掩盖非法目的"，认定合同无效。随后，最高人民法院第四巡回法庭审理的（2017）最高法民终311号判决则认定单方欺诈合同属有效合同，提出"以合法形式掩盖非法目的"的适用前提应为合同双方存在共同虚假意思表示。即"以合法形式掩盖非法目的"，是指合同双方当事人恶意串通"以合法形式掩盖非法目的",不包括单方虚假意思表示。《民法典》第146条规定:"行为人与相对人以虚假的意思表示实施的民事法律行为无效。以虚假的意思表示隐藏的民事法律行为的效力,依照有关法律规定处理。"第154条规定:"行为人与相对人恶意串通,损害他人合法权益的民事法律行为无效。"但是,这两条要么要求双方均存在虚假意思表示,要么要求存在恶意串通,均不适用本案中单方虚假意思表示的情形。

(二)在构成贷款诈骗罪、合同诈骗罪的情况下借款合同是否可撤销

《合同法》第54条第2款规定:"一方以欺诈、胁迫的手段或者乘人之危,使对方在违背真实意思的情况下订立的合同,受损害方有权请求人民法院或者仲裁机构变更或者撤销。"《民法典》第148条规定:"一方以欺诈手段,使对方在违背真实意思的情况下实施的民事法律行为,受欺诈方有权请求人民法院或者仲裁机构予以撤销。"如上所言,借款人在刑事上构成诈骗犯罪,在民事上可以认定行为人主观上构成欺诈。如果该欺诈行为仅仅损害了相对人或第三方的利益,应认定借款合同可撤销,受损害方有权主张撤销合同;受损害方未主张撤销权的,应认定借款合同有效。根据上述规定,享有撤销权的仅仅是受损害方,不包括欺诈方,即欺诈方在实施欺诈行为后,无权主张撤销合同。

本案中,平安银行作为被欺诈方和受害人,有权主张撤销权。但是,如果平安银行未主张撤销权,则借款合同仍然有效。

(三)在构成贷款诈骗罪、合同诈骗罪的情况下抵押合同、抵押权是否有效

《合同法》第52条规定:"有下列情形之一的,合同无效:(一)一方以欺诈、胁迫的手段订立合同,损害国家利益;(二)恶意串通,损害国家、集体或者第三人利益;(三)以合法形式掩盖非法目的;(四)损害社会公共利益;(五)违反法律、行政法规的强制性规定。"《民法典》第146条、第153条、第154条分别规定了双方虚假意思表示行为、违反强制性规定及违背公序良俗的民事法律行为和恶意串通的民事法律行为无效。如上所言,本案中的情形并未损害国家利益、社会公共利益,也未违反法律、行政法规的强制性规定,相关抵押合同是否有效要看是否构成恶意

串通或以合法形式掩盖非法目的。即有确凿证据证明银行等金融机构与债务人之间存在恶意串通,引诱担保人提供担保的,或损害相关权利人利益的,则可以确定该贷款合同无效,担保人无须承担担保责任。对于恶意串通的认定,笔者认为可作扩大性解释,即考虑到银行等金融机构从事贷款业务的专业性,对其课以较一般民事主体更重的评价标准,避免银行等金融机构滥用其签约的强势地位损害担保人或其他利益关联人的合法权益,督促其尽到对贷款申请资料的谨慎审查义务。如银行在明知债务人已负债累累、贷款用途不明的情况下,对其提供的贷款资料仍不作审慎审查,放任债务人不能清偿结果的发生,则即使银行主观上没有与债务人恶意串通的故意,也可以比照该条规定认定合同无效。

本案中,平安银行本身为受害方,未与借款人进行恶意串通,因此不应认定抵押合同无效。至于房屋抵押权是否生效,则要看在抵押合同有效的基础上是否办理了抵押登记。本案中抵押人已按照合同约定和法律规定办理了抵押登记,因此,抵押权有效。

案例九 刘士琦与人保江西分公司保险合同纠纷案[①]
—— 两年不可抗辩条款的含义与适用范围

一、基本案情

原告:刘士琦

被告:人保江西分公司

2019年6月30日,刘士琦向人保江西分公司投保"人保寿险无忧一生重大疾病保险",并在《人身保险投保单》上签字。人保江西分公司向刘士琦出具一份保险合同号为350057928648008的《保险单》。《保险

---

① 案例来源:福建省泉州市鲤城区人民法院(2019)闽0502民初3221号民事判决书,北大法宝网,https://www.pkulaw.com/pfnl/a6bdb3332ec0adc4f5b2a0c9 814c8d3193dc492b6da44690bdfb.html,最后访问时间2023年10月22日。

单》约定,保险期间为终身,交费期间为30年,基本保险金额人民币40万元,每年保险费人民币10320元,合同生效日为2019年7月1日零时零分起。合同签订以后,刘士琦依约向被告人保江西分公司缴纳了保险费。

2022年3月13日,刘士琦因"反复右上腹部闷疼一月余"至南昌大学附属第一医院治疗。2022年4月1日,刘士琦被诊断为肝细胞癌。在刘士琦《入院记录》的"既往史"一栏记录:发现"乙肝"30余年。而后,刘士琦向被告申请理赔。2022年5月17日,人保江西分公司向刘士琦出具了受理号为001805263661903的《理赔完成通知书》,理赔结论为:解除合同,不退还保险费。

另查明,2022年3月29日,刘士琦因慢性胆囊炎伴胆囊结石到江西医学高等专科学校第一附属医院治疗。住院期间,刘士琦腹部彩超显示:肝部弥漫性病变,肝内回声异常。

二、争议焦点

本案争议焦点主要有:(1)刘士琦是否尽到了如实告知义务?(2)人保江西分公司是否尽到了对免责条款的提示和明确说明义务?(3)刘士琦的行为是否违反最大诚信原则?

三、案件裁判

一审法院认为,人身保险是以自然人的生命和身体健康为保险标的,当被保险人死亡、伤残、疾病或生存到约定年龄、期限时,保险人根据约定承担给付保险金责任的保险合同。本案所涉保险合同是刘士琦与人保江西分公司签订的,是双方根据《中华人民共和国保险法》(以下简称《保险法》)相关规定成立的保证保险合同,系当事人真实意思表示,应当认定合同有效。合同有效,对当事人双方均具有法律约束力。《保险法》第16条规定:"投保人故意或者因重大过失未履行前款规定的如实告知义务,足以影响保险人决定是否同意承保或者提高保险费率的,保险人有权解除合同。前款规定的合同解除权,自保险人知道有解除事由之日起,超过三十日不行使而消灭。自合同成立之日起超过二年的,保险人不得解除合同;发生保险事故的,保险人应当承担赔偿或者给付保险金的责任。"人保江西分公司与刘士琦签订的保险合同号为350057928648008号《保险单》于2019年7月1日零时零分生效,至2022年4月1日刘士琦被确诊为肝细胞癌,已超过两年。因此,人保江西分公司不得解除合同;在刘士琦发生保险事故时,人保江西分公司应当承担赔偿责任,向刘士琦支付保险金人民币40万元。原告刘士琦请求人保江西分公司向其支付40万元保险金的主张合法有据,应予支持。

一审法院判决:人保江西分公司应在本判决生效之日起十日内向刘士琦支付保险金40万元以及自起诉之日起至实际付款之日止按中国人民银行同期同类贷款利率计算的利息;驳回刘士琦的其他诉讼请求。

四、分析思考

(一)保险中的如实告知义务

如实告知义务是指在订立保险合同之时,被保险人或者投保人必须将保险标的中的重要事项如实告知保险人。保险人需全面、准确地掌握这些重要事项,只有这样才能够让保险人正确地认识并评估危险状况,继而决定是否承保或者在何种条件下承保。告知的形式,在国际上通常有两种:一是无限告知,即法律或保险人对告知内容没有明确规定,投保人须主动将保险标的的状况及有关重要事实如实告知保险人。二是询问告知,即投保人只对保险人询问的问题如实告知,对询问以外的问题无须告知。我国执行的是询问告知。在保险实务中,保险人一般将需投保人告知的内容列在投保单上,要求投保人如实填写。也就是说,投保人的告知范围是保险人的询问范围。同时,保险人应将免责条款放在显著位置,提醒投保人注意,投保人应在阅读并同意后签字。

本案中,保险公司就以下问题对投保人提出过询问:(1)是否曾经或正在接受诊查、治疗、用药、住院、手术或上述建议?(2)过去五年内接受以下检查是否有异常情况:血液、尿液、心电图、脑电图、X线、CT、磁共振、超声波、内窥镜、活体组织检查或其他检查?(3)是否患有或曾经患有反复肝区不适、肢痛、放水等情况?(4)是否肝炎病毒携带者、肝炎、脂肪肝、肝硬化、肝欣肿、肝史肿、胆囊或胆管结石、胆史炎、胆囊息肉、化脓性胆囊炎、胰腺炎、慢性或溃疡心结肠炎、肠梗阻等?(5)是否患有肾炎、肾结石、肾功能异常、肾囊肿等?针对这些问题,刘士琦均予以否认。

经保险公司调查,2010年1月17日,刘士琦因患有急性结石性胆囊炎、右肾结石和乙肝病毒携带者住院治疗。2014年5月,刘士琦又因全腹持续性胀痛、发热到医院住院治疗。诊断显示为肝大、脂肪肝、肝右前叶含液性病变—囊肿、胆囊多发强回声病变—结石。2019年3月,刘士琦再次入院治疗,诊断显示肝弥漫性病变、肝内异常回声。这些情况属于保险公司在签订保险合同时特别询问过的问题,刘士琦未将实际情况告知保险公司。综上所述,本案中刘士琦确实未尽到如实告知义务,各方对此应无异议。

(二)格式条款的说明义务

格式条款又称"标准条款",是指当事人为了重复使用而预先拟定、并在订立合同时未与对方协商的条款,如保险合同、拍卖成交确认书等,都是格式合同。合同法从保护公平、维护弱者权益出发,对格式条款作了一些限制,要求提供格式条款一方有提示、说明的义务,应当提请对方注意免除或者限制其责任的条款,并按照对方的要求予以说明。

本案中,人保江西分公司是否尽到了对免责条款的提示和明确说明义务?从保单形式来看,保单对免责条款部分已经作了加粗加色处理,免责条款所用文字与一般条款明显不同,更加醒目,足以引起投保人注意。与此同时,保险公司还专门针对保单中的免责事由对投保人进行了询问和调查,并形成了相应记录。

(三)保险合同中的最大诚信原则与两年不可抗辩条款

最大诚信原则,是民法中的诚信原则在保险法中的体现,要求保险活动当事人要向对方充分而准确地告知和保险相关的重要事实。保险活动对当事人诚信的要求要高于一般的民事活动。实践中,这一原则更多体现为对投保人或被保险人的一种法律约束,当投保人违反该原则时,保险人可解除合同或请求确认合同无效。

最大诚信原则与两年不可抗辩条款是否冲突?两年不可抗辩条款

适用前提是最大诚信原则,是为了保护非主观恶意带病投保的消费者,而不是小部分人恶意带病投保的凭据。不可抗辩条款以最大诚信原则为基础,如果投保人在投保时存在蓄意不实告知,违反了最大诚信原则,则不适用不可抗辩条款。不可抗辩条款的存在,是符合我们国家保险行业现状的,可以保护由于疏忽大意导致一些事项未如实告知的投保人,只要过了两年不可抗辩期,保险公司没有提出异议的话,那么将来便不能以此为拒赔理由了。

《保险法》第16条规定:"订立保险合同,保险人就保险标的或者被保险人的有关情况提出询问的,投保人应当如实告知。投保人故意或者因重大过失未履行前款规定的如实告知义务,足以影响保险人决定是否同意承保或者提高保险费率的,保险人有权解除合同。前款规定的合同解除权,自保险人知道有解除事由之日起,超过三十日不行使而消灭。自合同成立之日起超过二年的,保险人不得解除合同;发生保险事故的,保险人应当承担赔偿或者给付保险金的责任。投保人故意不履行如实告知义务的,保险人对于合同解除前发生的保险事故,不承担赔偿或者给付保险金的责任,并不退还保险费。投保人因重大过失未履行如实告知义务,对保险事故的发生有严重影响的,保险人对于合同解除前发生的保险事故,不承担赔偿或者给付保险金的责任,但应当退还保险费。保险人在合同订立时已经知道投保人未如实告知的情况的,保险人不得解除合同;发生保险事故的,保险人应当承担赔偿或者给付保险金的责任。保险事故是指保险合同约定的保险责任范围内的事故。"一般认为,本条法律规定了保险法上著名的"不可抗辩条款"。对于本条规定,不同学者有不同观点。有学者认为,"如果契约经过两年后,仍然没有发生保险事故,则几乎可以认定投保人的告知即使有瑕疵,也不足以影响保险人对危险的估计";"不可抗辩条款在适用上应限于两年内保险事故未发生";"构成保险欺诈情形下不应排除不可抗辩条款的适用"。[①] 即便投保时因故意或重大过失未履行如实告知义务,自合同成立之日起超过两

---

① 参见王冠华:《保险法上不可抗辩条款适用问题三论——对〈保险法〉第16条的目的限缩解释和文义解释》,载《暨南学报(哲学社会科学版)》2013年第3期。

年,应当适用不可抗辩条款。但也有学者对此持有不同观点,认为"在投保人在基于欺诈订立合同并企图在保险事故发生时骗取保险金,不仅违反了保险合同成立之前提,也违背了人类社会创设保险之初衷";如若必须要保险公司承担责任,则"破坏了保险公司的经营基础,对其他投保人而言也极为不公"。因此,对于保险合同除外条款规定之事项不应适用不可抗辩条款。①

本书认为,为了协调最大诚信原则和两年不可抗辩条款的关系,应当根据具体情况区别看待。如果投保人因故意或重大过失未能履行如实告知义务的事项属于保险公司承保的保险事故范围,或者与保险事故的发生有相当因果关系的,应当不受两年不可抗辩条款保护,否则与保险法上的最大诚信原则相违背。在另外一起投保人戴某诉某人寿保险公司重大疾病保险纠纷案件中,虽然超过了两年期限,但一审、二审法院均认为,戴某在投保前即已患有脑膜瘤,保险合同成立时保险事故已经发生,因此保险公司不承担赔偿或给付保险金的责任。如果投保人仅为一般过失,或者未履行如实告知义务的事项不属于保险公司承保的保险事故范围,或者未履行如实告知义务的事项与已发生的保险事故没有相当因果关系,则保险公司应当受到两年不可抗辩条款的约束。

(四)一审判决评析

一审法院认为,《保险单》于2017年7月1日零时零分生效,至2022年4月1日刘士琦被确诊为肝细胞癌,已超过两年。因此,人保江西分公司不得解除合同;在刘士琦发生保险事故时,人保江西分公司应当承担赔偿责任。显然,一审法院认为本案应当适用两年不可抗辩条款。但如上文所述,适用该条款的前提是尽到如实告知义务,符合最大诚信原则要求,要看投保人的主观过错程度,以及未如实告知事项与保险事故的因果关系。

本案中,保险公司明确询问过,是否患有或曾经患有反复肝区不适、肢痛、放水等情况,是否肝炎病毒携带者、肝炎、脂肪肝、肝硬化、肝欣肿、

---

① 参见孙宏涛:《我国〈保险法〉中不可抗辩条款之研究——以〈保险法〉第16条第3款为中心》,载《政治与法律》2015年第7期。

肝史肿。一方面,投保人均予以否认。但实际情况是,投保人2007年1月17日被医院诊断为乙肝病毒携带者。2011年5月,投保人又被医院诊断为肝大、脂肪肝、肝右前叶含液性病变。2016年3月,投保人再次入院治疗,诊断显示肝弥漫性病变、肝内异常回声。以上几次诊断结果中的乙肝病毒携带者、脂肪肝均属于保险公司明确询问过的病情,均显示投保人肝部存在病变,医院的诊断也能印证其反复肝区不适的事实,但投保人并未如实告知保险人。因此,投保人在主观上明显存在故意或重大过失。另一方面,要看投保人历次诊断的携带乙肝病毒、肝大、脂肪肝、肝右前叶含液性病变、肝弥漫性病变、肝内异常回声等病情与最终的肝细胞癌是否具有医学上的因果关系。如果在医学上上述病情会极大可能演变为肝细胞癌,则投保人不应受两年不可抗辩条款保护;如果在医学上上述病情演变为肝细胞癌的可能性极小,则投保人仍应受两年不可抗辩条款保护。很显然这两者在医学上存在明显的正相关性。

案例十 李迅雷与中米建设公司、张中华工程分包合同纠纷案[①]
——不具备施工资质下分包合同纠纷的处理

一、基本案情

一审被告、二审上诉人:中米建设公司

一审被告、二审上诉人:中米天港公司

一审被告、二审被上诉人:张中华

一审原告、二审被上诉人:李迅雷

中米建设公司经工商登记,依法成立,经营范围为房屋建筑工程施

[①] 案例来源:湖北省武汉市中级人民法院(2019)鄂01民终7251号民事判决书,北大法宝网,https://www.pkulaw.com/pfnl/a6bdb3332ec0adc42cac120f1e8925e7a766fbd060ec2673bdfb.html,最后访问时间2023年10月22日。

工总承包、市政公用工程施工总承包等业务。中米天港公司经工商登记，依法成立，经营范围为房地产投资、房地产开发经营等业务。张中华未依法取得建设工程施工资质。

2020年4月20日，中米天港公司与中米建设公司签订《建设工程施工合同》，约定中米天港公司将其开发的"中米天港·板桥逸景"第7号至第11号楼房屋及室外配套工程发包给中米建设公司施工。该工程建筑面积71778.18平方米，工期自2019年4月20日至2022年4月19日，合同价款120539031.62元。

2020年5月17日，中米建设公司与张中华签订《建筑施工内部承包经营合同》，约定张中华为中米建设公司的项目负责人，承包中米天港公司开发的"中米天港·板桥逸景"第8号楼房屋建设工程，工程范围为土建、装修工程，工程地上建筑面积14455平方米，工程价款约1734万元，工期487天。合同签订后，由张中华出资，以包工包料双包的方式，分包中米天港公司开发的"中米天港·板桥逸景"第8号楼房屋建设工程。

2020年4月20日，张中华（委托潘某某）与李迅雷签订《木工承包合同》，约定张中华将其承包的"中米天港·板桥逸景"第8号楼房屋建设工程中的木模板、木方制作、安装等分项工程，以包工包料方式分包给李迅雷施工。工期自2020年4月16日至2020年9月15日。工程承包价为模板建筑面积每平方米148元，外架工字钢层防护及撤除每挑2500元。合同签订后，张中华组织人员进场施工，同时，李迅雷进场进行木模板、木方制作、安装，完成全部分项工程施工，并交付张中华、中米建设公司使用。施工期间，张中华已支付李迅雷工程款合计1252820元。第8号楼房屋建设工程已经竣工验收合格。

2021年2月1日，李迅雷与张中华经结算确认，张中华应付李迅雷工程款2169565.84元。事后，李迅雷要求张中华支付工程款无果。

诉讼期间，李迅雷与张中华经结算确认，张中华应付李迅雷工程款2169565.84元，已付李迅雷工程款1252820元，尚欠工程款916745.84元。

二、争议焦点

本案争议焦点主要有：(1) 上述分包合同是否具有法律效力？中米建设公司认为，张中华与李迅雷签订的《木工承包合同》合法有效，一审判决认定该合同无效是错误的。(2) 在分包合同无效的情况下，承包人是否有义务支付工程款？中米建设公司认为，既然一审法院认定劳务分包合同无效，那么就不存在违约责任的问题，李迅雷要求支付逾期付款利息的诉请不应支持。(3) 工程发包人与分包人是否应当承担连带责任？李迅雷辩称，中米建设公司承包工程后，又将工程分包给不具资质的张中华，此行为违反法律规定，中米建设公司存在过错，应承担连带责任。

三、案件裁判

一审法院经审理判决：(1) 由张中华支付李迅雷工程款 916745.84 元；(2) 张中华支付李迅雷逾期付款利息(自 2021 年 2 月 1 日起至付清之日止，以工程款欠款 916745.84 元为基数，按银行同期同类贷款利率计算)；(3) 中米建设有限公司对上述工程款及利息承担连带清偿责任；(4) 中米天港置业有限公司在欠付工程价款范围内承担连带清偿责任；(5) 驳回李迅雷的其他诉讼请求。上述判决均应于一审判决发生法律效力之日起十日内履行。如果未按一审判决确定的期间履行给付金钱义务的，应当依照《民事诉讼法》第 253 条之规定，加倍支付迟延履行期间的债务利息。一审案件受理费 12967 元，保全费 5000 元，合计 17967 元，由张中华、中米建设有限公司、中米天港置业有限公司负担。

中米建设有限公司和中米天港置业有限公司不服一审判决，提起上诉。二审法院经审理判决：(1) 维持一审判决第(1)项、第(2)项、第(4)项；(2) 撤销一审判决第(3)项、第(5)项；(3) 驳回李迅雷的其他诉讼请求。

四、分析思考

（一）本案中两个工程分包合同是否有效

工程分包合同是指承包商为将工程承包合同中某些专业工程施工交由另一承包商（分包商）完成而与其签订的合同。《建筑法》第29条第1款规定，"建筑工程总承包单位可以将承包工程中的部分工程发包给具有相应资质条件的分包单位"。专业工程分包，是指施工总承包企业（以下简称"承包人"或"承包商"）将其所承包工程中的专业工程发包给具有相应资质的其他建筑企业（以下简称"分包人"或"分包商"）完成的活动。因此，在工程分包合同中，分包商也需要具有相应的工程施工资质条件。

《最高人民法院关于审理建设工程施工合同纠纷案件适用法律问题的解释》第1条规定："建设工程施工合同具有下列情形之一的，应当根据合同法第五十二条第（五）项的规定，认定无效：（一）承包人未取得建筑施工企业资质或者超越资质等级的；（二）没有资质的实际施工人借用有资质的建筑施工企业名义的；（三）建设工程必须进行招标而未招标或者中标无效的。"第4条规定，"承包人非法转包、违法分包建设工程或者没有资质的实际施工人借用有资质的建筑施工企业名义与他人签订建设工程施工合同的行为无效"。2020年12月25日最高人民法院审判委员会第1825次会议通过，自2021年1月1日起施行的《最高人民法院关于审理建设工程施工合同纠纷案件适用法律问题的解释（一）》第1条也规定："建设工程施工合同具有下列情形之一的，应当依据民法典第一百五十三条第一款的规定，认定无效：（一）承包人未取得建筑业企业资质或者超越资质等级的；（二）没有资质的实际施工人借用有资质的建筑施工企业名义的；（三）建设工程必须进行招标而未招标或者中标无效的。承包人因转包、违法分包建设工程与他人签订的建设工程施工合同，应当依据民法典第一百五十三条第一款及第七百九十一条第二款、第三款的规定，认定无效。"中米建设公司承包中米天港公司开发的"中米天港·板桥逸景"房屋建设工程后,将该工程第8号楼房屋建设工程分包给未依法取得建设工程施工资质的张中华承包施工,其行为违法。因此,中米建设公司与张中华签订的《建筑施工内部承包经营合同》违法、无效。

《建筑施工内部承包经营合同》签订后,张中华又将其承包的"中米天港·板桥逸景"第8号楼房屋建设工程中的木模板、木方制作、安装分项工程以包工包料方式分包给李迅雷施工,李迅雷为工程实际施工人。因此,张中华与李迅雷签订的《木工承包合同》违法、无效。

(二)在分包合同无效的情况下,承包人是否有义务支付工程款

《最高人民法院关于审理建设工程施工合同纠纷案件适用法律问题的解释》第2条、第3条规定,"建设工程施工合同无效,但建设工程经竣工验收合格,承包人请求参照合同约定支付工程价款的,应予支持。""建设工程施工合同无效,且建设工程经竣工验收不合格的,按照以下情形分别处理:(一)修复后的建设工程经竣工验收合格,发包人请求承包人承担修复费用的,应予支持;(二)修复后的建设工程经竣工验收不合格,承包人请求支付工程价款的,不予支持。因建设工程不合格造成的损失,发包人有过错的,也应承担相应的民事责任。"2020年《最高人民法院关于审理建设工程施工合同纠纷案件适用法律问题的解释(一)》第24条也规定:"当事人就同一建设工程订立的数份建设工程施工合同均无效,但建设工程质量合格,一方当事人请求参照实际履行的合同关于工程价款的约定折价补偿承包人的,人民法院应予支持。实际履行的合同难以确定,当事人请求参照最后签订的合同关于工程价款的约定折价补偿承包人的,人民法院应予支持。"可见,在建设工程施工合同无效的情况下,承包人是否需要支付工程款,需要根据具体情况而定:如果建设工程经竣工验收合格,则承包人应支付工程款;如果建设工程经竣工验收不合格,则法院不支持支付工程款。

本案中,李迅雷分包的木模板、木方制作、安装工程已经竣工,验收合格,并交付张中华、中米建设公司使用。因此,实际施工的分包人李迅

雷请求参照合同约定支付工程款,一审法院依法予以支持。

(三)工程发包人与分包人是否应当承担连带责任

李迅雷认为,中米建设公司承包工程后,又将工程分包给不具备建设工程施工资质的张中华,此行为违反法律规定,中米建设公司存在过错,应承担连带责任。这一主张有无法律依据?

一审法院认为,中米建设公司承包中米天港公司开发的"中米天港·板桥逸景"房屋建设工程后,将该工程第8号楼房屋建设工程分包给未依法取得建设工程施工资质的张中华承包施工,其行为违法,中米建设公司与张中华签订的《建筑施工内部承包经营合同》违法、无效。合同签订后,张中华将其承包的"中米天港·板桥逸景"第8号楼房屋建设工程中的水电预埋及安装分项工程以包工包料方式分包给李迅雷施工,张中华与李迅雷签订的《木工承包合同》违法、无效。因此,中米建设公司应为张中华应当承担的民事责任承担连带清偿责任。工程发包人中米天港公司为"中米天港·板桥逸景"房屋建设工程的开发建设方,应当在欠付工程价款范围内,依法承担连带清偿责任。

连带责任,是指依照法律规定或者当事人约定,两个或者两个以上当事人全部承担或部分承担其共同债务,并能因此引起其内部债务关系的一种民事责任。当责任人为多人时,每个人都负有清偿全部债务的责任,各责任人之间有连带关系。依连带责任产生之原因不同,可以将连带责任划分为法定连带责任和约定连带责任。换言之,承担连带责任要么基于合同约定,要么基于法律规定。对于法定的连带责任,主要是以共同过错行为、共同危险行为等为基础。

本案中,中米建设公司与李迅雷之间不存在合同关系,也无共同过错行为、共同危险行为等情形,要求中米建设公司与李迅雷承担连带责任欠缺法律和理论依据。二审法院也认为,中米建设公司与李迅雷之间不存在合同关系,一审判决中米建设公司对张中华欠付李迅雷的工程款及逾期付款利息承担连带清偿责任不当。

案例十一 | 优鸿公司与湖北大秦酒水有限公司行纪合同纠纷案①
——行纪合同中报酬、费用的计算和未销售货物的处理

一、基本案情

原告：优鸿公司

被告：湖北大秦酒水有限公司（以下简称"大秦公司"）

优鸿公司诉称，2019年11月22日，优鸿公司与大秦公司签订进货协议一份，约定优鸿公司向大秦公司提供法国产白兰地X.O酒900箱，计10800瓶，5400升；由优鸿公司从法国运至武汉，交大秦公司提领后在武汉、上海两地代为销售；销售价格为单瓶（无包装）零售价2500元，礼盒装每瓶零售价2800元；货款结算由大秦公司向卖场请款后算交优鸿公司；大秦公司的销售报酬以货物进价的30%在结算时扣除。2019年11月25日，双方还签订补充协议一份，约定货物由武汉市粮油食品进出口公司代大秦公司进口。2020年1月8日，大秦公司与武汉市粮油食品进出口公司签订代理进口协议一份，约定由该公司办理货物进关手续，同时载明货主为优鸿公司，货物进关发生的费用由优鸿公司支付。2020年2月6日，大秦公司在武汉粮油食品进出口公司办妥进关手续之后，从武汉海关提领货物进入武汉、上海各大卖场销售，但至今未向优鸿公司算交任何款项。根据协议约定，在扣除销售报酬后，大秦公司应支付货款1738.8万元。为此，诉请法院判令大秦公司给付货款1738.8万元及逾期付款的利息。在案件审理过程中，优鸿公司对于仍未销售的

---

① 案例来源：湖北省武汉市中级人民法院(2003)武经初字第123号民事判决书，北大法宝网，https://www.pkulaw.com/pfnl/a25051f3312b07f385d1db393a03c6d8e29eb93035da1fe4bdfb.html，最后访问时间2023年10月22日。

货物,同意按退货处理。

大秦公司庭审口头辩称,优鸿公司与大秦公司之间就酒水代销关系未签订书面协议,优鸿公司提供的进货意向书、进货协议、补充协议缺乏真实性,主张的有关事实没有根据。双方形成的是事实上的行纪合同关系,对于优鸿公司主张的代销货物数量10800瓶,行纪人的报酬按销售价30%计算,大秦公司支付货物入关时关税、消费税、增值税等事实不持异议。大秦公司提出,在结算时已售部分2528瓶应按市场简装销售价计算,扣除报酬、商标使用费、手续费、进场费、增值税等项费用后,余款为优鸿公司的应收款;未售部分8272瓶退给优鸿公司。

经双方庭审质证,法院确认以下事实:优鸿公司为证明双方存在行纪法律关系及权利义务的事实,提供进货意向书、进货协议、补充协议等三份证据材料,大秦公司认为三份协议有倒签的嫌疑,提出司法鉴定申请。优鸿公司在大秦公司认可事实上行纪法律关系的前提下,放弃将三份协议作为主张事实的依据。庭审中,就行纪关系的事实,双方确认:(1)2020年1月8日,大秦公司通过武汉市粮油食品进出口公司,从优鸿公司进口法国产白兰地X.O酒900箱(共计10800瓶、5400升),由大秦公司以自己的名义代为优鸿公司在武汉、上海两地销售。(2)优鸿公司为货物进关支付了进口关税、消费税、增值税,但税票凭证载明的缴款人为大秦公司,并由大秦公司所持有。(3)大秦公司提领货物后,向有关部门申请办理了进口食品卫生合格证,并付费申领了10800张防伪激光标签(湖北省出入境检验检疫局发放防伪激光标签执行的规费为每张0.3元)。(4)大秦公司以"优鸿""优龙"文字作商标,向国家商标局申请了商标注册,将该商标使用在代销的货物上。(5)大秦公司通过自己在武汉、上海各大卖场建立的销售点进行销售,截至2021年8月22日,已售数量为2528瓶。(6)货物销售价格以市场实际销售价为准。其中,简装单价为1670元;礼盒装由大秦公司支付包装费,销售单价为1850元。(7)截至2021年8月22日,库存未售货物为8272瓶。(8)销售报酬按售价的30%计取,但是否应扣除相关费用,双方各执一词。(9)在优鸿公司起诉前,双方在往来信函中已经终止对事实上行纪合同的履行,但就结算事项未能达成协议,产生纠纷。

二、争议焦点

本案争议焦点主要有:(1)本案是否属于行纪合同纠纷?优鸿公司为证明双方存在行纪法律关系及权利义务的事实,提交进货意向书、进货协议、补充协议等三份证据材料,但大秦公司认为三份协议有倒签的嫌疑,提出司法鉴定申请。(2)已售货物部分如何结算?大秦公司在计收行纪报酬后,是否仍应计收行纪费用?(3)未售部分如何退货?

三、案件裁判

一审法院判决:(1)大秦公司给付优鸿公司已售2528瓶X.O白兰地酒的货款2533056元人民币。(2)大秦公司将未售出的8272瓶X.O白兰地酒于其所在的武汉仓库退给优鸿公司。如退货数量短缺,则由大秦公司就短缺的部分按每瓶1670元价格的60%向优鸿公司支付价款作为抵偿。(3)大秦公司将持有的该批X.O白兰地酒的食品卫生许可证以及与实际退货数量相一致的防伪激光标签移转给优鸿公司。优鸿公司按发放防伪激光标签的行政主管部门执行规费每张0.3元的价格向大秦公司补付所移转标签的申领费,此款从第(1)项大秦公司给付的货款中扣除。(4)大秦公司向优鸿公司开具一张增值税发票,价税金额按4965550(原完税价格)÷10800×实际退货数量×17%计算。

四、分析思考

(一)本案是否属于行纪合同纠纷

本案的争议焦点之一为法律适用,这需要先确定本案案由。观点一认为,本案应为被告接受原告委托代理的委托合同纠纷;观点二认为,本案被告虽然是受原告委托,但对外仍以被告名义从事民事活动,故应为行纪合同纠纷。

《合同法》第414条和《民法典》第951条均规定,行纪合同是行纪人以自己的名义为委托人从事贸易活动,委托人支付报酬的合同。从上述规定来看,行纪合同有其自身特点。第一,行纪人从事的是贸易行为。行纪与委托的区别之一就在于,行纪人所从事的不是所有的民事行为,行纪活动具有限于贸易活动的特点。第二,行纪人必须以自己的名义行为。与代理不同,代理人必须以被代理人的名义实施法律行为,而行纪人以自己的名义而非委托人的名义实施法律行为。行纪人在实施贸易行为过程中实际涉及两种合同,即委托人与行纪人之间的行纪合同以及行纪人与第三人之间的买卖、租赁等合同关系。

本案中,优鸿公司与大秦公司签订的进货意向书、进货协议、补充协议合同都没有以行纪合同命名,但从其实质法律关系来看,优鸿公司从法国进口X.O白兰地酒后,委托大秦公司在武汉、上海代为销售。在销售过程中大秦公司以"优鸿""优龙"文字作商标,向国家商标局申请了商标注册,将该商标使用在代销的货物上;大秦公司通过自己在武汉、上海各大卖场建立的销售点进行销售。这些都反映出大秦公司是以自己的名义在实施销售行为。因此,一审法院认为,优鸿公司与大秦公司之间属行纪合同法律关系,虽然二者没有认可一致的书面委托销售合同,但在事实上构成行纪合同法律关系。

(二)行纪合同中如何计算相关报酬和费用

《合同法》第415条和《民法典》第952条规定,行纪人处理委托事务支出的费用,由行纪人负担,但(是)当事人另有约定的除外。《合同法》第422条和《民法典》第959条规定,行纪人完成或者部分完成委托事务的,委托人应当向其支付相应的报酬。委托人逾期不支付报酬的,行纪人对委托物享有留置权,但(是)当事人另有约定的除外。

关于行纪费用,大秦公司从优鸿公司委托销售货物成本、利润的角度认为,优鸿公司在扣除行纪报酬之后获利较高,自己因代销货物所产生的进场手续费(按售价10%)、增值税(税率17%)、商标使用费(售价10%),应于报酬后从货款中扣除。对此,《合同法》第414条、第415条和《民法典》第951条、第952条均规定,除非另有约定,行纪人处理委托事务所产生的费用由行纪人承担,大秦公司以自己的名义代为优鸿公司销售货物,所发生的进场手续费、税费、运费、保险费等均属于行纪费用,因此,在双方未另作约定的情况下,行纪费用应由大秦公司负担。至于商标使用费,双方对此并无约定。大秦公司将文字"优鸿""优龙"注册为商标并用在所代销的货物上,表明了商标注册人与货物之间在销售上存在的关系。虽然商标注册需支付一定费用,且商标依其知名程度具有相应的无形资产价值,但大秦公司注册该商标用于代销的货物,该行为也是处理行纪事务的活动,该费用仍属于行纪费用的范畴。

关于行纪报酬,一审法院认为,双方认可以销售价的30%为行纪报酬。对此,考虑到双方未有共同认可的书面合同,且大秦公司在认可30%报酬的同时,又提出了有关费用扣除的意见,可视为对于报酬约定不明,从解决纠纷和平衡利益的角度,可将行纪报酬确定为销售价的40%,此外优鸿公司不再承担任何费用。

(三) 行纪合同下未销售货物如何处理

《合同法》第420条第2款和《民法典》第957条第2款均规定,委托物不能卖出或者委托人撤回出卖,经行纪人催告,委托人不取回或者不处分该物的,行纪人依法可以提存委托物。根据该规定,未卖出委托物可以退还委托人,委托人有义务取回未卖出委托物。但该规定仅涉及委托物本身,并未规定与委托物有关的其他物品应当如何处理。如果其他物品构成委托物的从物,根据"从随主"规则,从物也应一并移交委托人;若不构成从物,则应当协商处理。

具体到本案,关于未售货物的处理问题,涉及退货、有关证件的移转、退货部分增值税发票的开具等事项。关于退货,大秦公司基于行纪关系提领货物,在行纪关系终止后,应将未售货物退给优鸿公司,退货数量按大秦公司陈述的未售数量8272瓶确定,若退货时发生数量缺少的情形,则视为已经销售。关于有关证件的移转,由于委托销售货物在进关时应办理有关手续及相关证件,如进口食品卫生合格证、防伪激光标签,具有一次性办理的性质,与销售的货物是主物与从物的关系,因此大秦公司应将已经取得的该等证件与所退货物一并移转给优鸿公司。大秦公司为申领防伪激光标签支付了申领费,由优鸿公司按大秦公司所移转的防伪激光标签的数量与有关行政主管部门执行的规费补付大秦公司该项费用。关于增值税发票的开具,委托销售货物进关时,优鸿公司缴纳了关税、消费税、增值税,但税票缴款人为大秦公司,大秦公司对于该项增值税发票享有进项抵扣的利益。因此,对于未售货物退货的,因未发生交易流转增值,大秦公司应以退货数量及相应的原值,按17%的税率向优鸿公司开具增值税发票,以剔除其在税费上所占有的多出的利益。

案例十二 | 雄楚物流公司与百叶物流公司运输合同纠纷案[①]
——运输合同中的交货、卸货义务及其举证责任分配

一、基本案情

一审原告、二审上诉人:雄楚物流公司

一审被告、二审被上诉人:百叶物流公司

2020年6月14日,经案外人安泰公司交运,托运人苏州楚悦物流有限公司将安全柜一台委托承运人雄楚物流公司运至湖北省黄石市黄石中心医院普爱院区,运输区间为江苏省苏州市至湖北省黄石市,由雄楚物流公司向苏州楚悦物流有限公司开具《托运单》,并由苏州楚悦物流有限公司支付雄楚物流公司运输费980元。

运单签订后,雄楚物流公司将承运的安全柜货物自江苏省苏州市运送至湖北省武汉市后,雄楚物流公司按物流行业交易规则和习惯,又将该安全柜货物转委托百叶物流公司,由百叶物流公司将货物自湖北省武汉市运送至湖北省黄石市。由百叶物流公司向雄楚物流公司开具《货运

[①] 案例来源:湖北省武汉市中级人民法院(2018)鄂01民终8449号民事判决书,北大法宝网,https://www.pkulaw.com/pfnl/a6bdb3332ec0adc4d214b5e68ff9567d323a820214d345dcbdfb.html,最后访问时间2023年10月22日。

单》,并由雄楚物流公司支付百叶物流公司运输费290元。

2020年6月28日,百叶物流公司将安全柜货物自湖北省武汉市运送至湖北省黄石市黄石中心医院普爱院区。卸货人曾某某等人在收货人黄石中心医院下卸安全柜货物时,不慎将安全柜货物坠落,导致安全柜损坏。

一审法院另查明,2021年6月21日,案外人苏州楚悦物流有限公司起诉雄楚物流公司赔偿经济损失。2022年3月18日,武汉市江岸区人民法院以(2021)鄂0102民初×××号民事判决:(1)由雄楚物流公司赔偿苏州楚悦物流有限公司货物损失32775元;(2)由雄楚物流公司赔偿苏州楚悦物流有限公司资金占用损失(自2020年6月28日起至2021年5月18日止,以货物损失32775元为基数,按银行同期同类贷款计算);(3)由雄楚物流公司支付苏州楚悦物流有限公司费用损失1000元。该判决已发生法律效力。

一审期间,雄楚物流公司既未提交百叶物流公司向雄楚物流公司开具的《货运单》中约定货物运输包括卸货费用及责任的确实、充分、有效的证据,也未提交百叶物流公司在履行《转委托运输合同》中应当承担货物卸货损害责任及货物卸货费用的确实、充分、有效的证据,且百叶物流公司不认可。百叶物流公司提出,雄楚物流公司与百叶物流公司均经营物流运输业务,为了息讼止纷,化解纠纷,百叶物流公司自愿赔偿雄楚物流公司经济损失16887.50元。

二、争议焦点

本案争议焦点主要有:(1)本案中雄楚物流公司与百叶物流公司谁负有卸货的义务?雄楚物流公司认为百叶物流公司在一审庭审中明确表述,卸货人曾某某系"百叶物流公司找来卸货的",那么该卸货人是由谁指派或委托?是由收件人委托还是由百叶物流公司委托进行卸货的?(2)关于损害赔偿、是否完成交货等的举证责任分配问题。雄楚物流公司认为,上述举证责任应当由百叶物流公司承担,举证不能导致的事实不清的不利法律后果应当由百叶物流公司承担。

三、案件裁判

诉讼期间,百叶物流公司提出,雄楚物流公司与百叶物流公司均经营物流运输业务,为了息讼止分,化解纠纷,百叶物流公司自愿赔偿雄楚物流公司经济损失16887.50元。因此,一审法院判决:(1)由百叶物流公司赔偿雄楚物流公司经济损失16887.50元;(2)驳回雄楚物流公司的其他诉讼请求。一审判决后,雄楚物流公司不服判决提起上诉。二审法院判决:驳回上诉,维持原判。

四、分析思考

(一)货物运输合同中的卸货义务

在《合同法》中没有明确规定卸货的义务由谁承担,但《合同法》第311条规定:"承运人对运输过程中货物的毁损、灭失承担损害赔偿责任,但承运人证明货物的毁损、灭失是因不可抗力、货物本身的自然性质或者合理损耗以及托运人、收货人的过错造成的,不承担损害赔偿责任。"《民法典》第832条对此基本未作变动。本条规定的是"运输过程中货物的毁损、灭失"责任的承担,那么卸货过程是否属于"运输过程"?从文义解释的角度来说,运输过程就是货物或旅客被移动的过程,从起运点到目的地的移动过程。通过运输过程,货物或旅客被移动了一定距离,即完成了运输工作,装载和卸载都不属于狭义的"运输过程"。

但也有某些法律明确规定了承运人的卸载义务。《海商法》第48条规定:"承运人应当妥善地、谨慎地装载、搬移、积载、运输、保管、照料和卸载所运货物。"根据《海商法》的规定,在海上货物运输合同中由承运人负责卸货。另外,在国际贸易中,《国际贸易术语解释通则》对于卸货责任也有一些规定。

一般来说,卸货责任的分配以双方约定为准,法律尊重双方当事人合同意思自治。如果双方没有约定或者约定不明确,则要看是否属于《海商法》规定的情形;如果不属于,则根据交易习惯或国际贸易惯例处理。本案中,货物运到目的地后,卸货人曾某某等人在收货人黄石市黄石中心医院下卸安全柜货物时,不慎将安全柜货物坠落,导致安全柜损坏。双方在运输合同中虽未明确约定卸货义务到底由托运人还是承运人承担,但结合物流行业的交易习惯,以及本案中百叶物流公司仅收取托运费 220 元、送货费 70 元共计 290 元,而卸货需另行向卸货工人付费 150 元的事实,认定百叶物流公司的合同义务仅需将货物运输至收货人黄石市黄石中心医院更为妥当。

二审法院认为,百叶物流公司在无约定及法定义务的情形下,无偿协助托运人或收货人联系搬运人员卸货,属民法上的无因管理行为。卸货人曾某某无论是百叶物流公司自行联系雇用,还是百叶物流公司受收货人委托雇用,雄楚物流公司只有提交确实、具体、充分的证据证明百叶物流公司在选任曾某某的过程中存在故意或重大过失的情形,百叶物流公司才应当对货物损失依法承担赔偿责任。同时,《货运单》已经明确保价条款,对未进行保价如何赔偿作出了明确说明。雄楚物流公司认为保价条款无效,但也自认其与百叶物流公司存在长期业务关系,且雄楚物流公司自身作为物流公司长期从事物流行业,从常理推断,其理应知晓该保价条款。此外,运输货物的价值只有托运人知晓,从公平原则考量,承运人设置保价条款,系为维护货物运输合同双方的权利义务对等,且该保价条款亦不存在法律规定的无效情形,因此二审法院对雄楚物流公司的上述主张不予支持。

(二)关于举证责任的分配

1. 承运人是否承担损害赔偿责任的举证责任

《合同法》第 311 条规定:"承运人对运输过程中货物的毁损、灭失承担损害赔偿责任,但承运人证明货物的毁损、灭失是因不可抗力、货物本身的自然性质或者合理损耗以及托运人、收货人的过错造成的,不承担损害赔偿责任。"[1]雄楚物流公司认为,法律明确规定了承运人应当对货物毁损承担赔偿责任,同时也明确了承运人不承担赔偿责任的举证责任

---

[1] 《民法典》第 832 条规定:"承运人对运输过程中货物的毁损、灭失承担赔偿责任。但是,承运人证明货物的毁损、灭失是因不可抗力、货物本身的自然性质或者合理损耗以及托运人、收货人的过错造成的,不承担赔偿责任。"

分配问题,即由承运人对其不承担赔偿责任承担举证责任。这一辩解看似很有道理,实则是偷换了概念。承运人责任和卸货责任是两回事。如上所言,承运人责任是发生在运输过程中的责任,应当是指狭义上的货物从起运点到目的地的移动过程,不包括卸货行为。

2. 承运人是否完成了送货义务的举证责任

雄楚物流公司诉称,一审过程中百叶物流公司未提交任何证据证明货物已由收件人签收,无论该货物中途是否运抵过黄石市中心医院,从运输结果来看,涉案货物确未交付至收件人手中。物流运输市场在承运关系中对卸货要求有一定的交易习惯,即百叶物流公司将货物运抵黄石市中心医院场所内后,仍负有保证货物安全无损送达到收件人处的义务。在通知收件人当场实际交付过程中,除非收件人明确提出自己承担卸货的责任,并在卸货前收件人已在货运单上签名盖章,否则其他情形均由送货人承担卸货责任,卸货人员的安排也由送货人承担。此时,只有在完成全部卸货任务后,收件人验收合格才在托运单签名盖章。收件人在货运单上签名盖章才能证明送货义务已完成。

严格意义上说,这里存在偷换概念的情形。该交易习惯所适用的仍然是送货义务,而非卸货义务,而且该交易习惯与相关法律规定明显不一致。《合同法》第309条和《民法典》第830条均规定:"货物运输到达后,承运人知道收货人的,应当及时通知收货人,收货人应当及时提货。收货人逾期提货的,应当向承运人支付保管费等费用。"根据该条规定,货物送达目的地以后,收货人应当及时提货。在法律有规定的情况下,应当优先适用法律规定,而非交易习惯。

二审法院认定,百叶物流公司的合同义务仅需将货物运输至收货人黄石市黄石中心医院即可,百叶物流公司没有约定及法定义务负责卸货。雄楚物流公司主张由百叶物流公司承担卸货责任,应当由主张方承担举证责任。雄楚物流公司既未提交约定货物运输包括卸货费用及责任的确实、充分、有效的证据,也未提交百叶物流公司在履行《转委托运输合同》中应当承担货物卸货损害责任及货物卸货费用的确实、充分、有效的证据,根据证据规则,应当由其承担证明不能的不利后果。

案例十三 | A 保理公司与 B 物流公司、何某某等保理合同纠纷案①
——公开型保理与隐蔽型保理

一、基本案情

一审原告、二审被上诉人：A 商业保理有限公司（以下简称"A 公司"）

一审被告、二审上诉人：上海 B 物流科技有限公司（以下简称"B 公司"）

一审被告：何某某、马某某、李某某、范某某、上海 C 化工物流有限公司（以下简称"C 公司"）

一审法院认定如下事实：

2020 年 11 月 15 日，原告与被告 B 公司签订了《有追索权保理合同》及两份《有追索权保理业务额度清单》。《有追索权保理合同》约定：被告 B 公司作为卖方以其与买方关于购销或服务合同项下的应收账款转让原告，并向原告申请获得有追索权保理业务服务，该等服务包括保理融资、应收账款管理与催收等。原告为被告 B 公司核定的保理融资最高额为 1300 万元，双方选择的保理类型是针对不同买方选择不同类型保理，具体以合同项下《有追索权保理业务额度清单》确定为准。无论何种原因，在已转让的应收账款到期日，若原告尚未收妥全部款项，则有权要求被告 B 公司无条件回购该等应收账款，包括原告未受偿的保理融资本金、利息、逾期违约金等。保理手续费详见各笔《保理融资支用单》，按次收取。被告 B 公司如未能按约足额支付回购价款，则应支付费率为保

---

① 案例来源：上海金融法院（2019）沪 74 民终 1071 号民事判决书，北大法宝网，https://www.pkulaw.com/pfnl/a6bdb3332ec0adc43aca82fd2d43fb30e2cfadc2efe92ca0bdfb.html，最后访问时间 2023 年 10 月 22 日。

理手续费率1.5倍的逾期违约金。在公开型有追索权保理中,被告B公司保证将应收账款已转让的事实通知买方,并出具原告所要求的应收账款债权转让通知书,指示并保证买方付款至保理收款专户,并按照原告要求办妥全部应收账款转让事宜。在隐蔽型有追索权保理中,被告B公司保证已按原告要求向买方发送《账号更改通知书》,指示并保证买方付款至保理收款专户。附件有两份《有追索权保理业务额度清单》,其中一份列明两位买方(案外人1—2),载明保理类型为公开;另一份列明五位买方(案外人3—7),载明保理类型为隐蔽。同日,原告与被告马某某、何某某、李某某、范某某、C公司签订了三份《最高额保证合同》。

2020年11月15日、16日,被告B公司向原告提交了《保理融资支用单》,申请支用保理合同项下保理融资款1000万元,保理手续费率为5.4%,从保理融资放款金额中一次性先行扣收,融资期限6个月,还款方式为等额本息。同日,原告向被告B公司付款946万元。审理中,原告提交了被告B公司向案外人3—7开具的《应收账款转让通知书》及附件,五份附件中载明转让的应收账款金额均为1500万元,但原、被告承认并未实际向五家公司发送各该通知书。

2020年12月9日、10日,被告B公司向原告提交了《保理融资支用单》,申请支用保理融资款300万元,保理手续费率为3%,从保理融资放款金额中一次性先行扣收,融资期限为3个月。当日,原告向被告B公司付款291万元。同时,被告B公司向案外人1—2发送了《应收账款转让通知书》,案外人1—2向原告发还了《应收账款转让通知书回执》,确认应收账款转让事宜。截至2022年1月30日,原告共收到还款9915642.36元。

原告诉请:(1)判令被告B公司支付保理融资款本金363.69万元及相应的逾期违约金;(2)判令被告何某某、马某某、李某某、范某某、C公司对上述债务承担连带清偿责任。

二、争议焦点

本案争议焦点主要有:(1)涉及案外人3—7的1000万元融资的法

律性质;(2) B公司实际应当归还的款项。

三、案件裁判

一审法院经审理认为,本案中,对于原告主张的1300万元保理融资款,原、被告一致确认涉及案外人1—2的300万元融资是保理合同关系,也在三份《最高额保证合同》的担保范围内,法院依法予以确认。一审法院认为,具有真实的应收账款转让关系,是判断构成保理法律关系的关键要素。庭审中,原告向法庭提交了2020年11月15日被告B公司向案外人3—7开具的《应收账款转让通知书》及附件,五份附件中载明转让的应收账款金额均为1500万元。但原、被告承认双方并未实际向五家公司通知债权转让的事实,且从被告B公司与五家公司之间的基础债权债务合同看,各该双方虽有一定的应收账款,但与约定转让给原告的应收账款金额相差悬殊。同时,从原告的收款看,案外人3—7均无实际还款。因此从整体判断,原告与被告B公司之间的1000万元融资,交易目的不在于通过应收账款转让获得债务人清偿以获得收益,而是出借资金后获得固定收益,性质上属借贷法律关系。在借贷法律关系下,由于保理手续费是原告在本合同中约定能够取得的唯一收益,应当认定为借款利率,双方对此均有明确预期,也在法律允许的范围内。

一审法院判决:被告B公司支付原告A公司融资本金363.69万元、截至2022年1月30日的逾期违约金1.12万元以及自2022年1月31日起至实际清偿之日止的逾期违约金,被告何某某、马某某、李某某、范某某、C公司对被告B公司的付款义务承担连带保证责任。被告B公司不服一审判决提出上诉。二审法院判决:驳回上诉,维持原判。

四、分析思考

(一) 保理合同的认定标准

《合同法》有名合同中并无保理合同的规定,保理合同作为无名合同存在。《民法典》对保理合同进行了专章规定,使保理合同成为有名合同、典型合同。《民法典》第761条规定:"保理合同是应收账款债权人将现有的或者将有的应收账款转让给保理人，保理人提供资金融通、应收账款管理或者催收、应收账款债务人付款担保等服务的合同。"保理合同的当事人是债权人（供应商）和保理人（一般是银行或其他保理机构）。保理合同应当是书面的要式合同，一般包括业务类型、服务范围、服务期限、基础交易合同情况、应收账款信息、保理融资款、服务报酬及其支付方式等条款。保理人向应收账款债务人发出应收账款转让通知的，应表明保理人身份并附必要凭证。保理合同具有混合合同的特征：第一，保理合同成立的前提是债权人因与债务人达成的基础交易合同而享有债权（应收账款）；第二，保理合同的核心内容是债权人和保理人之间的债权转让关系；第三，保理合同还包含保理人向债权人所提供的资金融通、应收账款管理或者催收、应收账款债务人付款担保等金融服务。但司法实践中并不要求保理合同必须具备以上所列金融服务的所有内容，原则上只要有债权转让和资金融通就可认定保理合同依法成立。在保理合同中，合同内容必须包括应收账款转让的约定，但资金融通、应收账款管理或者催收、应收账款债务人付款担保等服务不是必要内容，合同可以约定一项或几项上述服务内容。鉴于保理合同的上述特点，其与纯粹的债券转让、融资担保及借贷关系存在区别。

实践中，按照是否将应收账款转让的事实通知债务人，保理可分为公开型保理和隐蔽型保理。隐蔽型保理也称"隐蔽保付保理"或"暗保理"，是债权人因不愿让债务人知晓其流动资金不足而需要转让应收账款等情形，在把应收账款转让给保理人后，仍由债权人向债务人收款，然后再转交给保理人，而不将使用保理业务的事实告知债务人的保理类型。公开型保理，也称"公开保付保理"，是保理人收购债权人的应收账款后，将应收账款转让的事实通知债务人，债务人知晓保理业务存在的保理类型。本案涉及1300万元融资，其中300万元系典型的公开型保理，各方并无争议，即债权人或保理人已将债权转让的事实明确通知债务人；存在争议的1000万元，从形式上看系隐蔽型保理。隐蔽型保理合同签订后，保理人或债权人均未通知债务人债权转让之事宜，仅在约定期限届满或约定事由出现后，保理人可将应收账款转让事由通知债务人。对于隐蔽型保理的性质认定、合同效力判断及其与借贷法律关系的区分等是审判实践中的难点所在。

(二) 隐蔽型保理的性质及其合同效力

有观点认为,为减少或避免债务人提出抵销、已向债权人清偿等抗辩事由的发生以及避免应收账款不确定所生法律风险,应尽可能摒弃隐蔽型保理。然而,在交易实践中,很多作为债权人的企业并不希望债务人知晓其将应收账款转让并进行融资;对保理人而言,隐蔽型保理则可避免债务人直接面对保理人,便于应收账款的管理和催收。因此,隐蔽型保理作为一种独立的保理类型在商业交易中具有现实意义。近年来,在法院受理的保理案件中有相当数量涉及隐蔽型保理,隐蔽型保理在商业实践中应用广泛。

在《民法典》出台之前,我国对于隐蔽型保理的规定仅见于一些层级较低的规范性文件,如中国银行业协会制定的《中国银行业保理业务规范》第6条、《天津市高级人民法院关于审理保理合同纠纷案件若干问题的审判委员会纪要(一)》第11条第13项。虽然《民法典》出台之前我国未有明确的法律就隐蔽型保理作出规定,但在契约自由和债权转让规则存在的情况下,并不妨碍隐蔽型保理作为保理的一个种类而实际存在和运行。有观点认为,隐蔽型保理业务中应收账款的转让未能生效,保理人无权向债务人主张债权,因为其名为保理实为借贷,应根据相关合同的实际约定与履行情况予以认定处理。本书认为,隐蔽型保理的性质仍属于保理交易关系,不应仅以未通知债务人债权转让就否定隐蔽型保理的保理合同性质。理论上,债权转让是通过债权人与作为第三人的受让人之间达成的准物权契约而完成的,而根据私法自治原则,债权转让契约并不需要债务人的参与即可在让与人与受让人之间产生让与之效力。让与通知制度的唯一目的在于保护债务人,而不是用于决定债权是否移转、决定债权让与是否可以对抗债务人以外的第三人。同时,我国司法实践中也倾向于认定隐蔽型保理的保理合同有效,如《深圳前海合作区人民法院关于审理前海蛇口自贸区内保理合同纠纷案件的裁判指引(试行)》第12条规定,"下列情形不影响保理合同的效力:……(五) 债务人仅以未收到债权转让通知进行抗辩的"。又如,上海金融法院曾在其判决中指出:"在保理合同签订后不将债权转让的事实通知债务人属于隐蔽型保理,隐蔽型保理合同依法有效。"《民法典》第546条同样没有否定未通知债务人时债权转让本身的效力,仅仅规定在未通知的情况下该债权转让对债务人不发生效力。

根据债的相对性原理和债权转让规则,我们需要严格区分保理合同关系和保理交易关系,保理合同关系仅涉及保理人和应收账款债权人,而要让保理交易顺利完成,则还涉及有效的基础交易合同、应收账款债权人与保理人之间的债权转让以及对债务人的通知,故保理合同的生效并不需要应收账款债务人的参与,而保理合同的实际履行则涉及两个合同和三个主体。在隐蔽型保理中,保理交易虽未完成,但只要保理人和应收账款债权人达成合意且符合保理合同的相关要件,那么保理合同仍然成立,只是此时保理合同的履行仍需完成对应收账款债务人的通知。但这种通知并不一定是明示的通知,也可以是暗示的通知,如本案中双方约定被告B公司向买方发送《账号更改通知书》,指示并保证买方付款至保理收款专户。因此,本案中双方对隐蔽型保理的相关约定以及未为债权转让通知之事实,均不能单独成为否定原告与被告B公司间1000万元融资构成保理合同关系的理由。

(三)隐蔽型保理中"名为保理实为借贷"的法律定性

司法实践中,存在着形式上或名义上为保理合同,但实质上是其他法律关系的情形,较典型的是名为保理关系实为借贷关系。尤其是在隐蔽型保理中,由于保理合同双方并未向应收账款的债务人通知债权转让事项,因此在无债务人参与的情况下,更容易出现保理合同双方通过签订形式上的保理合同进行借贷融资的情形,以逃避监管和法律法规的约束。此时,当事人之间究竟是保理关系还是借贷关系可以从以下三个方面来判断:

第一,合同约定的应收账款是否真实存在。在保理合同中,必须存在真实的债权转让行为,因此首先必须存在真实的债权。换言之,应收账款必须真实存在。应当指出的是,应收账款不真实存在的情况既包括应收账款全部不存在,也包括应收账款虽存在但与真实债权数额不符,即部分不存在。本案中,被告 B 公司与案外人 3—7 之间实际的应收账款总额与约定转让给原告的应收账款金额相差悬殊,故应认定 B 公司涉嫌虚构应收账款,B 公司与案外人 3—7 之间不构成保理关系。

第二,合同双方是否具有成立保理关系的真实目的以及相关意思表示。在保理合同中,保理人旨在受让应收账款并通过债务人的清偿而获得收益,而应收账款债权人则旨在从保理人处获得资金融通及其他相关金融服务。双方在订立合同时的真实意思表示虽不一定是明确的、书面的意思表示,但往往可以通过案件的相关细节和证据推断出来。本案中,无论是保理人还是债权人,均未按照约定向案外人 3—7 发送《账号更改通知书》以指示债务人付款至保理收款专户。同时,案外人 3—7 始终未进行还款,但无论是作为保理人的原告还是债权人的被告 B 公司,均未进行任何形式的催收,因此可以推断出该交易的最终目的并非 A 公司通过上述债务人的清偿获利,而是通过出借资金获得固定收益。又如,在"美臣保险公司与熠生投资公司等借款合同纠纷案"[1]中,法院再审裁定指出,各方当事人为达到融资目的,签订了回购型《商业保理合同》,但各方当事人并无真实买卖应收账款的意思表示,让与应收账款的目的在于为将来履行"回购"义务提供担保。

第三,保理人的收益是否实际来源于受让的应收账款本身,即收益来源于债务人的清偿,而非债权人的其他金钱支付。在有些案件中,虽然存在真实的应收账款,但保理合同中约定的保理人收益并非基于债权债务关系中债务人的清偿行为,而是直接约定应收账款债权人向保理人还本付息,这类案件应判定为借贷关系而非保理关系。本案中,原告在保理合同项下约定的唯一收益仅为固定的保理手续费。又如,在"中原公司与合肥龙盛公司等借款合同纠纷案"中,最高人民法院认定:"龙盛公司实际上是依照固定的融资期限而非依照应收账款的履行期限偿还本息,融资期限与基础债权债务关系的履行期限不具有关联性,亦不符

---

[1] 上海市高级人民法院(2018)沪民申 3091 号民事裁定书。

合保理法律关系的基本特征。故原审将双方之间的关系认定为借贷法律关系,并无不当。"①

当名义上的保理法律关系被认定为实际的借贷法律关系时,根据《民法典》第 146 条的规定:"行为人与相对人以虚假的意思表示实施的民事法律行为无效。以虚假的意思表示隐藏的民事法律行为的效力,依照有关法律规定处理。"因此,在"名为保理实为借贷"的情况下,可以通过认定合同双方所为的"保理之名"为虚假意思表示订立的保理合同关系,属于无效民事法律行为,而"借贷之实"则是虚假意思表示背后所隐藏的借贷合同行为。此时,双方之间的合同实际上转换为借贷合同,该借贷合同是否有效,需要根据双方当事人间的权利义务关系以及借款合同相关法律规定和相关司法解释进行认定。因此,本案中的 1000 万元融资,法院最终按照借贷合同关系确定双方的权利义务。

---

① 最高人民法院(2019)最高法民终 1449 号民事判决书,北大法宝网,https://www.pkulaw.com/pfnl/a6bdb3332ec0adc4a01d3f427bddac1d829d2a0997db77b4bdfb.html?keyword=%EF%BC%882019%EF%BC%89%E6%9C%80%E9%AB%98%E6%B3%95%E6%B0%91%E7%BB%881449%E5%8F%B7%20&way=listView,最后访问时间 2023 年 10 月 22 日。

第四部分

担 保 法

■■■ 案例一 | 平衡银行与苍茫电器有限公司等最高额担保合同纠纷案[①]
——最高额保证的设立和责任承担

一、基本案情

一审原告、二审被上诉人:平衡银行

一审被告、二审被上诉人:苍茫电器有限公司(以下简称"苍茫公司")

一审被告、二审上诉人:宏图电子科技有限公司(以下简称"宏图公司")

一审被告、二审被上诉人:优良塑模制造有限公司(以下简称"优良公司")

一审被告、二审被上诉人:陈建红

---

① 案例来源:浙江省宁波市中级人民法院(2014)浙甬商终字第369号民事判决书,最高人民法院网,https://www.court.gov.cn/shenpan/xiangqing/27501.html,最后访问时间2024年5月16日。

2010年9月10日,平衡银行与宏图公司、陈建红分别签订了编号为平银9022010年高保字01003号、01004号的最高额保证合同,约定宏图公司、陈建红自愿为苍茫公司在2010年9月10日至2011年10月18日期间发生的余额不超过1100万元的债务本金及利息、罚息等提供连带责任保证担保。

2011年10月12日,平衡银行与陈建红、优良公司分别签署了编号为平银9022011年高保字00808号、00809号最高额保证合同,陈建红、优良公司自愿为苍茫公司在2010年9月10日至2011年10月18日期间发生的余额不超过550万元的债务本金及利息、罚息等提供连带责任保证担保。

2011年10月14日,平衡银行与苍茫公司签署了编号为平银9022011企贷字00542号借款合同,约定平衡银行向苍茫公司发放贷款500万元,到期日为2012年10月13日,并列明担保合同编号分别为平银9022011年高保字00808号、00809号。贷款发放后,苍茫公司于2012年8月6日归还了借款本金250万元,宏图公司于2012年6月29日、10月31日、11月30日先后支付了贷款利息31115.3元、53693.71元、21312.59元。截至2013年4月24日,苍茫公司尚欠借款本金250万元、利息141509.01元。另查明,平衡银行为实现本案债权发生律师费用95200元。

二、争议焦点

本案的主要争议焦点是,宏图公司签订的平银9022010年高保字01003号最高额保证合同未被选择列入平银9022011企贷字00542号借款合同所约定的担保合同范围,宏图公司是否应当对平银9022011企贷字00542号借款合同项下债务承担保证责任。

三、案件裁判

平衡市万祥区人民法院认为:平衡银行与苍茫公司之间签订的编号为平银9022011企贷字00542号借款合同合法有效,平衡银行发放贷款后,苍茫公司未按约还本付息,已经构成违约。原告要求苍茫公司归还贷款本金250万元,支付按合同约定方式计算的利息、罚息,并支付原告为实现债权而发生的律师费95200元,应予支持。陈建红、优良公司自愿为上述债务提供最高额保证担保,应承担连带清偿责任,在承担保证责任后有权向苍茫公司追偿。

一审法院于2013年12月12日作出民事判决:

(1)苍茫公司于本判决生效之日起十日内归还平衡银行借款本金250万元,支付利息141509.01元,并支付自2013年4月25日起至本判决确定的履行之日止按借款合同约定计算的利息、罚息;

(2)苍茫公司于本判决生效之日起十日内赔偿平衡银行为实现债权而发生的律师费用95200元;

(3)宏图公司、陈建红、优良公司对上述第(1)(2)项款项承担连带清偿责任,在承担保证责任后有权向苍茫公司追偿。

法院判决后,宏图公司以其未被列入借款合同所约定的担保范围,不应承担保证责任为由,提起上诉。平衡市中级人民法院于2014年5月14日作出终审判决:驳回上诉,维持原判。

四、分析思考

本书认为,宏图公司应当对平银借款合同项下债务承担保证责任。理由如下:

(一)民事法律行为的意思表示

民事法律行为的产生、变更或消灭必须有双方当事人的真实意思表示。此案发生和审理时尚适用《民法通则》,该法第56条规定:"民事法律行为可以采取书面形式、口头形式或者其他形式。法律规定用特定形式的,应当依照法律规定。"这里的"**其他形式**"究竟包括哪些形式,法律没有明确规定。之后,《民法典》第140条规定:"行为人可以明示或者默示作出意思表示。沉默只有在有法律规定、当事人约定或者符合当事人之间的交易习惯时,才可以视为意思表示。"与《民法通则》相比,《民法典》增设了"明示或者默示"意思表示方式。明示的形式是口头和书面;

默示的形式,一般认为包括推定和沉默。① 可见,民事法律行为意思表示的形式可以是口头、书面、推定或者沉默四种形式。口头形式是"指以对话的形式所进行的意思表示"②;书面形式是"指用书面文字形式所进行的意思表示"③;推定形式是指"当事人通过有目的、有意义的积极行为将其内在意思表现于外部,使他人可以根据常识、交易习惯或相互间的默契,推知当事人已做某种意思表示,从而使民事法律行为成立"④;沉默形式是"指无语言表示又无行为表示的消极行为,在法律有特别规定、当事人约定或者符合当事人之间的交易习惯的前提下,以拟制的方式,视为当事人的沉默已构成意思表示,由此使民事法律行为成立"⑤。

本案涉及民事法律行为形式的认定,其中一方当事人不作意思表示是否意味着其放弃相关的民事权利?由于民事权利的放弃涉及当事人的切身利益,故必须采取明示形式作出意思表示才能发生法律效力;在双方当事人没有明确约定或者法律无特别规定的情况下,无法认定当事人以默示形式意思表示放弃自己的权利。

本案的情形是,平衡银行与苍茫公司签订的平银 9022011 企贷字 00542 号借款合同虽未将宏图公司签订的最高额保证合同列入担保范围,但原告并未以明示方式放弃宏图公司提供的最高额保证,并且不具备适用默示形式意思表示的条件,因此宏图公司仍是该诉争借款合同的最高额保证人。

(二)保证合同的保证期间

保证合同是指保证人和债权人达成的明确相互权利义务,当债务人不履行债务时由保证人承担代为履行或承担连带责任的协议。关于保证合同的保证期间,此案审理时尚适用《担保法》。《担保法》第 26 条规定:"连带责任保证的保证人与债权人未约定保证期间的,债权人有权自

---

① 参见王利明主编:《民法·上册(第九版)》,中国人民大学出版社 2022 年版,第 129—130 页。
② 同上书,第 129 页。
③ 同上。
④ 同上。
⑤ 同上书,第 130 页。

主债务履行期限届满之日起六个月内要求保证人承担保证责任。在合同约定的保证期间和前款规定的保证期间，债权人未要求保证人承担保证责任的，保证人免除保证责任。"该条规定的即为连带责任保证的保证期间，即债权人在法律规定或者合同约定的期间内要求保证人承担保证责任的期限，超过此期限，债权人请求保证人承担保证责任的，法律将不予保护。

关于保证期间，我国《民法典》第692条规定："保证期间是确定保证人承担保证责任的期间，不发生中止、中断和延长。债权人与保证人可以约定保证期间，但是约定的保证期间早于主债务履行期限或者与主债务履行期限同时届满的，视为没有约定；没有约定或者约定不明确的，保证期间为主债务履行期限届满之日起六个月。债权人与债务人对主债务履行期限没有约定或者约定不明确的，保证期间自债权人请求债务人履行债务的宽限期届满之日起计算。"2020年12月25日通过的《最高人民法院关于适用〈中华人民共和国民法典〉有关担保制度的解释》（以下简称《新担保司法解释》）第30条规定："最高额保证合同对保证期间的计算方式、起算时间等有约定的，按照其约定。最高额保证合同对保证期间的计算方式、起算时间等没有约定或者约定不明，被担保债权的履行期限均已届满的，保证期间自债权确定之日起开始计算；被担保债权的履行期限尚未届满的，保证期间自最后到期债权的履行期限届满之日起开始计算。"根据《民法典》及其司法解释的规定，保证期间有约定的，按照约定；"没有约定或者约定不明确的，保证期间为主债务履行期限届满之日起六个月"；有宽限期的，"保证期间自债权人请求债务人履行债务的宽限期届满之日起计算"。

本案诉争的借款合同签订时间及贷款发放时间均在宏图公司签订的编号平银9022010年高保字01003号最高额保证合同约定的决算期内（2010年9月10日至2011年10月18日），平衡银行向宏图公司主张权利并未超过合同约定的保证期间，故宏图公司应依约定在其承诺的最高债权限额内为苍茫公司对平衡银行的欠债承担连带保证责任。

(三) 最高额保证的概念和特征

最高额保证指保证人和债权人签订一个总的保证合同,为一定期限内连续发生的借款合同或同种类其他债权提供保证,只要债权人和债务人在保证合同约定的期间和债权额限度内进行交易,保证人就要依法承担保证责任的保证行为。对于一段时期内订立的若干合同,订立一份最高额保证合同为其担保,可以减少每一份主合同订立一个保证合同所带来的不便,同时仍能起到债务担保的作用。《担保法》第14条规定:"保证人与债权人可以就单个主合同分别订立保证合同,也可以协议在最高债权额限度内就一定期间连续发生的借款合同或某项商品交易合同订立一个保证合同。"可以说,该法律规定是我国《担保法》关于最高额保证的原则概括。2000年出台的《担保法司法解释》进一步明确了相关条款的具体内容。同时,不少国家及地区的判例学说和制度规范也承认最高额保证的担保方式。《民法典》第690条规定:"保证人与债权人可以协商订立最高额保证的合同,约定在最高债权额限度内就一定期间连续发生的债权提供保证。最高额保证除适用本章规定外,参照适用本法第二编最高额抵押权的有关规定。"可见,对于最高额保证合同,无论是之前的《担保法》及其司法解释还是现行的《民法典》,都就此作出明确规定。

最高额保证主要具有以下特征:

第一,最高额保证通常适用于债权人与债务人之间具有经常性的、同类性质业务往来,多次订立合同而产生的债务。在现实经济活动中,它有一定的适用范围,特别是在银行融资业务中较为常用,如经常性的借款合同或者某项商品交易合同关系等。

第二,最高额担保合同是债权人和担保人之间约定担保法律关系和相关权利义务关系的直接合同依据,不能以主合同内容取代从合同的内容。本案中,平衡银行与宏图公司签订了最高额保证合同,双方的担保权利义务应以该合同为准,不受平衡银行与苍茫公司之间签订的平衡银行非自然人借款合同约束或变更。所以,即便宏图公司签订的平银9022010年高保字01003号最高额保证合同未被选择列入平银9022011企贷字00542号借款合同所约定的担保合同范围,宏图公司依然应当对平银9022011企贷字00542号借款合同项下债务承担保证责任。

（四）保证人履行主合同对从合同的影响

《担保法》第5条第1款规定，"担保合同是主合同的从合同，主合同无效，担保合同无效"。《民法典》第682条第1款规定："保证合同是主债权债务合同的从合同。主债权债务合同无效的，保证合同无效，但是法律另有规定的除外。"主合同是债权人与债务人之间订立的合同，担保合同是债权人与债务人或者第三人订立的担保主合同债权实现的合同。因此，担保合同是以主合同的存在为前提、为根据的。正因为有了主合同，才有担保合同的必要；如果没有主合同，就不需要担保合同。正是从这个意义上讲，担保合同与主合同的关系是主从关系，担保合同的性质是从合同。实践中，若保证合同中的保证人为主合同的债务人承担对外债务，能在一定程度上表明该保证人在承担保证责任。本案中，宏图公司曾于2012年6月、10月、11月三次归还过本案借款利息，这些行为是宏图公司对本案借款履行保证责任的体现。

（五）保证合同中的连带责任

保证合同中的连带责任是指保证人与主债权人在保证合同中约定或法律推定的保证方式。《民法典》第688条规定："当事人在保证合同中约定保证人和债务人对债务承担连带责任的，为连带责任保证。连带责任保证的债务人不履行到期债务或者发生当事人约定的情形时，债权人可以请求债务人履行债务，也可以请求保证人在其保证范围内承担保证责任。"作为保证方式的一种，当事人应当在保证合同中明确约定连带责任保证方式。

本案中，2011年10月12日平衡银行与陈建红、优良公司分别签署了编号为平银9022011年高保字00808号、00809号最高额保证合同，且约定陈建红、优良公司自愿为苍茫公司在2010年9月10日至2011年10月18日期间发生的余额不超过550万元的债务本金及利息、罚息等提供连带责任保证担保。由此，当债务人不清偿债务时，作为保证人的陈建红、优良公司应当向平衡银行承担连带保证责任。

综上，宏图电子公司签订的平银9022010年高保字01003号最高额保证合同虽然未被选择列入平银9022011企贷字00542号借款合同所约定的担保合同范围，但是宏图公司依然应当对平银9022011企贷字00542号借款合同项下债务承担保证责任。

案例二 曹丹与李村学房屋买卖合同纠纷案[①]
——签订数份房屋买卖合同定金数额的确定

一、基本案情

原告：曹丹

被告：李村学

2017年3月20日，李村学（甲方）、曹丹（乙方）与林峰、柳松（丙方）签订《买卖定金协议书》（以下简称《定金协议》），约定：经各方协商一致，就甲方出售房屋给乙方而收取购房定金事宜达成如下协议：交易501号房屋，建筑面积55.03 m²，产权证号京2017门不动产权第00111＊＊号，产权人为李村学，甲方保证所售的房屋权属无瑕疵、无债务纠纷，符合上市交易条件。乙方应向甲方支付定金，乙方应于本协议签署时向甲方支付购房定金共计40万元整，甲方收取定金应向乙方出具收条。甲乙双方应于签署本协议后18个工作日内签署《北京市存量房屋买卖合同》（以下简称《房屋买卖合同》）等相关法律文件。甲乙双方同意，由丙方为本次交易提供居间服务，且应在签署买卖合同时由乙方向丙方支付居间代理费人民币22800元整；本协议签署后，甲乙双方私自或者另行通过其他居间方签署买卖合同的，则丙方收取的定金不予退还。

[①] 案例来源：北京市门头沟区人民法院(2017)京0109民初3891号民事判决书，北大法宝网，https://www.pkulaw.com/pfnl/c05aeed05a57db0a299d14bde1690482fa4623d13b412d74bdfb.html? keyword=%EF%BC%882017%EF%BC%89%E4%BA%AC0109%E6%B0%91%E5%88%9D3891%E5%8F%B7%20%E6%88%BF%E5%B1%8B%E4%B9%B0%E5%8D%96%20&way=listView，最后访问时间2020年8月20日。

2017年3月20日,李村学(甲方)与曹丹(乙方)签订《补充协议》载明,甲乙双方在友好协商的基础上于2017年3月20日就位于501号房屋买卖签订补充协议,内容如下:(1)甲乙双方约定房屋总价款为人民币228万元整。(2)经甲乙双方协商,乙方购买本房屋拟办理商业贷款90万元整。(3)本次购买房屋定金为40万元整,乙方在本协议签订之日给付甲方定金一部分(7万元整),于2017年4月2日补齐剩余33万元整。(4)在乙方补齐定金后甲乙双方配合中间方去门头沟区建委提交房屋核验与客户资质审核,甲乙双方不得找任何借口推托(房源核验、客户资质核拟10个工作日出结果)。(5)在房源核验与客户资质审核通过后,甲乙双方签订《房屋买卖合同》,同时去门头沟区建委网签合同,同一天网签后乙方付给甲方首付款98万元整。(6)在网签合同后3日内甲乙双方配合中间方去银行办理贷款申请面签。(7)在银行下达批贷函后3日内甲乙双方配合中间方去门头沟区建委申请缴税过户,甲乙双方不得找任何借口推托或拒不办理。(8)甲方在该房屋有户口,承诺于2018年9月前迁出。(9)甲方承诺该住房为商品房,持有已满五年,且是产权人名下唯一住房;乙方承诺本人社保在北京缴纳,且已缴满60个月。如有一方恶意隐瞒,属于欺诈行为,应承担相应违约责任。(10)如有未尽事宜,以《房屋买卖合同》为准。

在签订《定金协议》及《补充协议》当日,曹丹向李村学指定的账户付款7万元,李村学向曹丹出具定金收据,收据记载:今收到曹丹购买501号房屋(产权证号京2017门不动产权第00111**)定金共计人民币7万元。买卖双方经协商一致同意:如买方违约,此定金不予退还;如卖房违约,应按此定金金额的双倍返还给买方,具体事项以《房屋买卖合同》违约责任条款为准。该房屋总价为228万元,定金为购房款的一部分。

2017年3月24日,曹丹向李村学指定的账户支付33万元,李村学向曹丹出具定金收据,收据记载:今收到曹丹购买501号房屋(产权证号京2017门不动产权第00111**)定金共计人民币33万元。买卖双方经协商一致同意:如买方违约,此定金不予退还;如卖房违约,应按此定金金额的双倍返还给买方,具体事项条款以《房屋买卖合同》违约责任为准。该房屋总价为228万元,定金为购房款的一部分。

2017年4月15日,曹丹(买受人)与李村学(出卖人)签订《房屋买卖合同》,载明:出卖人所售房屋为501号房屋,成交价为人民币228万元;买受人向出卖人支付定金,定金金额为人民币7万元,定金支付方式为直接支付给出卖人;买受人于房源核验当日付给出卖人33万元首付款的一部分;买受人向工商银行申办抵押贷款,拟贷款金额为人民币90万元;出卖人应当在6月18日前将该房屋交付给买受人;当事人双方同意,自本合同签订之日起20日内,双方共同向房屋权属登记部门申请办理房屋权属转移登记手续。签订《房屋买卖合同》当日,曹丹向林峰支付居间服务费1万元。《房屋买卖合同》签订后,李村学未与曹丹前往门头沟区建委网签合同,后李村学明确拒绝将501号房屋出售给曹丹。就解除《房屋买卖合同》的问题,双方曾进行协商,但未达成一致意见。

二、争议焦点

房屋买卖合同约定的定金数额与定金合同约定的定金数额不一致,后签订的房屋买卖合同中的定金数额能否构成对定金合同的变更?如何确定本案中的定金数额是本案的主要争议焦点。

三、案件裁判

法院认为,原告与被告先后于2017年3月20日、4月15日签订了《定金协议》和《房屋买卖合同》,两份合同皆系双方当事人的真实意思表示,且不违反法律、行政法规的强制性规定,应确认合法、有效。但是,本案中的两份合同签订时间有先后,且约定的定金数额不一致,应认定签订在后的《房屋买卖合同》对签订在前的《定金协议》约定的定金数额进行了变更。《房屋买卖合同》签订后,被告拒绝出售房屋构成违约,由于被告的违约行为致使合同目的不能实现,按照法律规定,当事人可以解除合同。据此,依照《合同法》第60条、第94条、第96条、第97条、第115条、第116条,《民事诉讼法》第144条规定,法院判决如下:原告曹丹与被告李村学签订的《房屋买卖合同》予以解除;本判决生效后十日内,被告李村学返还原告曹丹定金 14 万元;案件受理费由被告承担。

四、分析思考

对于本案中的争议,可主要从以下几个方面思考:

(一)合同的成立和生效

对于上述提及的定金合同,其特征之一是定金具有预先支付的性质,只有在合同成立后、未履行前交付,才能起到担保的作用。故定金的成立在主合同成立之后。何谓合同的成立?"一般意义上的合同成立,是指当事人就合同的必要内容达成合意的法律事实。"①此案发生在我国《民法典》颁布之前,故审理此案适用的法律主要是《合同法》。《合同法》第 8 条规定:"依法成立的合同,对当事人具有法律约束力。当事人应当按照约定履行自己的义务,不得擅自变更或者解除合同。依法成立的合同,受法律保护。"合同依法成立,相应地合同双方法律关系确立。根据《合同法》第 8 条规定,只有依法成立的合同才具有法律约束力,该法律约束力是指"当事人应当按照约定履行自己的义务,不得擅自变更或者解除合同",否则当事人就要承担违约责任。

所谓"依法成立的合同",即符合法律规定的条件、能够获得法律认可的合同,即生效的合同。《民法典》第 502 条第 1 款规定:"依法成立的合同,自成立时生效,但是法律另有规定或者当事人另有约定的除外。"一般而言,合同的生效需要具备以下条件:双方当事人应具有实施法律行为的资格和能力,当事人应在自愿的基础上达成意思表示一致,合同的标的和内容必须合法,合同必须符合法律规定的形式。

本案共有三份协议、二对法律关系。三份协议为:《定金协议》《补充协议》《房屋买卖合同》。其中,第一份为《定金协议》,这份协议既包含买卖合同双方当事人李村学、曹丹之间的权利义务,同时也包含买卖合同当事人李村学、曹丹与居间人林峰、柳松之间的权利义务;第二份协议是在第一份协议基础上签订的《补充协议》,内容详细,基本包含了《房屋买

---

① 隋彭生:《合同法学教程》,中国人民大学出版社 2021 年版,第 28 页。

卖合同》的主要条款,可以视为房屋买卖合同;第三份协议为正式的《房屋买卖合同》。二对法律关系为:李村学(甲方)、曹丹(乙方)之间的房屋买卖关系,李村学(甲方)、曹丹(乙方)与林峰、柳松(丙方)之间的房屋买卖居间关系。三份协议,当事人皆已完成签订流程,且主体资格合法、当事人意思表示真实、内容合法、形式合法,故三份协议均合法、有效。

(二) 定金的基本内容

本案涉及的定金的基本内容包括概念、特征、性质及其罚则,具体如下:

定金是指合同当事人为了确保合同的履行,依据法律规定或当事人双方的约定,由当事人一方在合同订立时或者订立后、履行前,按照合同标的额的一定比例,预先给付对方当事人的金钱或者其他代替物。[①] 给付定金的一方为定金给付方,接受定金的一方为定金接受方。

定金具有以下特征:一是定金具有从属性,随着合同的存在而存在,随着合同的消灭而消灭;二是定金的成立具有实践性。定金是由合同当事人约定的,但只有当事人关于定金的约定而无定金的实际交付,定金担保并不能成立。《担保法》第90条规定,"定金合同从实际交付定金之日起生效"。只有合同当事人将定金实际交付给对方,定金合同才能成立;三是定金具有预先支付性。只有在合同成立后、未履行前给付定金,才能起到担保的作用。因此,定金具有预先支付性;四是定金具有双重担保性,即同时担保合同双方当事人的债权。具体来说,交付定金的一方不履行债务的,丧失定金;而收受定金的一方不履行债务的,则应双倍返还定金。此为定金罚则,即在合同订立后、履行前支付一定数额的金钱或替代物作为担保的担保方式。

定金的性质如下:一是担保合同履行,属于债的担保;二是证明合同成立,具有相对独立性;三是有预先给付的性质;四是定金属于违约定金。

(三) 本案的定金数额依据

本案有三份协议涉及定金,即《定金协议》及其《补充协议》与《房屋

---

① 参见魏振瀛主编:《民法(第七版)》,北京大学出版社、高等教育出版社2017年版,第406页。

买卖合同》,定金数额前后不一致,最初为 40 万元,之后为 7 万元,由此产生争议。关于本案定金数额究竟依据哪一份合同,本书认为:

第一,定金合同为从合同。定金合同从属于被担保的主合同,主合同有效,则从合同有效;①主合同无效,则从合同无效。一般情形下,定金合同以主合同存在为前提,主合同成立,则定金合同成立。本案涉及定金的合同包括 2017 年 3 月 20 日签订的《定金协议》及其《补充协议》、2017 年 4 月 15 日签订的《房屋买卖合同》,这两个时间签订的合同既涉及房屋买卖,也涉及定金,《定金协议》具有从属性。

另外,从合同的生效要件看,上述两个时间签订的合同只要符合合同的生效条件,尤其是有关定金的约定,须符合定金的基本法律规定,即《担保法》第 90 条规定,"定金应当以书面形式约定","当事人在定金合同中应当约定交付定金的期限";第 91 条规定,"定金的数额由当事人约定,但不得超过主合同标的额的百分之二十"等,定金合同就合法、有效。另外,《民法典》第 586 条规定:"当事人可以约定一方向对方给付定金作为债权的担保。定金合同自实际交付定金时成立。定金的数额由当事人约定;但是,不得超过主合同标的额的百分之二十,超过部分不产生定金的效力。实际交付的定金数额多于或者少于约定数额的,视为变更约定的定金数额。"可见,《民法典》第 586 条第 2 款的规定更加具体,即若关于定金数额有争议,以实际交付的定金数额为准。此规定对处理本案定金争议具有一定的指导意义。本案标的房屋售价为 228 万元,故定金数额无论是 40 万元还是 7 万元,均未超过房屋买卖合同即主合同标的额的 20%。故本案中存在争议的定金,其数额不存在争议。

第二,就同一事项先后签订的合同发生冲突的,以后一份合同为准。本案中的《定金协议》及其《补充协议》与《房屋买卖合同》签订时间分别为 2017 年 3 月 20 日、4 月 15 日。一般而言,当前者与后者就同一事项的约定发生冲突时,应认定后者是对前者的变更。本案中,应以 2017 年 4 月 15 日签订的《房屋买卖合同》确立的定金数额为准。

---

① 参见隋彭生:《合同法学教程》,中国人民大学出版社 2021 年版,第 172 页。

第三,定金合同为实践性合同。本案中,前后两次签订的合同关于定金的内容不一致,应该以后一份合同为准。但是,定金合同的性质为实践性合同。《民法典》第 586 条第 1 款规定,"定金合同自实际交付定金时成立"。定金的成立具有实践性,只有实际交付了定金,定金合同才成立。本案双方当事人虽然就定金数额分别在 2017 年 3 月 20 日《定金协议》及其《补充协议》、2017 年 4 月 15 日《房屋买卖合同》中有三次约定,且将定金数额分别定为 40 万元、40 万元、7 万元。但是,在签订《定金协议》及《补充协议》当日即 2017 年 3 月 20 日,曹丹向李村学指定的账户支付 7 万元,李村学向曹丹出具定金收据,收据记载:今收到曹丹购买 501 号房屋(产权证号京 2017 门不动产权第 00111＊＊)定金共计人民币 7 万元;2017 年 3 月 24 日,曹丹向李村学指定的账户支付 33 万元,李村学向曹丹出具定金收据,收据记载:今收到曹丹购买 501 号房屋(产权证号京 2017 门不动产权第 00111＊＊)定金共计人民币 33 万元。买卖双方经协商一致同意:如买方违约,此定金不予退还;如卖房违约,应按此定金金额的双倍返还给买方。由此确认,双方当事人就本案涉及的定金曾经由一方支付给另一方共计 40 万元的定金。故当双方对定金数额发生争议时,基于定金合同的实践性特点,应当认定本案房屋买卖合同涉及的定金数额为 40 万元,而非 7 万元。

第四,定金罚则的适用。关于定金罚则,《民法典》第 587 条规定,"给付定金的一方不履行债务或者履行债务不符合约定,致使不能实现合同目的的,无权请求返还定金;收受定金的一方不履行债务或者履行债务不符合约定,致使不能实现合同目的的,应当双倍返还定金"。之前,我国《合同法》相关规定的基本精神与《民法典》一致,即收受定金违约应双倍返还。本案中,《房屋买卖合同》签订后,李村学未与曹丹前往门头沟区建委网签合同,后李村学明确拒绝将 501 号房屋出售给曹丹,李村学未履行合同导致违约,故应适用定金罚则。即李村学应返还曹丹 80 万元。

案例三　信诚公司与德润公司借款合同纠纷案[①]
——委托人可否取得受托人登记的抵押权

一、基本案情

原告：信诚公司

被告：德润公司

第三人：蓝忠

2013年9月16日，信诚公司作为甲方（委托方）、蓝忠作为乙方（受托方）签署了《委托代理合同》，约定：甲方委托乙方以乙方的名义向德润公司提供300万元借款；委托代理权限为签署甲方拟定的《借款合同》《抵押合同》、办理抵押登记等。同日，信诚公司作为甲方（委托方）、蓝忠作为乙方（受托方）、德润公司作为丙方（借款人）签署《三方合作协议》，约定：丙方拟向甲方借款300万元，甲方授权乙方代表其与丙方就前述借款事宜签署《借款合同》和《抵押合同》。当日，蓝忠作为甲方、德润公司作为乙方签署《借款合同》，约定：甲方同意向乙方提供300万元的贷款，借款期限为6个月；蓝忠作为甲方、德润公司作为乙方签署《抵押合同》，约定：乙方以自有房地产抵押，甲乙双方约定的抵押金额为300万元。借款到期后，信诚公司诉至法院，要求德润公司归还借款并行使抵押权。

二、争议焦点

本案争议焦点主要有：(1)《借款合同》和预约合同的效力；(2)信诚

[①] 案例来源：北京市朝阳区人民法院(2016)京0105民初37104号民事判决书，北大法宝网，https://www.pkulaw.com/pfnl/a25051f3312b07f3492bb0b16f0fffb9e96930d962157310bdfb.html?keyword=%E5%8C%97%E4%BA%AC%E4%BF%A1%E8%AF%9A%E6%B3%B0%EF%BC%882016%EF%BC%89%E4%BA%AC0105%E6%B0%91%E5%88%9D37104%E5%8F%B7%20&way=listView，最后访问时间2019年8月23日。

公司能否行使以蓝忠名义登记的抵押权。

三、案件裁判

法院认为,借款人在订立《借款合同》和《抵押合同》时知道出借人和实际借款人之间的代理关系,《借款合同》和《抵押合同》直接约束借款人和实际出借人。抵押权登记具有公示公信的效力,该公示公信效力主要是针对第三人而言的;就当事人内部而言,出借人仅作为名义上的抵押权人登记,真正的抵押权人为实际出借人。实际出借人作为抵押权人行使优先受偿权并不损害第三人的利益,应予以支持。据此,依照《合同法》第402条、《最高人民法院关于审理民间借贷案件适用法律若干问题的规定》第1条、第26条之规定,判决如下:被告德润公司于本判决生效之日起十日内偿还原告信诚公司借款本金300万元及利息;原告信诚公司有权对蓝忠作为抵押权人登记的抵押权即德润公司名下的房地产行使优先受偿权;案件受理费30800元,由被告德润公司承担。

四、分析思考

本案值得注意的问题是:抵押权登记在员工名下,公司能否以自己名义行使抵押权?这涉以下几个方面的内容:

(一)抵押登记的目的和效力

房地产抵押登记是抵押双方当事人为使抵押成立而到房地产登记机构依照法定程序履行的法定行为。抵押登记的目的,一方面是为了保证交易安全。设立抵押权的本身是为了保障主债权的安全,经过登记这一法定程序,能起到对抵押物是否有瑕疵的把关作用,有利于保护抵押权人的权利。另一方面,我国现行法律规定,不动产抵押登记是法定要式行为。不动产抵押权是一种在抵押物上设定的他项权利,履行抵押登记手续是抵押法律关系成立的必要条件。

对不动产抵押登记的法律效力,我国法律兼采生效要件主义与对抗要件主义原则。登记生效要件主义是指,非经登记,当事人订立的抵押合同不能生效。《担保法》第41条规定,当事人以第42条规定的财产,包括土地使用权、城市房地产、乡镇和村企业的厂房等建筑物、林木、航空器和车辆船舶、企业的设备和其他动产抵押的,应当办理抵押登记,抵押合同自登记之日起生效。反过来,如未进行抵押物登记,则抵押合同便不能生效。根据《担保法》第41条规定,抵押合同自登记之日起生效,将负担行为与处分行为混合。《民法典》第402条改变了这种状况,规定"抵押权自登记时设立"。即抵押登记的法律效力是取得抵押权,抵押合同的生效无须通过抵押登记取得,只要符合抵押合同的生效要件即可;另外,从学理上讲,因为《民法典》第402条规定了"抵押权自登记时设立",故抵押登记的法律效力成为登记成立要件主义更为合适。① 另外,《民法典》第402条也反映了物权变动的区分原则。物权变动的区分原则"是指依据法律行为发生物权变动时,物权变动的原因和物权变动的结果作为两个法律事实,它们的成立和生效依据不同的法律根据的原则"②。物权变动的区分原则也是《民法典》第209条、第224条的基本精神。《民法典》第402条的规定反映了抵押合同和抵押权是作为两个不同的法律事实存在,抵押合同属于债权,抵押权属于物权,抵押权的取得必须进行抵押登记。若没有完成抵押登记,不影响抵押合同的效力,一方当事人可以基于抵押合同请求对方承担违约责任。

登记对抗要件主义即抵押合同未经登记也可生效,但不发生对抗善意第三人的效力。首先,关于登记对抗主义,之前的《物权法》第188条和现今的《民法典》第403条都有规定,尤其《民法典》第403条规定更为清晰,即"以动产抵押的,抵押权自抵押合同生效时设立;未经登记,不得对抗善意第三人"。此规定明确了登记对抗要件主义一般适用于动产抵押。其次,如何对抗第三人呢?根据法律规定,抵押权具有追及效力,即抵押权具有使抵押权人得跟踪抵押财产而行使抵押权的效力。关于抵押权的追及效力,《担保法》第49条规定:"抵押期间,抵押人转让已办理抵押登记的抵押物的,应当通知抵押权人并告知受让人转让物已经抵押的情况;抵押人未通知抵押权人或者未告知受让人的,转让行为无效。

---

① 参见杨立新:《物权法(第8版)》,中国人民大学出版社2021年版,第243页。
② 孙宪忠:《中国物权法总论》,法律出版社2009年版,第248页。

转让抵押物的价款明显低于其价值的,抵押权人可以要求抵押人提供相应的担保;抵押人不提供的,不得转让抵押物。抵押人转让抵押物所得的价款,应当向抵押权人提前清偿所担保的债权或者向与抵押权人约定的第三人提存。超过债权数额的部分,归抵押人所有,不足部分由债务人清偿。"但本条只适用于经登记的抵押权,按《担保法》第43条的规定,未办理抵押物登记的抵押权,不得对抗第三人,不具有追及效力,当抵押人擅自转让抵押物时,抵押权人只能请求抵押人另行提供相应的担保,不能追溯至抵押物的受让人行使抵押权。对此,《民法典》第406条有调整,规定:"抵押期间,抵押人可以转让抵押财产。当事人另有约定的,按照其约定。抵押财产转让的,抵押权不受影响。抵押人转让抵押财产的,应当及时通知抵押权人。抵押权人能够证明抵押财产转让可能损害抵押权的,可以请求抵押人将转让所得的价款向抵押权人提前清偿债务或者提存。转让的价款超过债权数额的部分归抵押人所有,不足部分由债务人清偿。"此规定改变了上述关于抵押物是否办理登记对抵押权效力的影响的规定。当然,前文已述,《民法典》已经规定了"抵押权自登记时设立",即法律上认可的抵押权以登记为前提,此为登记成立要件主义;至于登记对抗要件主义部分,因为"抵押权自抵押合同生效时设立",故只要抵押合同生效,抵押权便设立,而无须办理登记。

(二)合同关系的相对性

合同关系的相对性起源于罗马法,在大陆法系被称为"债的相对性",是指"合同主要在特定的合同当事人之间发生,合同当事人一方只能基于合同向其有合同关系的另一方提出请求,而不能向与其无合同关系的第三人提出合同上的请求,也不能擅自为第三人设定合同上的义务"①。由此可见,合同关系的相对性即合同关系仅于缔约人之间发生效力,对合同关系外的第三人不发生效力;合同缔约人不得以合同约定涉及第三人利益的事项,任何一方缔约人不与第三人发生权利义务关系,否则合同无效。当然,合同关系的相对性是针对一般仅为双方当事人的合同

---

① 王利明:《合同法(上册)》,中国人民大学出版社2021年版,第9页。

而言的,如果涉及受托人以自己名义与第三人签订的合同,则需要根据案情进行具体分析。

本案中,2013年9月16日,蓝忠作为甲方、德润公司作为乙方签署《借款合同》,蓝忠作为甲方、德润公司作为乙方签署《抵押合同》,两份合同当事人均为蓝忠与德润公司。虽然信诚公司作为甲方(委托方)、蓝忠作为乙方(受托方)签署了《委托代理合同》约定:甲方委托乙方以乙方的名义向德润公司提供300万元借款;委托代理权限为签署甲方拟定的《借款合同》《抵押合同》、办理抵押登记等。另外,信诚公司作为甲方(委托方)、蓝忠作为乙方(受托方)、德润公司作为丙方(借款人)签署《三方合作协议》,由此德润公司是知晓借款合同的出借人是信诚公司的。《合同法》第402条规定:"受托人以自己的名义,在委托人的授权范围内与第三人订立的合同,第三人在订立合同时知道受托人与委托人之间的代理关系的,该合同直接约束委托人和第三人,但有确切证据证明该合同只约束受托人和第三人的除外。"《民法典》第925条延续了《合同法》第402条规定,即"第三人在订立合同时知道受托人与委托人之间的代理关系的,该合同直接约束委托人和第三人",此为间接代理,即蓝忠与德润公司签订的《借款合同》对信诚公司产生约束力,信诚公司可以根据该《借款合同》《抵押合同》直接请求第三人德润公司履行一定的义务。① 值得注意的是,该请求权是基于债权产生的,故信诚公司取得的依然是债权而非物权。

(三)预约合同的效力

所谓预约合同,是指"当事人约定为将来一定期限内订立合同而达成协议,是当事人在本约内容达成一致前作出的有约束力的意思表示"②。关于预约合同,《合同法》未作规定,但是实践中大量存在。2003年《最高人民法院关于审理商品房买卖合同纠纷案件适用法律若干问题的解释》第5条规定:"商品房的认购、订购、预订等协议具备《商品房销

---

① 参见王利明:《合同法(上册)》,中国人民大学出版社2021年版,第364页。
② 最高人民法院民法典贯彻实施工作领导小组主编:《中华人民共和国民法典合同编理解与适用(一)》,人民法院出版社2020年版,第229页。

售管理办法》第十六条规定的商品房买卖合同的主要内容,并且出卖人已经按照约定收受购房款的,该协议应当认定为商品房买卖合同。"该规定首次涉及预约制度。2012年《最高人民法院关于审理买卖合同纠纷案件适用法律问题的解释》第2条也有这方面规定。《民法典》第495条吸收了以上司法解释条款,从立法上认可了"预约合同是一种独立合同,并扩大适用范围,不再限于买卖合同"[①]。该规定不仅明确预约合同可以体现为认购书、订购书、预订书等形式,而且规定一旦出现"当事人一方不履行预约合同约定的订立合同义务"时,另一方可以要求对方承担"预约合同的违约责任"。

从本案情形看,蓝忠作为甲方、德润公司作为乙方签署的《借款合同》是双方权利义务确定的依据;而信诚公司作为甲方(委托方)、蓝忠作为乙方(受托方)、德润公司作为丙方(借款人)签署《三方合作协议》,约定:丙方拟向甲方借款300万元,甲方授权乙方代表其与丙方就前述借款事宜签署《借款合同》。该约定的《借款合同》属于预约合同。虽然双方签署了预约合同,但是没有对违约责任作出约定,故原告无法请求被告承担违约责任。

（四）抵押权的取得

抵押权的取得一般分为基于法律行为取得和非基于法律行为取得。基于法律行为取得是指"债权人与债务人之间通过抵押合同或者遗嘱设定抵押权"[②]。非基于法律行为取得是指基于法律规定或者继承等而取得。本案中抵押权属于基于法律行为取得,即须通过抵押合同设定抵押权。但是,本案中抵押人德润公司以自有房地产抵押,根据《民法典》第395条、第402条规定,房地产抵押应当办理抵押登记,"抵押权自登记时设立"。即抵押权的取得必须办理登记,未办理登记无法取得抵押权。而本案中抵押合同的主体是蓝忠和德润公司,所以若办理登记,只能是这两方主体。即便信诚公司根据《抵押合同》对德润公司有一定请求权,

---

[①] 最高人民法院民法典贯彻实施工作领导小组主编:《中华人民共和国民法典合同编理解与适用(一)》,人民法院出版社2020年版,第228页。
[②] 杨立新:《物权法(第8版)》,中国人民大学出版社2021年版,第242页。

但是该请求权仅是债权而非物权。故作为本案委托人不能直接取得抵押权。

案例四 佳佳银行与嘉健模具公司等担保合同纠纷案[①]
——担保人配偶在《配偶声明书》上签字是否具有担保的意思表示

一、基本案情

原告：佳佳银行（以下简称"银行"）

被告：嘉健模具公司（以下简称"模具公司"）、张林、李军

2016年2月20日，被告模具公司向原告银行贷款8000万元，被告张林为被告模具公司提供担保。担保合同签订后，2016年2月26日，被告李军签署了《配偶声明书》，表明其与张林系夫妻关系，本人同意以张林作为保证人提供担保的行为。之后，被告模具公司未能按约还款，被告张林也未履行担保责任。为此，银行提起诉讼，将模具公司、张林告上法院；另外，鉴于李军签署了《配偶声明书》，故原告银行认为，李军有担保的意思表示，故将李军一同列为被告。

二、争议焦点

原告认为，作为配偶李军在《配偶声明书》上已签字，证明其与张林系夫妻关系；另外，由于李军同意张林以保证人身份提供担保，因此作为配偶李军应属于保证人，应该以夫妻共同财产为限对模具公司债务提供担保。

被告李军认为，其签署《配偶声明书》只是同意张林提供担保，在金

[①] 案例来源：广东省深圳市福田区人民法院(2017)粤0304民初9797号民事判决书。

融借款合同中这是一种常见的情况,本人并没有担保的意思表示。

针对原告的主张和被告的抗辩,双方的争议焦点是:作为担保人的配偶签署了《配偶声明书》,在发生纠纷时,配偶是否需要承担担保责任?

三、案件裁判

针对被告李军签署《配偶声明书》,表明其与张林系夫妻关系,本人同意以张林作为保证人提供担保的行为,在本案审理过程中出现两种不同意见:一种意见认为,李军仅同意张林作为保证人提供担保的行为;另一种意见认为,李军同意作为张林的保证人提供担保。

法院经审理认为,我国《担保法》第13条规定,保证人与债权人应当以书面形式订立保证合同。被告李军仅于2016年2月26日签署了一份《配偶声明书》,声明其与张林系夫妻关系;本人同意以张林作为保证人提供担保的行为。该《配偶声明书》没有载明被保证的主债权种类和数额、债务人履行债务的期限、保证的方式、保证担保的范围、保证的期间等。因此,现有证据不能证明被告李军有为被告张林的担保提供担保的意思表示。另外,被告张林不是本案的债务人,仅是本案的担保人,张林担保的债务不应认定为被告张林与被告李军的夫妻共同债务。据此,法院判决,被告李军不需要对被告张林的保证责任承担共同清偿责任。

四、分析思考

(一)合同的约束力

本案发生在我国《民法典》颁布之前,所以案件审理依据当时有效的相关法律规定。从合同法角度,主要是我国《合同法》对合同约束力所作的相关规定,具体体现在该法第8条:"依法成立的合同,对当事人具有法律约束力。当事人应当按照约定履行自己的义务,不得擅自变更或者解除合同。依法成立的合同,受法律保护。"《民法典》第465条在《合同法》第8条基础上规定:"依法成立的合同,受法律保护。依法成立的合同,仅对当事人具有法律约束力,但是法律另有规定的除外。"删除了"当事人应当按照约定履行自己的义务,不得擅自变更或者解除合同"部分。

关于合同的约束力,可以从以下几个方面理解:

第一,依法成立的合同受法律保护。"依法成立是合同受到法律认可与保护,在当事人之间产生法律约束力的前提。"①合同受法律保护主要表现为合同的约束力,合同的约束力"是指当事人同意或有解除原因外,任何一方当事人不得无故反悔解约,撤销合同"②。合同的约束力是合同功能实现的重要基础,参与交易的市场主体采取合同这一形式进行交易,其原因正是依法成立的合同对双方当事人具有约束力,"这种约束力能确保交易主体的信赖利益得以实现。如没有相应的约束力,那么信赖利益的保护与市场交易的秩序都无从谈起,社会经济生活也必然陷入混乱和无序"③。合同的约束力,从权利角度体现为当事人的权利受到法律保护,从义务角度体现为当事人应当严格遵守合同的约定,否则将承担相应的违约责任。本案中,被告模具公司向原告贷款8000万元,被告张林提供担保后,彼此之间有合同明确约定,双方应该按照合同约定履行相关的义务;否则将承担相应的法律责任。

第二,依法成立的合同仅对合同当事人具有法律约束力。这一点体现了合同的相对性。所谓合同相对性,是指"合同只在特定的当事人之间发生法律约束力,只有合同当事人才能基于合同向相对方提出请求或提起诉讼,而不能向与其无合同关系的第三人提出合同上的请求,也不能擅自为第三人设定合同上的义务"④。早在罗马法时期,契约对当事人以外的第三人不发生权利义务就被作为一条基本原则确立,并为不少大陆法系国家的立法所采纳。例如,《法国民法典》第1165条规定:"契约仅在契约的当事人之间发生效力。"《德国民法典》第241条规定:"债权人因债的关系得向债务人请求给付。"而英美法系国家立法中虽然未采用债的概念,但在判例中确立了合同的权利义务仅对合同当事人产生约束力、非合同当事人不得主张合同上的权利义务的规则。

---

① 最高人民法院民法典贯彻实施工作领导小组主编:《中华人民共和国民法典合同编理解与适用(一)》,人民法院出版社2020年版,第28页。
② 同上。
③ 同上。
④ 王利明:《合同法研究·第1卷(第三版)》,中国人民大学出版社2015年版,第132页。

合同相对性包括合同主体相对、合同内容相对以及合同责任的相对。这里尤其要强调合同主体相对，即"合同的权利义务关系只对合同当事人产生约束力，只有合同当事人能够依据合同权利向对方提出请求或诉讼，合同当事人之外的第三人不得向合同当事人提出请求或提起诉讼"[①]。本案中，主合同是银行与模具公司之间签订的借款合同，从合同是银行与张林之间签订的保证合同，尤其是保证合同，其当事人是银行和张林，合同仅对当事人双方具有约束力，不应涉及其他主体。一旦将第三人列入，便会违反合同的相对性原理。

（二）《配偶声明书》与保证合同的关系

本案争议焦点是，作为配偶一方的李军签署了《配偶声明书》，是否应该承担另一方与他人所签合同中的责任？对此，之前的《合同法》没有专门规定，《民法典》对此有所提及。《民法典》第465条第2款规定："依法成立的合同，仅对当事人具有法律约束力，但是法律另有规定的除外。"本案中，基于银行与模具公司的贷款合同，银行与张林签订了保证合同，故保证合同的当事人是银行和张林，该保证合同仅对银行和张林有"法律约束力"。虽然李军与张林是夫妻关系，李军又签署《配偶声明书》表示同意张林作为保证人为模具公司提供担保，但是该声明书不是保证合同的组成部分，即便没有该声明书，保证合同的效力也不受任何影响。对此，《民法典》第465条规定对于强调保证合同仅对双方当事人产生约束力具有积极作用。

另外，我国《担保法》第13条、第15条、第18条、第31条规定："保证人与债权人应当以书面形式订立保证合同。""保证合同应当包括以下内容：（一）被保证的主债权种类、数额；（二）债务人履行债务的期限；（三）保证的方式；（四）保证担保的范围；（五）保证的期间；（六）双方认为需要约定的其他事项。保证合同不完全具备前款规定内容的，可以补正。""当事人在保证合同中约定保证人与债务人对债务承担连带责任的，为连带责任保证。连带责任保证的债务人在主合同规定的债务履

---

① 最高人民法院民法典贯彻实施工作领导小组主编：《中华人民共和国民法典合同编理解与适用（一）》，人民法院出版社2020年版，第30页。

期届满没有履行债务的,债权人可以要求债务人履行债务,也可以要求保证人在其保证范围内承担保证责任。""保证人承担保证责任后,有权向债务人追偿。"上述规定提及连带责任保证问题,关于连带责任保证,我国《民法典》第 688 条第 1 款规定:"当事人在保证合同中约定保证人和债务人对债务承担连带责任的,为连带责任保证。"即连带责任需要在合同中明确进行约定,若未约定,便不存在连带责任保证。故《配偶声明书》仅仅属于作为夫妻一方对另一方实施保证行为认可的意思表示,而非提供保证的意思表示。综上所述,本案中李军不属于保证合同当事人,故当被告模具公司未能按约还款、被告张林提供担保后又未履行担保责任时,作为原告的银行无权要求张林的配偶李军基于《配偶声明书》承担保证责任。

(三) 夫妻共同债务

关于夫妻共同债务,《民法典》第 1064 条规定:"夫妻双方共同签名或者夫妻一方事后追认等共同意思表示所负的债务,以及夫妻一方在婚姻关系存续期间以个人名义为家庭日常生活需要所负的债务,属于夫妻共同债务。夫妻一方在婚姻关系存续期间以个人名义超出家庭日常生活需要所负的债务,不属于夫妻共同债务;但是,债权人能够证明该债务用于夫妻共同生活、共同生产经营或者基于夫妻双方共同意思表示的除外。"一般而言,夫妻共同债务主要包括:一是夫妻双方具有合意的债务,包括共同签字、一方签字一方确认或追认或默示、夫妻共同决定生产经营事项或授权另一方决定生产经营事项所负的债务;二是一方为家庭生活所负的债务,包括家庭日常生活所负债务、为家庭共同生活所负债务等。[1]

本案中,由于被告李军签署《配偶声明书》,声明其与张林系夫妻关系,本人同意张林以保证人身份提供担保,因此原告认为被告李军有担保的意思表示。但前文已述,《配偶声明书》不属于合同的一部分,故李军不是合同的当事人,不属于连带债务人。那么,这里的"同意"属于什

---

[1] 参见王利明主编:《民法·下册(第九版)》,中国人民大学出版社 2022 年版,第 421—422 页。

么性质？本书认为，此行为属于一方签字、另一方确认的行为。因为这个"同意"不仅属于一个知晓行为，更是表明李军愿意与张林共同承担这个保证责任，所以可以将此推定为夫妻共同债务。即本案中张林应该承担保证责任，同时基于被告李军签署了《配偶声明书》，可以将该保证责任作为夫妻共同债务加以确认。

（四）关于举证责任

我国《民事诉讼法》（2017年修正）第64条规定，"当事人对自己提出的主张，有责任提供证据。当事人及其诉讼代理人因客观原因不能自行收集的证据，或者人民法院认为审理案件需要的证据，人民法院应当调查收集。人民法院应当按照法定程序，全面地、客观地审查核实证据。"在本案审理中，法院应当要求原告提供以下证据：被告模具公司与原告之间贷款8000万元的合同；被告张林与原告之间的担保合同；被告李军签署的《配偶声明书》，该声明书证明其与张林系夫妻关系，本人同意张林作为保证人提供担保的行为。基于上述证据的证明，原告与两被告之间存在借贷关系、担保关系；被告张林应该承担的担保责任为夫妻共同债务，应由被告李军一起承担。

案例五 侯阳与众本公司等借贷纠纷案[①]
——抵押人承担责任的范围

一、基本案情

一审被告、二审上诉人、再审申请人：众本公司

一审原告、二审被上诉人、再审被申请人：侯阳

一审被告、二审被上诉人：韩全、李莉

[①] 案例来源：最高人民法院(2015)民申字第3299号民事裁定书，北大法宝网，https://www.pkulaw.cn/pfnl/a25051f3312b07f35f59a638b6a36319f194fb4796bac988bdfb.html，最后访问时间2018年12月31日。

2012年12月24日,侯阳(甲方)与韩全(众本公司的法定代表人)、李莉(乙方)签订《借款协议》,约定由乙方向甲方借款人民币550万元。乙方提供众本公司位于商县张杨公路北侧(工业园区)的8万平方米工业用地的国有土地使用证作为抵押。后侯阳向韩全账户汇入511.5万元,其余38.5万元作为利息预先扣除。随后,韩全将商县国用(土)第2012—134号《国有土地使用证》交付侯阳持有,但双方未办理抵押登记。因韩全、李莉未偿还借款本息,侯阳向张乐市中院起诉请求:(1)韩全、李莉偿还借款550万元及利息;(2)众本公司在抵押财产范围内承担连带清偿责任,侯阳对该财产享有优先受偿权。

二、争议焦点

本案的争议焦点在于,未办理不动产抵押登记的抵押合同生效后,债权人(抵押权人)可否基于抵押合同要求债务人(抵押人)承担责任?若可以,则债务人(抵押人)应承担什么责任?

三、案件裁判

本案经过一审、二审、再审,大致情况如下:

(1)张乐市中院一审判决支持了侯阳的部分诉讼请求,但未支持其主张的对抵押财产享有优先受偿的权利。

(2)众本公司不服,向省高院上诉,省高院二审判决驳回上诉,维持原判。众本公司仍不服,向最高法申请再审。

(3)最高法裁定驳回其再审申请。最高法认为:根据《物权法》第187条规定,以土地使用权进行抵押的,应当办理抵押登记,抵押权自抵押登记时设立。原审法院认为抵押合同成立,抵押权并未设立,侯阳可以主张众本公司在土地使用权范围内对债务承担连带清偿责任,但不能就土地使用权主张优先受偿。原审法院适用法律并无不当。

四、分析思考

本案的抵押财产为不动产,但因未办理抵押登记,抵押权并未设立、不能生效，因此债权人不可以主张土地使用权优先受偿。这是根据《物权法》第187条、《担保法司法解释》第59条所得出的结论。之后，《民法典》也基本吸收了《物权法》等相关法律规范和司法解释的内容。但是，本案中的抵押合同依然有效，债权人也可以据此主张自己的权利。即本案债权人虽然不能享有土地使用权抵押的物权利益，但是基于合同，其债权利益不受影响。本书主要从以下几个方面进行思考：

（一）物权变动区分原则

物权变动区分原则是指，"依据法律行为发生物权变动时，物权变动的原因与物权变动的结果作为两个法律事实，它们的成立和生效依据不同的法律根据的原则"①。《物权法》第15条规定："当事人之间订立有关设立、变更、转让和消灭不动产物权的合同，除法律另有规定或者合同另有约定外，自合同成立时生效；未办理物权登记的，不影响合同效力。"《民法典》第215条承袭了该条关于物权变动区分原则的规定，即不动产物权抵押未登记仅抵押权未有效设立，但并不影响抵押合同的效力，抵押合同仍然有效。基于一般物权法理论，抵押登记属于物权行为，抵押合同属于债权行为。在抵押合同仍然有效的情况下，债权人可基于抵押合同向抵押人主张在抵押物价值范围内对相关债务承担清偿责任。因此，抵押人即使未办理抵押权登记，依然不能免于承担担保责任；抵押权虽未有效设立，但因为抵押合同的存在，因此抵押依然具有法律上的意义，即抵押权人可通过抵押合同主张合同上的权利，由此获得债权上的法律效果。本案中，侯阳与韩全、李莉签订《借款协议》后，李莉提供众本公司位于商县张杨公路北侧（工业园区）的8万平方米的工业用地的《国有土地使用证》作为抵押，但是未办理抵押登记。侯阳即便不能获得抵押权，该抵押合同也可以作为债权人主张权利的依据。即未办理不动产抵押登记的抵押合同效力不受抵押登记的影响，本案中债权人（抵押合同中的抵押权人）虽不能主张抵押权人的请求权，但是可以基于未办理

---

① 杨立新：《物权法（第8版）》，中国人民大学出版社2021年版，第42页。

不动产抵押登记的抵押合同主张权利，即可以要求抵押人在抵押物价值的范围内对债务承担连带清偿责任的有限担保责任。

另外，在抵押未登记但已满足抵押合同约定的或者法定的实现抵押权的条件时，抵押权人应当在请求保全债务人相关财产的同时，申请保全抵押物。在抵押物已经被抵押人转让时，抵押权人可申请在抵押物价值的范围内保全抵押人的其他财产，以此来确保未来申请执行时的优先顺位，间接达到近似于有抵押权存在的法律效果。

（二）抵押权登记的效力

抵押权登记的效力，即"登记与否对于当事人设定抵押权的行为所发挥的作用"①。从学理上看，抵押权登记的效力为：一是不办理抵押登记时当事人设定抵押权行为的法律后果，关于该法律后果的认定有两种观点，即登记成立要件主义和登记对抗要件主义；二是办理抵押登记后当事人设定抵押权行为的法律后果，即公示效力、公信效力。②从立法上看，我国《民法典》将当事人不办理抵押权登记的法律后果区分为两种不同的情形，一是不办理抵押权登记，抵押权合同无法产生抵押权设定的法律后果，具体可见《民法典》第402条③。该条规定"抵押权自登记时设立"，采取的是成立要件主义④。二是不办理抵押权登记，抵押权依然成立，但不能对抗第三人，具体可见《民法典》第403条⑤。该条规定"未经登记，不得对抗善意第三人"，采取的是登记对抗要件主义⑥。另外，根据《新担保司法解释》第46条的规定：一是抵押人负有办理抵押登记的义

---

① 杨立新：《物权法（第8版）》，中国人民大学出版社2021年版，第243页。
② 同上。
③ 《民法典》第402条规定："以本法第三百九十五条第一款第一项至第三项规定的财产或者第五项规定的正在建造的建筑物抵押的，应当办理抵押登记。抵押权自登记时设立。"
④ 登记成立要件主义，是指"登记被认为是抵押权的特别成立要件或者生效要件"。参见杨立新：《物权法（第8版）》，中国人民大学出版社2021年版，第243页。
⑤ 《民法典》第403条规定："以动产抵押的，抵押权自抵押合同生效时设立；未经登记，不得对抗善意第三人。"
⑥ 登记对抗要件主义，是指抵押权的设定依当事人意思表示即能成立，无须办理登记，未办理登记则抵押权不能对抗第三人。参见杨立新：《物权法（第8版）》，中国人民大学出版社2021年版，第243页。

务,若"不动产抵押合同生效后未办理抵押登记手续,债权人请求抵押人办理抵押登记手续的,人民法院应予支持"。二是不可归责于抵押人的原因不能办理抵押登记的,"债权人请求抵押人在约定的担保范围内承担责任的,人民法院不予支持;但是抵押人已经获得保险金、赔偿金或者补偿金等,债权人请求抵押人在其所获金额范围内承担赔偿责任的,人民法院依法予以支持"。三是可归责于抵押人的原因不能办理抵押登记的,"债权人请求抵押人在约定的担保范围内承担责任的,人民法院依法予以支持,但是不得超过抵押权能够设立时抵押人应当承担的责任范围"。

为此,不动产抵押合同签订后,不论是抵押人还是抵押权人,都应当及时办理抵押登记。就抵押权人而言,未办理抵押登记就不能取得抵押权,也就不能就抵押物优先受偿。虽然债权人可以基于抵押合同在抵押物价值的范围内要求抵押人对债务承担连带责任,但在抵押人资产资不抵债时,债权人还是极有可能面临债务不能被全部清偿的风险。就抵押人而言,未办理抵押登记并不能当然免除其承担责任的义务和可能性。相反,抵押人必须在抵押物价值的范围内对债务承担连带清偿责任。因此,迟延办理抵押登记,对于双方当事人而言均无太大意义,至少不能从根本上改变双方当事人的权利义务关系。

当然,在本案审理过程中,债权人仍可以积极去相关部门申请抵押登记,由此让自己尽快取得抵押权,从而改变没有抵押权的被动局面,不仅为自己争取债权利益,还可以及时得到物权利益。

(三)抵押权的优先受偿权

抵押权的优先受偿权是基于物权的优先效力。物权的优先效力,是指"同一标的物上有数个利益相互矛盾、相互冲突的权利并存时,具有较强效力的权利排斥或先于具有较弱的权利而实现"[①]。物权的优先性表现为物权相互间的优先效力、物权优先于债权的效力。本案中,众本公

---

① 杨立新:《物权法(第8版)》,中国人民大学出版社2021年版,第29页。

司涉案的抵押财产为不动产,但未办理抵押登记,因此抵押权未成立,抵押权人便不能获得基于抵押权而产生的效力,即侯阳不能就该土地使用权主张优先受偿。

值得一提的是,一项民事法律行为无效或者不能发生当事人预设的法律效果的,可以将其转换为与之相类似的民事法律行为,并以此为基础确定双方当事人的权利义务关系。本案中,虽然抵押权未有效设立,但法院却依据有效的抵押合同,要求抵押人在抵押物价值的范围内对债务承担连带清偿责任。即原告侯阳即便没有取得物权性质的抵押权,但其基于抵押合同的债权依然存在。根据抵押合同的约定,债权人要求债务人承担连带清偿责任的请求能够得到法院支持。这一裁判方法被称为"民事法律行为的转换制度",最高人民法院在审理本案时适用该制度,这一点值得肯定,同时也是一个可以推荐的判例。

(四)本案诉讼当事人的选择

诉讼当事人是诉讼活动不可或缺的参与者,是指因当事人之间民事权利义务发生纠纷,一方当事人以自己的名义起诉,另一方当事人应诉,并接受法院裁判拘束的人。最常见的诉讼当事人是诉讼的原告、被告,是与案件具有直接利害关系的人。本案一审阶段,原告为侯阳,被告为众本公司、韩全、李莉。本书认为,原告侯阳将众本公司、韩全、李莉三方均列为被告,此举不妥。本案是因为抵押合同的履行而发生的纠纷,抵押合同是引发本案的起因。从案件事实看,本案涉及的抵押合同当事人是侯阳、韩全、李莉三人,属于三个自然人之间的法律关系。虽然抵押物属于众本公司,韩全是众本公司的法定代表人,但是众本公司并不是该抵押合同当事人。故不能将众本公司列为本案被告,被告只能是韩全和李莉。当然,如果众本公司在合同文本上盖章,则其可以成为本案当事人,并可被列为被告。

案例六 德新支行与江胜公司借款合同纠纷案[①]
——债权人放弃第三人质押财产不影响其向债务人主张权利

一、基本案情

一审被告、二审被上诉人、再审申诉人:德新支行

一审原告、二审上诉人、再审被申诉人:江胜公司

2008年5月15日,德新支行与江胜公司签订《人民币短期借款合同》,该合同第8条约定:"本合同到期,借款人应主动归还全部借款本息,不主动归还的,借款人同意贷款人从借款人账户划收。"合同签订当日,中信投资担保有限公司(以下简称"中信担保公司")与德新支行签订《保证合同》。2008年5月26日,中信担保公司与长江银行东城支行(以下简称"东城支行")签订《担保保证金最高额质押合同》,约定中信担保公司在与丙市银行以及下属支行签订合作协议后便将保证金转入。上述合同签订后,德新支行依照合同约定向江胜公司发放了贷款380万元。借款到期后,江胜公司未按照合同约定归还全部借款本息,德新支行起诉,法院支持了其诉讼请求。法院判决后,江胜公司依然没有将借款还清,德新支行便向法院申请执行。但在执行中又产生纠纷,最终法院没有支持德新支行的申请。于是,德新支行在2010年2月4日、2月11日扣划江胜公司存款,江胜公司便提起诉讼。一审法院判决,驳回江胜公司的诉讼请求。江胜公司不服一审判决,提出上诉。二审法院支持江胜公司的诉讼请求。针对二审,甲省人民检察院提起抗诉。

甲省人民检察院提起抗诉时指出:(1)德新支行并未放弃私力救济。江胜公司到期未还款,德新支行起诉并向法院申请强制执行,但不

[①] 案例来源:湖南省高级人民法院(2016)湘民再274号民事判决书。

等于德新支行不能采取私力救济。德新支行在案件进入执行程序后,根据合同约定直接扣划江胜公司存款属于正当权利。二审法院认为,德新支行选择公力救济就放弃了约定的私力救济没有事实和法律依据。(2)德新支行扣划江胜公司存款不是执行行为,而是当事人合同约定的赋予德新支行的权利。同时,涉案保证金系第三人中信担保公司交纳,并不是债务人江胜公司提供。

二、争议焦点

本案争议焦点主要有:(1)申请强制执行程序后,德新支行可否扣划江胜公司存款?(2)德新支行在债权有担保的情形下,放弃第三人质押财产而直接向债务人主张权利,此做法是否合法?

三、案件裁判

基于甲省人民检察院提起的抗诉,甲省高级人民法院进行再审。再审法院经审理认为:根据双方约定,在江胜公司到期不偿还借款时,德新支行有权扣划江胜公司存款。因此,直接扣划存款是德新支行享有的合同约定的权利。德新支行自行扣款行为虽然发生在执行阶段,但并无法律禁止权利人在寻求公权力救济情形下采取合法的私力救济手段。同时,也没有任何证据证明德新支行明确放弃上述权利。故德新支行私力救济的权利并不因其寻求公权力救济而丧失。本案中,中信担保公司为涉案借款提供质押担保,且法院生效判决确定德新支行对中信担保公司在乙市银行账号保证金专户中的资金享有优先受偿权,但并不能由此限定德新支行只能先就该质押金行使权利后才能向其他义务人主张权利。担保的目的是保障债权的实现,而不是限制债权人权利。据此,再审法院判决:撤销二审民事判决,案件受理费由江胜公司承担。

四、分析思考

就本案而言,本书认为可以关注以下几个问题:

(一) 本案涉及的几对合同关系

本案涉及的合同关系包括借款合同、保证合同、质押合同、银行之间的合作协议。在这四对法律关系中,借款合同是主合同,保证合同和质押合同作为担保合同均为从合同。这四个合同之间有一定的联系,在前合同基础上产生后一个合同。通过四个合同的签订和履行,借款人实现借款目的,贷款人确保自己作为债权人的利益。

第一,借款合同。《民法典》第 667 条规定:"借款合同是借款人向贷款人借款,到期返还借款并支付利息的合同。"借款合同是指"贷款人将一定数量的货币转移给借款人,借款人在约定的期限内返还同等数量货币并支付利息的协议"①。在借款合同中,交付金钱的一方为贷款人,接受金钱的一方为借款人。借款合同的特征为:标的物具有特殊性,转移货币所有权,主体具有特殊性,具有要式性和诺成性,原则上具有双务性和有偿性。② 在这些特征中,有两个特征特别值得关注:(1)主体的特殊性。在借款合同中,对借款人无特殊要求,只要是具有完全民事行为能力的自然人和社会组织即可,但是对贷款人却有一定的要求。这里的贷款人有两种类型:一是取得一定的从事金融业务资质的特定金融机构,如银行、信用社等;二是以自有资金出借的自然人和社会组织。其中,第一种类型的借款合同是借款合同的典型形式。(2)合同的双务性和有偿性。根据《民法典》第 667 条的规定,借款合同属于"到期返还借款并支付利息的合同",该利息可以由双方当事人在合同中约定,若没有约定,借款人可以按照中国人民银行关于贷款利率的相关规定支付利息。需要注意的是,关于借款合同是否属于有偿,则因贷款人的不同而相应地存在不同。金融机构作为贷款人的,则借款人需要支付利息;若是自然人之间的借款合同,原则上可以是单务性和无偿性的。

本案中,贷款人是德新支行,借款人是江胜公司,其中德新支行属于

---

① 王利明:《合同法(下册)》,中国人民大学出版社 2021 年版,第 3 页。
② 同上书,第 4—5 页。

金融机构,故本借款合同应当属于双务合同,具有有偿性。为此,根据合同约定,借款人江胜公司具有支付款利息的义务。

第二,担保合同。本案中的担保合同有保证合同和质押合同。(1)保证合同。借款合同签订后,德新支行为确保债权人利益的实现,因此要求债务人江胜公司提供担保。江胜公司请中信担保公司作为担保人与德新支行签订保证合同。(2)质押合同。保证合同签订后,中信担保公司与东城支行签订了《担保保证金最高额质押合同》。

第三,合作协议。当事人基于意思自由的原则,通过多种形式实现交易目的。本案中,《担保保证金最高额质押合同》约定,中信担保公司与丙市银行以及下属支行签订合作协议,为借款合同更好地履行发挥一定的金融融资作用。

(二)本案涉及的担保关系

本案涉及的担保关系包括保证合同、最高额质押合同,关系具有多重性,即第一担保权人中信担保公司不是唯一的担保主体,而是与东城支行、丙市银行及下属支行一起合作承担担保责任。

关于保证合同,《民法典》第681条规定:"保证合同是为保障债权的实现,保证人和债权人约定,当债务人不履行到期债务或者发生当事人约定的情形时,保证人履行债务或者承担责任的合同。"保证合同有几个特点:一是性质属于人保,即它不是在特定物上设立的担保,所以不产生担保物权。同时,保证合同具有较强的人身依赖性。二是以保证人全部财产担保他人债务。即在当事人没有特别约定的情况下,保证责任原则上及于保证人的全部财产,而不局限于某种或某类特定财产。三是合同主体是债权人与保证人。这与委托保证合同不同,委托保证合同"是指以债务人委托保证人提供保证为内容的合同"[①],主体是债务人与保证人。四是保证人负有代为履行债务或承担债务不履行的责任。本案中的保证合同主体是中信担保公司与德新支行,中信担保公司为江胜公司

---

① 王利明:《合同法(下册)》,中国人民大学出版社2021年版,第27页。

提供担保,当江胜公司作为借款人不能偿还借款时,作为保证人的中信担保公司有义务偿还债务。

最高额质押合同是指"在质押财产的范围内,对一定时期发生的连续性交易关系进行担保"的合同,权利人由此取得最高额质权。① 《民法典》第439条规定:"出质人与质权人可以协议设立最高额质权。最高额质权除适用本节有关规定外,参照适用本编第十七章第二节的有关规定。"按照这一规定,除适用《民法典》第十八章"质权"之第一节"动产质权"相关规定外,还可以参照适用《民法典》第十七章"抵押权"之第二节"最高额抵押权"的有关规定,即最高额抵押权的相关规定可以适用于最高额质权的担保。另外,同为担保物权,最高额质权、最高额抵押权具有以下几个共同特点:一是为一定范围内连续发生的不特定债权提供的担保;二是在最高额限度内提供担保;三是所担保的债权从属性具有特殊性,即所担保的债权在最高额质押合同成立时并不一定现实存在。② 本案中的《担保保证金最高额质押合同》是由中信担保公司与东城支行签订的,质权人是东城支行,质押人是中信担保公司,合同双方当事人权利义务的约定不能违背行为时有效的法律规定。

(三)私力救济的适用

本案的一个争议焦点是,德新支行是否有权扣划江胜公司存款。因为当江胜公司未按照合同约定归还全部借款本息,德新支行起诉,法院支持了其诉讼请求。但法院判决后,江胜公司依然没有将借款还清,德新公司便向法院申请执行。但执行中产生纠纷,最终法院没有支持德新支行的申请。于是德新支行扣划江胜公司存款。本书认为,德新支行有权扣划江胜公司存款。理由如下:

第一,基于借款合同约定。德新支行与江胜公司签订了《人民币短期借款合同》,该合同第8条约定:"本合同到期,借款人应主动归还全部

---

① 参见杨立新:《物权法(第8版)》,中国人民大学出版社2021年版,第278页。
② 同上书,第260页。

借款本息,不主动归还的,借款人同意贷款人从借款人账户划收。"根据该合同约定,借款合同到期不主动归还借款的,借款人同意贷款人从借款人账户划收。即德新支行扣划江胜公司存款的行为基于双方之前的约定。

第二,基于相应法律规定。私力救济是指,当权利遭到侵害时,权利人以自己之力排除侵害,自行实现权利。《民法典》第1177条第1款规定:"合法权益受到侵害,情况紧迫且不能及时获得国家机关保护,不立即采取措施将使其合法权益受到难以弥补的损害的,受害人可以在保护自己合法权益的必要范围内采取扣留侵权人的财物等合理措施;但是,应当立即请求有关国家机关处理。"债权人选择公力救济不等于放弃私力救济,债权人就债务人所欠债务向法院提起诉讼并申请法院执行后,仍然可以按照原约定采取私力救济维护其权益,即债权人在案件进入执行程序后通过执行程序以外的法律未禁止的方式和途径实现其债权属于其正当权利,并无过错;担保是保障债权人权利实现,而不是限制债权人权利,债权人放弃第三人质押财产,不影响其向债务人主张权利的份额及顺位。江胜公司不如期归还存款,给德新支行带来了损失,为此作为受害人的德新支行有权采取划款措施,以保护自己的合法权益。当然,这是德新支行在公权利救济失败时所采取的措施。另外,在划款同时,德新支行依然寻求公权力救济,即申请再审。所以,德新支行的行为没有违背《民法典》第1177条规定。

第三,基于不当得利规则。不当得利是指,没有合法根据取得不当利益,造成他人损失的,应当将取得的不当利益返还受损失的人。债权债务关系是在特定当事人之间产生的,江胜公司欠款,德新支行在案件进入执行程序后,根据合同约定直接扣款属于正当权利。否则,若江胜公司始终不归还债务,则属于不当得利。

案例七 王洋与江生借款合同纠纷案[①]

——以房屋租赁权作为债权担保的效力认定

一、基本案情

原告：王洋

被告：江生

2013年10月9日，王洋向江生借款20万元，双方签订了两份《借款合同》，一份载明："甲方向乙方借款20万元，借款期限为1个月，自2013年10月9日至2013年11月8日，借款月利率为同期银行贷款利率的四倍，甲方在借款期限届满时一次性偿还本金，且甲方有权提前偿还上述借款，甲方应付利息按实际用款天数计算。"该借款合同办理了公证。另一份《借款合同》载明："王洋（乙方、借款人）因工程施工需要向江生（甲方、出借人）借款20万元；借款期限为1个月，自2013年10月9日至2013年11月8日；借款期内月利为2分，利息按月结算，借款方如果不能按期还款付息，则每逾期一日按欠款金额的每日万分之八加收违约金；借款方自愿用西城区马连道中房屋的15年租赁权作抵押，到期不能归还贷款方的贷款，贷款方有权处理抵押物，借款方到期如数归还贷款的，抵押权消灭。"

同时，双方还签订了《房屋租赁合同》一份，约定2013年10月9日，王洋（甲方、出租方）将其位于西城区马连道中的房屋租赁给被告江生（乙方、承租方）；房屋租赁期自2013年10月9日至2028年10月8日；租金标准为1.5万元/年，租金总计22.5万元；租金15年不变，租期自

[①] 案例来源：北京市丰台区人民法院（2014）丰民初字12430号民事判决书，北大法宝网，https://www.pkulaw.com/pfnl/a25051f3312b07f3a01ab4acc704e4b7c987f2e21194f4c7bdfb.html? keyword=％EF％BC％882014％EF％BC％89％E4％B8％B0％E6％B0％91％E5％88％9D％E5％AD％9712430％E5％8F％B7％20&way=listView，最后访问时间2020年1月2日。

2013年起,双方可协商对租金进行调整,有关调整事宜由双方另行约定;租金支付时间:2013年10月19日;若乙方不支付或者不按照约定支付租金达10日,甲方有权单方解除合同收回该房屋,并且乙方要按月租金的0.8%向甲方支付违约金。"

原告现主张解除《房屋租赁合同》,要求被告向原告支付违约金1.44万元、占用房屋租金1万元,并赔偿占有房屋造成的损失。被告称,原告向被告借款20万元,以签订《房屋租赁合同》的方式为该借款提供担保,原告答应如果不能偿还20万元钱,被告用诉争房屋15年的租赁权冲抵借款。

二、争议焦点

本案的争议焦点在于,以房屋租赁合同对债权进行担保,其法律效力如何认定。

三、案件裁判

本案中双方就同一笔20万元的借款签订过两份合同,约定的借款期限均为1个月,自2013年10月9日至2013年11月8日。该期限届满时,王洋未偿还江生20万元借款。经过审理,法院对原、被告均认可王洋于2013年10月9日向江生借款20万元,王洋提供的经本市中灵公证处公证的《借款合同》的真实性予以认可。关于第二份合同,江生提供了其与王洋于2013年10月9日签订的《借款合同》原件,王洋认可其在该合同上的签字、捺手印,对该合同真实性法院亦予以采信。法院还认定,双方签订的《房屋租赁合同》有效。另外,对于江生主张双方约定"借款方自愿用西城区马连道中房屋的15年租赁权做抵押",法院认为,以房屋租赁合同作为债权担保是一种法律没有规定的担保方式,不具有担保的法律效力;但是《房屋租赁合同》本身若没有《合同法》第52条规定的无效的情形,不宜认定无效。对《借款合同》和《房屋租赁合同》应当分别审查处理。据此,法院认定,双方将租赁权作为债权担保约定于法无据,故无法获得担保的法律效力,此抵押权不能成立。

四、分析思考

本书主要关注以下几个方面的问题：

（一）本案涉及的合同关系

本案涉及的合同共计三份，故呈现的法律关系为三对。

第一份合同是 2013 年 10 月 9 日签订的《借款合同》，内容为王洋（甲方）向江生（乙方）借款 20 万元，合同约定："甲方向乙方借款 20 万元，借款期限为 1 个月，自 2013 年 10 月 9 日至 2013 年 11 月 8 日，借款月利率为同期银行贷款利率的四倍，甲方在借款期限届满时一次性偿还本金，且甲方有权提前偿还上述借款，甲方应付利息按实际用款天数计算。"该借款合同办理了公证。这份合同清楚载明借款的数额及利息、期限，这是一份纯粹的借款合同。

第二份合同也是 2013 年 10 月 9 日签订的《借款合同》，约定"王洋（乙方、借款人）因工程施工需要向江生（甲方、出借人）借款 20 万元；借款期限为 1 个月，自 2013 年 10 月 9 日至 2013 年 11 月 8 日；借款期内月利为 2 分，利息按月结算，借款方如果不能按期还款付息，则每逾期一日按欠款金额的每日万分之八加收违约金；借款方自愿用西城区马连道中房屋的 15 年租赁权作抵押，到期不能归还贷款方的贷款，贷款方有权处理抵押品，借款方到期如数归还贷款的，抵押权消灭"。该《借款合同》未办理公证。这份合同清楚载明借款的数额及其利息、期限，但是这份合同除了涉及借款事项还涉及抵押事项，所以这是一份借款加抵押的合同。

第三份合同也是 2013 年 10 月 9 日签订的《房屋租赁合同》，合同约定："2013 年 10 月 9 日王洋（甲方、出租方）将其位于西城区马连道中的房屋租赁给被告江生（乙方、承租方）；房屋租赁期自 2013 年 10 月 9 日至 2028 年 10 月 8 日；租金标准为 1.5 万元/年，租金总计 22.5 万元；租金 15 年不变，租期自 2013 年起，双方可协商对租金进行调整，有关调整事宜由双方另行约定；租金支付时间：2013 年 10 月 19 日；若乙方不支付或者不按照约定支付租金达 10 日，甲方有权单方解除合同，收回该房屋，并且乙方要按月租金的 0.8% 向甲方支付违约金。"该《租赁合同》的租金数额及其利息、期限均明确,是一份纯粹的租赁合同。

上述三份合同中,第一份、第三份均为性质单一的合同,即分别为借款合同、租赁合同;第二份合同性质为复合的,即借款合同和抵押合同。从合同的相对性看,合同法律关系发生在特定当事人之间,所以三份合同只要符合一般合同生效要件,均为有效。但是,本案纠纷起源于借款,且提供房屋的一方江洋在第二、三份合同中将同一套房屋先用于抵押,后又用于租赁,且相对方为同一人即江生,由此在合同履行过程中产生纠纷。若为抵押,在借款人即抵押人王洋不偿还债务的情形下,贷款人即抵押权人可以处分该房屋;若为租赁,承租人江生须支付租金,否则承租人将要承担违约责任。那么,抵押权是否可以抵扣承租人的义务,即借款是否可以抵销租金?本书认为,本案涉及三个法律关系,根据我国《民法典》第568条第1款,"当事人互负债务,该债务的标的物种类、品质相同的,任何一方可以将自己的债务与对方的到期债务抵销"。虽然借款与租金均属于金钱,属于同种类,但是因为本案涉及两个不同性质的合同,所以,若要抵销,须双方有约定,而本案中双方没有约定,故不能抵销。

另外,关于第三份合同是否解除问题。第三份合同即《房屋租赁合同》约定:"租金支付时间:2013年10月19日;若乙方不支付或者不按照约定支付租金达10日,甲方有权单方解除合同收回该房屋,并且乙方要按月租金的0.8%向甲方支付违约金。"法院认为,该合同对租金履行期限约定不明确,王洋未提供充分翔实的证据证明其向江生主张了租金而江生不予支付,故对王洋诉请确认双方签订的租赁合同已于2014年6月16日解除,进而要求江生支付租金、违约金、赔偿损失之诉讼请求,法院不予支持。本书认为,双方已经就租赁合同解除事项进行了约定,包括租金支付时间及合同解除条件,现在既已满足约定的合同解除条件,作为房屋出租人就可以单方主张解除合同。至于法院认为"王洋未提供充分翔实的证据证明其向江生主张了租金而江生不予支付",本书认为,合同解除要么基于法律规定,要么基于合同约定,该租赁合同并未约定解除合同需要以承租人向出租人主张为前提条件。《民法典》第

562条规定："当事人协商一致,可以解除合同。当事人可以约定一方解除合同的事由。解除合同的事由发生时,解除权人可以解除合同。"综上所述,若双方约定的解除事由已发生,则一方可以提出解除合同并应获得法院支持。

(二)以房屋租赁权作为债权担保的性质

本案中第二份合同约定,"借款方自愿用西城区马连道中房屋的15年租赁权作抵押,到期不能归还贷款方的贷款,贷款方有权处理抵押品",此约定实际上是以房屋租赁权进行抵押。关于房屋租赁权抵押的性质,本书认为:

第一,本案中的担保不属于权利质押。基于租赁合同产生的租赁权属于债权,用债权设立质权,是债务人将自己或者他人的债权质押给债权人,用质押的债权担保债务的履行。若是质押,根据《民法典》第427条规定:"设立质权,当事人应当采用书面形式订立质押合同。质押合同一般包括下列条款:(一)被担保债权的种类和数额;(二)债务人履行债务的期限;(三)质押财产的名称、数量等情况;(四)担保的范围;(五)质押财产交付的时间、方式。"而本案中双方没有要对承租权进行质押的意思,合同中的表述是"抵押"。另外,设立权利质押"以登记或者权利凭证的交付作为生效要件"①。本案中,王洋既未将租赁权登记为权利质权,也未将其权利凭证交付江生,故权利质押关系未设立。

第二,本案中的担保不是让与担保。因为让与担保是将物的所有权转移于担保权人,在债务不能清偿时,担保权人就该标的物得以优先受偿。从概念上分析理解,让与担保是一种物的担保,属于担保物权。而本案中债务人不能清偿时,房屋租赁合同生效,担保权人有权承租房屋,取得房屋承租权,而不是就房屋进行优先受偿,而承租权是一种债权,所以签订房屋租赁合同以租赁权作担保也并不是一种让与担保。

第三,本案中的担保不属于抵押担保。第二份合同中提及担保方式为"抵押",那么可否就此认定为抵押呢?关于权利抵押,依据物权法定

---

① 杨立新:《物权法(第8版)》,中国人民大学出版社2021年版,第279页。

原则,不动产上的用益物权以及特别法规定的物权只有在法律允许抵押时才能抵押,符合这样条件的权利有建设用地使用权和海域使用权等。[①]房屋租赁权显然不属于这种情形。另外,这里还涉及的一个问题是,一旦担保权人需要实现利益,承租人可以将租赁权拍卖、变卖,此时作为承租人的担保权人如何处理该问题?这是一个实务操作中的问题。

综上所述,现有的法定担保方式外延无法覆盖本案的情形,以房屋租赁权为债权担保是一种法律没有规定的新型担保方式。

(三)以房屋租赁权作为债权担保的效力

以房屋租赁权作为债权担保的效力虽然不能归类为质押、让与担保和一般的抵押,但是它依旧具有一定的法律效力。理由为:

第一,双方签订房屋租赁合同为债权担保,是为了形成一种受契约自由原则和担保之经济目的双重规范的债权担保关系。相对于让与担保来讲,签订房屋租赁合同为债权担保是为小额债权设定担保的一种更为灵活变通的方式。

第二,为了不遏制市场经济的灵活性,鼓励交易活动,实现市场资源的有效配置,保证交易安全与稳定。关于本案,有观点认为,双方签订房屋租赁合同,不是真的想要将房屋进行出租,而是以此作为担保,双方的意思表示属于通谋的虚假意思表示,因而无效。但是,本书认为,双方的意思表示是一致的,是真实的。因为双方在《房屋租赁合同》中约定:"当借款无力偿还时,本合同生效,至还清全部本息日止。"该合同是一个附生效条件的合同,双方签订合同的真实意思就是:如果借款到期清偿,《房屋租赁合同》不生效;如果借款到期无力偿还,《房屋租赁合同》生效,债权人取得房屋承租权。双方就此并没有虚假意思表示,双方的意思表示都是真实的,所以合同应当是有效的。房屋租赁合同作为一个独立的合同,除有《合同法》第52条规定的情形[②]外,不能轻易认定其无效。《民

[①] 杨立新:《物权法(第8版)》,中国人民大学出版社2021年版,第240页。
[②] 《合同法》第52条规定:"有下列情形之一的,合同无效:(一)一方以欺诈、胁迫的手段订立合同,损害国家利益;(二)恶意串通,损害国家、集体或者第三人利益;(三)以合法形式掩盖非法目的;(四)损害社会公共利益;(五)违反法律、行政法规的强制性规定。"

法典》第 143 条规定了民事法律行为的生效条件,即"行为人具有相应的民事行为能力""意思表示真实""不违反法律、行政法规的强制性规定,不违背公序良俗"。本案中的《房屋租赁合同》,只要符合上述民事法律行为的生效要件,就是有效的合同。

案例八 平生支行诉高明担保合同纠纷案[①]
——合同担保的认定

一、基本案情

一审原告、二审被上诉人:平生支行

一审被告、二审上诉人:高明

原告平生支行因与被告高明发生担保合同纠纷,向东海市东林区人民法院提起诉讼。

原告平生支行诉称:原告聘用高景为合同制干部,被告高明为其儿子高景提供担保。高景在合同未满的见习期间携巨款潜逃,给原告造成巨额财产损失。为此,原告诉请法院,请求判令被告根据合同的约定赔偿原告 23 万元,并偿付此款的利息;本案诉讼费由被告负担。

被告辩称:原告所称的担保合同是无效合同,况且被告也从未与其签订过该合同,故法院不应支持原告要求被告承担赔偿责任的诉讼请求。

东林区人民法院在庭审中对双方当事人提交的证据进行质证并查明:1993 年 11 月 1 日,原告平生支行与被告高明之子高景签订聘用合同,聘用高景为该银行的合同制干部。合同约定:被招收的合同制干部必须按照《合同制干部管理办法》和《合同制干部担保办法》的有关规定,为自己确定经济担保人。1993 年 12 月,高明在作为聘用合同附件的

[①] 参见《中国工商银行哈尔滨市和平支行诉高某乙担保合同纠纷案》,110 法律咨询网,http://www.110.com/panli/panli_61572.html,最后访问时间 2020 年 1 月 2 日。

《合同制干部担保办法》上盖章,同意担任高景合同期内的经济担保人。《合同制干部担保办法》第 6 条规定:担保人有责任教育被担保人严格履行合同,如发生贪污、盗窃、严重违纪等方面问题,担保人应负连带责任。被担保人高景在合同期内将储户存款 23 万元取出后去向不明,经东林区反贪局立案侦查,高景系重大犯罪嫌疑人,已携款潜逃。

二、争议焦点

本案争议焦点主要有:(1) 本案的"担保"是否属于一般民法上的合同担保?(2) 犯罪嫌疑人高景案发后下落不明,他是单独犯罪还是共同犯罪等情况也不清楚,"担保人"如何承担连带责任?

三、案件裁判

东林区人民法院以及所属东海市中级人民法院对此案作出第一、二审判决后,省人民检察院向省高级人民法院提起抗诉。省高级人民法院于 2000 年 7 月 18 日裁定,将本案发回东林区人民法院重审。

东林区人民法院于 2001 年 1 月 9 日判决:(1) 被告高明赔偿原告平生支行经济损失 23 万元,于本判决生效之日起 10 日内付清;(2) 被告高明给付原告平生支行利息 28043.90 元,与上款同时付清。案件受理费 5960 元,保全费 2300 元,鉴定费 2300 元,均由被告高明负担。

一审法院判决后,被告高明向东海市中级人民法院提起上诉。东海市中院经过审理后认为:本案中的"担保合同"不符合《民法通则》和《担保法》的规定,由此引发的纠纷不应当由民法调整,本案不属于人民法院受理的民事诉讼范围。故东海市中院于 2001 年 5 月 29 日裁定:(1) 撤销一审民事判决;(2) 驳回被上诉人平生支行的起诉。一、二审案件受理费 11920 元,保全费 2300 元,鉴定费 2300 元,由被上诉人平生支行负担。

四、分析思考

基于本案事实和法院判决,本书主要关注以下几个方面的问题:

（一）劳动合同关系不属于平等主体之间法律关系

《民法典》第 2 条规定："民法调整平等主体的自然人、法人和非法人组织之间的人身关系和财产关系。"即民法调整的主体为平等主体。所谓平等主体，是指"主体以平等的身份介入具体的社会关系"①。平等是指"在财产关系和人身关系中当事人的地位平等"②，民法调整的社会关系的最本质特点在于其平等性。这种平等性主要表现为：一是当事人参与法律关系时地位平等，任何一方不得凌驾或优越于另一方，不得对另一方发出强制性的命令或指示；二是适用规则平等，任何民事主体参与民事活动都要平等地受民事法律约束，不能凌驾于法律之上；三是权利保护平等，任何一方权利受到侵害时，都应当受到法律保护和救济。③ 民法调整平等主体之间的人身关系和财产关系，即民法所调整的内容包括人身关系和财产关系。其中，人身关系"是指没有直接的财产内容但有人身属性的社会关系"，财产关系"是指基于人们在产品的生产、分配、交换和消费过程中形成的具有经济内容的关系"。④

劳动合同是当事人在平等、自愿、协商一致的基础上达成的协议，合同一经签订，就具有法律约束力。劳动合同关系的特点之一是劳动者与用人单位在履行劳动合同过程中存在管理关系，即劳动者一方加入用人单位后，必须接受用人单位的管理，如用人单位对劳动者进行工作安排，劳动者应该服从相关工作安排。本案原告平生支行与被告高明之子高景签订聘用合同，聘用高景为该银行的合同制干部，该聘用合同应视为用人单位与受聘人员之间建立具有隶属关系的协议，是银行内部干部聘用所签订的合同。而聘用合同与劳动合同不同，二者的主要区别为，劳动合同一般适用于企业，聘用合同则主要适用于事业单位。企业以营利为目的，事业单位则是从事非生产经营活动的组织。

由于银行属于企业，该干部聘用合同与一般意义上的事业单位聘用

---

① 王利明主编：《民法·上册（第九版）》，中国人民大学出版社 2022 年版，第 8 页。
② 同上。
③ 同上。
④ 同上书，第 8—9 页。

合同不同,因此其用人问题完全可以适用劳动法的相关规定。《劳动法》第 16 条第 1 款规定:"劳动合同是劳动者与用人单位确立劳动关系、明确双方权利和义务的协议。"《劳动合同法》第 2 条第 1 款规定:"中华人民共和国境内的企业、个体经济组织、民办非企业单位等组织(以下称用人单位)与劳动者建立劳动关系,订立、履行、变更、解除或者终止劳动合同,适用本法。"由此,本书认为,原告平生支行与被告高明之子高景签订聘用合同建立的是劳动法律关系,其调整的法律关系与民法调整的平等主体之间的法律关系有明显的差异。

(二)本案中的"担保合同"所指向的是企业内部用人管理问题

本案涉及的干部聘用合同,从性质上看,属于具有劳动合同性质的协议,故应该适用劳动法的相关规定,而非民法相关法律规定。因为原告平生支行与被告高明之子高景签订的聘用合同具有一定的管理关系的性质,而不是平等主体之间的民事法律关系,所以不属于民法调整的对象;从内容上看,该聘用合同涉及的是用人单位内部的管理关系,而非人身关系和财产关系。

本案原告平生支行与被告高明之子高景签订的聘用合同约定:合同制干部必须按照《合同制干部管理办法》和《合同制干部担保办法》的有关规定,为自己确定经济担保人。《劳动合同法》第 9 条规定:"用人单位招用劳动者,不得扣押劳动者的居民身份证和其他证件,不得要求劳动者提供担保或者以其他名义向劳动者收取财物。"1995 年劳动部《关于贯彻执行〈中华人民共和国劳动法〉若干问题的意见》第 24 条规定,"用人单位在与劳动者订立劳动合同时,不得以任何形式向劳动者收取定金、保证金(物)或抵押金(物)"。由此,用人单位在劳动者入职之时要求劳动者提供经济担保人是以一种变相的方式要求劳动者提供保证,此种做法不利于促进就业,同时与我国劳动法律制度中保护劳动者权益的初衷相悖。所以,法律法规对此类做法持否定评价,该类行为应无效。同时,作为银行系统内部管理规定的《合同制干部管理办法》和《合同制干部担保办法》,其内容若与国家层面的法律法规相冲突,则冲突部分无效。

另外,本案中的"担保合同"要求上诉人高明"担保"的是高景在被上诉人平生支行工作期间的行为,而平生支行与高景在此期间存在的是用人单位与职工之间的内部从属关系,不是平等民事主体之间形成的民事关系。《合同制干部担保办法》第 6 条规定:担保人有责任教育被担保人严格履行合同,如发生贪污、盗窃、严重违纪等方面问题,担保人应负连带责任。事实上,高景在此期间实施的贪污、盗窃或者严重违纪等与其职责有关的行为,不是应当由民法调整的民事法律行为,平生支行应当按照刑事法律或者行业纪律的规定去寻求解决路径。如果将这些应当由刑事法律或者行业规范解决的问题纳入民法调整,平生支行就会将自己的损失转嫁到担保人身上,并会因此怠于追究本单位职工的违法违纪责任,也不会主动查找本单位存在的制度、纪律方面的问题。基于上述分析,《合同制干部担保办法》的制定、实施与《劳动合同法》《关于贯彻执行〈中华人民共和国劳动法〉若干问题的意见》的相关规定相违背,用人单位在入职之时要求劳动者提供担保属于违法行为,而实施违法行为不能产生相应的法律约束力。

(三)用人单位在劳动者入职时要求其提供担保人,担保人不应承担民法上的担保责任

《担保法》第 2 条、《民法典》第 387 条列举了适用于担保的具体法律关系,包括借贷、买卖等,这些法律关系的一个共同特征都是属于平等民事主体之间发生的法律关系。但用人单位和劳动者之间发生的劳动关系是一种双重法律关系,既存在人身依附关系又存在债权债务关系,并且以人身依附为前提,存在管理与被管理的上下阶层关系。正是因为这种管理与被管理的关系,劳动者不能自由、真实地表达自己的意思。担保是民法中的内容之一,其规则必须符合民法的基本精神,即平等主体之间的法律关系。为劳动合同提供担保,不符合民法及其担保规范的要求,即在劳动法律关系中不适用《担保法》的担保规定。所以,本案中所谓的"担保人"不是民法规范所调整的担保人,不必承担民法上的担保责任。

（四）本案不属于人民法院受理的民事诉讼范围

本案所涉"担保"的内容不是要实现债权人的债权，而是要保证"被担保人"的违法违纪行为不损害企业利益。因此，本案所涉"担保合同"既不符合之前《民法通则》和《担保法》的规定，也不符合现今《民法典》对担保制度的规定，由此引发的纠纷不应当由民法调整。1991年《民事诉讼法》第108条第4项、2023年修改的《民事诉讼法》第122条第4项均规定，起诉必须符合"属于人民法院受理民事诉讼的范围和受诉人民法院管辖"的条件。原审受理此案是错误的，应予纠正。故二审法院根据《最高人民法院关于适用〈中华人民共和国民事诉讼法〉若干问题的意见》第186条关于"人民法院依照第二审程序审理的案件，认为依法不应由人民法院受理的，可以由第二审人民法院直接裁定撤销原判，驳回起诉"的规定，作出上述裁定。

案例九 孙燕与郭晨抵押权纠纷案[①]
——抵押担保关系效力的审查

一、基本案情

原告：孙燕

被告：郭晨

原告孙燕诉称：2014年8月1日，孙燕向被告郭晨借款12万元，双方签订《借款担保协议书》（以下简称《协议书》），约定用孙燕所有的位于密元市密元镇长云路41平方米的有照平房及80平方米的无照平房抵押给郭晨，双方在协议中约定："甲方如到期不能偿还，甲方将其房屋交

[①] 案例来源：黑龙江省密山市人民法院（2015）密商初字第131号民事判决书，北大法宝网，https://www.pkulaw.com/pfnl/a25051f3312b07f31a9368b9cf152af899cdcab3a22a109cbdfb.html?keyword=%EF%BC%882015%EF%BC%89E5%AF%86%E5%95%86%E5%88%9D%E5%AD%97%E7%AC%AC131%E5%8F%B7%20&way=listView，最后访问时间2020年1月3日。

给乙方抵顶该借款本息",还款期限为2014年11月1日前。另外,双方还签订了《房屋买卖协议》,但实际未交付房屋。还款期限届至前,孙燕找郭晨偿还借款并要求收回房屋,遭到郭晨拒绝,故诉至法院,要求确定该抵押及《房屋买卖协议》无效。被告郭晨辩称:原告孙燕尚欠郭晨4万元,孙燕提出将其所有的平房卖给郭晨,价款12万元;郭晨要求孙燕先把房子过户到其名下后,再付孙燕8万元。孙燕将房屋过户到郭晨的名下后,郭晨即付了孙燕8万元。但在办理过户后,该平房拆迁,孙燕后悔了,要求郭晨将房子退还,孙燕退房款。在此情况下,孙燕与郭晨签订了本案争议《房屋返还协议》。协议签订后,孙燕未将房款退还给郭晨。郭晨认为,孙燕未退房款,该房屋已办理过户,《房屋买卖协议》已履行,因此郭晨不同意孙燕的诉讼请求。

在本案审理过程中,原告孙燕向法庭提供的证据及被告郭晨的质证意见如下:证据一,原告孙燕、被告郭晨于2014年8月1日签订的《协议书》及2014年8月4日签订的《房屋买卖协议》各一份。由此证明:双方之间签订两份协议;孙燕向郭晨借款12万元,月利息是1.5分,孙燕用争议房屋抵顶借款本息,为了确保孙燕到期还款;孙燕与郭晨签订《房屋买卖协议》,并将房屋过户到郭晨名下,双方签订《房屋买卖协议》的目的是将房屋抵押给郭晨,郭晨并没有给付孙燕该房屋的购房款。虽然被告郭晨对这两份证据的真实性无异议,但主张双方签订《房屋买卖协议》形成的不是抵押关系,是买卖关系。但是,被告郭晨没有向法庭提供证据。证据二,原告孙燕提交的《国有土地上房屋征收补偿安置协议书》及《结婚证》复印件各一份。被告郭晨对该二份证据无异议,亦无实质性抗辩意见。法院对上述证据形式、内容均予以确认。

二、争议焦点

本案争议焦点主要有:(1)原、被告双方争议的法律性质系借款担保、买卖关系还是其他合同关系?(2)本案中的借款《协议书》及《房屋买卖协议》是否有效?

三、案件裁判

法院认为,本案原告孙燕与被告郭晨之间借款事实清楚,权利义务明确,其内容不违反法律法规规定,系有效的借款关系。根据《民法通则》第55条、《担保法司法解释》第57条第1款,作出如下判决:(1)确认原告孙燕与被告郭晨于2014年8月1日签订的《协议书》中约定的抵押关系部分有效;(2)确认原告孙燕与被告郭晨于2014年8月4日签订的《房屋买卖协议》无效。

判决后,被告郭晨提出上诉。在二审法院审理期间,郭晨以服从一审法院判决为由申请撤回上诉。二审法院裁定准许。

四、分析思考

本案可以关注以下几个方面的问题:

(一)本案涉及哪些合同以及其是否均应履行

本案涉及的合同为《协议书》《房屋买卖协议》《房屋返还协议》,共计三份合同。

第一,《协议书》。该合同涉及两对法律关系,即双方当事人之间的借款关系和担保关系。就合同而言,借款合同是主合同,担保合同是从合同。担保合同具有从属性,主合同存在,则从合同存在;主合同有效,则从合同有效。根据《民法典》第143条规定,合同的生效条件如下:行为人具有相应的民事行为能力,意思表示真实,不违反法律、行政法规的强制性规定和公序良俗。① 本案中,2014年8月1日孙燕向被告郭晨借款12万元,双方约定孙燕将其所有的位于密元市密元镇长云路41平方米的有照平房及80平方米的无照平房抵押给郭晨,还款期限为2014年11月1日前。此借款关系是,郭晨借款12万元给孙燕;为确保借款合同的履行,孙燕将位于密元市密元镇长云路41平方米的有照平房及80平方米的无照平房两处房屋抵押给郭晨,此为抵押担保关系。双方当事

---

① 参见王利明主编:《民法·上册(第九版)》,中国人民大学出版社2022年版,第133—137页。

人均具有完全民事行为能力,签订合同时意思表示真实且可以预见合同的法律后果,合同内容符合法律规定。故该《协议书》符合合同法律规定的生效要件,合同有效。

第二,《房屋买卖协议》。《民法典》第595条规定:"买卖合同是出卖人转移标的物的所有权于买受人,买受人支付价款的合同。"即买卖合同是出卖人转移标的物的所有权于买受人,买受人支付价款的合同。本案中,2014年8月1日孙燕与郭晨签订《协议书》,孙燕向郭晨借款12万元,已归还8万元,尚欠4万元。于是,孙燕提出将其所有的平房卖给郭晨,双方签订了《房屋买卖协议》。协议约定,房屋价款12万元,郭晨要求在孙燕把房子过户到其名下后再付8万元;孙燕将房屋过到郭晨名下后,郭晨即支付了8万元。

第三,《房屋返还协议》。上述《房屋买卖协议》签订后,孙燕反悔,于是又与郭晨签订《房屋返还协议》。在该协议履行中,由于孙燕未将房款退还给郭晨,因此郭晨认为,孙燕未退还房款,该房屋已实际过户,合同已履行。由此,孙燕与郭晨之间产生争议,其争议焦点是:买卖关系成立后又签订《房屋返还协议》,该协议是否成立?这也是本案原、被告双方争议的焦点。一般而言,合同订立的程序为:存在双方、多方当事人,订约当事人经过要约、承诺达成合意,当事人之间就合同主要条款达成合意。① 本书认为,从合同订立的程序判断,《房屋买卖协议》和《房屋返还协议》均成立。但是,本案中的《房屋买卖协议》和《房屋返还协议》是两份内容有冲突的合同,从债的平等性角度看,两份合同不存在优先性问题,故均应分别履行。

综上,本案中的三份合同均有效,均应该按照合同约定履行。

(二) 本案中抵押合同的效力及其对抵押权的影响

虽然本案涉及的三份合同均有效,但是从担保合同履行的角度看,同一个标的物、同一对法律关系当事人,标的物既用于抵押、又用于买卖,抵押合同在先、买卖合同在后,在抵押合同未完全履行的情况下又履

---

① 参见王利明主编:《民法·上册(第九版)》,中国人民大学出版社2022年版,第66—67页。

行买卖合同,这可能对抵押权一方当事人造成实际利益损害。抵押权人郭晨应获得12万元的还款及其利息,但是借款人即抵押人孙燕仅归还其中8万元后便提出出卖房屋,对于剩余的4万元如何归还没有提及,即出借人是放弃追索借款的权利还是放弃债务人提供房屋抵押的债权没有作交代。但是,无论出借人是否放弃追索借款的权利和债务人提供房屋抵押的债权,《协议书》都依然有效。

另外,原、被告签订的《协议书》中约定:"甲方如到期不能偿还,甲方将其房屋交给乙方抵顶该借款本息",此约定属于流押条款。所谓流押条款是指,"抵押权人与抵押人约定,当债务人届期不履行债务时,抵押权人有权直接取得抵押的所有权"①。对于流押条款的效力,之前《物权法》第186条采取否认态度,规定抵押权人与抵押人订立流押条款的,一律无效。《民法典》第401条改变了这种一刀切的做法,规定:"抵押权人在债务履行期限届满前,与抵押人约定债务人不履行到期债务时抵押财产归债权人所有的,只能依法就抵押财产优先受偿。"即在抵押合同中的流押条款并非一律无效,只是其后果与普通抵押后果相同,即依法就抵押财产优先受偿。故本案中的抵押关系是基于原告与被告之间的借款事实形成的从法律关系,是双方当事人之间意思自治的结果,不违反法律法规的规定,无论上述流押条款是否有效,均不影响抵押关系的效力。

值得一提的是,本案还需要明确一个问题,即孙燕与郭晨签订《协议书》后,作为债权人郭晨是否取得抵押权。《民法典》第402条规定,"抵押权自登记时设立"。本案中,未交代合同签订后是否办理房屋抵押登记,相关证据也没有显示登记问题。但是,孙燕提供的抵押物为其所有的位于密元市密元镇长云路41平方米的有照平房及80平方米的无照平房,有照平房作为抵押物没有问题,但是无照平房作为抵押物却存在问题。因为无照意味着法律权属不明确,而抵押物必须属于抵押人或第三人所有或有处分权的财产,否则将来抵押权人实现抵押权时,无法直接行使权利。以无照平房去办理抵押登记,应难以通过,由此抵押权人

---

① 杨立新:《物权法(第8版)》,中国人民大学出版社2021年版,第263页。

则不可能取得抵押权。故本案中的抵押合同的效力没有问题,但是债权人无法取得抵押权。那么,抵押权未生效,是否影响抵押合同的效力?《物权法》第 15 条、《民法典》第 215 条均规定了物权变动的区分原则:"当事人之间订立有关设立、变更、转让和消灭不动产物权的合同,除法律另有规定或者当事人另有约定外,自合同成立时生效;未办理物权登记的,不影响合同效力。"即物权无效,不影响债权行为的效力。据此,本案中抵押权未生效,但不影响抵押合同的效力。

(三) 本案中原告与被告签订的《房屋买卖协议》的效力及其法律后果

本案中,从主体资格、意思表示和合同内容三个方面看,《房屋买卖协议》均不存在问题,故可以认定为有效。但是,房屋买卖合同有效,买方不一定可以取得房屋所有权。因为要取得房屋所有权,必须办理过户登记。其中,无照平房必须完成初始登记后才可以过户;有照平房若已过户给被告郭晨,则其可以取得该房屋所有权。

(四) 本案涉及让与担保

本案涉及的担保属于一种新型的担保方式,即借贷关系中以担保物签订买卖协议并办理过户手续来保证债权人的债权能够顺利实现,该种担保方式在理论上被称为"让与担保",属于非典型担保。让与担保,"是指债务人或第三人为担保债务的履行,将担保物的所有权移转于担保权人,债务清偿后,担保物应返还于债务人或第三人;债务不获清偿时,担保权人得就该担保物优先受偿的一种担保形式"[①]。近年来,该种担保方式在民间借贷中日渐增多,是担保法中传统担保方式的一种例外,如依传统方式审理该案,则不能准确地认定案件事实。本案中,法院依据现行法律及司法解释的规定,未将涉案担保中的房屋买卖协议及过户行为认定为抵押物所有权发生转移,而是以基础的民间借贷关系来确定案件的性质,将该房屋买卖关系视为设置抵押担保的一个环节、步骤。这是让与担保的一个特点,而不能仅以买卖关系来确定抵押物的所有权。

---

① 程啸、高圣平、谢鸿飞:《最高人民法院新担保司法解释理解与适用》,法律出版社 2021 年版,第 428 页。

案例十 | 乙市东影公司与宗光公司等应收账款质权纠纷案[①]
——质权人质权的行使

一、基本案情

原告：乙市东影有限公司（以下简称"乙市东影公司"）

被告：宗光传播集团有限公司（以下简称"宗光公司"）

被告：广联世纪信息技术有限公司（以下简称"广联公司"）

原告诉称：2008年至2012年间，甲市东影公司通过其代理商广联公司向宗光公司销售发射机设备，但甲市东影公司交货后，宗光公司迟迟未同广联公司及甲市东影公司结清货款。2014年12月11日，甲市东影公司、宗光公司以及广联公司三方签订《债权债务确认书》，确认广联公司欠甲市东影公司货款3152万元（以下简称"甲市东影债权"），宗光公司欠广联公司货款3740万元（以下简称"广联债权"）。2015年2月10日，甲市东影公司、宗光公司及广联公司三方签订《债务偿还协议书》，对甲市东影债权和广联债权的偿还问题作出约定，包括还款时间和金额、违约责任、担保。其中，关于还款时间，甲市东影公司与宗光公司、广联公司三方在《债务偿还协议书》中约定了债权偿还时间及对应的折扣比例，并约定如宗光公司迟延付款导致甲市东影公司超过7日未受偿的，本协议书规定的债务折扣及延期支付条款自动失效，宗光公司应立即向广联公司全额清偿广联债权，广联公司应立即向甲市东影公司清偿债权。协议还约定了代位请求权，即如宗光公司在本协议书附件规定的

[①] 案例来源：北京市海淀区人民法院（2016）京0108民初16485号民事判决书，北大法宝网，https://www.pkulaw.com/pfnl/a25051f3312b07f3c8d8e79a9c86758f621d7807a1d69449bdfb.html? keyword=%EF%BC%882016%EF%BC%89%E4%BA%AC0108%E6%B0%91%E5%88%9D16485%E5%8F%B7%20&way=listView，最后访问时间2020年1月3日。

两年支付期限内未完成债务的清偿,则在甲市东影债权金额的范围内,甲市东影公司将取代广联公司,成为宗光公司的直接债权人,有权直接向宗光公司请求偿还。2015年7月31日,甲市东影公司与乙市东影公司签订《债权转让协议》,将甲市东影债权转让给乙市东影公司,并通知了宗光公司和广联公司。由此,甲市东影公司在《债权债务确认书》和《债务偿还协议书》中的地位由乙市东影公司承继。2015年12月2日,乙市东影公司与广联公司在《债务偿还协议书》的基础上签订了《应收账款质押合同》。其中,出质人为广联公司,质权人为乙市东影公司,出质标的为广联公司对宗光公司享有的广联债权(3740万元),担保的主债权为乙市东影债权3152万元。合同签订后,乙市东影公司和广联公司依法在中国人民银行征信中心的动产融资统一登记系统(中登网)办理了相应的应收账款质押登记。但在《债务偿还协议书》签订后,宗光公司依然违反合同义务,迟迟不向广联公司付款,广联公司也相应拒绝向乙市东影公司付款。经乙市东影公司及广联公司多次催告后,宗光公司仍拒绝付款,并拒绝配合乙市东影公司行使质权。

被告宗光公司辩称:宗光公司与广联公司之间的买卖合同共22份,总金额10717.1万元,其中宗光公司已支付9477.47万元,未支付1239.63万元。未支付的原因是宗光公司与广联公司的合同涉及部分设备未经验收,不符合付款条件;广联公司与甲市东影公司未按约定提供售后服务。宗光公司对《债权债务确认书》《债务偿还协议书》《债权转让通知书》的真实性予以认可,但上述文件只是三方对数额的初步对账,并非宗光公司的最终确认。宗光公司与广联公司的最终债务金额,应以双方签订的买卖合同为准。

二、争议焦点

本案争议焦点主要有:(1) 甲市东影公司与宗光公司、广联公司签订的《债权债务确认书》《债务偿还协议书》,甲市东影公司与乙市东影公司签订的《债权转让协议》,广联公司与乙市东影公司签订的《应收账款质押合同》,是否均有效?(2) 乙市东影公司是否可以作为质权人直接行使质权?(3)如何计算违约金的起算时间?

三、案件裁判

经过审理,法院依据《合同法》第 8 条、第 114 条,《担保法》第 67 条,《担保法司法解释》第 106 条规定,判决如下:

(1)被告宗光公司于本判决生效之日起十日内向原告乙市东影公司支付 3152 万元及违约金(以 3152 万元为基数,按中国人民银行同期贷款基准利率标准,自 2016 年 2 月 20 日计算至实际给付之日)、律师费 20 万元。

(2)驳回原告乙市东影有限公司的其他诉讼请求。

如果被告宗光公司未按照本判决指定的期间履行给付金钱义务,应当依照《民事诉讼法》第 253 条的规定,加倍支付迟延履行期间的债务利息。

四、分析思考

本案有以下几点思考:

(一)本案《债权债务确认书》《债务偿还协议书》《债权转让协议》的效力

关于合同的效力,《民法典》第 143 条规定:"具备下列条件的民事法律行为有效:(一)行为人具有相应的民事行为能力;(二)意思表示真实;(三)不违反法律、行政法规的强制性规定,不违背公序良俗。"即合同生效须同时具备主体资格合法、意思表示真实、内容合法三个生效条件。本案涉及的合同有:甲市东影公司与宗光公司、广联公司三方签订的《债权债务确认书》《债务偿还协议书》,甲市东影公司与乙市东影公司签订的《债权转让协议》。其中,《债权债务确认书》确认,甲市东影公司对广联公司享有 3152 万元债权、广联公司对宗光公司享有 3740 万元债权。此确认书仅明确三方当事人之间具体的债权债务关系,不涉及合同的履行。只要签订确认书的三方当事人主体资格合法、意思表示真实、内容合法,该确认书就有效,且可以作为三方之间存在债权债务关系的证据。同理,之后甲市东影公司与宗光公司、广联公司三方签订的《债务偿还协议书》,甲市东影公司与乙市东影公司签订的《债权转让协议》,广联公司与乙市东影公司签订的《应收账款质押合同》，三份合同皆符合合同的生效条件，均为有效。其中，《债权转让协议》签订后，甲市东影公司作为债权人通知了债务人宗光公司和广联公司，故根据《民法典》第546条第1款①的规定，该转让协议对债务人广联公司和宗光公司发生效力。

（二）乙市东影公司可以作为质权人直接行使质权

所谓质权，是指"债务人或第三人将特定的财产交由债权人占有，或者以财产权利为标的，作为债权的担保，在债务人不履行债务时，或者发生当事人约定的实现质权的情形时，债权人有权以该财产折价或以拍卖、变卖所得价款优先受偿的权利"②。本案中，乙市东影公司与广联公司在《债务偿还协议书》的基础上签订了《应收账款质押合同》。其中，出质人为广联公司，质权人为乙市东影公司，出质标的为广联公司对宗光公司享有的广联债权（3740万元），担保的主债权为乙市东影债权3152万元。本案中的质押属于权利质押，权利质押是指"以依法可转让的债权或者其他财产权利为标的而设立的质权"③。权利质押特点如下：一是权利质押属性为质权；二是权利质权是以所有权以外的财产权为标的的质权；三是权利质权的设定以登记或者权利凭证的交付作为生效条件。

本案中的质押合同是《应收账款质押合同》，《民法典》第445条、《新担保司法解释》第61条对此都有规定，后者的内容更为详细。同时，中国人民银行2017年10月25日修订发布的《应收账款质押登记办法》对"应收账款"进行了明确界定，其第2条规定："本办法所称应收账款是指权利人因提供一定的货物、服务或设施而获得的要求义务人付款的权利以及依法享有的其他付款请求权，包括现有的和未来的金钱债权，但不包括因票据或其他有价证券而产生的付款请求权，以及法律、行政法规禁止转让的付款请求权。本办法所称的应收账款包括下列权利：……（五）其他以合同为基础的具有金钱给付内容的债权。"本案中，出质标

---

① 《民法典》第546条第1款规定："债权人转让债权，未通知债务人的，该转让对债务人不发生效力。"
② 杨立新：《物权法（第8版）》，中国人民大学出版社2021年版，第268—269页。
③ 同上书，第278页。

的为广联公司对宗光公司享有的广联债权,属于"其他以合同为基础的具有金钱给付内容的债权",该质押合同将债权作为应收账款确立权利质押,从性质上看,符合上述规定。另外,权利质权的设定以登记或者权利凭证的交付作为生效条件。该质押合同签订后,乙市东影公司和广联公司依法在中国人民银行征信中心的动产融资统一登记系统(中登网)办理了相应的应收账款质押登记。《民法典》第445条第1款规定:"以应收账款出质的,质权自办理出质登记时设立。"该质押合同已办理应收账款质押登记,故乙市东影公司的质权自登记时设立。当然,质权作为担保物权的一种形式,其权利的行使必须具备一定的条件,即当债务人不履行债务时或者发生当事人约定的实现债权的情形时,债权人才可以实现债权。在《债务偿还协议书》签订后,宗光公司违反合同义务,迟迟不向广联公司付款,广联公司也相应地拒绝向乙市东影公司付款;经乙市东影公司及广联公司多次催告,宗光公司仍拒绝付款,并拒绝配合乙市东影公司行使质权。当然,宗光公司对其与广联公司债权的数额和合同履行提出了异议,以此作为其拒绝付款的理由。本书认为,本案中债权的实现涉及三方主体,即乙市东影公司、广联公司和宗光公司,而《应收账款质押合同》签订主体是乙市东影公司与广联公司,故乙市东影公司的质权对应的出质人是广联公司。基于合同的相对性,当合同履行期限到期,广联公司不能偿还债务时,乙市东影公司可以作为质权人直接向广联公司行使质权。另外,《担保法司法解释》第106条规定:"质权人向出质人、出质债权的债务人行使质权时,出质人、出质债权的债务人拒绝的,质权人可以起诉出质人和出质债权的债务人,也可以单独起诉出质债权的债务人。"[①]依据《债务偿还协议书》第4条,乙市东影公司享有代位请求权,故乙市东影公司有权直接向宗光公司主张给付,但这是债权请求权而非质权请求权。

(三)关于违约金的起算时间

广联公司以其对宗光公司的3740万元应收账款出质,担保的范围

[①] 此内容《民法典》及其司法解释没有相应规定。

为乙市东影公司对广联公司的债权本金3152万元及违约金、律师费等。宗光公司未依《债务偿还协议书》约定向广联公司付款,依据该协议书约定的代位请求权,乙市东影公司有权直接向宗光公司主张偿还全额债权3152万元。广联公司未按期还款,依据《应收账款质押合同》,乙市东影公司作为质权人有权直接行使质权,要求债务人宗光公司偿还。同时,宗光公司迟延付款必然给乙市东影公司造成资金占用损失,乙市东影公司依据该协议书要求支付违约金理由充足,但该协议约定的3‰违约金计算标准显然过高,可以酌减按中国人民银行同期贷款基准利率标准计算。关于违约金的起算点,根据该协议书及附件的约定,宗光公司应于2015年2月10日协议签订后的12个月内向广联公司付款,广联公司应在此后的3个工作日内即2016年2月12日向乙市东影公司偿还,如宗光公司迟延付款导致乙市东影公司超过7日未受偿的,该协议书约定的债务折扣及迟延支付条款自动失效,因此,应将2016年2月20日作为违约金起算点。

■■■ 案例十一

心悦小额贷款公司与张力等民间借贷纠纷案[①]
——民间借贷纠纷中质押合同的认定及其责任分担

一、基本案情

一审原告、二审上诉人:心悦小额贷款公司(以下简称"心悦公司")

一审被告、二审被上诉人:张力、边疆、张兵、蒋阳

心悦公司向一审法院提起诉讼,请求:(1)被告张力、被告边疆共同

[①] 案例来源:天津市第二中级人民法院(2018)津02民终2503号民事判决书,北大法宝网,https://www.pkulaw.com/pfnl/a25051f3312b07f3abf5dd984d72963a7a930cfcf73a18ebbdfb.html?keyword=%EF%BC%882018%EF%BC%89%E6%B4%A502%E6%B0%91%E7%BB%882503%E5%8F%B7%20&way=listView,最后访问时间2020年1月3日。

偿还原告借款本金200万元及利息(以200万元为基数,自2015年6月21日起至2015年9月7日止,按月利率1.86%计算;自2015年9月8日起至实际给付之日止,按月利率2%计算);(2)被告张兵、被告蒋阳对上述第(1)项承担清偿责任;(3)诉讼费由四被告承担。

一审法院查明:原告与被告张力、被告边疆系民间借贷关系,原告系出借人,被告张力、被告边疆系借款人。2015年4月8日,原告与被告张力、被告边疆签订编号"ZY2015040802006"《个人经营借款合同》,约定原告向被告张力、被告边疆出借200万元用于购房,期限自2015年4月8日起至2015年7月7日止,月利率1.86%,逾期利率按合同约定利率加收100%。同日,原告与被告张兵、被告蒋阳签订编号"ZY2015040802006"《权利质押合同》,约定被告张兵以名下位于甲市恒开区房屋产权证向原告出质,为被告张力、被告边疆上述借款债务提供担保。2015年4月8日,原告以银行转账方式交付了借款200万元。2015年7月7日,原告与被告张力、被告张兵达成延期协议,约定将借款期限延长至2015年9月7日,利率不变。借款到期后,被告张力、被告边疆尚欠原告借款本金200万元及2015年6月21日起的利息未付。上述事实,有原告提交的证据1《个人经营借款合同》及其200万元转账凭证、证据2《权利质押合同》为证。

一审法院认为,合法的借贷关系受法律保护,当事人均应按照约定履行各自的义务。本案中,原告履行了交付借款的合同义务,被告张力、被告边疆未按照约定期限偿还借款本息,系违约行为,应承担本案的民事责任。原告要求被告张力、被告边疆偿还借款本息的诉讼请求,符合法律规定,一审法院予以支持。关于原告要求被告张兵、被告蒋阳对涉案借款债务承担清偿责任的诉讼请求,一审法院认为,《担保法》第75条规定:"下列权利可以质押:(一)汇票、支票、本票、债券、存款单、仓单、提单;(二)依法可以转让的股份、股票;(三)依法可以转让的商标专用权,专利权、著作权中的财产权;(四)依法可以质押的其他权利。"据此,房产证并不属于法定可以质押的权利范围,故涉案《权利质押合同》系无效合同,原告的该项诉讼请求,于法无据,一审法院不予支持。一审法院依照《合同法》第 206 条,《担保法》第 75 条,《最高人民法院关于审理民间借贷案件适用法律若干问题的规定》第 26 条第 1 款、第 29 条第 1 款,《民事诉讼法》第 144 条规定,缺席判决:(1) 被告张力、被告边疆应于判决发生法律效力之日起十日内共同向原告心悦公司支付借款本金 200 万元及利息(以 200 万元为基数,自 2015 年 6 月 21 日起至 2015 年 9 月 7 日止,按月利率 1.86% 计算;自 2015 年 9 月 8 日起至实际给付之日止,按月利率 2% 计算)。如未按判决指定的期间履行给付金钱义务,应当依照《民事诉讼法》第 253 条规定,加倍支付迟延履行期间的债务利息。(2) 驳回原告其他诉讼请求。案件受理费 30570 元,公告费 600 元,合计 31170 元,由被告张力、被告边疆负担。

心悦公司上诉请求:(1) 撤销一审判决第(2)项,依法改判张兵、蒋阳对一审判决第(1)项债务承担清偿责任;(2) 一、二审诉讼费由四被上诉人承担。事实和理由:一审判决对上诉人要求被上诉人张兵、蒋阳对涉案借款承担清偿责任的诉讼请求不予支持的认定属认定事实不清,且适用法律错误。首先,上诉人与张兵、蒋阳签订相关协议时,将双方准备签订的《抵押担保合同》错误地签成《权利质押合同》,但张兵、蒋阳以其房产对涉案借款提供担保的意思明确,且在 2016 年 3 月 29 日向上诉人出具的借条也明确"今借抵押心悦公司的房本"。其次,一审判决认定"房产证不属于法定可以质押的权利范围,故涉案的《权利质押合同》系无效合同",不支持上诉人的诉讼请求,属适用法律错误,与我国《合同法》第 58 条规定相违背。最后,张兵在 2016 年 3 月 29 日出具的借条足以认定张兵已承诺对张力、边疆借款本息承担还款责任,且该承诺系张兵对张力、边疆债务的加入,一审法院对此事实未予认定,属认定事实不清。张力、边疆、张兵、蒋阳均辩称,不同意张兵、蒋阳承担还款责任。二审中,双方当事人均未提供新证据。二审法院查明,上诉人与被上诉人张兵于 2015 年 4 月 8 日签订《权利质押合同》,被上诉人蒋阳并未在该合同上签字。2016 年 3 月 29 日,被上诉人张兵向上诉人书写借条,内容为:"今借抵押在心悦公司的房本,用于向银行做贷款使用,贷款放款后用于偿还张力在心悦公司的贷款,本金 300 万元及利息。如银行贷款未通过,我将在一个月内及时归还此房本。"二审法院查明的其他事实与一审一致。

二、争议焦点

本案争议焦点主要有:(1)被上诉人张兵、蒋阳与上诉人签订的《权利质押合同》是否成立?(2)被上诉人张兵、蒋阳是否应该对涉案债务承担清偿责任?

三、案件裁判

二审法院认为,上诉人与被上诉人张兵签订《权利质押合同》,双方约定质押权利为房地产权证,为被上诉人张力、边疆的借款提供质押担保。上诉人称其与被上诉人张兵、蒋阳签订《权利质押合同》的真实意思是房产抵押,因工作疏忽误签为质押合同。对该主张被上诉人张兵不予认可,蒋阳并未在合同中签字,且涉及的房屋并未进行抵押登记。因此,上诉人所述没有证据证明,二审法院不予认定。根据查明事实,可以认定上诉人与被上诉人张兵建立的是质押合同关系,约定出质权利为房地产权证。该出质权利不符合我国《物权法》第223条规定的可以出质的权利,上诉人和被上诉人均存在过错。《担保法司法解释》第7条规定:"主合同有效而担保合同无效,债权人无过错的,担保人与债务人对主合同债权人的经济损失,承担连带赔偿责任;债权人、担保人有过错的,担保人承担民事责任的部分,不应超过债务人不能清偿部分的二分之一。"据此,二审法院酌定由被上诉人张兵对被上诉人张力、边疆不能清偿部分的债务承担1/2的清偿责任。另外,因被上诉人蒋阳并非合同当事人,上诉人要求被上诉人蒋阳承担清偿责任,没有事实依据。

四、分析思考

根据案件事实,本书认为可以关注以下几个方面的问题:
(一)房产证是否属于法定的权利质押范畴
《物权法》第223条规定:"债务人或者第三人有权处分的下列权利

可以出质:(一)汇票、支票、本票;(二)债券、存款单;(三)仓单、提单;(四)可以转让的基金份额、股权;(五)可以转让的注册商标专用权、专利权、著作权等知识产权中的财产权;(六)应收账款;(七)法律、行政法规规定可以出质的其他财产权。"显然,房产证不属于法定的权利质押范畴。《民法典》第440条规定的权利质押范围与《物权法》第223条内容略有不同,其第6项为"现有的以及将有的应收账款"。另外,权利质押的目的是取得质权,权利质权与动产质权最大的区别是:"前者以某种权利为标的,而后者仅以动产为标的。"① 作为权利质权标的的权利一般应符合以下几个条件:一是仅以财产权利为限;二是必须属于依法可以转让的财产权利;三是必须不违背现行法律规定及权利质权性质。②

本案中的《权利质押合同》约定,被告张兵以名下位于甲市恒开区房屋产权证向原告出质,为被告张力、被告边疆上述借款债务提供担保,即将房屋产权证作为出质的客体。其一,根据上述法律规定,房屋产权证不属于可以作为权利出质的范畴。其二,房屋产权证虽然是房屋的权利凭证,但是它与权利质押的其他凭证不同,其他权利凭证如汇票、支票、本票、债券、存款单、仓单、提单等,属于已经证券化的财产权,已经具有与动产相类似的法律性质,因而可以交付作为其生效条件;对那些尚未证券化的权利,如可以转让的注册商标专用权、专利权、著作权、应收账款等,因不具有实体性的形式而无法交付,因此必须通过登记加以公示,以表明权利质权的产生或消灭。③ 房屋产权证这种权利凭证,即便遗失,也不会影响房屋权利人的权利,因为房地产交易中心已有登记。其三,根据《民法典》第425条、第440条的规定,质押的客体只能是动产和权利,房屋属于不动产,不动产标的物不属于法律规定质押的范畴。根据《民法典》第143条,合同生效的要件之一是"不违反法律、行政法规的强制性规定",故本案中当事人将房屋作为权利质押不符合法律规定,同时作为房屋权利凭证的房产证也不属于法定的权利质押范畴。因此,本案中的《权利质押合同》无效。

---

① 杨立新:《物权法(第8版)》,中国人民大学出版社2021年版,第279页。
② 同上。
③ 同上。

（二）担保合同无效，债权人、担保人均有过错的，债权人、担保人对债务责任如何分担

对于担保合同无效，债权人、担保人均有过错的情况，债权人、担保人的责任如何分担？按照《担保法司法解释》第7条的规定，主合同有效而担保合同无效，债权人无过错的，担保人与债务人对主合同债权人的经济损失，承担连带赔偿责任；债权人、担保人有过错的，担保人承担民事责任的部分，不应超过债务人不能清偿部分的1/2。对此，《新担保司法解释》第17条明确规定："主合同有效而第三人提供的担保合同无效，人民法院应当区分不同情形确定担保人的赔偿责任：（一）债权人与担保人均有过错的，担保人承担的赔偿责任不应超过债务人不能清偿部分的二分之一；（二）担保人有过错而债权人无过错的，担保人对债务人不能清偿的部分承担赔偿责任；（三）债权人有过错而担保人无过错的，担保人不承担赔偿责任。主合同无效导致第三人提供的担保合同无效，担保人无过错的，不承担赔偿责任；担保人有过错的，其承担的赔偿责任不应超过债务人不能清偿部分的三分之一。"可见，该司法解释对担保合同无效情形进行了具体规定，包括主合同无效和主合同有效的两种情形。

本案属于主合同有效，而担保合同无效的情形。担保合同无效的事由一般包括：一是担保人主体资格不合格；二是担保的标的不合格；三是违反《公司法》第16条的越权担保。① 本案中担保合同无效的事由是担保的标的不合格，由此导致合同无效。对于担保合同无效的情形，根据上述司法解释规定，债权人、担保人均有过错的，担保人承担的赔偿责任不应超过债务人不能清偿部分的1/2，即作为担保人的张兵承担被上诉人张力、边疆不能清偿部分1/2的赔偿责任；由于该合同蒋阳未签字，并非合同当事人，故无须承担责任。言下之意，另有1/2的责任，由作为债权人的心悦公司自己承担。

---

① 参见程啸、高圣平、谢鸿飞：《最高人民法院新担保司法解释理解与适用》，法律出版社2021年版，第111—112页。

案例十二 延吉信用社与新兴公司等抵押合同纠纷案①
——抵押权人未起诉部分抵押人与抵押权放弃的认定

一、基本案情

一审原告、二审被上诉人：延吉信用社

一审被告、二审上诉人：新兴公司

燕燕国贸大厦（以下简称"燕燕公司"）向延吉信用社借款，债务人为该借款提供了担保。该担保既有债务人提供的抵押担保，又有包括新兴合作公司（以下简称"新兴公司"）在内的五家公司提供的最高额抵押担保以及崔珍等三人提供的保证担保。债务人燕燕公司欠款逾期未还，延吉信用社于2014年10月21日以债务人、除新兴公司以外的其他四个抵押人、崔珍等三个保证人为被告，向甲省高院提起借款担保合同诉讼。甲省高院在民事调解书中载明"延吉信用社保留对新兴公司起诉的权利"，该生效法律文书具有证明延吉信用社不放弃对新兴公司抵押权的证据效力。2015年5月15日，延吉信用社又向新兴公司公证送达《甲省农村信用社逾期贷款催收通知书》，尽管通知书的名称体现为催收逾期贷款，但送达单位为抵押人新兴公司，通知内容是要求新兴公司继续承担抵押担保责任。新兴公司于同日向延吉信用社出具回执，承诺该公司"保证继续承担抵押担保责任，无条件继续履行担保义务"。由此可见，债权人延吉信用社作出了要求新兴公司继续承担抵押担保责任的明

---

① 案例来源：最高人民法院（2017）最高法民终964号民事判决书，北大法宝网，https://www.pkulaw.com/pfnl/a25051f3312b07f315f46b3c4c3c48b3f0e6f0a34e9f1b69bdfb.html?keyword=%EF%BC%882017%EF%BC%89%E6%9C%80%E9%AB%98%E6%B3%95%E6%B0%91%E7%BB%88964%E5%8F%B7%20&way=listView，最后访问时间2020年1月3日。

确意思表示,在相关抵押物上办理的抵押登记仍合法有效、抵押物的价值亦未发生减损,且新兴公司向延吉信用社明确表示继续承担抵押担保责任。2016年12月14日,延吉信用社向省高院起诉,请求新兴公司承担担保责任,但新兴公司主张延吉信用社放弃了对该公司的抵押权。

二、争议焦点

本案争议焦点是:抵押权人延吉信用社未起诉部分抵押人新兴公司,是否构成对该部分抵押权的放弃?

三、案件裁判

最高法认为,抵押权虽为从权利,但法律、司法解释没有强制要求混合担保中的债权人行使抵押权须将抵押人与债务人、其他保证人和担保物权人列为共同被告一并起诉,否则即视为放弃抵押权。放弃抵押权属于对财产权的抛弃,系一种单独民事法律行为,民事法律行为以意思表示为要素,除法律有特别规定外,意思表示应以明示方式作出,故通常应由债权人作出放弃抵押权的明确意思表示或者向登记部门申请抵押权涂销登记才产生放弃抵押权的效力。本案中,债权人延吉信用社作出要求新兴公司继续承担抵押担保责任的明确意思表示,在相关抵押物上办理的抵押登记仍合法有效,抵押物的价值亦未产生减损,且新兴公司向延吉信用社明确表示继续承担抵押担保责任。故不存在延吉信用社放弃对新兴公司抵押权的事实。据此,法院判决,支持延吉信用社的诉讼请求。

四、分析思考

本案可以关注以下几个问题:

(一)因混合共同担保而发生的纠纷

本案是一起因混合共同担保而发生的纠纷,为此,需要对混合共同担保内容进行梳理。

第一，共同担保有同种共同担保与混合共同担保。其中，同种共同担保主要指共同担保的种类相同。《担保法》第12条、第19条、第20条和《民法典》第699条均为同种共同担保。但是，《民法典》第699条改变了《担保法》第12条、第19条、第20条中按份共同担保和连带共同担保的二元区分，即当事人之间没有约定各保证人承担保证责任份额的，不再推定为连带共同保证。① 关于混合共同担保，是指共同担保的种类不相同。《担保法》第28条、《担保法司法解释》第38条第1款、《物权法》第176条、《九民纪要》第56条和《民法典》第392条对此都有规定。

第二，关于混合共同担保的现有立法规定。《民法典》第392条规定："被担保的债权既有物的担保又有人的担保的，债务人不履行到期债务或者发生当事人约定的实现担保物权的情形，债权人应当按照约定实现债权；没有约定或者约定不明确，债务人自己提供物的担保的，债权人应当先就该物的担保实现债权；第三人提供物的担保的，债权人可以就物的担保实现债权，也可以请求保证人承担保证责任。提供担保的第三人承担担保责任后，有权向债务人追偿。"该规定沿袭了《物权法》第176条的内容，即同一债权，担保主体非单一，担保形式非单一，由此形成混合共同担保。

第三，关于混合共同担保中的追偿权。对此，相关法律及其司法解释有不同规定：《担保法》第28条、《物权法》第176条、《民法典》第392条均没有规定混合共同担保中担保人相互之间的追偿；《担保法司法解释》第38条第1款明确承认担保人之间的内部追偿权；《九民纪要》第56条明确否认混合共同担保情形下当事人无追偿约定时的追偿权；《新担保司法解释》第13条规定，只有在担保人对相互追偿具有明确约定或具有共同担保的意思联络时，才可以认定存在追偿权。本书认为，《新担保司法解释》第13条规定更合理。

本案中的混合共同担保既包括债务人提供的抵押，即燕燕公司作为债务人基于借款合同向债权人延吉信用社提供的抵押担保，又包括第三

---

① 参见程啸、高圣平、谢鸿飞：《最高人民法院新担保司法解释理解与适用》，法律出版社2021年版，第82页。

人新兴公司在内的五家公司提供的最高额抵押担保以及第三人崔珍等三人提供的保证担保,担保主体来自三方面,担保形式既有物保即抵押,又有人保即保证。

(二) 放弃抵押权的认定

本案中,当债务人燕燕公司欠款逾期未还,延吉信用社以债务人、除新兴公司以外的其他四个抵押人、崔珍等三个保证人为被告,向甲省高院提起借款担保合同诉讼。由此,新兴公司在本案诉讼中主张延吉信用社放弃了对该公司的抵押权。

何谓放弃抵押权?这需要从几个方面观察:

第一,意思表示的确认。意思表示是民事法律行为的核心要素,"是指表意人将其期望发生某种法律效果的内心意思以一定方式表现于外部的行为"。① 意思表示的形式,通常也是民事法律行为的形式。《民法典》第135条规定:"民事法律行为可以采用书面形式、口头形式或者其他形式;法律、行政法规规定或者当事人约定采用特定形式的,应当采用特定形式。"据此,意思表示的形式通常有口头形式、书面形式、特定形式,该特定形式包括推定形式②、沉默形式③。所以,认定当事人对某一权利的放弃,一般必须符合上述法律规定的形式和要求。

第二,原告从未以任何形式放弃抵押权。本案中,延吉信用社始终没有以口头形式、书面形式、推定形式以及沉默形式明确表示放弃对新兴公司的抵押权。相反,甲省高院在民事调解书中载明"延吉信用社保留对新兴公司起诉的权利",该生效法律文书具有证明延吉信用社不放弃对新兴公司抵押权的证据效力。

第三,放弃抵押权的表现。放弃抵押权一般有以下表现:(1) 放弃抵押权需作出明确意思表示或申请抵押权涂销登记。放弃抵押权属于对财产权的抛弃,系一种单方民事法律行为,民事法律行为以意思表示

---

① 王利明主编:《民法·上册(第九版)》,中国人民大学出版社2022年版,第127—128页。
② 如租赁合同租期届满,承租人继续交房租,出租人接受,由此可以推定当事人双方作出了延长租期的民事法律行为。
③ 《民法典》第140条规定:"行为人可以明示或者默示作出意思表示。沉默只有在有法律规定、当事人约定或者符合当事人之间的交易习惯时,才可以视为意思表示。"

为要素,除法律有特别规定外,意思表示应以明示方式作出,故通常应由债权人作出放弃抵押权的明确意思表示或者向登记部门申请抵押权涂销登记才产生放弃抵押权的效力。本案中的抵押权已办理登记,而作为抵押权人延吉信用社从未申请抵押权涂销登记。(2)放弃抵押权须存在因债权人的原因导致担保物受损。依据《担保法司法解释》第38条第3款关于"债权人在主合同履行期届满后怠于行使担保物权,致使担保物的价值减少或者毁损、灭失的,视为债权人放弃部分或者全部物的担保"的规定,因债权人怠于行使抵押权的不作为行为造成抵押物的价值减少或者损毁、灭失的,视为债权人放弃抵押权。本案中,抵押权人延吉信用社在主合同履行期届满后主动行使权利,不仅起诉其他担保人,且与被告新兴公司积极沟通,所以不存在"债权人在主合同履行期届满后怠于行使担保物权"的情形,同时债权人也未导致"担保物的价值减少或者毁损、灭失"的发生,故不属于"债权人放弃部分或者全部物的担保"的情形。

(三)抵押权人未起诉某个抵押人并不意味着放弃该部分抵押权

本案债权人即抵押权人未起诉某个抵押人,其法律后果是什么?本书认为,可以关注以下问题:

第一,法律没有要求抵押权人须将所有担保人一并起诉。抵押权虽属从权利,但法律、司法解释没有要求混合共同担保中的债权人行使抵押权时须将抵押人与债务人、其他保证人等全部列为共同被告起诉,否则即视为放弃抵押权。《担保法司法解释》颁布于《物权法》实施之前,当时担保法对抵押权行使方式的规定仅限于起诉方式,排除了抵押权人通过非诉讼程序行使抵押权,故《担保法司法解释》第128条第1款基于担保法的规定,出于对诉讼安全的考量和查明事实的需要,规定"债权人向人民法院请求行使担保物权时,债务人和担保人应当作为共同被告参加诉讼",亦即选择共同被告的诉讼模式。当然,《担保法司法解释》起草人亦认为此种单一诉讼模式相对落后。

第二,《物权法》规定了协议和诉讼两种抵押权人实现权利的模式。根据《物权法》第195条第1款关于"抵押权人可以与抵押人协议以抵押财产折价或者以拍卖、变卖该抵押财产所得的价款优先受偿"的规定以及该条第2款"抵押权人与抵押人未就抵押权实现方式达成协议的,抵押权人可以请求人民法院拍卖、变卖抵押财产"的规定,抵押权的行使存在协议和诉讼两种途径。即抵押权人可以通过非诉讼程序来行使抵押权,对抵押权的行使方式债权人有选择权,不是必须通过诉讼解决。因此,在《物权法》实施之后,《担保法司法解释》第128条第1款的规定已明显落后于法律规定。《民法典》第410条在《物权法》第195条的基础上进行了微调,但是其规定与《物权法》一致,即抵押权的行使可以采用协议和诉讼两种方式。

第三,本案中的担保非单一形式的担保。《担保法司法解释》第128条第1款规定是针对仅有物的担保的情形下债务人与担保人诉讼地位的解释,但本案中延吉信用社的债权不仅有物的担保,还存在人的担保即保证,属于混合共同担保,故本案也不适用《担保法司法解释》第128条第1款的规定。《担保法司法解释》第128条第2款则是针对同一债权既有人的担保又有多个物的担保的情况下债务人与担保人的诉讼地位的解释,该款规定:"同一债权既有保证又有物的担保的,当事人发生纠纷提起诉讼的,债务人与保证人、抵押人或者出质人可以作为共同被告参加诉讼。"该条款规定并未强制要求混合担保中的债权人必须将债务人和保证人、抵押人、出质人列为共同被告一并起诉,而是将选择权交由债权人,在债权人单个起诉的案件中,人民法院不能追加债权人没有起诉的其他担保人参加诉讼,应尊重当事人的约定和选择,这一规定符合当时《物权法》和现在《民法典》的规定。

第四,原告积极采取措施维护自己作为抵押权人的权利。本案中,延吉信用社的债权上人的担保与多个物的担保并存,延吉信用社在前案诉讼中虽未起诉新兴公司,但作出了不放弃对新兴公司的抵押权的明确意思表示,因此依据《物权法》的规定,延吉信用社可以通过非诉讼程序和提起诉讼两种方式对新兴公司行使抵押权。另外,延吉信用社已与新兴公司积极沟通,协商解决纠纷;2015年5月15日,延吉信用社向新兴公司公证送达《甲省农村信用社逾期贷款催收通知书》,尽管通知书的名称体现为催收逾期贷款,但送达单位为抵押人新兴公司,通知内容是要求新兴公司继续承担抵押担保责任。而新兴公司也于同日向延吉信用社出具回执,承诺该公司"保证继续承担抵押担保责任,无条件继续履行担保义务"。

综上,债权人即抵押权人延吉信用社作出了要求新兴公司继续承担抵押担保责任的明确意思表示,在相关抵押物上办理的抵押登记仍合法有效,抵押物的价值亦未发生减损,且新兴公司向延吉信用社明确表示继续承担抵押担保责任。故抵押权人延吉信用社未起诉某个抵押人即新兴公司,并不意味着放弃自己的抵押权。

后　记

对于法律专业硕士研究生来说，研读司法案例是经常要做的功课，因为通过案例解读能够体会法条的真意，领悟法律的精髓，体察法律适用的路径；通过案例研究能够发现法理的贫乏、裁判的困惑和论证的无力，从而激发自己完善法理、法律和司法的热情。正是基于这样的考虑，我们精选了近些年来我国商事审判中的典型案例，叙述基本案情，揭示核心争议焦点，展开法官的说理评判，着力进行法理阐释、制度解析，探讨值得思考的学术问题，以助力青年学子进一步夯实知识基础，增强用法能力，提升研究水平。

限于篇幅，本书精选了50个商事审判典型案例，其中公司法案例13个、破产法案例12个、合同法案例13个、担保法案例12个。本书写作分工如下：胡志民负责撰写公司法部分的案例，张玉海负责撰写破产法部分的案例，艾围利负责撰写合同法部分的案例，环建芬负责撰写担保法部分的案例。

本书是为法律专业硕士研究生编写的案例分析教材，也可以作为法学本科生深入学习商事法律、法律实务工作者提升办案能力的参考书。由于作者认识能力有限，本书难免存在缺点和错误，恳请读者批评指正，以便今后修订完善。本书的出版得到北京大学出版社的大力支持，责任编辑倾注了大量心血，在此表示衷心感谢。

作　者
2024年1月23日